JN241983

大学入試 国語頻出問題1200

五訂版

有座俊史＝編著

いいずな書店

はじめに

本書は、短期間のうちに、合格に必要な学力を身につけたいと願っている大学受験生を対象として、最小のエネルギーで最大の効果が得られるように作られた問題集です。

国語の知識問題の範囲は膨大ですが、その中には各大学で繰り返し出題されているものがあります。それら頻出問題のポイントを集めたのがこの問題集です。入試問題をさまざまな角度から分析し、頻出問題1550題を厳選しました。この中には国語の基礎知識として高校卒業までにぜひ覚えておいたほうがよいと思われるものも入れました。形式は、実際に出題された入試問題をほぼそのままに収録し、実践的な感覚を養えるようにしています。

この問題集では、単に問題を解いて終わりではなく、演習問題下段の「解答とポイント」欄を、各分野の用語集として活用できるように編集してあります。また、各章の内容を整理できる「まとめ」のページや、最新の入試傾向を反映した別冊『頻出ランキングチェックブック』など、知識の再整理がしやすい工夫もしています。

五訂版では、入試の出題傾向と対策を示した「ウォームアップ」を拡充し、別冊紙面のQRコードから追加問題にもアクセスできるようにしました。

この問題集を十分に活用して実践的な知識を身につけ、見事栄冠を勝ちとられんことを祈っています。

二〇二四年九月　編著者

目次

本書の特色と構成・利用法

本書の特色

本書は、**実際に出題された入試問題1550題を通して、頻出のポイントが短期間で学習できるように**工夫された問題集です。現代文・古文・漢文の全領域にわたって、入試の必修知識が一冊に集約されています。問題は直接問われた箇所のみを抽出しています。

構成と利用法

本書は、**現代文5章・文学史1章・古文3章・漢文1章の、計10章**から成っており、**どの分野から取り組むことも可能**です。最近の私立大学入試では試験範囲が「古典分野を除く」（現代文のみ）というところも多く、そういう大学の受験者は第1章～第6章が学習範囲になりますが、国語の常識として第8章「古文常識に関する問題」と第10章「漢文」―3「語彙・知識・漢詩に関するもの」にも目を通しておくとよいでしょう。また、受験する大学の出題傾向に沿った分野を集中して学習するのもよいでしょう。**すべての領域において重要なものは網羅されています。**

ウォームアップ ❶

各章の冒頭には、**入試傾向を理解して学習するための「ウォームアップページ」**を設けました（第4章・第8章を除く）。どのような知識がどのような形式で問われているの

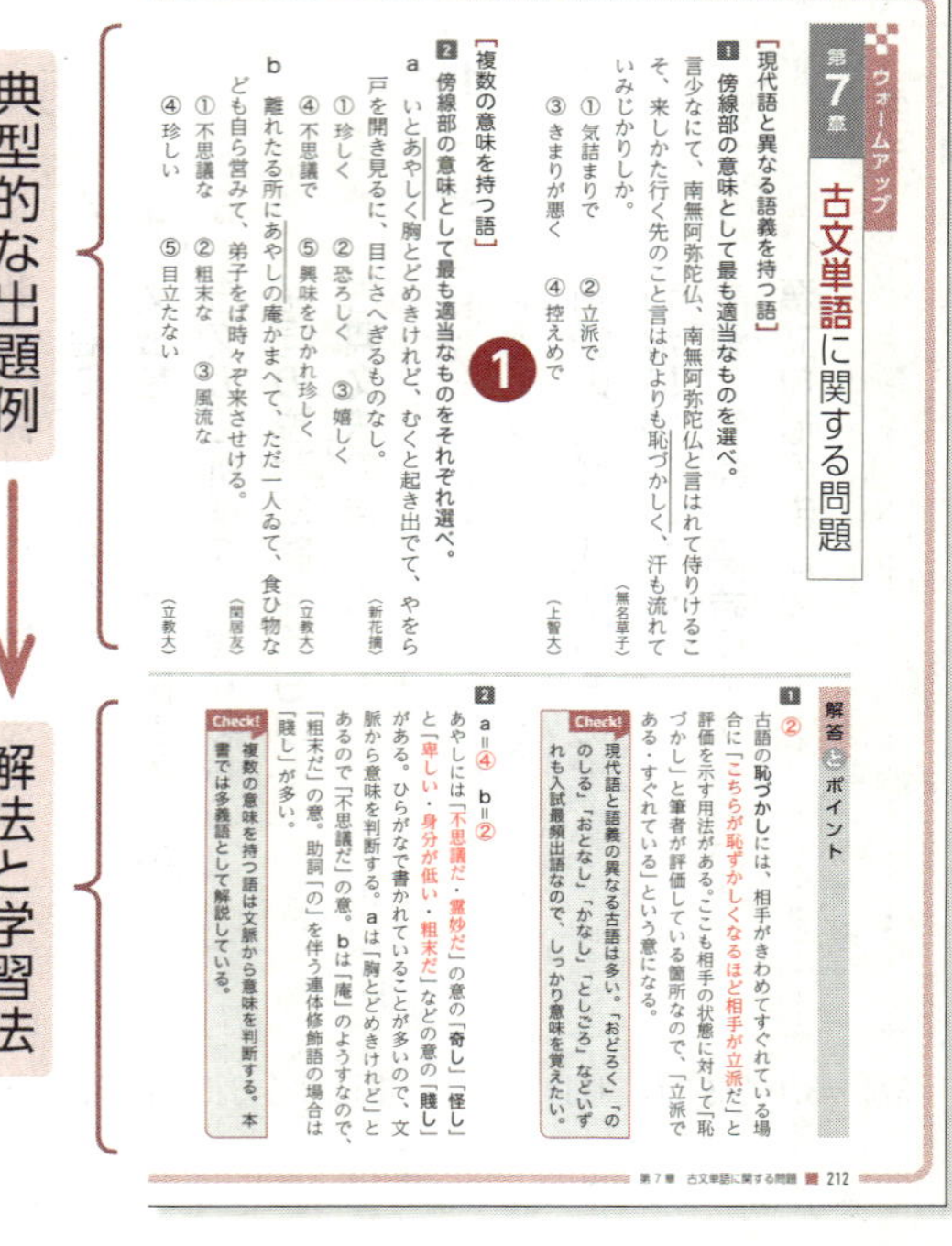

ウォームアップ 第7章 古文単語に関する問題

［現代語と異なる語義を持つ語］

1 傍線部の意味として最も適当なものを選べ。

言少なにて、南無阿弥陀仏、南無阿弥陀仏と言はれて侍りけるこそ、来しかた行く先のこと言はむよりも恥づかしく、汗も流れていみじかりしか。〈無名草子〉

① 気詰まりで　② 立派で　③ きまりが悪く　④ 控えめで〈上智大〉

［複数の意味を持つ語］

2 傍線部の意味として最も適当なものをそれぞれ選べ。

a いとあやしく胸とどめきけれど、むくと起き出でて、やをら戸を開き見るに、目にさへぎるものなし。〈新花摘〉

① 珍しく　② 恐ろしく　③ 嬉しく　④ 不思議で　⑤ 興味をひかれ珍しく〈立教大〉

b 離れたる所にあやしの庵かまへて、ただ一人ゐて、食ひ物なども自ら営みて、弟子をば時々ぞ来させける。〈閑居友〉

① 不思議な　② 粗末な　③ 風流な　④ 珍しい　⑤ 目立たない〈立教大〉

解答とポイント

1 ②

古語の**恥づかし**には、相手がきわめてすぐれている場合に「こちらが恥ずかしくなるほど相手が立派だ」と評価を示す用法がある。ここも相手の状態に対して「恥づかし」と筆者が評価している箇所なので、「立派である・すぐれている」という意になる。

Check! 現代語と語義の異なる古語は多い。「おどろく」「ののしる」「おとなし」「かなし」「としごろ」などいずれも入試最頻出語なので、しっかり意味を覚えたい。

2 a＝④　b＝②

あやしには「不思議だ・霊妙だ」の意の「奇し」「怪し」と「卑しい・身分が低い・粗末だ」などの意の「賤し」がある。ひらがなで書かれていることが多いので、文脈から意味を判断する。aは「胸とどめきけれど」とあるので「不思議だ」の意。bは「庵」のようすなので、「粗末だ」の意。助詞「の」を伴う連体修飾語の場合は「賤し」が多い。

Check! 複数の意味を持つ語は文脈から意味を判断する。本書では多義語として解説している。

第7章　古文単語に関する問題 212

典型的な出題例

↓

解法と学習法

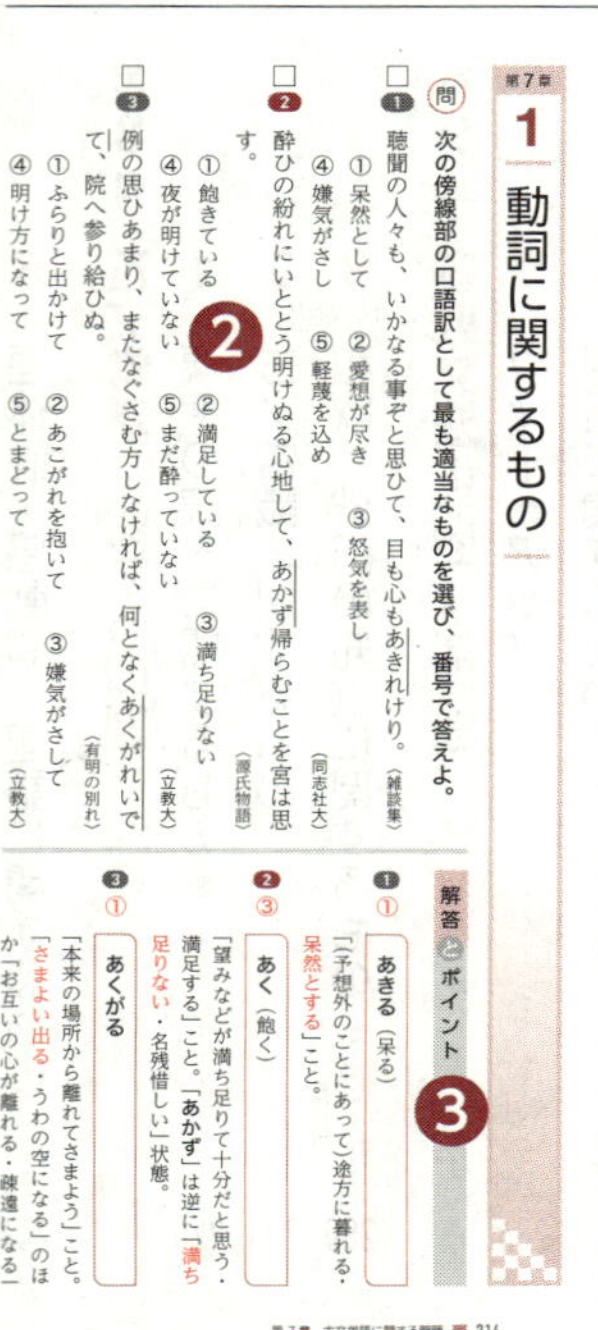

第7章 1 動詞に関するもの

問 次の傍線部の口語訳として最も適当なものを選び、番号で答えよ。

□ 1 聴聞の人々も、いかなる事ぞと思ひて、目も心もあきれけり。〈雑談集〉

① 呆然として　② 愛想が尽き　③ 怒気を表し　④ 嫌気がさし　⑤ 軽蔑を込め〈同志社大〉

□ 2 酔ひの紛れにいととう明けぬる心地して、あかず帰らむことを宮は思す。〈源氏物語〉

① 飽きている　② 満足している　③ 満ち足りない　④ 夜が明けていない　⑤ まだ酔っていない〈立教大〉

□ 3 例の思ひあまり、またなぐさむ方しなければ、何となくあくがれいでて、院へ参り給ひぬ。〈有明の別れ〉

① ふらりと出かけて　② あこがれを抱いて　③ 嫌気がさして　④ 明け方になって　⑤ とまどって〈立教大〉

解答とポイント

1 ①

あきる（呆る）

「（予想外のことにあって）途方に暮れる・呆然とする」こと。

2 ③

あく（飽く）

「望みなどが満ち足りて十分だと思う・満足する」こと。「あかず」は逆に「満ち足りない・名残惜しい」状態。

3 ①

あくがる

「本来の場所から離れてさまよう」こと。「さまよい出る・うわの空になる」のほか「お互いの心が離れる・疎遠になる」

第7章　古文単語に関する問題 214

か、典型的な出題例をいくつか示したうえで、それらの問題で正答するための注意点・学習法を解説しています。

演習問題（上段）②

演習問題は、はじめは下段の「解答とポイント」を見ずに、次々に問題にあたってください（**問題番号の表示が赤色になっているもの（計700問）は、基本的で重要な問題です**）。ページごとあるいはテーマごとに解答し終わった時点で下段を参照してください。各問は選択問題を中心に、記述・空所補充問題から成っています。

解答とポイント（下段）③

演習の各問ともすぐ下に「解答とポイント」があります。**ポイントの解説には解法の手がかりや必修知識・関連知識が書かれています。**問題を解くだけではなく、この部分もしっかりと確認しておきましょう。なお、**太字**は上段で設問化されている項目やその関連項目です。赤字は暗記したい重要項目です。チェックシートを利用して覚えましょう。

まとめページ／文学系統図

第6章（文学史）、第9章（古典文法）、第10章（漢文）には、**演習問題で学習した知識を整理するための「まとめページ」**を設けました。第6章（文学史）では、演習問題を解きながら、出てきた人物や作品を「**文学系統図**」でチェックしていくとよいでしょう。

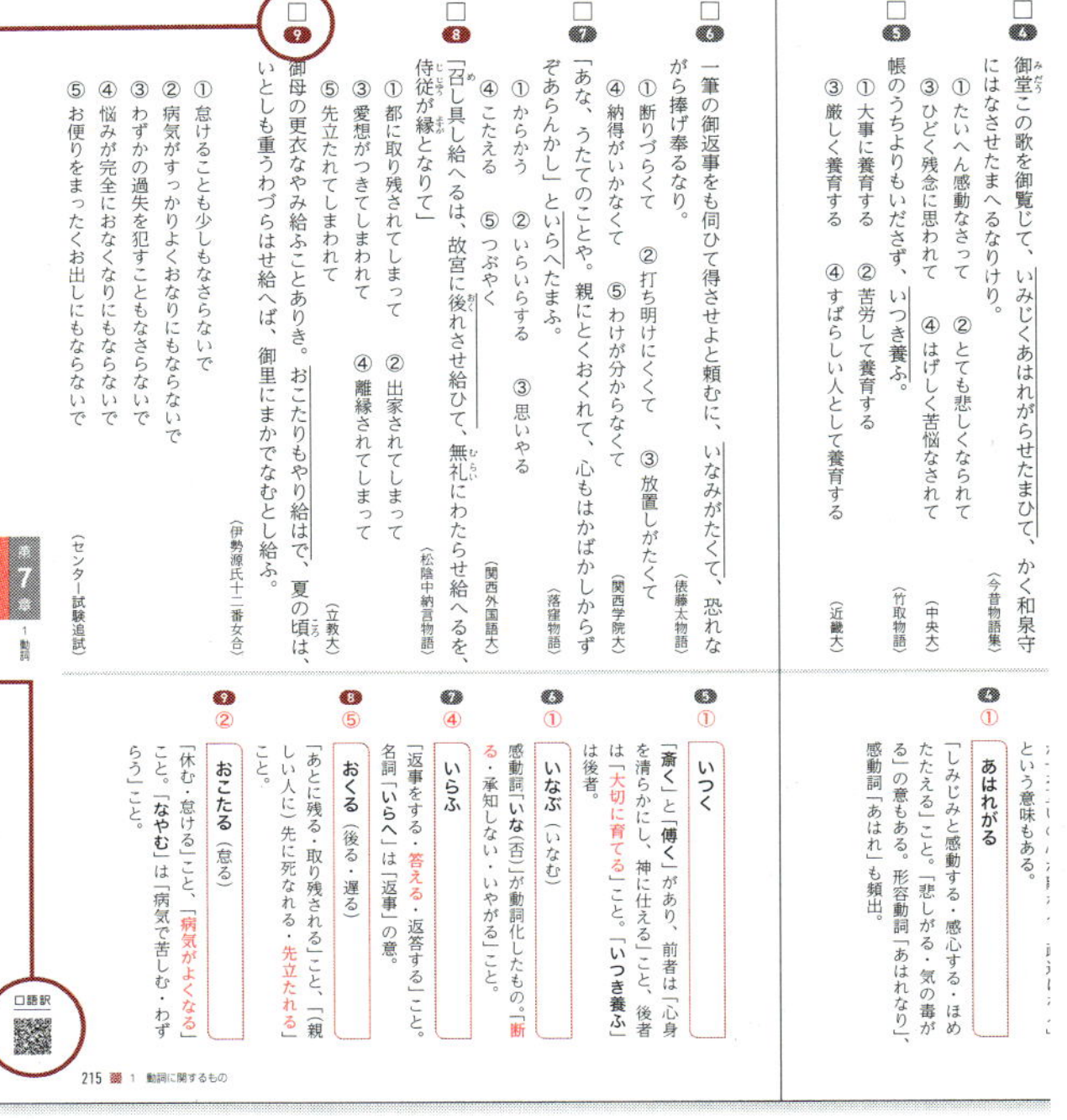

第7章　9/267問

□4 御堂この歌を御覧じて、いみじくあはれがらせたまひて、かく和泉守にはなさせたまへるなりけり。（今昔物語集）
①たいへん感動なさって　②とても悲しくなられて　③ひどく残念に思われて　④はげしく苦悩なされて（中央大）

□5 帳のうちよりもいださず、いつき養ふ。（竹取物語）
①大事に養育する　②苦労して養育する　③厳しく養育する　④すばらしい人として養育する（近畿大）

□6 一筆の御返事をも伺ひて得させよと頼むに、いなみがたくて、恐れながら捧げ奉るなり。（俵藤太物語）
①断りづらくて　②打ち明けにくくて　③放置しがたくて　④納得がいかなくて　⑤わけが分からなくて（関西学院大）

□7 「あな、うたてのことや。親にとくおくれて、心もはかばかしからずぞあらんかし」といらへたまふ。（落窪物語）
①からかう　②いらいらする　③思いやる　④こたえる　⑤つぶやく（関西外国語大）

□8 「召し具し給へるは、故宮に後れさせ給ひて、無礼にわたらせ給へるを、侍従が縁となりて」（松陰中納言物語）
①都に取り残されてしまって　②出家されてしまって　③愛想がつきてしまわれて　④離縁されてしまって　⑤先立たれてしまわれて（立教大）

□9 御母の更衣なやみ給ふことありき。おこたりもやり給はで、夏の頃は、いとしも重うわづらはせ給へば、御里にまかでなむとし給ふ。（伊勢源氏十二番女合）
①怠けることも少しもなさらないで　②病気がすっかりよくおなりにもならないで　③わずかの過失を犯すこともなさらないで　④悩みが完全におなくなりにもならないで　⑤お便りをまったくお出しにもならないで（センター試験追試）

第7章　1 動詞

4 ①
という意味もある。
あはれがる
「しみじみと感動する・感心する・ほめたたえる」こと。「悲しがる・気の毒がる」の意もある。形容動詞「あはれなり」、感動詞「あはれ」も頻出。

5 ①
いつく
「斎く」と「傅く」があり、前者は「心身を清らかにし、神に仕える」こと、後者は「大切に育てる」こと。「いつき養ふ」は後者。

6 ①
いなぶ（いなむ）
感動詞「いな（否）」が動詞化したもの。「断る・承知しない・いやがる」こと。

7 ④
いらふ
「返事をする・答える・返答する」こと。名詞「いらへ」は「返事」の意。

8 ⑤
おくる（後る・遅る）
「あとに残る・取り残される」こと、「（親しい人に）先に死なれる・先立たれる」こと。

9 ②
おこたる（怠る）
「休む・怠ける」こと、「病気がよくなる」こと。「なやむ」は「病気で苦しむ・わずらう」こと。

口語訳

赤色は基本的で重要な問題

＊QRコードを読み取ると、問題文の口語訳・書き下し文を確認することができます（第7章〜第10章）。
＊第5章（空所補充）では、設問形式で第1章〜第3章（漢字・熟語・慣用表現）の復習をすることができます。

頻出ランキングチェックブック ④

近年の入試データの分析から、**演習問題で取り上げた項目の中でも特に頻度が高く、重要なものを精選してマスターするために**別冊『頻出ランキングチェックブック』も用意しました。各分野の項目をS～Cの四段階に分類しているので、近年の入試で問われているポイントを知ることができます。**知識の定着度の確認や入試直前の総まとめ**などに活用してください。

50問で構成された一問一答形式のテストが9回ありますが、少なくとも各回に二度は取り組んでください。得点の低い分野があった場合には、本誌に戻って繰り返し学習することが大切です。

追加問題 ⑤

『頻出ランキングチェックブック』では、一問一答形式でのチェックに加えて、**本誌未掲載の「追加問題」に取り組む**こともできます。各回下段の末尾にあるQRコードからアクセスしてください。

一問一答形式で取り上げた各項目は入試での頻度が高く、これまで複数の大学で繰り返し出題され、かつ今後も出題が予想されるものです。本誌演習問題の類題も多数ありますが、その中から、S・Aランクの項目を中心に、「追加問題」として各回20～30問を厳選しました。これらに取り組むことで、知識の定着度を測るとともに、**入試の知識問題における得点力をさらにアップする**ことができます。

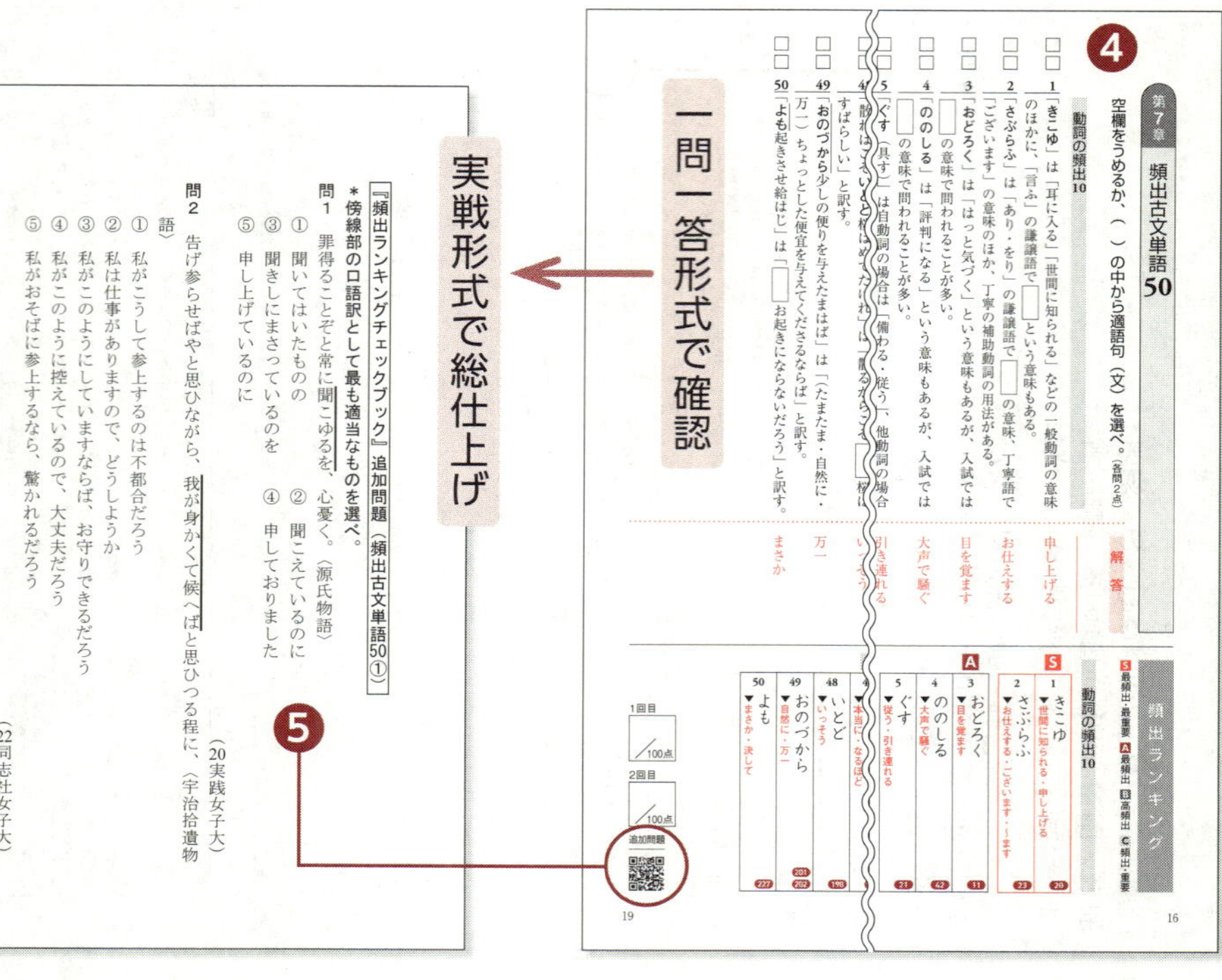

第1章 漢字に関する問題

＊漢字は国語の知識問題の中では最も重要なジャンルで、大学入学共通テストをはじめ、ほとんどの入試で問われています。

＊演習問題には、これまでさまざまな大学で出題されてきた頻出漢字を集めました。繰り返し学習することで、漢字問題を得点源にしていきましょう。

ウォームアップ

第1章 漢字に関する問題

【漢字の読み】

1 次の傍線部の読みとして最も適当なものをそれぞれ選べ。

1 秋ごろから瞬く間に日本じゅうを席巻（せっけん）してしまいました。

① またたく ② かがやく ③ ひらめく
④ きらめく ⑤ しばらく

（神戸学院大）

2 偉大なものは理解を拒む、といったのはこういう意味においてです。

① いな ② きょ ③ こば ④ はぐく ⑤ ひ

（東海大）

【同訓語の漢字の書き取り】

2 次の傍線部を漢字に直せ。

1 学問をおさめる
2 国に税金をおさめる
3 会社につとめる
4 議長をつとめる

（藤田保健衛生大）

【同音語の漢字選択】

3 傍線部と同じ漢字を含むものを一つ選べ。

紛争解決のためにシュウ知を集める。

① 規則をシュウ知徹底させる。
② 自身の行動にシュウ恥心を抱く。

解答とポイント

1

1＝① 2＝③

「瞬く間」＝「瞬間」
「拒む」＝「拒否」「拒絶」
} 読みと意味をセットにして覚える。

Check! 音読（読み）と訓読（意味）をあわせて覚えよう。

2

1＝修める 2＝納める 3＝勤める 4＝務める

1「学問を修得する」→「修学」
2「税金を納入する」→「納税」
3「働く、仕事に励む」→「精勤」
4「責任を持って行う」→「任務」

Check! 同訓語は意味を考えて熟語に直してみよう。

3

⑤

「シュウ知を集める」は「多くの人の知恵を集める」ことなので、「周知」ではなく、「衆知」を用いる。

①「広く知らせること」→周知
②「恥ずかしく感じること」→羞恥
③「混乱した物事をとりまとめること」→収拾
④「いつもそうすること。慣習」→習慣

③ 事態のシュウ拾を図る。
④ 読書をシュウ慣にする。
⑤ 多くの聴シュウの前で話す。
（明治大）

【音読と訓読が混在する場合の同音語の漢字選択】

4 **傍線部に相当する漢字を含むものを一つ選べ。**

心がキズついたよだかが、それでもなお羽虫を食べるという行為を無意識のうちになしている

〈檜垣立哉『食べることの哲学』〉

① 入会をカンショウする
② 音楽をカンショウする
③ カンショウ的な気分になる
④ 箱にカンショウ材を詰める

（共通テスト）

【文中の漢字の書き取り】

5 **次の傍線部を漢字に直せ。**

ティボーデは読者を二種類に分類する。一つは「小説精読者（リズール）」で、これは「教養」のある文芸批評家などの専門的な読者だ。もう一つは「小説の普通読者（レクトゥール）」で、「小説といえば何でも手当り次第に読み、《趣味》という言葉のなかにホウガンされる内的、外的のいかなる要素によっても導かれていない人」だと言う。

〈石原千秋『読者はどこにいるのか』〉（京都府立大）

---

⑤「聞きに集まった人々」→聴衆

Check! 同音語の選択問題は、共通テストをはじめ多くの私立大学入試で出題される。語の使い分けを覚えよう。

4 ③

この「傷」は「精神的な痛手」の意。「傷」には「割れ目や裂け目、不完全な部分や欠点、不名誉や汚点」などの意味がある。

①「あることをするために、すすめ励ますこと」→勧奨
②「芸術作品などのよさを見きわめ、味わうこと」→鑑賞
③「物に感じて心をいためること」→感傷
④「対立する物の間にあって、その衝突や不和を和らげること。またそのもの」→緩衝

Check! 音読と訓読が混在する場合も考え方は同じ。漢字の意味を考えて選択することが大切だ。

5 包含

前後を読むと「言葉のなかにホウガンされる…要素」は「言葉のなかにつつみふくまれる要素」という文脈で理解できる。

Check! 書き取りの記述問題は最頻出。本書では短文として練習するが、実際の入試では長文の中での出題が多い。文脈から漢字の意味を考える練習をしよう。

第1章

1 漢字の読みに関するもの

問 次の漢字の読みとして最も適当なものをそれぞれ選べ。

□ 1
a 享楽 ① きょうらく ② こうらく ③ とうらく ④ ほうらく
b 収斂 ① しゅうえん ② しゅうけん ③ しゅうせん ④ しゅうれん
c 睥睨 ① ひぎょう ② はいぎょう ③ ひえつ ④ へいげい ⑤ はいごう
（法政大）

□ 2
a 静謐 ① せいいつ ② せいひつ ③ せいみつ ④ じょういつ ⑤ じょうひつ
b 伝播 ① でんぱ ② でんぽ ③ でんはん ④ でんばん ⑤ でんぱん
（関西学院大）

□ 3
a 乖離 ① ぶんり ② じょうり ③ はいり ④ かいり ⑤ きょり
b 彫琢 ① ちょうこく ② ちょうちく ③ ちょうたく ④ ちょうとん ⑤ ちょうとく
（佛教大）

□ 4
a 殲滅 ① かいめつ ② せんめつ ③ げきめつ ④ ぜんめつ
b 背馳 ① せや ② せち ③ はいや ④ はいち

解答とポイント

1
a＝① b＝④ c＝④

享楽は「快楽にふけり楽しむこと」。**収斂**は「収縮すること」だが、評論文では「多くの事柄が一つに集約すること」の意で用いられることが多い。**睥睨**は「威圧するように周囲をにらみまわすこと」。

2
a＝② b＝①

静謐は「静かで落ち着いていること」。**伝播**は「伝わり広がっていくこと」。

3
a＝④ b＝③

乖離は「そむき、はなれること」。**彫琢**は「宝石などを、きざみ磨くこと。比喩的に、文章に磨きをかけること」をいう。

4
a＝② b＝④ c＝②

殲滅は「残らず滅ぼすこと」。**背馳**は「そむくこと。反対になること」。**呵責**は「責め苦しめること」。「良心の呵責を覚える」のように用いる。

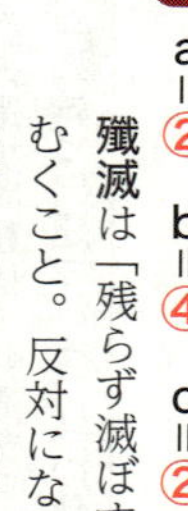

c 呵責　①かせき　②かしゃく　③かさい　④かしょく　⑤ちょうみつ

5 □
a 緻密　①ちょうみつ　②ちゅうみつ　③ちみつ　④しみつ　⑤ひみつ
b 緩和　①ゆうわ　②だんわ　③えんわ　④たんわ　⑤かんわ
c 羞恥　①さち　②はじ　③がんち　④しゅうち　⑤ちじょく
d 脆弱　①きにゃく　②きじゃく　③きよわ　④ぜいにゃく　⑤ぜいじゃく

（神奈川大）

6 □
a 云々　①うんぬん　②などなど　③かくかく　④あれこれ
b 所以　①しょい　②いわれ　③ゆえん　④しょじ

（立正大）

7 □
a 急逝　①きゅうさん　②きゅうさつ　③きゅうせつ　④きゅうせい　⑤きゅうさい
b 悉皆　①やっかい　②とっかい　③ほんかい　④しょうかい　⑤しっかい
c 呪縛　①じゅうばく　②じゅばく　③しゅうばく　④けいばく　⑤けんばく

（日本大）

（亜細亜大）

5
a＝③　b＝⑤　c＝④　d＝⑤
緻密は「細かいところまで行きとどいていること」。**緩和**は「厳しさや激しさをやわらげること。また、やわらぐこと」。**羞恥**は「恥ずかしく思うこと。恥じらい」。**脆弱**は「身体・組織・器物などがもろくて弱いこと」。

6
a＝①　b＝③
云々は「その事について、いろいろ言うこと」。または「しかじか」の意で、引用した言葉の後を略す時に使う語。**所以**は「わけ。いわれ。根拠」の意。

7
a＝④　b＝⑤　c＝②
逝は「ゆ（く）」と訓読し、**急逝**は「急死」の意。**悉**は「ことごと（く）」と訓読し、**悉皆**は「残らず。すべて」の意。**呪縛**は「まじないをかけて動けないようにすること。また、心理的に人の自由を奪うこと」。

問 次の漢字の読みとして最も適当なものをそれぞれ選べ。

□ 8

a 哄笑　① きょうしょう　② こうしょう　③ くしょう　④ ばくしょう　⑤ かんしょう

b 苦渋　① くしぶ　② にがしぶ　③ くじゅう　④ くじょう　⑤ くもん

c 終焉　① しゅうえん　② しゅうしょう　③ しゅうせい　④ しゅうちょう　⑤ しゅうじ

（立正大）

□ 9

a 語彙　① ごびゅう　② ごしゅう　③ ごか　④ ごぎ　⑤ ごい

b 意匠　① いとく　② いきん　③ いこん　④ いしょう　⑤ いく

（青山学院大）

□ 10

a 逼塞　① へいそく　② ふくそく　③ ひっそく　④ ふくさい　⑤ ふくかん

b 耽溺　① ちんじゃく　② たんじゃく　③ わくでき　④ ちんでき　⑤ たんでき

c 煩悶　① ひんもん　② ひんしん　③ はんもん　④ ほんもん　⑤ ほんしん

d 欠伸　① けっしん　② あくび　③ くしゃみ　④ けつもう　⑤ ためいき

e 打擲　① だちゃく　② ちょうちゃく　③ ちょうゆう

解答とポイント

8 a＝② b＝③ c＝①

哄笑は「大口をあけて笑うこと」。**苦渋**は「事がはかどらず、苦しみ悩むこと」。「苦渋に満ちた表情」のように用いる。**終焉**は「命の終わり。身の落ち着く所。隠居して晩年を送ること」。

9 a＝⑤ b＝④

語彙は「ある範囲の、あるいは広く一言語についての、語の総体」をいう。**意匠**は「工夫をめぐらすこと。趣向。デザイン」の意。

10 a＝③ b＝⑤ c＝③ d＝② e＝②

逼は「迫る」意。**逼塞**は「八方ふさがりになって方法のたたないこと」。**耽**は「ふけ（る）」、**溺**は「おぼ（れる）」と訓読し、**耽溺**は「夢中になって、それ以外の事を顧みないこと」。**煩悶**は「心をいため、もだえること。悩み苦しむこと」。**打擲**は「人をぶつこと。なぐること」。

④ ちょうてい　⑤ だてい　（立命館大）

11

a 敷設　① きせつ　② しきせつ　③ しっせつ　④ ふせつ　⑤ ほせつ

b 傲岸　① さくがん　② こうがん　③ ほうがん　④ ぼうがん　⑤ ごうがん

c 逐一　① たくいつ　② すいいち　③ かくいつ　④ ちくいち　⑤ とういつ

d 折衷　① せっちゅう　② せっしゅ　③ せっそく　④ せつじつ　⑤ せつり　（関西学院大）

12

a 眉間　① びかん　② びけん　③ みけん　④ みかん

b 朴訥　① ぼくとう　② ぼくとつ　③ はくのう　④ はくとう

c 凡例　① はんれい　② ばんれい　③ ぼんれい　④ ほんれい

d 定款　① ていこく　② じょうこく　③ じょうかん　④ ていかん　（産能大）

13

a 喧伝　① かんでん　② けんでん　③ こうでん　④ せんでん　⑤ そんでん

b 凋落　① しゅうらく　② しゅらく　③ しょうらく　④ ちゅうらく　⑤ ちょうらく　（中部大）

11

a＝④　b＝⑤　c＝④　d＝①

敷設は「（水道・ガス管・鉄道などを）敷くこと、設けること」。**傲岸**は「いばっていて人に頭を下げないこと」。「傲岸不遜」「傲岸無礼」という四字熟語がある。**逐一**は「順を追って、一つ残らず取り上げていくこと」。**折衷**は「複数の中からよい部分を取り出して調和させること」。「折中」とも書く。

12

a＝③　b＝②　c＝①　d＝④

眉間は「眉と眉の間、額の中央」。**朴訥**は「実直で素朴なこと」。「木訥」とも書く。**凡例**は「書物の最初にある、その本の使い方に関する箇条書き。例言（れいげん）」。**定款**は「組織・活動について定めた根本規則（を記した文面）」。

13

a＝②　b＝⑤

喧伝は「世間に言いはやし伝えること。盛んに言いふらすこと」。**凋落**は「しぼんで落ちること。また、衰えること」。

問 次の漢字の読みとして最も適当なものをそれぞれ選べ。

□ 14
a 饒舌 ①しゅうぜつ ②じょうぜつ ③じょうせつ ④しょうぜつ ⑤じゅうぜつ
b 捏造 ①あつぞう ②ねつぞう ③なつぞう ④みつぞう ⑤えつぞう
c 混淆 ①こんめい ②こんこう ③こんざい ④こんとん ⑤こんだく
d 嫌悪 ①けんあく ②けんおう ③けんあ ④けんお ⑤げんあく
（大東文化大）

□ 15
a 截然 ①しょうぜん ②たいぜん ③せつぜん ④れきぜん ⑤はんぜん
b 隠蔽 ①いんしょう ②いんじゃく ③いんとん ④いんとう ⑤いんぺい
（立正大）

□ 16
a 遂行 ①ついこう ②すいこう ③ちくこう ④しんこう
b 些細 ①しさい ②しょうさい ③ささい ④いさい
（佛教大）

□ 17
a 誤謬 ①ごびょう ②ごびゅう ③ごりょう ④ごみょう ⑤ごりゅう
b 趨勢 ①すせい ②すうせい ③すうぜい

解答とポイント

14 a=② b=② c=② d=④
饒は「あり余る」意。**饒舌**は「口数多くしゃべること。おしゃべり」。**捏造**は「本当はない事をあるかのように偽って作り上げること。でっちあげ」。**混淆**は「入り交じっていること」。「混交」とも書く。**嫌悪**は「憎みきらうこと。不愉快に思うこと」。

15 a=③ b=⑤
截然は「区別がはっきりしていること」。「さいぜん」は慣用読み。**隠蔽**は「おおいかくすこと」。

16 a=② b=③
遂行は「なしとげること」。**遂**の訓読は「つい(に)」だが、「ついこう」と読むのは誤り。**些細**は「わずかなこと」。**些**は「いささ(か)」と訓読する。

17 a=② b=②
誤謬は「間違い。誤り」。**趨勢**は「物事がこれからどうなっていくかという、ありさま」。

18 a 豊饒 ①ほうぎょう ②ほうごう ③ほうじょう ④ぶにょう
b 彷彿 ①こうひつ ②とうふく ③ほうふつ ④ぼうふつ
c 侮蔑 ①かいべつ ②ぶじょく ③ぶべつ ④まいべつ ⑤ちょうぜい ④ちょうせい （関西学院大）

19 破綻 ①はせい ②はたん ③はじょう ④はてん （拓殖大）

20 所謂 ①いわゆる ②しょせん ③いわば ④いわく ⑤さながら （大阪商業大）

21 団塊 ①だんかい ②だんかん ③だんき ④だんこん ⑤だんざん （大阪学院大）

22 庇護 ①ようご ②かいご ③えんご ④ひご ⑤ほご （文教大）

23 勤行 ①きんぎょう ②きんこう ③ごんこう ④ごんぎょう ⑤つとめ （流通経済大）

24 怨念 ①えんねん ②おんね ③こんねん ④おんねん ⑤えんね （青山学院大）

25 怯懦 ①ほうじゅ ②ほうだ ③きょうだ ④きょうじゅ （名古屋商科大）

（日本大）

---

18 a＝③ b＝③ c＝③
豊饒は「土地が肥えて、作物がよくできること。また、たくさんの財物があり、生活が豊かなこと」。**彷彿**は「見分けにくいほど、よく似ていること。ありありと思い浮かぶこと」、あるいは「ぼんやり見えること。ほのか。かすか」。**侮蔑**は「人をあなどり無視した扱いをすること」。

19 ②
破綻は「物事が、破れほころびるようにうまくいかなくなること」。

20 ①
所謂は「世にいわれている。世間でいう」の意。

21 ①
団塊は「かたまり」。

22 ④
庇護は「かばってまもること」。

23 ④
勤行は「僧侶が仏前で読経などをしながら祈ること」。

24 ④
怨念の**怨**は「うら（む）」と訓読する。

25 ③
怯懦は「臆病で気が弱いこと」。**怯**は「おびえる。ひるむ」、**懦**は「弱い」という意味がある。

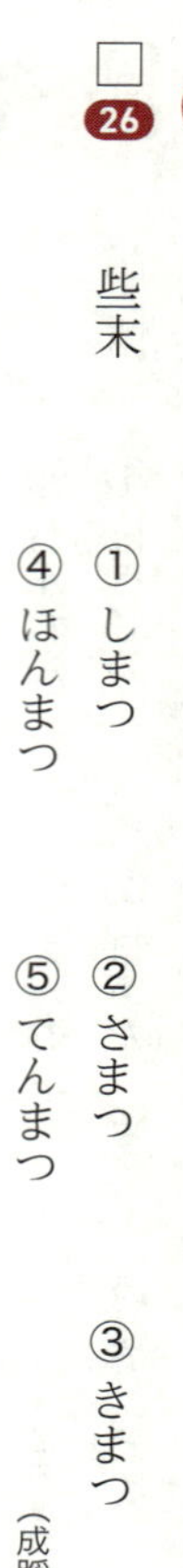

問 次の漢字の読みとして最も適当なものをそれぞれ選べ。

□ 26 些末
① しまつ ② さまつ ③ きまつ
④ ほんまつ ⑤ てんまつ （成蹊大）

□ 27 殺生
① せっしょう ② せっせい ③ さっしょう
④ さっせい ⑤ さいしょう （阪南大）

□ 28 似而非
① うそ ② にせ ③ いじひ
④ えせ （東京国際大）

□ 29 a 倦む
① うむ ② やむ ③ いむ
④ ひそむ ⑤ はさむ

b 偏り
① しこり ② たまり ③ かたより
④ へだたり ⑤ とどこおり

c 弁え
① わきまえ ② あつらえ ③ こころえ
④ そなえ ⑤ たくわえ （関西学院大）

□ 30 厭わない
① きらわない ② いとわない ③ かまわない
④ そこなわない （神奈川大）

□ 31 萎んで
① ちぢんで ② ふくらんで ③ しぼんで
④ かすんで ⑤ ほろんで （関西学院大）

□ 32 a 滔々たる
① あんあん ② とうとう ③ えきえき
④ いんいん ⑤ ようよう

b 弄する
① しょう ② ろう ③ かく

解答とポイント

26 ② **些末**は「それほど重要でないちょっとしたこと」。「瑣末」とも書く。

27 ① **殺生**は「生き物を殺すこと」。

28 ④ **似而非**は**似非**とも書く。「似て非なるもの」の意。

29 a=① b=③ c=①
倦むは「う（む）」のほかに「あぐ（む）」とも訓読する。音読は「ケン」で「倦怠」などの熟語がある。**偏**は「ヘン」と音読し「偏見」「偏向」「偏差」などの熟語がある。**弁える**は「見分ける。特に道理などを十分に心得る」こと。音読は「ベン」で「弁護」「弁論」などの熟語がある。

30 ②
厭うは「いやがる。いやがって避ける。きらう」こと。音読は「エン」で「倦厭」「厭世」などの熟語がある。

31 ③
萎は「しぼ（む）」のほかに「な（える）」とも訓読する。音読は「イ」で、「萎縮」などの熟語がある。

32 a=② b=② c=③ d=①
滔々は「水が盛んに流れるさま。話し方

④ えき　⑤ りっ

c 寧ろ　① おもむ　② ねい　③ むし　④ いち　⑤ ねんご

d 凌ぐ　① しの　② また　③ あえ　④ ひさ　⑤ かせ　（亜細亜大）

□ 33 a 紛う　① おぼ　② ちが　③ なら　④ まが　⑤ そこな

b 貶める　① な　② ほ　③ いさ　④ いやし　⑤ おとし　（山梨学院大）

□ 34 蒙り　① かかわり　② こうむり　③ たたり　④ まいり　⑤ めぐり　（中部大）

□ 35 繙く　① む　② と　③ ひもと　④ ひら　⑤ ほど　（東京国際大）

□ 36 綻びる　① ひからびる　② ひねこびる　③ ほころびる　④ ほろびる　（南山大）

□ 37 媚びる　① こびる　② せびる　③ のびる　④ よろこびる　（佛教大）

□ 38 穿ち　① たちまち　② うがち　③ まち　④ うち　⑤ たち　（法政大）

□ 39 曝されて　① ため　② さら　③ すか　④ けみ　⑤ おか　（関西学院大）

がよどみないさま」。**弄する**は「もてあそぶ」意。**寧ろ**は「いっそ。どちらかと言えば」の意。**凌ぐ**は「困難をはねのける。押し伏せる」こと。例えば、「凌駕」は「りょうが」と読み、「他のものを超えてそれ以上になること」。

33 a＝④　b＝⑤　**紛う**は「まぎらわしい状態にある」こと。「紛糾」、「紛失」などの熟語がある。**貶める**は「劣ったものとして扱う。見くだす」こと。**貶**は「けな（す）」、「さげす（む）」と訓読する場合もある。

34 ②　**蒙る**は「与えられる。受ける」の意。音読は「モウ」で、「蒙昧」「啓蒙」などの熟語がある。

35 ③　**繙く**は「本をひらいて、読む」こと。「繙読（はんどく）」という熟語がある。

36 ③　**綻びる**は「縫い目がほどける。少し開く」意。

37 ①　**媚びる**は「相手に気に入られようとしてごきげんをとる」意。

38 ②　**穿つ**は「（穴を）あける。掘る」意だが「物事や人情の隠れた真の姿に、たくみに触れる」意にも用いられる。

39 ②　**曝す**は「日にさらしてかわかす」意。音読は「バク」で「曝書」などの熟語がある。また「あば（く）」とも訓読する。

問 次のそれぞれに答えよ。

□ 40 漢字の読みで誤っているものはどれか。
①暴（あばく） ②綻（ほころびる） ③潰（つぶれる） ④拐（ゆがむ） ⑤肖（にる）
（専修大）

□ 41 漢字の訓読みで誤っているものはどれか。
①侮（あなどる） ②怠（おこたる） ③順（したがう） ④俟（たつ） ⑤悖（もとる）
（専修大）

□ 42 湯桶読みの漢字はどれか。
①丸木 ②仕方 ③苦心 ④間尺
（日本大）

□ 43 重箱読みの漢字はどれか。
①同時 ②身分 ③大幅 ④仕組み
（日本大）

□ 44 次の漢字の読みとして正しいものを選べ。
a 土筆 b 蜻蛉 c 雲雀 d 章魚 e 紙魚
①せみ ②ひばり ③ふき ④つくし ⑤つばめ ⑥くらげ ⑦とんぼ ⑧めじろ ⑨しみ ⑩たこ ⑪ひらめ ⑫ぜんまい
（日本大）

□ 45 次の熟字訓の読みをそれぞれ答えよ。
a 玄人 b 投網
（中部大）

問 次の傍線部と同じ読みの漢字を含む熟語をそれぞれ選べ。

□ 46 a 真贋を見分けられる

解答とポイント

40 ④ 拐は「かどわ（かす）」と訓読する。「金品をだまし取る。人をだましてつれ去る」意で用いられる。

41 ④ 俟は「ま（つ）」と訓読する。「待ち受ける。期待する」の意がある。悖るは「（道理などに）そむく。反する」こと。

42 ④ 湯桶（ゆトウ）読みは「訓読＋音読」。間尺は「ましゃく」と読み「割・計算」の意。

43 ④ 重箱（ジュウばこ）読みは「音読＋訓読」。身分は湯桶読み。

44 a＝④ b＝⑦ c＝② d＝⑩ e＝⑨
①「せみ」は蟬、③「ふき」は蕗、⑤「つばめ」は燕、⑥「くらげ」は海月（または水母）、⑫「ぜんまい」は薇とそれぞれ書く。

45 a＝くろうと b＝とあみ
「熟字訓」とは「文字単位でなく熟語に訓読みをあてたもの」。足袋（たび）、浴衣（ゆかた）、田舎（いなか）、蚊帳（かや）、雑魚（ざこ）などがある。

46 a＝① b＝③ c＝④ d＝③

① 頑丈　② 謹厳　③ 偽物　④ 還元　⑤ 限界

b 人の羨望の的となる

① 祈願　② 辛抱　③ 鮮明　④ 懸命　⑤ 尊大

c 危篤状態

① 昨日　② 意欲　③ 記憶　④ 人徳　⑤ 独立

d 疑似イヴェント

① 相違　② 意思　③ 時効　④ 弛緩　⑤ 化身　（山梨学院大）

□ 47 内奥　① 独特　② 郷愁　③ 尖端　④ 桜桃　⑤ 屋内　（跡見学園女子大）

□ 48 流浪　① 流麗　② 流儀　③ 流域　④ 流布　（姫路獨協大）

問 次の傍線部と読みが同じものをそれぞれ選べ。

□ 49 字面　① 面長　② 面積　③ 鼻面　④ 細面　（京都産業大）

□ 50 凝視　① 懐柔　② 暁光　③ 欺瞞　④ 概括　⑤ 具現　（東京国際大）

□ 51 構図　① 絵図　② 壮図　③ 企図　④ 雄図　⑤ 版図　（高千穂大）

□ 52 所望　① 本望　② 望見　③ 展望　④ 願望　（近畿大）

---

a＝しんがん。①がんじょう、②きんげん、③にせもの、④かんげん、⑤げんかい。**真贋**は「本物とにせ物」。b＝せんぼう。①きがん、②しんぼう、③せんめい、④けんめい、⑤そんだい。**羨望**は「うらやましく思うこと」。c＝きとく。①さくじつ、②いよく、③きおく、④じんとく、⑤どくりつ。d＝ぎじ。①そうい、②いし、③じこう、④しかん、⑤けしん。

47 ④ ないおう。①どくとく、②きょうしゅう、③せんたん、④おうとう、⑤おくない。

48 ④ るろう。①りゅうれい、②りゅうぎ、③りゅういき、④るふ。

49 ③ じづら。①おもなが、②めんせき、③はなづら、④ほそおもて。

50 ② ぎょうし。①かいじゅう、②ぎょうこう、③ぎまん、④がいかつ、⑤ぐげん。

51 ① こうず。①えず、②そうと、③きと、④ゆうと、⑤はんと。**版図**は「勢力の及ぶ範囲」。

52 ① しょもう。①ほんもう、②ぼうけん、③てんぼう、④がんぼう。

問53 □ 次の傍線部の読みをそれぞれ答えよ。

1 目をa瞬くほどの短いb瞬間

2 あのa詐欺師はいったい何人の人をb欺いたのだろう

3 昨日のa惨敗の試合は、本当にb惨めだった

4 a醜聞が続出して、彼のb醜い部分がさらけだされた

5 a信頼して彼にb頼って行けば大丈夫だ

6 a乏しい食料しかなく、苦しいb耐乏生活だった

7 a連載小説を雑誌にb載せる

8 誘惑をa拒み、すべての申し出をb拒否した

9 試験でa焦る気持ちをb焦心という （三重中京大）

問 次の漢字の読みをそれぞれ答えよ。

□ **54** 1 著す　2 浸す　3 恃む （愛知教育大）

□ **55** 1 兆し　2 嘲り　3 著しい （愛知大）

□ **56** 1 割く　2 隔てる （青森公立大）

□ **57** 1 漸く　2 弄ぶ　3 翻って （青山学院大）

□ **58** 1 与する　2 培う　3 和ませる （亜細亜大）

□ **59** 1 瀕する　2 伴う （大阪学院大）

□ **60** 1 傍ら　2 諦めて　3 淋しい　4 跳ねる （香川大）

□ **61** 1 殴る　2 覆る　3 絡む （鹿児島国際大）

□ **62** 1 適う　2 侵す　3 眺める　4 搦めて （神奈川大）

□ **63** 1 慈しみ　2 跨ぐ　3 愛でる　4 滴らせた （関西学院大）

解答とポイント

53
1 a＝またた（く）（「まばた（く）」とも）
 b＝しゅんかん
2 a＝さぎし　b＝あざむ（いた）
3 a＝ざんぱい（「さんぱい」とも）
 b＝みじ（め）
4 a＝しゅうぶん　b＝みにく（い）
5 a＝しんらい　b＝たよ（って）
6 a＝とぼ（しい）　b＝たいぼう
7 a＝れんさい　b＝の（せる）
8 a＝こば（み）　b＝きょひ
9 a＝あせ（る）　b＝しょうしん

54 1＝あらわ　2＝ひた　3＝たの

55 1＝きざ　2＝あざけ　3＝いちじる

56 1＝さ　2＝へだ

57 1＝ようや　2＝もてあそ　3＝ひるがえ

58 1＝くみ　2＝つちか　3＝なご

59 1＝ひん　2＝ともな

60 1＝かたわ　2＝あきら　3＝さび　4＝は

61 1＝なぐ　2＝くつがえ　3＝から

62 1＝かな　2＝おか　3＝なが　4＝から

63 1＝いつく　2＝また　3＝め　4＝したた

64 □ 1 編む 2 専ら 3 予め 4 抱える （岐阜大）

65 □ 1 喋る 2 具える 3 快い 4 歪んだ （京都教育大）

66 □ 1 微か 2 滲みた （京都産業大）

67 □ 1 甦る 2 労る （釧路公立大）

68 □ 1 与る 2 弛める 3 施す 4 被われる （熊本県立大）

69 □ 1 窺い 2 促される 3 孕む 4 抗い （甲南大）

70 □ 1 顧みる 2 潜む 3 紡ぐ （埼玉大）

71 □ 1 挑み 2 嚙んで 3 緩み 4 醸しだす （札幌学院大）

72 □ 1 長けて 2 逸る 3 蓋し （成蹊大）

73 □ 1 脅え 2 怠る 3 蔑む 4 葬られる （成城大）

74 □ 1 綴られ 2 刷りこまれて （聖徳大）

75 □ 1 倣った 2 育まれた （西南学院大）

76 □ 1 澱んだ 2 俄に 3 陥る 4 否めない （高崎経済大）

77 □ 1 免れる 2 凝った （玉川大）

78 □ 1 慕う 2 睨む 3 装い 4 疎い （千葉大）

79 □ 1 露わ 2 企て 3 損なう （中央大）

80 □ 1 掲げる 2 掬いとられる 3 遍く （津田塾大）

81 □ 1 溢れる 2 瞠る 3 妨げる 4 佇む （東京経済大）

82 □ 1 崇めて 2 剝ぎとる （獨協大）

83 □ 1 殊に 2 遮る 3 惑わす 4 弾んだ （長崎大）

84 □ 1 暫く 2 繕い 3 捉えなおし （南山大）

---

64 1＝あ 2＝もっぱ 3＝あらかじ 4＝かか

65 1＝しゃべ 2＝そな 3＝こころよ 4＝ゆが

66 1＝かす 2＝し

67 1＝よみがえ 2＝いたわ

68 1＝あずか 2＝ゆる 3＝ほどこ 4＝おお

69 1＝うかが 2＝うなが 3＝はら 4＝あらが

70 1＝かえり 2＝ひそ 3＝つむ

71 1＝いど 2＝か 3＝ゆる 4＝かも

72 1＝た 2＝はや 3＝けだ

73 1＝おび 2＝おこた 3＝さげす 4＝ほうむ

74 1＝つづ 2＝す

75 1＝なら 2＝はぐく

76 1＝よど 2＝にわか 3＝おちい 4＝いな

77 1＝まぬか（まぬが） 2＝こ

78 1＝した 2＝にら 3＝よそお 4＝うと

79 1＝あら 2＝くわだ 3＝そこ

80 1＝かか 2＝すく 3＝あまね

81 1＝あふ 2＝みは 3＝さまた 4＝たたず

82 1＝あが 2＝は

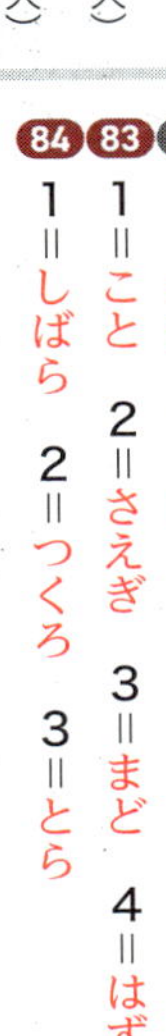

83 1＝こと 2＝さえぎ 3＝まど 4＝はず

84 1＝しばら 2＝つくろ 3＝とら

問 次の漢字の読みをそれぞれ答えよ。

□ 85 1 顕わ　2 赴く　3 携わる　4 煽る　（名古屋大）

□ 86 1 貪って　2 買い漁る　（日本女子大）

□ 87 1 統べる　2 担う　3 厳か　4 懇ろ　（日本大）

□ 88 1 潤い　2 遂げる　3 雇う　4 浸かった　（弘前大）

□ 89 1 幾つか　2 捧げる　3 呈する　（防衛大学校）

□ 90 1 操る　2 辿る　（法政大）

□ 91 1 唱えた　2 囚われる　（北星学園大）

□ 92 1 崩す　2 遡る　3 直ちに　（北海学園大）

□ 93 1 滑らか　2 僅か　3 掠める　4 漱ぎ　（明治大）

□ 94 1 唆し　2 疎ら　（流通経済大）

□ 95 1 驕り　2 象る　3 聳える　4 昂ぶり　（立教大）

□ 96 1 委ねる　2 撒く　（立命館大）

□ 97 1 頷く　2 恭しく　3 逸らす　4 賄える　（琉球大）

□ 98
1 漂わせ　（愛知学院大）　2 臨む　（桜美林大）
3 搾る　（岡山商科大）　4 咎め　（小樽商科大）
5 惹かれる　（尾道大）　6 憤る　（京都女子大）
7 奏でる　（高知大）　8 巡る　（国士舘大）
9 募る　（滋賀県立大）　10 鈍さ　（園田学園女子大）
11 耽る　（都留文科大）　12 虚しい　（富山大）
13 滞る　（名古屋市立大）　14 窮める　（福岡女子大）

解答とポイント

85 1＝あら　2＝おもむ　3＝たずさ　4＝あお

86 1＝むさぼ　2＝か（い）あさ

87 1＝す　2＝にな　3＝おごそ　4＝ねんご

88 1＝うるお　2＝と　3＝やと　4＝つ

89 1＝いく　2＝ささ　3＝てい

90 1＝あやつ　2＝たど

91 1＝とな　2＝とら

92 1＝くず　2＝さかのぼ　3＝ただ

93 1＝なめ　2＝わず　3＝かす　4＝すす

94 1＝そそのか　2＝まば

95 1＝おご　2＝かたど　3＝そび　4＝たか

96 1＝ゆだ　2＝ま

97 1＝うなず　2＝うやうや　3＝そ　4＝まかな

98
1＝ただよ　2＝のぞ
3＝しぼ　4＝とが
5＝ひ　6＝いきどお
7＝かな　8＝めぐ
9＝つの　10＝にぶ
11＝ふけ　12＝むな
13＝とどこお　14＝きわ

15 卑しい（北陸大）

16 研ぐ（北海道教育大）

問 次の傍線部の読みをそれぞれ答えよ。

99
1 素人を集めてきて
2 歪曲する事なく（愛知大）

100
1 そうした把握の萌芽
2 暁にまで至り
3 混沌としている
4 戦慄させた（愛知教育大）

101
1 範疇に属している
2 読者の挙措は（愛知県立大）

102
1 単純な発想とは訣別し、
2 両者を結び付ける絆
3 寡黙な乏しい言語
4 亡骸が運び込まれた
5 衆生を導く
6 なくてもかまわない代物
7 ゆうべの懊悩のつづき
8 直接に対峙する
9 ルールの遵守が不可欠
10 日頃の怠惰は（青山学院大）

103
1 感動と会得
2 一日の量を撒布する（亜細亜大）

104
1 遺棄の自覚
2 血眼になって（岩手大）

105
1 滅亡を必至ならしむる
2 人類の緩慢（大分大）

106
1 償いなき謝罪は偽善であり
2 吟味（大阪学院大）

107
1 横臥している自分の身体
2 利害が一致している建前だった
3 きわめて頻繁な叙述
4 斎戒沐浴して衣冠束帯を着用し
5 遺したものは厖大だった
6 大量殺戮（大阪産業大）

108
1 快適な生活を謳歌できる
2 自然淘汰（大阪府立大）

109
1 常に妥当するとは限らない
2 抽出して集めてみる（岡山商科大）

110
1 敬虔な引きしまった気持ち
2 暗澹たる気持ち（香川大）

15＝いや　16＝と

99　1＝しろうと　2＝わいきょく

100　1＝ほうが　2＝あかつき　3＝こんとん　4＝せんりつ

101　1＝はんちゅう　2＝きょそ
挙措は「立ち居振る舞い」。

102　1＝けつべつ　2＝きずな　3＝かもく　4＝なきがら　5＝しゅじょう　6＝しろもの　7＝おうのう　8＝たいじ　9＝じゅんしゅ　10＝たいだ

103　1＝えとく　2＝さっぷ（「さんぷ」は慣用読み）

104　1＝いき　2＝ちまなこ

105　1＝ひっし　2＝かんまん

106　1＝ぎぜん　2＝ぎんみ

107　1＝おうが　2＝たてまえ　3＝ひんぱん　4＝もくよく　5＝ぼうだい　6＝さつりく

108　1＝おうか　2＝とうた

109　1＝だとう　2＝ちゅうしゅつ

110　1＝けいけん　2＝あんたん

問 次の傍線部の読みをそれぞれ答えよ。

111 1 出発前の疲労困憊　2 長い読経に耐えなければ
3 清冽な泉が湧いている　4 変化と、騒音と、艱難との中で
5 団扇ばかりは　6 輪廻の思想 （大谷大）

112 1 便益を享受する　2 克己心とか自制心とか
3 徹底的に物を蒐集した　4 人為的建造物 （関西学院大）

113 1 日和下駄をはいていた　2 草履を柵のそとへ放り投げ
3 個体間に軋轢が生じる　4 境内を歩いた （関東学園大）

114 1 生まれたばかりの嬰児　2 垂直の脊柱
3 惨憺たる状態　4 領事裁判権の撤廃 （岐阜大）

115 1 一般人民の安寧福祉　2 一同は喝采した
3 建築の立面が稀薄である　4 俗世からの解脱
5 天賦の機能　6 帰依すればよい （京都産業大）

116 1 心理的関係の親疎によって　2 厭世思想 （久留米大）

117 1 私の不精を知っている　2 本音を我慢し （皇學館大）

118 1 叱責するが　2 会釈なしに （甲南女子大）

119 1 運命は捨象されてしまった　2 風情、わび、さび
3 高邁な自然保護的思想　4 挙句の果てに （甲南大）

120 1 放逐されなければならない　2 互いに匿名の （埼玉大）

121 1 招聘の話が出ながら　2 唾棄すべきオプティミズム
3 昂然と決意を述べる　4 その従容とした態度 （札幌大）

解答とポイント

111 1＝こんぱい　2＝どきょう　3＝せいれつ　4＝かんなん　5＝うちわ　6＝りんね

112 1＝きょうじゅ　2＝こっきしん　3＝しゅうしゅう　4＝じんい

113 1＝ひよりげた　2＝ぞうり　3＝あつれき　4＝けいだい

114 1＝えいじ　2＝せきちゅう　3＝さんたん　4＝てっぱい

115 1＝あんねい　2＝かっさい　3＝きはく　4＝げだつ　5＝てんぷ　6＝きえ

116 1＝しんそ　2＝えんせい

117 1＝ぶしょう　2＝ほんね

118 1＝しっせき　2＝えしゃく

119 1＝しゃしょう　2＝ふぜい　3＝こうまい　4＝あげく

高邁は「志が高く、抜きんでていること」。

120 1＝ほうちく　2＝とくめい

121 1＝しょうへい　2＝だき　3＝こうぜん　4＝しょうよう

122
1 私は愕然とした
2 横顔の恰好にも慣れて
3 廃仏毀釈の思想
4 肝胆相照らす機会
5 容易に超克可能な
6 屹立していた（札幌学院大）

123
1 おさえがたい哀惜の念
2 浅薄に解釈され（信州大）

124
1 儀礼用の衣裳
2 最も透徹した理解
3 寡占しようとする国家
4 ほとんど剝離された（成城大）

125
1 平凡な市井の人間
2 畏敬の念（西南学院大）

126
1 誇りを満喫したかった
2 その精緻な発達（玉川大）

127
1 句と詩に翻弄されて
2 職人の巧緻によって
3 労働者の不当な解雇
4 流布の様式によって
5 群衆を凌駕してしまう
6 不粋なことだ（千葉大）

128
1 膨大な富を生み出す
2 累積しはじめる（中央大）

129
1 書き入れたり添削したりして
2 出鱈目であった（中京大）

130
1 思わず覚える安堵感
2 街の界隈（津田塾大）

131
1 辛辣で的確なことを言う
2 西国行脚のはじめに（都留文科大）

132
1 一切を排斥しようとする
2 そういうものを払拭した末に
3 無償のそれであろうと
4 ルールを逸脱し（帝塚山大）

133
1 漂泊と孤独の生活
2 他の追随を許さない
3 中国の文化の爛熟
4 枯淡の境地（東京経済大）

134
1 意志決定に参画し
2 性質や頻度がよく似てくる
3 自己の衷心からの声
4 文明を昂進する（東北学院大）

122
1＝がくぜん　2＝かっこう
3＝きしゃく　4＝かんたんあいて
5＝ちょうこく　6＝きつりつ
肝胆相照らすは「心の底まで打ち明けて親しくつきあう」こと。

123
1＝あいせき　2＝せんぱく

124
1＝いしょう　2＝とうてつ
3＝かせん　4＝はくり

125
1＝しせい　2＝いけい

126
1＝まんきつ　2＝せいち

127
1＝ほんろう　2＝こうち
3＝かいこ　4＝るふ
5＝りょうが　6＝ぶすい

128
1＝ぼうだい　2＝るいせき

129
1＝てんさく　2＝でたらめ

130
1＝あんど　2＝かいわい

131
1＝しんらつ　2＝あんぎゃ

132
1＝はいせき　2＝ふっしょく
3＝むしょう　4＝いつだつ

133
1＝ひょうはく　2＝ついずい
3＝らんじゅく　4＝こたん

134
1＝さんかく　2＝ひんど
3＝ちゅうしん　4＝こうしん

問　次の傍線部の読みをそれぞれ答えよ。

135
1 余りに繊細で　2 人を畏怖させない（東海大）

136
1 代替され、そして混同される　2 残る痕跡
3 この一帯に棲息している　4 公共の紐帯を保つ（名古屋大）

137
1 人間は否応なく孤独となる　2 流石のデカルトも
3 執拗に策動する　4 悪辣さが強調され
5 文化の記憶を瓦解させよう　6 文学精神の不逞の自信
7 われわれを眩惑する　8 隘路を通らねばならぬ（南山大）

138
1 一矢を報いる　2 円への投資を喚起する
3 責任を糾弾しなければ　4 大臣も長官も更迭された
5 傲慢な態度が嫌われる　6 祭りの準備で注連縄を張る
7 相殺された　8 山車をくり出す
9 源泉徴収票　10 話の辻褄が合わない
11 彼は篤学の士といわれた　12 手続きが煩雑である
13 天下りを抑制する　14 寄席に通う（日本大）

139
1 頼りなく曖昧で　2 贅沢ななかで育てられた
3 外側から丁重に扱われる　4 咄嗟に頭を隠した（日本福祉大）

140
1 前時代の残滓の打破　2 世界を知悉している
3 書籍にふかく通暁する　4 握手や抱擁
5 骨董的題目として閑却され　6 公孫樹の木（広島修道大）

141
1 原始的な無垢の状態　2 至極当然のこと（佛教大）

解答とポイント

135
1＝せんさい　2＝いふ

136
1＝だいたい　2＝こんせき
3＝せいそく　4＝ちゅうたい
紐帯は「ひもとおび」。転じて「（社会を形作る）結びつき」の意。

137
1＝いやおう　2＝さすが
3＝しつよう　4＝あくらつ
5＝がかい　6＝ふてい
7＝げんわく　8＝あいろ

138
1＝いっし　2＝かんき
3＝きゅうだん　4＝こうてつ
5＝ごうまん　6＝しめなわ
7＝そうさい　8＝だし
9＝ちょうしゅう　10＝つじつま
11＝とくがく　12＝はんざつ
13＝よくせい　14＝よせ

139
1＝あいまい　2＝ぜいたく
3＝ていちょう　4＝とっさ

140
1＝ざんし（「ざんさい」は慣用読み）
2＝ちしつ　3＝つうぎょう　4＝ほうよう
5＝こっとう　6＝いちょう

141
1＝むく　2＝しごく

□ 142
1 呆然と立っている　2 罫紙を一枚持ち出して（福岡教育大）

□ 143
1 後輩として律儀でもあった　2 夭折（北海道教育大）

□ 144
1 建立寄進した　2 竣工したばかり
3 成就もし破壊もする　4 鬱積した辛さ（宮崎大）

□ 145
1 揶揄嘲笑の意味　2 如実に示している
3 現代日本に蔓延している　4 鷹揚にかまえて（明治大）

□ 146
1 殆ど貪欲とも言いたい　2 凹凸と陰翳（明治学院大）

□ 147
1 立候補を慫慂される　2 人格を陶冶する（名城大）

□ 148
1 訃報を聞く　2 深い失意と寂寥
3 慇懃なことばのやりとり　4 詮索して
5 牽引力が働く　6 荒唐無稽である
7 自己欺瞞を生む　8 モノローグだけが氾濫した
9 トカイという雑駁な泥沼　10 傲慢さや自己憐憫（立教大）

□ 149
1 身体的な所作　2 示唆する（立命館大）

□ 150
1 閲覧する（青森公立大）　2 一つの額縁（小樽商科大）
3 テクストの齟齬（尾道大）　4 恣意的に解釈（釧路公立大）
5 日常の糧にし（高知大）　6 涵養された（静岡文化芸術大）
7 横溢させる様式（京都教育大）　8 希有な業績（高崎経済大）

□ 151
1 由来　2 相貌　3 亀裂（甲南大）

□ 152
1 仮病　2 由緒　3 真紅　4 遊説　5 緑青
6 疾病　7 為替　8 雪崩（鎌倉女子大）

142
1＝ぼうぜん　2＝けいし

143
1＝りちぎ　2＝ようせつ

144
1＝こんりゅう　2＝しゅんこう
3＝じょうじゅ　4＝うっせき

145
1＝やゆ　2＝にょじつ
3＝まんえん　4＝おうよう
鷹揚は「目先のことにとらわれずゆったりしていること」。

146
1＝どんよく　2＝おうとつ

147
1＝しょうよう　2＝とうや

148
1＝ふほう　2＝せきりょう
3＝いんぎん　4＝せんさく
5＝けんいん　6＝こうとうむけい
7＝ぎまん　8＝はんらん
9＝ざっぱく　10＝れんびん

149
1＝しょさ　2＝しさ

150
1＝えつらん　2＝がくぶち
3＝そご　4＝しい
5＝かて　6＝かんよう
7＝おういつ　8＝けう
涵養は「少しずつ養い育てること」。

151
1＝ゆらい　2＝そうぼう　3＝きれつ

152
1＝けびょう　2＝ゆいしょ　3＝しんく
4＝ゆうぜい　5＝ろくしょう
6＝しっぺい　7＝かわせ　8＝なだれ

第1章

2 漢字の意味・用法に関するもの

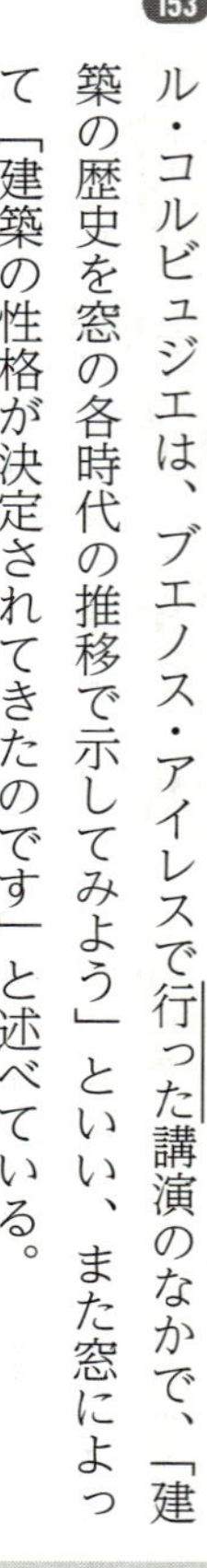

問 **傍線部と同じ意味を持つものをそれぞれ一つ選べ。**

□ 153 ル・コルビュジエは、ブエノス・アイレスで行った講演のなかで、「建築の歴史を窓の各時代の推移で示してみよう」といい、また窓によって「建築の性格が決定されてきたのです」と述べている。

〈柏木博『視覚の生命力――イメージの復権』〉（共通テスト）

① 行シン　② 行レツ　③ リョ行　④ リ行

□ 154 景色を望むには、むしろそれを限定しなければならない。思い切った判断によって選別しなければならないのだ。

〈柏木博『視覚の生命力――イメージの復権』〉（共通テスト）

① ホン望　② ショク望　③ テン望　④ ジン望

□ 155 「物事の成り行きを知っておきたいという欲望」とを挙げている。

〈北川東子「歴史の必然性について――私たちは歴史の一部である」〉（共通テスト追試）

① 挙シキ　② カイ挙　③ レッ挙　④ 挙ドウ

□ 156 そしてその一部でしかないものについてどう関わるべきなのだろうか。

〈北川東子「歴史の必然性について――私たちは歴史の一部である」〉（共通テスト追試）

① ナン関　② 関チ　③ 関モン　④ ゼイ関

解答とポイント

153 ④ **行った**は「おこなう」意で④**履行**（取り決めたことを実際に行うこと）が正解。①行進は「行く・進む」意、②行列は「ならび・ならぶ」意、③旅行は「旅」の意。

154 ③ **望む**は「遠くを眺める・見渡す」意で、③**展望**（遠くの景色などを眺め見渡すこと）が正解。①本望、②嘱望は「願う・期待する」意。④人望は「ほまれ・名声」の意。

155 ③ **挙げる**は「並べ立てる」意で、③**列挙**（並べ上げること）が正解。①挙式、②快挙、④挙動は「行う・行い」の意。

156 ② **関わる**は「かかわりあずかる」意で、②**関知**（あることに関してあずかり知ること）が正解。①難関、③関門、④税関は「関門・関所」の意。

問 157 傍線部とは異なる意味を持つものをそれぞれ一つ選べ。

人間は、微生物の集合住宅でもあります。その微生物たちがあなたを襲い、あなたのなかにある繊維を発酵させます。

〈藤原辰史『食べるとはどういうことか』〉（共通テスト）

①ヤ襲　②セ襲　③キ襲　④ライ襲

問 158 食べものは、生きものの死によって、つぎの生きものに生を与えるバトンリレーである。

〈藤原辰史『食べるとはどういうことか』〉（共通テスト）

①キョウ与　②ゾウ与　③カン与　④ジュ与

問 159 傍線部の漢字の意味として正しいものをそれぞれ一つ選べ。

a 必ずしもディヒターの案が革新的だったわけではない。

①明らかにする　②あらためる　③正す　④置きかえる　⑤強調する

b 一九五〇年代になってようやく、便利さは両刃の剣になりうることが問題となりディヒターの提案が画期的なものとして業界内で受け入れられたのではないだろうか。

〈久野愛『視覚化する味覚』〉（法政大）

①まねる　②おおう　③取り組む　④くぎる　⑤借りる

---

157 ②

襲いは「不意に攻める・襲撃する」意で、①夜**襲**、③奇**襲**、④来**襲**の**襲**はこの意味。②世**襲**（その家の財産などを子孫が代々受け継ぐこと）は「つぐ・受け継ぐ」意で、異なる意味は②。

158 ③

①供**与**、②贈**与**、④授**与**の**与**はいずれも「与える」意。③関**与**の**与**は「関係する。あずかる・かかわる」意で、異なる意味は③。

159 a=② b=④

革新は「制度などを改めて新しくすること」。**革**は「改める」意。**画期**は「それまでになかったことをして新しい時代として区切られること」。**画**は「くぎる」意。

3 漢字の書き取りに関するもの

問 次の熟語のカタカナを漢字に直したとき、一つだけ異なる漢字を用いるものをそれぞれ選べ。

□ 160 ①フク習　②フク命　③回フク　④フク写　⑤報フク　（東海大）

□ 161 ①散マン　②自マン　③緩マン　④マン性　⑤怠マン　（東海大）

問 次の傍線部にあてはまる漢字をそれぞれ選べ。

□ 162 a 合理化をハカる　b 審議会にハカる　c 悪事をハカる　d ハカり売り
①諮　②図　③測　④量　⑤謀　（帝京大）

□ 163 a 時世にアう　b 忍びアう　c 立ちアう　d 難にアう　e 話しアう
①会　②合　③逢　④遭　⑤遇　（中央学院大）

□ 164 a 笑顔でサービスにツトめる。　b 委員会の議長をツトめる。　c 会社にツトめて二十年になる。
①努　②任　③勤　④務　⑤励　（四天王寺国際仏教大）

□ 165 a 農家には酪農をカンショウしたい。
①干渉　②鑑賞　③緩衝　④勧奨

解答とポイント

160 ④
①復習、②復命、③回復、④複写、⑤報復

161 ①
①散漫、②自慢、③緩慢、④慢性、⑤怠慢

162 a＝② b＝① c＝⑤ d＝④
量るは「容積・重さ」、**測る**は「高さ・長さ」などに用いる。**図る**は「意図する」意。**謀る**は「策略をめぐらす」意。

163 a＝⑤ b＝③ c＝① d＝④ e＝②
遭うは「好ましくないものが来て一緒になること」。

164 a＝① b＝④ c＝③

165 a＝④ b＝②
勧奨は「積極的に勧めること、奨励」。
促成は「人の手を加えて早く生成させる

b　ソクセイ栽培の技術を開発せよ。
①速成　②促成　③即製　④即勢
（北星学園大）

166
a　ヘイコウ感覚を失って階段をふみはずした。
①並行　②並衡　③平行　④平衡
b　受けた損害はホショウしてもらいます。
①保証　②保障　③補証　④補償
（産能大）

問　次の傍線部と同じ漢字を用いるものをそれぞれ選べ。

167
a　絶対的な規ハンとして外部的・他者的に位置づけられて
①ハン栄を築く　②ハン断に苦しむ
③無料でハン布する　④空手の師ハンになる
b　「外国」が国家の輪カクをはっきりとした形にしていった。
①念入りにカク策する　②組カクが発表される
③外カク団体を作る　④カク壁を取り除く
（日本大）

168
a　豊かなドウサツ力と端正な文章
①誘ドウ　②ドウ窟　③ドウ胞　④ドウ態　⑤青ドウ
b　暗い思いにカられる
①ク形　②ク域　③ク徳　④ク除　⑤ク養
c　ジンソクな対応作り
①ジン大　②肝ジン　③凶ジン　④獅子奮ジン
⑤灰ジン
（山梨学院大）

こと」。促成の対義語は「抑制」。

166
a＝④　b＝④
保証は「大丈夫とうけあうこと」。「保証人」「保証書」などで用いる。保障は「保護して危害がないようにすること」。「安全保障」「社会保障」などで用いる。補償は「損害・費用などを補い、償うこと」。

167
a＝④　b＝③
a＝規範。①繁栄、②判断、③頒布、④師範。b＝輪郭。①画策、②組閣、③外郭、④隔壁。規範は「行動、判断のよりどころとなる手本や規準」。「軌範」とも書く。

168
a＝②　b＝④　c＝④
a＝洞察力。①誘導、②洞窟、③同胞、④動態、⑤青銅。b＝駆（られる）。①矩形（句形）、②区域、③功徳、④駆除、⑤供養。c＝迅速。①甚大、②肝心（腎）、③凶刃、④獅子奮迅、⑤灰燼。獅子奮迅（ししふんじん）は「ししが荒れ狂ったように、すばらしい勢いで奮闘する様子」。灰燼（かいじん）は「灰と燃えさし」。「灰燼に帰する」（火事で焼けてしまってあとかたもなくなる）のように用いる。

問 次の傍線部と同じ漢字を用いるものをそれぞれ選べ。

□169 父母たちを軸として老人と孫とがタイショウ性をなしていた。
①あれを前にしたときの老人と孫の表情は非常にタイショウ的だった。
②老人と孫とが、川をはさんでタイショウとなる位置に立っている。
③老人も孫も、どちらもこの賞のタイショウ年齢からは外れている。
④老人と孫とが、同じタイショウを写生している。
⑤そもそも老人と孫では、比較タイショウするには年齢差がありすぎる。
（関東学院大）

□170 a グウハツ的にではなく、定常的に得られなくてはならない
①待グウ　②一グウ　③グウ話　④配グウ者
b 一般的な規範のテンケイ的な一部
①テン加　②テン拠　③テン開　④テン覆
（早稲田大）

□171 a 考えてみることを百パーセントホウキしてしまっていた
①注意をカンキする　②リンキ応変な対処　③キハンを示す
④論理的キケツ　⑤控訴をキキャクする
b 感覚に促されて体が作品に近づく動きをみずからモサクする
①作文をテンサクする　②サクインを引いて調べる
③問題へのタイサクを立てる　④サッカクによる誤認だった
⑤サクジツはありがとうございました
（明海大）

問 次の傍線部と同じ漢字を用いるものをそれぞれ選べ。

解答とポイント

169 ②
例文は「父母たちを軸として」いるので「対称」。対称は「物と物との間に対応があり、つり合っていること」。①・⑤は対照、③・④はともに対象。対照は「ある物・事を他と照らし合わせ、つき比べること」。対象は「精神活動が向けられるもの。目標。相手」の意。

170 a＝④　b＝②
a＝偶発。①待遇、②一隅、③寓話、④配偶者。偶発は「ものごとが偶然のきっかけで起こること」。b＝典型。①添加、②典拠、③展開、④転覆。

171 a＝⑤　b＝②
a＝放棄。①喚起、②臨機、③規範、④帰結、⑤棄却。棄却は「取り上げずに捨てること」だが、法律用語としては「裁判所が申し立てをしりぞけること」の意。b＝模索。①添削、②索引、③対策、④錯覚、⑤昨日。模索は「手探りで探すこと」。暗中模索という四字熟語がある。

□ 172 蓄財や収集癖も、イゼンとして事物とのつながりを残している点で、

①イリョクを発揮する　②アンイな考え

③現状をイジする　④法律にイキョする

⑤事のケイイを説明する

（センター試験）

□ 173 重力のはたらかない空間に自分の体を置いてみるというカクウの設定

①原料をカコウする　②負傷者をタンカにのせる

③外出をキョカする　④商品のカカクを調べる

⑤病状のケイカをみる

（センター試験）

□ 174 伝えるべき内容のカクトクにさきだって、

①畑の麦をシュウカクする　②敵をイカクして攻撃する

③政治カイカクに着手する　④ここはホカク禁止区域だ

⑤イベントをキカクする

（センター試験追試）

□ 175 農村における過剰人口もとうとうコカツしてしまった。

①経済にカツリョクを与える　②勝利をカツボウする

③大声でイッカツする　④説明をカツアイする

⑤ホウカツ的な議論を行う

（センター試験）

□ 176 このようなコンテクストを生み出すうえで絶大な効果をハッキする。

①キジョウの空論　②キを一にする

③オーケストラをシキする　④コッキを掲揚する

⑤キに乗じる

（センター試験）

---

172 ④

依然。①威力、②安易、③維持、④依拠、⑤経緯。

依然は「ある状態が変化せずに続くさま」。

173 ②

架空。①加工、②担架、③許可、④価格、⑤経過。

架空は「想像によって作り上げること」。

174 ④

獲得。①収穫、②威嚇、③改革、④捕獲、⑤企画。

獲得は「努力して手に入れること」。

175 ②

枯渇。①活力、②渇望、③一喝、④割愛、⑤包括。

枯渇は「水がかれること。ものが尽きてなくなること」。

176 ③

発揮。①机上、②軌、③指揮、④国旗、⑤機。

発揮は「もっている能力・特性・素質などを十分に働かせること」。

問　次の傍線部と同じ漢字を用いるものをそれぞれ選べ。

□ 177 特に聴覚をキンチョウさせようと試みなくても、
① 勢力のキンコウが破れる　② 心のキンセンにふれる
③ 鮎釣りがカイキンされる　④ 著書をキンテイする
⑤ キンミツに連絡をとる
（センター試験）

□ 178 口述性の復権が最もケンチョに意識された
① ケンアクな雰囲気だ　② ケンジツに生きる
③ ケンシン的に仕える　④ ケンビ鏡で見る
⑤ 費用をケンヤクする
（センター試験）

□ 179 生活費にも事欠くほど貧乏しながらケンメイに清らかな作品を書き続けた
① 鉄棒でケンスイをする　② 生命ホケンに入る
③ 社員をハケンする　④ ケンシン的に看病する
⑤ 昼夜ケンコウで働く
（センター試験）

□ 180 自らのカコクな運命に抗して強靱な意志力をもって一生を闘い続けた
① 深山ユウコクに分け入る　② 図をコクメイに描く
③ イッコクを争う　④ 肉体をコクシする
⑤ 豊かなコクソウ地帯
（センター試験）

□ 181 オニのからだとほとんどコウサクするようにしながら、
① サクジツの失敗を反省する　② サクイ的に文章を改変する
③ 冒頭の一文をサクジョする　④ 事典のサクインを活用する

解答とポイント

177 ⑤
緊張。①均衡、②琴線、③解禁、④謹呈、⑤緊密。
緊張は「引きしまってゆるみのないこと」。対義語は「弛緩」。

178 ④
顕著。①険悪、②堅実、③献身、④顕微、⑤倹約。
顕著は「はっきり目立つさま」。

179 ①
懸命。①懸垂、②保険、③派遣、④献身、⑤兼行。
懸命は「力を尽くしてがんばること」。
兼行は「休むことなく急いで行うこと。二つ以上のことを同時に行うこと」。

180 ④
過酷。①幽谷、②克明、③一刻、④酷使、⑤穀倉。

過酷は「条件などが厳しすぎるさま」、苛酷は「むごく激しいさま」。「過酷な試練」、「苛酷な刑罰」のように用いる。

181 ⑤
交錯。①昨日、②作為、③削除、④索引、⑤錯誤。
交錯は「いくつものものが入り交じるこ

⑤ 試行サクゴを経て成功する

（センター試験）

182 偶然のタンサクで、そうした信号をひろいだすのはむずかしい。

① サクヤの出来事を思い出す　② 作文をテンサクする
③ アッサク空気の力を使う　④ 百科事典のサクインをひく
⑤ 予算案をサクテイする

（センター試験）

183 人間は環境とのセッショウの中で新たな戦略を手に入れた。

① 依頼をショウダクする　② 事実をショウサイに調べる
③ 意見がショウトツする　④ 外国とコウショウする
⑤ 作業工程のショウリョク化をはかる

（センター試験）

184 ピアニストがセンサイな音楽を紡ぎ出している光景

① 選手センセイをする　② 左方向にセンカイする
③ シンセンな魚介類　④ ガスのモトセンをしめる
⑤ 食物センイを摂取する

（センター試験）

185 記譜法の発明にタンを発する

① タンテキな表現　② タンネンに調べる
③ 心身をタンレンする　④ 真理をタンキュウする
⑤ セイタン百年を祝う

（センター試験）

186 感覚刺激を求める聴き方が、（中略）「真面目」な聴き方をクチクする。

① チクイチ報告する　② 家屋をゾウチクする
③ チクサン業に従事する　④ ハチクの勢い
⑤ チョチクを奨励する

（センター試験）

と」。

182 ④

探索。①昨夜、②添削、③圧搾、④索引、⑤策定。
探索は「さぐり求めること。探して調べること」。

183 ③

折衝。①承諾、②詳細、③衝突、④交渉、⑤省力。
折衝は「利害の一致しない相手とかけひきをして問題の解決を図ること」。

184 ⑤

繊細。①宣誓、②旋回、③新鮮、④元栓、⑤繊維。
繊細は「か細く優美なさま。感情・感覚などがこまやかなこと」。

185 ①

端。①端的、②丹念、③鍛錬（練）、④探究、⑤生誕。
端は「もののはじまり。いとぐち。きっかけ」。

186 ①

駆逐。①逐一、②増築、③畜産、④破竹、⑤貯蓄。
駆逐は「敵するもの、邪魔をするものを追い払うこと」。

問 次の傍線部と同じ漢字を用いるものをそれぞれ選べ。

187 絵に心を奪われていることが意識された瞬間、そうした忘我的なトウスイはかき消え、

①飛行機のトウジョウ券　②議論がフットウする
③トウベンを求められる　④亡き人をアイトウする
⑤恩師からクントウを受ける　（センター試験）

188 一服の茶をバイカイとして、

①野菜をサイバイする　②バイショウ責任を求める
③実験にショクバイを用いる　④バイシン員に選ばれる
⑤興味がバイカする　（センター試験）

189 異なる意味や価値を帯びた「場所性」が空間からハイジョされ、

①すぐれた人材がハイシュツする　②少数意見をハイセキしない
③フハイした社会を浄化したい　④ハイシン行為の責任を問う
⑤優勝してシュクハイをあげる　（センター試験）

190 人工照明の発達がそれにハクシャをかける。

①ハクリョクに欠ける　②ハクジョウな態度をとる
③ハクシュを送る　④ハクシキを誇る
⑤ハクジョウさせられる　（センター試験）

191 街は私から遠のき、ヘイバンになってしまい、

①話題のサイバンを傍聴する　②カンバンに偽りがある
③ゲンテイバンの写真集を買う　④合唱のバンソウをする

解答とポイント

187 ⑤ 陶酔。①搭乗、②沸騰、③答弁、④哀悼、⑤薫陶。
陶酔は「心を奪われて、その境地に浸ること」。**薫陶**は「すぐれた徳で人を感化し、育て上げること」。

188 ③ 媒介。①栽培、②賠償、③触媒、④陪審、⑤倍加。
媒介は「二つのものの間にあって、両者の仲立ちをすること」。**陪審**は「裁判で、一般の市民が審理に参加すること」。

189 ② 排除。①輩出、②排斥、③腐敗、④背信、⑤祝杯。
排除は「押しのけて、そこからのぞくこと」。**背信**は「信頼を裏切ること」。

190 ③ 拍車。①迫力、②薄情、③拍手、④博識、⑤白状。
拍車をかけるは「力を入れて物事の進行をいっそう早める」こと。

191 ② 平板。①裁判、②看板、③限定版、④伴奏、⑤地盤。
平板は「単調でおもしろみのないこと」。

□ 192 私は自明的キバンの上に立っていて、
①サイバンで無罪になる　②ラシンバンで方角を知る
③バンソウに合わせて歌う　④ヤバンな行為と非難する
⑤バンゼンの態勢で臨む
⑤選挙のジバンを固める
（センター試験）

□ 193 共同体的な相互フジョの原理によって維持されている
①家族をフヨウする　②遠方にフニンする
③フセキを打つ　④免許証をコウフする
⑤フソクの事態に備える
（センター試験）

□ 194 観客に映像を「見せる」ことにフシンする
①フオンな空気が漂う　②新たなフニン地に慣れる
③家族をフヨウする　④組織のフハイが進む
⑤キュウフ金が増額される
（センター試験）

□ 195 チョウホウがられる
①カホウは寝て待て　②コクホウを見学する
③ホウシ活動に参加する　④トホウもない夢
⑤突然のライホウ者
（センター試験）

□ 196 身を挺してヨウゴしてくれる。
①チュウヨウの道を説く　②武器のシヨウを禁じる
③候補をヨウリツする　④失敗をヨウニンする
⑤内心のドウヨウを隠す
（センター試験追試）

192 ②
基盤。①裁判、②羅針盤、③伴奏、④野蛮、⑤万全。
基盤は「物事が成り立つための基礎となるもの。すべてを積み上げてゆく土台」。

193 ①
扶助。①扶養、②赴任、③布石、④交付、⑤不測。
扶助は「力を添えて助けること」。布石は「将来のためにととのえておく手はず」。

194 ④
腐心。①不穏、②赴任、③扶養、④腐敗、⑤給付。

腐心は「ある事を成し遂げるためにあれこれと心を使うこと。苦心」。不穏は「状況などがおだやかでないこと」。

195 ②
重宝。①果報、②国宝、③奉仕、④途方、⑤来訪。
重宝は「便利で役に立つこと」。果報は「よい運に恵まれて幸せなこと。幸運」。

196 ③
擁護。①中庸、②使用、③擁立、④容認、⑤動揺。
擁護は「侵略や危害を受けないように、かばって守ること」。

問 次の傍線部と同じ漢字を用いるものをそれぞれ選べ。

□197 そこは雑草の生えたでこぼこのあるサラチであり、
①セイコウウドクの生活　②大臣をコウテツする
③コウキュウ的な対策　④技術者をコウグウする
⑤キョウコウに主張する
（センター試験）

□198 われわれの眼をアザムくまやかしでしかなかった。
①キョギの申告をする　②ギタイ語を多用する
③ギシン暗鬼の念　④悪質なサギ行為
⑤ギフンに駆られる
（センター試験）

□199 哲学のイトナみにおいて
①自然の中でエイキを養う　②宇宙ユウエイを試みる
③隣国とのキョウエイをはかる　④大寺院をゾウエイする
⑤エイセイ状態を改善する
（センター試験）

□200 色彩によってオオわれた平坦な面
①山のチュウフクを望む　②フクセンとなる挿話
③土器をフクゲンする　④社会フクシに貢献する
⑤フクスイ盆に返らず
（センター試験）

□201 危険にみちた思想におんぶして、安全にカセいできたというわけだ。
①責任をテンカする　②フカカイな行動をとる
③公園のビカ運動　④機械をカドウさせる
⑤カモクな青年
（センター試験）

解答とポイント

197 ②
更地。①晴耕雨読、②更迭、③恒久、④厚遇、⑤強硬。
更地は「手を入れていない土地」。**晴耕雨読**は「晴れた日は畑作をし、雨の日は読書をすること」。悠々自適の生活をいう。

198 ④
欺（く）。①虚偽、②擬態、③疑心、④詐欺、⑤義憤。
欺くは「いつわり、だます」こと。**擬態語**は「物事の状態を、それらしく表した語」。「にこにこ」「のろのろ」など。

199 ④
営（み）。①英気、②遊泳、③共栄、④造営、⑤衛生。
英気は「大いに活動しようとする気力」。

200 ⑤
覆（われる）。①中腹、②伏線、③復元、④福祉、⑤覆水。
覆水盆に返らずは「一度してしまったことは取り返しがつかない」ことのたとえ。

201 ④
稼（ぐ）。①転嫁、②不可解、③美化、④稼働、⑤寡黙。
転嫁は「人のせいにすること」。**稼働**は「機械を動かすこと。人が稼ぎ働くこと」。「稼動」とも書く。

□ 202
壊れやすく、クちやすく燃えやすい木の家に住んでいる
①真相をキュウメイする　②試験にキュウダイする
③カイキュウ差別をなくす　④問題がフンキュウする
⑤フキュウの名作
（センター試験）

□ 203
朝から晩まで椅子にシバり付けられている
①クウバクたる議論　②バクシュウの頃
③ジジョウジバクの苦しみ　④バクシン地に立つ
⑤機密をバクロする
（センター試験追試）

□ 204
合理的に説明しツくせない不思議な場所にしている
①ジンソクに対処する　②テキジンに攻め入る
③損害はジンダイだ　④ジンジョウな方法では解決しない
⑤地域の発展にジンリョクする
（センター試験）

□ 205
身体のツムぎ出す仕草ぬきに、ことばはありえない。
①針小ボウダイに言う　②仕事にボウサツされる
③流行性のカンボウ　④理科のカイボウ実験
⑤綿とウールのコンボウ
（センター試験）

□ 206
次の日に来てナガめても前日と類似した感覚的イメージが経験される。
①セイチョウな秋の空　②年度予算がボウチョウする
③眼下のチョウボウを楽しむ　④チョウリ場の衛生管理
⑤会場いっぱいのチョウシュウ
（センター試験）

---

202 ⑤
朽（ちる）。①究明、②及第、③階級、④紛糾、⑤不朽。
朽ちるは「木などが腐ってぼろぼろになる」。転じて「名声などがすたれる。空しく終わる」こと。

203 ③
縛（る）。①空漠、②麦秋、③自縄自縛、④爆心、⑤暴露。
麦秋は「麦の熟す季節。初夏」。**自縄自縛**は「自分の言動が原因で、苦しい立場になること」。

204 ⑤
尽（くす）。①迅速、②敵陣、③甚大、④尋常、⑤尽力。
迅速は「きわめて速いこと」。**尽力**は「力を尽くすこと」。

205 ⑤
紡（ぐ）。①棒大、②忙殺、③感冒、④解剖、⑤混紡。
針小棒大は「ちょっとしたことを大げさに言い立てること」。

206 ③
眺（める）。①清澄、②膨張（脹）、③眺望、④調理、⑤聴衆。
清澄は「清らかに澄みきっていること」。

問 次の傍線部と同じ漢字を用いるものをそれぞれ選べ。

□ 207 妖怪はそもそも、(中略) ミンゾク的な心意から生まれたものであった。
①楽団にショゾクする ②カイゾク版を根絶する
③公序リョウゾクに反する ④事業をケイゾクする
(共通テスト)

□ 208 「私」をトウエイした存在としてあらわれるようになるのである。
①意気トウゴウする ②トウチ法を用いる
③電気ケイトウが故障する ④強敵を相手にフントウする
(共通テスト)

□ 209 豊富なヴォリュームと色彩をコジするように使われているのである。
①偉人のカイコ録 ②液体のギョウコ
③コチョウした表現 ④ココウの詩人
(共通テスト)

□ 210 座や背はほとんど今日のものにミオトりしないほどに進んだ。
①商品を棚にチンレツする ②モウレツに勉強する
③風船がハレツする ④ヒレツな策を用いる
(共通テスト)

□ 211 家具、調度類は、この宮廷社会の「もの」の文化のケイフに属していた。
①フゴウしない証言 ②フメン通りの演奏
③フリョの事故 ④家族をフヨウする
(共通テスト)

解答とポイント

207 ③ **民俗**。①所属、②海賊、③良俗、④継続。
民俗は「民間に伝承されてきた風俗・習慣」。

208 ① **投影**。①投合、②倒置、③系統、④奮闘。
投影は「ある物の存在や影響が、他の物の上に具体的な形となって現れること。またその形」。

209 ③ **誇示**。①回顧、②凝固、③誇張、④孤高。
誇示は「誇って見せること。自慢して示すこと」。

210 ④ **見劣(り)**。①陳列、②猛烈、③破裂、④卑劣。
見劣りは「他と比べて劣って見えること」。**卑劣**は「品性や言動がいやしく汚いこと」。

211 ② **系譜**。①符合、②譜面、③不慮、④扶養。
系譜は「同じ系列にある物事のつながり」。

□ 212 アン・フリードバーグは、『ヴァーチャル・ウインドウ』のボウトウで、
① 流行性のカンボウにかかる ② 今朝はネボウしてしまった
③ 過去をボウキャクする ④ 経費がボウチョウする
（共通テスト）

□ 213 自らをひき上げて、心のキンセンに耳を傾ける〈瞑想（めいそう）の時間〉とがある。
① ヒキンな例を挙げる ② 食卓をフキンで拭く
③ モッキンを演奏する ④ 財政をキンシュクする
（共通テスト）

□ 214 「プログラミング機能がカツヤクする」というコメントが見られる。
① 神仏のごリヤクにすがる ② あの人はケンヤク家だ
③ 面目ヤクジョの働きをする ④ 重要なヤクショクに就く
（共通テスト）

□ 215 このモヨオし物は「音楽」である以前に典礼であり、
① 議案をサイタクする ② サイミン効果のある音楽
③ カッサイを浴びた演技 ④ 多額のフサイを抱える
（共通テスト）

□ 216 コンサートのモデルで捉える一九世紀的なアクヘイにすぎない。
① 機会のコウヘイを保つ ② 心身がヒヘイする
③ 室内にユウヘイされる ④ オウヘイな態度をとる
（共通テスト）

---

212 ① **冒頭**。①感冒、②寝坊、③忘却、④膨張。**冒頭**は「文章や談話のはじめの部分。物事のはじめ」。

213 ③ **琴線**。①卑近、②布巾、③木琴、④緊縮。**琴線**は「心の奥に秘められた、感動し共鳴する微妙な心情」。例 **心の琴線にふれる**

214 ③ **活躍**。①ご利益、②倹約、③躍如、④役職。**活躍**は「素晴らしい活動をして成果を上げること」。**面目躍如**は「実力が十分発揮されて目をひくさま」。

215 ② **催(し)物**。①採択、②催眠、③喝采、④負債。**催し物**は「人を集めて行う、さまざまな行事。講演会・展示会など」。

216 ② **悪弊**。①公平、②疲弊、③幽閉、④横柄。**悪弊**は「悪い習わし。悪風」。**疲弊**は「心身が疲れて弱ること」。

問 **次の傍線部をそれぞれ漢字に直せ。**

217 a すべてをホウカツする言葉。
b 漫画にはスクリーンにヒッテキする、固定された枠組みがない。（國學院大）

218 a 主人公の一郎は、カジョウな自意識ゆえに妻を信じられず、
b 彼らはキュウクツな箱に押し込められる。
c かつて殻の中に生きていた生物の形を、コクメイに留めていた。
d 戦後の共通化によって方言は一気にスイタイした。（愛知教育大）

219 a そんな中途半端なダキョウ的なものではない。
b 「ハラスメント」はそのコウコの適例である。（愛知県立大）

220 a 政治家やカンリョウ、学者、作家や新聞記者など、
b 万物はルテンする。（青森公立大）

221 a 自然のもたらすセツリにしたがって簡素に暮らしていく
b 巧妙に隠蔽された抑圧やシュウダツ
c 基礎的なサービスのフキュウの遅れ（青山学院大）

222 a 単に危険カイヒのために必要なだけではない。
b 中根氏自身は、サービス産業にゲンキュウしているわけではない
c 自意識はぐらぐら揺れる。あるいはとてもキハクになる。（岩手大）

223 a 立夏、立秋、立冬の前日もガイトウする概念なのである。
b （鬼は）牛と虎のトクチョウを組合せ合成されたとされる。（大分大）

224 a 報酬のカクショウが与えられなければ学ぶ気が起こらない

解答とポイント

217 a＝包括 b＝匹敵
包括は「一つにまとめること」。**匹敵**は「肩を並べること」。

218 a＝過剰 b＝窮屈 c＝克明 d＝衰退
克明は「あいまいなところがないように、細かなところまで念を入れること」。

219 a＝妥協 b＝好個
好個は「ちょうどいいこと。適切なこと」。

220 a＝官僚 b＝流転
流転は「移り変わって、とどまることがないこと」。

221 a＝摂理 b＝収奪 c＝普及
摂理は「万物を治め支配している法則」。**収奪**は「無理に奪い取ること」。

222 a＝回避 b＝言及 c＝希薄（稀薄）
希薄は「ある要素が乏しいこと」。対義語は「濃厚」。

223 a＝該当 b＝特徴
該当は「一定の条件・資格などにあてはまること」。

224 a＝確証 b＝昇華 c＝洗練

225
b 資本主義経済がもたらす矛盾を美的にショウカするもの
c 複雑でセンレンされたシステムになってきた
a 新しさを信用せずケイカイする。
（大阪大）

b われわれが陥りやすい大いなるサクゴは、
c はじめて見た紺碧の海、ソウゴンな雲海、
（お茶の水女子大）

226
a そのキュウキョクの宣言が《無題》ということになろう。
b すでにシテキした通りである。
（尾道大）

227
a まだこれだけしか経っていない、というようなカンガイを抱く。
b 雄大にしてユウキュウな自然情景を歌っている句、
（香川大）

228
a ゆっくり考えるユウヨを与えてくれていたとも言える。
b それをキョゼツするのも得策とは思えない。
c ようやくナットクしてくれた。
d ランダムにチュウシュツされた頭脳
（学習院大）

229
a ピアノのビミョウなひびきのちがい
b 早く気づいていれば違っていたのにというカイコンに似た気持ち
c キャラクターのユカイで人間的なやりとり
d しっかりと傾聴するというケンキョさを身につけていた。
（関西大）

230
a 風景がカンキする意味は、明らかに世代ごとに異なっている。
b 東京語が真の標準語へとショウカクすると上田は考えていた。
c 一つは「見立て」というソウサによって、Aが実際にBになってしまうケースである。
（岐阜大）

225
a＝警戒　b＝錯誤　c＝荘厳

昇華は「物事がより高度な状態へと高められること」。荘厳は「おごそかで重々しいこと」。

226
a＝究極　b＝指摘

究極は「物事をつきつめて、きわまること。最後に到達するところ」。

227
a＝感慨　b＝悠久

悠久は「果てしなく長く続くこと」。

228
a＝猶予　b＝拒絶　c＝納得　d＝抽出

猶予は「実行時期を先送りし、余裕を与えること」。抽出は「一部を抜き出すこと」。

229
a＝微妙　b＝悔恨　c＝愉快　d＝謙虚

悔恨は「あやまちを悔やみ、残念に思うこと」。

230
a＝喚起　b＝昇格　c＝操作

喚起は「呼び起こすこと」。

問 次の傍線部をそれぞれ漢字に直せ。

□ 231
a オフクロに似ずキリョウがいいから、貰い手が多くて困るだろうよ。
b キョクタンな低賃金労働を禁止する最低賃金法
c 商品の位置に言及する買物客はカイムだった。（小樽商科大）

□ 232
a 優しさやカンヨウさや親切心をもつだけでも十分ではない。
b それはある事象の自明性をクツガエすためだけではなく、（九州大）

□ 233
a 舞台上の個人または集団の秩序ある動きのレンサとして、
b 情報機器という言葉がヒンパンに用いられる。（京都府立大）

□ 234
a 勉強の集中力とコウリツは格段に増進する。
b ひとよりタクエツしていたい。（熊本県立大）

□ 235
a 相手を私の了解の中にホウセツしたり同化することではない
b ある種のフヘン性を帯びた問いへと成り上がる（熊本大）

□ 236
a 電子メールなどのバイタイとして家庭にも普及した。
b 対人関係に十分ハイリョした書き方が発達した。（高知大）

□ 237
a 独立の部分とはハアクされていない。
b ショウゾウ画として描かれた人物。（甲南大）

□ 238
a スタートのやり直しをヨギなくされる。
b いくつかの線分がどんなふうにカラみ合っているか（神戸大）

□ 239
a オリジナルと並べてギンミされる機会が多いだけに、
b 類似性をシサしたものにすぎない。
c 宗教戦争をコクフクしていくにあたって

解答とポイント

231 a＝器量 b＝極端 c＝皆無
器量はここでは「顔立ち。容貌」。他に「役にふさわしい才能や徳」の意もある。

232 a＝寛容 b＝覆（す） **寛容**は「心が広く、人の言動をよく受け入れること」。

233 a＝連鎖 b＝頻繁 **頻繁**は「しきりに行われること。たびたびくり返されること」。

234 a＝効率 b＝卓越
卓越は「群を抜いて優れていること」。

235 a＝包摂 b＝普遍
包摂は「ある範囲の中に包み入れること」。

236 a＝媒体 b＝配慮
媒体は「情報伝達の仲立ちとなるもの。メディア」。

237 a＝把握 b＝肖像
把握は「しっかりと理解すること」。

238 a＝余儀 b＝絡（み）
余儀ないは「それ以外にとるべき方法がないこと。しかたがないこと」。

239 a＝吟味 b＝示唆 c＝克服
d＝遮断 e＝貫徹
吟味は「内容・品質などを念入りに調べ

d 外部的行為とシャダンするような解釈
e 法による義務づけをカンテツさせる（駒澤大）

□ 240
a 高度なジュクレンを必要とし、引く手あまたであった。
b 時間のスイイ・場所の変化とともに（埼玉大）

□ 241
a 生命をイジすることにのみ努力を傾ける。
b 苦しい顔もせずに、ガマンをしていれば、
c 「自然」は良く言えば無限の可能性を秘めたサクシュの対象であり、
d 話し言葉による間接場面がヒヤクテキに重要になった（佐賀大）

□ 242
a 先人の作品に大きなオンケイを受けていますが、
b これをキョヒしなければならない。
c 教養が欠けているショウコですが、（滋賀県立大）

□ 243
a それが原子爆弾をガンイするとはだれにもわかっていなかった。
b その限りそこには迷いの生じるヨチはないからである。
c 非常に多数のギセイ者が出た（静岡大）

□ 244
a 過去に遡って探索する、というエイイを一切捨ててしまった。
b 嫌なものやキョウイになりそうなものは無視する。
c 強力なイデオロギーにソクバクされた社会史、（島根大）

□ 245
a その及ぼすシャテイを考慮に入れると、
b たとえ単純化の危険をオカしても、（首都大学東京）

□ 246
a その地に住むだれかとグウゼン仲良くなる。
b トホウに暮れたとき周囲を見渡せば、（白百合女子大）

ること」。**克服**は「努力して困難にうちかつこと」。

240
a＝熟練　b＝推移
熟練は「十分に経験を積み、巧みにできること」。

241
a＝維持　b＝我慢　c＝搾取　d＝飛躍的
維持は「そのままの状態で保ち続けること」。**搾取**は「しぼり取ること」。特に「強者が弱者から利益を独占すること」。

242
a＝恩恵　b＝拒否　c＝証拠
恩恵は「利益や幸福をもたらすもの。めぐみ」。

243
a＝含意　b＝余地　c＝犠牲
含意は「表面には現れない意味を含みもつこと。またその意味」。「包含」、「内包」とほぼ同義で用いられる。

244
a＝営為　b＝脅威　c＝束縛
脅威「強い力に脅かされること」は、**驚異**「驚き不思議がること」との書き分けに注意。

245
a＝射程　b＝冒（し）
射程は「勢力・能力などの及ぶ範囲」。

246
a＝偶然　b＝途方
途方に暮れるは「どうしてよいかわからなくなること」。

問 次の傍線部をそれぞれ漢字に直せ。

247
a 身動きがとれなくなってパニックにオチイってしまう
b 運動としての時間とを混同することにキインしている。
c リスクをヘッジする集団にキゾクする人間
d 肥満体や痩身がいまや肉体的ケッカンとして指摘され、
e 最も優れている存在だとジフしてきたわけです。
f 音のない時間を許すまいとするショウドウに駆られている
g 肉体の問題を、自ら社会的身分の相対的序列へとカンゲンし管理してしまっているのである。（信州大）

248
a 思わず本心をトロしてしまった。
b 一晩ヤッカイになる（成蹊大）

249
a 説いてイキョクを尽くすことはできない
b 自らの心のドウヨウ（成城大）

250
a 共有していることをアンモクの前提にしている。
b 世界の未熟なパラダイムがクズれたいま、（西南学院大）

251
a もう一度試みてみると、こんどはアンガイすらすら進む。
b 役人と近づきになることが彼の最大のユエツなのだ。（高崎経済大）

252
a その意味では人為のキョクチとも考えられる
b 人間が言葉をクシして伝えることのできる範囲（千葉大）

253
a 掛け替えのない霊気のソウシツを指摘した。
b いろいろな「想念」が自己ジュンカン的に浮かんでは消える。

解答とポイント

247
a＝陥（って） b＝起因 c＝帰属
d＝欠陥 e＝自負 f＝衝動 g＝還元
自負は「自分の能力などに自信を持ち、誇りに思うこと」。**還元**は「もとの形状や形態にもどること。またもどすこと」。

248
a＝吐露 b＝厄介
厄介になるは「世話になる」こと。

249
a＝委曲 b＝動揺
委曲を尽くすは「詳しく明らかにする」こと。

250
a＝暗黙 b＝崩（れ）
パラダイムは「認識の枠組み。思考の規範」の意。

251
a＝案外 b＝愉悦
愉悦は「心から満足して喜ぶこと」。

252
a＝極致 b＝駆使
極致は「達することのできる最高の境地」。

253
a＝喪失 b＝循環 c＝甘受
d＝端的 e＝鋳型 f＝潜在

c　不自由をカンジュしていた。
d　世界に対する関与の在りかたをタンテキに語っている。
e　社会的に作られた感情のイガタの中に自分の感情を流し込み、
f　センザイ意識のなかにケガレを祓え清めたいという衝動がある
g　祝儀をあげてヒロウ宴で振る舞いを受ける
h　この安定した内部的キンコウを維持するためには、
i　その神話が具体的なヒョウショウを産み出すことができるものにしていかなければならない。（中央大）

□ 254
a　物理的範疇そのものからイツダツしてしまう
b　この寺の魅力はマイキョにいとまがない。（都留文科大）

□ 255
a　国際平和にコウケンする
b　他のツイズイを許さない。（帝京大）

□ 256
a　病理解剖をショウダクする。
b　医療者側からヨウセイがあった。（東北学院大）

□ 257
a　古今のケッサクのいくつかを思い浮かべてみるだけで充分だろう。
b　仕事にもシショウが出ていると訴えていた。
c　マギれもなく没落しつつあるにもかかわらず、（東北大）

□ 258
a　生命の定義などにはコウデイせず、構造にのみ関心を向ける。
b　意図的に、科学的な価値とケンイを与えている。（名古屋市立大）

□ 259
a　統合的なコミュニケーション世界をギョウシュクして示す存在
b　日本語の用例をタンネンに集めて作られた国語辞典（名古屋大）

---

g＝披露　h＝均衡　i＝表象
甘受は「やむを得ないものとして受け入れること」。**鋳型**は、比喩的に「物事を類型化しようとする枠」の意で用いられることが多い。**表象**は「哲学・心理学で、知覚に基づいて心に思い浮かべる外界の対象の像（イメージ）」。

254
a＝逸脱　b＝枚挙
逸脱は「本筋からそれること」。

255
a＝貢献　b＝追随
貢献は「ある物事や社会のために役立つように力を尽くすこと」。

256
a＝承諾　b＝要請
要請は「必要だとして強く願い求めること」。

257
a＝傑作　b＝支障　c＝紛（れ）
支障は「さしつかえ。差しさわり」。

258
a＝拘泥　b＝権威
拘泥は「こだわること」。

259
a＝凝縮　b＝丹念
凝縮は「ばらばらなものを一点に集中させること」。

問 次の傍線部をそれぞれ漢字に直せ。

□ **260**
a 本当はどこに位置しているのかフメイリョウなのである。
b 思想とは、思考が描くダイナミックなキセキなのである。（東京芸術大）

□ **261**
a 敵対はキヒされるべきものではなく、言説化されねばならない。
b リスクの認識は、優れた決断をウナガす重要な要素である。
c 多様なライフスタイルへの関心を高めるケイキとなった。
d 幾分ともカンワされるからである。
e ルールのコウソク力が届かなくなってしまうからだ。（新潟大）

□ **262**
a 丸ごと肯定している限りマッショウされ、私たちの目には見えない
b ムスリム女性のスカーフには宗教的なコンキョがある。（一橋大）

□ **263**
a そのテクノロジーが複製をゾウショクさせているからです。
b 隠蔽しえないものとしてロテイせざるをえない。
c とくにショウゲキを受けたのは「小説の神様」志賀直哉（なおや）の「フランス語を国語とすべし」という論である。（弘前大）

□ **264**
a 同じ等式は広島市のまっただなかにも、ゲンゼンと存在していた。
b すべてをオオいつくすことはできない（広島修道大）

□ **265**
a 相互にシントウして曖昧な領域を形成することもない
b 同時代の大衆文化とさまざまな仕方でユウゴウする
c コウミョウな仕掛けになっている。（フェリス女学院大）

□ **266**
a 他人にジャマされずに自分だけで使える時間を追い求めた。
b 隣人の息遣いから完全にカクゼツすることはできず、（福井大）

解答とポイント

260 a＝不明瞭　b＝軌跡
軌跡は「車のわだちのあと。先人の行いのあと」。「**奇蹟（奇跡）**」と間違えないように注意。

261 a＝忌避　b＝促（す）　c＝契機　d＝緩和　e＝拘束
忌避は「嫌って避けること」。

262 a＝抹消　b＝根拠
抹消は「塗りつぶして消すこと」。

263 a＝増殖　b＝露呈　c＝衝撃
露呈は「よくない事柄が外にあらわれ出ること」。

264 a＝厳然　b＝覆（い）
厳然は「おごそかで動かしがたいようす」。

265 a＝浸透　b＝融合　c＝巧妙
融合は「異なるものが一つにとけ合うこと」。

266 a＝邪魔　b＝隔絶
隔絶は「ひどくへだたっていること」。

□ 267
a 近代以降の時間は、カヘイときわめて近い存在になっており、
b 今夜はカクベツ身じまいに注意を払っているらしい。
c この関係のルイセキが集団の組織となっている。（福岡教育大）

□ 268
a シンケンであると同時に莫迦莫迦しい話
b 未来のテンボウに思いをこらす
c 聖書のアダムとエヴァを極秘にエンヨウして
d エイセイ中継されて、ヨーロッパ中で見られるが、（福岡大）

□ 269
a 平家物語ができるようにサッカクされると、
b ソウグウした合戦や恋愛や政治的対立や怨恨など
c 一晩中、議論のオウシュウが続いた。
d 人のやることにむやみにカンショウするべきではない。
e 都市開発によって、町並みがすっかりヘンボウした。（法政大）

□ 270
a コミュニケーションがエンカツに進むというわけだ。
b 名付けは世界のセイフクである。（北海道大）

□ 271
a 知識経験の豊富なチクセキがあった。
b 必ずヘイガイが発生する。
c 資本主義は自由ホンポウに振る舞い、（明治大）

□ 272
a 特定の業者にベンギを図ることは許されない。
b 私は今のタイグウに満足している。
c 苦難を乗り越えてきたからこそ、彼の言葉にはガンチクがある。
d まず、考えられる原因をモウラしリストを作ろう。（明治学院大）

267
a＝貨幣　b＝格別　c＝累積
累積は「次々と積み重なること」。

268
a＝真剣　b＝展望　c＝援用　d＝衛星
援用は「自説を補強するために、他の文献や事例を引用すること」。

269
a＝錯覚　b＝遭遇　c＝応酬
d＝干渉　e＝変貌
応酬は「互いにやりとりすること」。**干渉**は「当事者でない者が口出しをし、自分の意思に従わせようとすること」。

270
a＝円滑　b＝征服
円滑は「物事がすらすら運ぶこと」。

271
a＝蓄積　b＝弊害　c＝奔放
弊害は「害になる悪いこと」。

272
a＝便宜　b＝待遇　c＝含蓄　d＝網羅
便宜は「都合がよいこと。またその人にとって都合のよい処置」。

問 次の傍線部をそれぞれ漢字に直せ。

273 □
a 同じ料理が違う値段で出てきたら、何かシャクゼンとしない。
b 生態系がホウカイしているということはない。（宮城教育大）

274 □
a 市長の汚職をキュウダンする。
b この処置はザンテイ的なものだ。（名城大）

275 □
a ウィトゲンシュタインがいみじくもカンパしているように、
b カンコン葬祭の常識（山形大）

276 □
a じぶんの存在を他者からカクリすることが不可能になった
b 私たち人間をソガイするものとして働くようになった。（山口大）

277 □
a 地域社会の育成をショウレイされ、
b 自身の側にイキョする解釈の枠組みでしかない。
c 歴史とのつながりの中で、テイネイに理解し、（立教大）

278 □
a ほかのことばとユウキ的に結びついている
b それをセッシュし得た日本人はいつ学問する知性を確立したのか
c バクゼンとした空き地のような空間
d キセイの批評に違和感をもつ（立命館大）

279 □
a わかりにくい、と評判はあまりカンバしくない。
b 教師集団は、保護者の責任ツイキュウを恐れて、（和歌山大）

280 □
a 古典にカイザイする外来の儒教的色彩を消そうとすることは、
b 完全に分析して説明する事はトウテイ不可能であるが、
c 雑巾がけをレイコウしても汚れが目立つのである。（早稲田大）

解答とポイント

273
a＝釈然　b＝崩壊
釈然としないは「疑念や迷いが晴れず、すっきりしない」さま。

274
a＝糾弾　b＝暫定
糾弾は「不正、責任などを問いただして非難すること」。

275
a＝看破　b＝冠婚
看破は「隠された物事を見破ること」。

276
a＝隔離　b＝疎外
疎外は「よそよそしくして近づけないこと」。

277
a＝奨励　b＝依拠　c＝丁寧
依拠は「よりどころとすること」。

278
a＝有機　b＝摂取　c＝漠然　d＝既成
有機的は「多くの部分が緊密な連関をもちながら全体を形作っているさま」。

279
a＝芳（しく）　b＝追及
bは一般に次のように書き分ける。
追求＝理想、利益などを追うこと
追究＝学問、真理などを追うこと
追及＝悪事、犯人などを追うこと

280
a＝介在　b＝到底　c＝励行
介在は「両者の間に存在すること」。

第2章 熟語に関する問題

＊現代文の正確な読解には、頻出する対義語・類義語／重要語の意味を正確に把握していることが必要です。

＊熟語に関連することが、私立大学の入試や大学入学共通テストでは、知識問題としても問われています。演習問題では、読解力の向上にも役立つ熟語を取り上げました。

＊下段「解答とポイント」に例として示したのは、典型的な用例です。各語の意味と合わせて覚えておきましょう。

第2章 ウォームアップ 熟語に関する問題

【熟語の構成】

1 次の熟語はそれぞれどの組み立てによるものか答えよ。

a 去就　b 除湿　c 悪癖　d 平穏

① 上の字が下の字を修飾している熟語
② 上の字が下の字を否定している熟語
③ 下の字が上の字の目的語・補語になっている熟語
④ 同じような意味の漢字を重ねた熟語
⑤ 反対または対の意味を表す漢字を重ねた熟語

（至学館大）

【対義語・類義語の知識】

2 熟語の組み合わせが対義語でないものを一つ選べ。

① 解雇――採用　② 演繹――帰納　③ 胎生――顕在
④ 不易――流行　⑤ 饒舌――寡黙

（専修大）

【熟語の意味】

3 傍線部の意味として最も適当なものを選べ。

むろんユーモアによって惹起される冗談は真剣なものではない。

〈田口犬男「詩とユーモア」〉

解答とポイント

1 a＝⑤　b＝③　c＝①　d＝④

a「去る」と「就く」　b「湿（気）を除く」
c「悪い癖」　d「平らか」と「穏やか」

ほかに、⑥下に「化」「然」「的」「性」のような接尾語がついている熟語（老化・属性）、⑦上の字が主語、下の字が述語になっている熟語（頭痛・日没）、⑧長い熟語を省略した熟語（学割・国連）、⑨上の字が接頭語になっている熟語（貴社・拙宅）、などがある。

Check! 熟語の構成を理解するためには、漢字の意味、つまり、訓読みを覚える必要がある。

2 ③

「胎生」⇔「卵生」　「顕在」⇔「潜在」

Check! 論理的な文章では対比的に論が進められることが多く、対義語が頻繁に用いられる。対義語は単独で問われるだけでなく、論理的な文章読解の基本になる。

3 ④

惹は「ひく」、起は「おきる（おこす）」と読む。したがって「惹起（じゃっき）」は「引き起こす」という意味。

①とつぜん示される　②打ち消される
③明らかにされる　④ひきおこされる
⑤相手に向けられる

（専修大）

［四字熟語の完成］

4 **次の空欄に入る適当な漢字を選べ。**

1 行□流水
①星　②雲　③風　④地

2 □話休題
①閑　②韓　③疳　④緩

（日本大）

［四字熟語の意味・用法］

5 **空欄に入る語として最も適当なものを選べ。**

言うべきことも暗示的に遠回しに伝える。□□□□が重んじられ、腹芸が幅をきかす。

（外山滋比古『日本語の個性』）

①一意専心　②以心伝心　③一蓮托生
④一心同体　⑤唯々諾々

（名古屋外国語大）

Check! 熟語は抽象的な言葉（観念語）が問われることが多い。まず漢字の読みを正確に覚えて、熟語の意味を把握できるようにしよう。

4 1＝②　2＝①

行雲流水（こううんりゅうすい）（空を行く雲と流れる水。自然のまま、なりゆきにまかせて行動するさまなどをたとえていう）

閑話休題（かんわきゅうだい）（話を本筋に戻すときに用いる語。それはさておき。ところで。さて）

Check! 四字熟語は完成問題、意味を問う問題、漢字の読み書きなど多岐にわたって出題される。

5 ②

①**一意専心**（いちいせんしん）（一つのことに心を集中すること）
②**以心伝心**（いしんでんしん）（言葉によらずに心から心に伝えること）
③**一蓮托生**（いちれんたくしょう）（結果に関係なく行動・運命をともにすること）
④**一心同体**（いっしんどうたい）（異なったものが強固な結合をすること）
⑤**唯々諾々**（いいだくだく）（少しも逆らわず従順に従うこと）

空欄は「言うべきことも暗示的に遠回しに伝える」の言い換え（以心伝心）。「腹芸」も「言葉に出さず言いたいことを伝えること」の意。

Check! 四字熟語の空欄補充も多く出題される。意味を覚えたうえで、文脈から正解を判断する必要がある。

1 熟語の構成に関するもの

問 次のそれぞれについて該当するものを選び、番号で答えよ。

1 次の熟語の成り立ちの説明として適当なものをそれぞれ選べ。

a 容易　b 普及　c 入京　d 欧化　e 否定

① 反対の意味の漢字の組み合わせによりできているもの
② 下の漢字から上の漢字に返って読むもの
③ 意味の似た漢字の組み合わせによりできているもの
④ 打ち消しの漢字を伴っているもの
⑤ 下に意味を強めたり、添えたりする漢字がついたもの
⑥ 上の漢字が下の漢字を修飾しているもの
（愛知淑徳大）

2 次の熟語の構成の説明として適当なものを選べ。（重複選択可）

a 出没　b 素朴　c 航海　d 拮抗

① 同じような意味の漢字を重ねたもの
② 反対または対応の意味を表す字を重ねたもの
③ 上の字が下の字を修飾しているもの
④ 下の字が上の字の目的語・補語になっているもの
（社会事業大）

3 「真偽」と同じ構成の熟語を選べ。

① 道路　② 投票　③ 是非　④ 善人
（近畿大）

4 「怠惰」と同じ構成の熟語を選べ。

① 無償　② 濫費　③ 需給　④ 弊害　⑤ 緩急
（龍谷大）

解答とポイント

1 a=③　b=⑥　c=②　d=⑤　e=④

a=**容**は「たやすい」意、**易**は「やさしい」意。b=**普**は「あまね（く）」と読み、**普及**は「普（あまね）く及ぶこと」。c=**入京**は「京に入ること」。

2 a=②　b=①　c=④　d=②

a=**出**・**没**は「現れる」ことと「隠れる」こと。b=**素**・**朴**はいずれも「人工を加えない、飾り気のない」さま。c=**航**は「わたる」意で、**航海**は「海をわたる」こと。d=**拮抗**（きっこう）は「勢力がほぼ等しく互いに対抗して張り合う」ことだが、**拮**は「体をぎゅっと縮める」意、**抗**は「体をすっと伸ばす」意。

3 ③

「**真偽**（しんぎ）」「**是非**（ぜひ）」は反対の意味の漢字の組み合わせ。

4 ④

「**怠惰**（たいだ）」「**弊害**（へいがい）」は意味の似た漢字の組み合わせ。「**需給**」「**緩急**」は反対の意味の漢字の組み合わせ。

□ **5** 「突如」と同じ構成の熟語を選べ。
①人為　②所信　③可能　④突破　⑤必然　（奈良産業大）

□ **6** 「合致」と熟語の構成が異なるものを選べ。
①教育　②生活　③選択　④読書　⑤発展　（拓殖大）

□ **7** 「日常」に対する「非日常」の「非」のように、あることばについて、その意味を否定する働きをする接頭語がある。そのような接頭語として次のことばには①非、②無、③不のうちどれがつくか。
a 首尾　b 公式　c 沙汰　d 分別　e 養生　（共立女子大）

問 次の空欄に入る適当な漢字をそれぞれ選び、番号で答えよ。

□ **8** □期の目的はほぼ達成できたと言える。
①所　②初　③庶　④諸　⑤書

□ **9** □次、改善して行くよう、努力します。
①善　②然　③漸　④前　⑤全　（東海大）

問 次の空欄に入る適当な語をそれぞれ答えよ。

□ **10**
a 外国と不可□条約を結ぶ。
b 交渉の決裂は不可□という悲観的な情報が多い。
c 不可□力の自然災害を想定して、
d 両者は不可□の密接な間がら。　（常葉学園大）

---

5 ⑤
「突如」「必然」は下に意味を強めたり添えたりする漢字がついたもの。

6 ④
「読書」は下の漢字から上に返って読むもの。ほかは意味の似た漢字の組み合わせ。

7 a＝③　b＝①　c＝②　d＝②　e＝③
a＝不首尾（読みは「ふしゅび」）、b＝非公式（「ひこうしき」）、c＝無沙汰（「ぶさた」）、d＝無分別（「むふんべつ」）、e＝不養生（「ふようじょう」）。

8 ①
所期は「期待するところ（事柄）」の意。

9 ③
漸次は「次第に、だんだんと」の意。対義語は「一挙に」。

10 a＝侵　b＝避　c＝抗　d＝分
不可侵は「侵害を許さないこと」。不可避は「避けられないこと」。不可抗力は「人の力ではどうにもならないこと」。不可分は「密接に結びついていること」。

2 対義語・類義語に関するもの

問 次の語の対義語をそれぞれ選び、番号で答えよ。

□11 客観的 ①独創的 ②主体的 ③自主的 ④主観的 （鹿児島国際大）
□12 穏健 ①過激 ②陰険 ③非情 ④畏怖 ⑤凡庸 （桃山学院大）
□13 顕在 ①内在 ②遍在 ③偏在 ④潜在 （日本大）
□14 生得的 ①後天的 ②習性的 ③常習的 ④惰性的 ⑤天成的 （拓殖大）
□15 擁護 ①軽視 ②蹂躙 ③尊重 ④庇護 ⑤公正 （東海大）
□16 膨張 ①短縮 ②縮尺 ③縮小 ④収縮 （拓殖大）
□17 模倣 ①建設 ②想像 ③改革 ④創造 ⑤真似（まね） （東京工芸大）
□18 秩序 ①自由 ②破壊 ③混沌（とん） ④奔放 ⑤分散 （水産大学校）
□19 内包 ①外出 ②外核 ③外殻 ④外包 ⑤外延 （広島修道大）
□20 無常 ①有情 ②博愛 ③常住 ④習慣 ⑤安心 （武蔵大）
□21 執着 ①断念 ②妥協 ③折衷 ④譲渡 ⑤屈服 （広島修道大）

解答とポイント

11 ④ **客観的**は「だれが見ても一様に納得できるさま」。

12 ① **穏健**は「おだやかで、行き過ぎや誤りのないこと」。

13 ④ **顕在**は「(はっきりと認められるように)かたちに現れて、あること」。**遍在**の対義語は「偏在」。

14 ① **生得**は「しょうとく」または「せいとく」と読み、「生まれつき」の意。

15 ② **擁護**（ようご）は「かばい守る」、**蹂躙**（じゅうりん）は「踏みにじる。暴力的に侵す」の意。

16 ④ **膨張**は「ふくれあがること」。**短縮**の対義語は「延長」。

17 ④ **模倣**（もほう）は「まねをすること」。類義語は「真似」。**建設**の対義語は「破壊」。

18 ③ **秩序**は「物事の正しい順序。筋道」。対義語は「混沌（こんとん）」あるいは「混乱」。

19 ⑤ **内包**は「論理学で、概念が適用されるすべての事物に共通する性質の総体」。

20 ③ **無常**は「一切の物は生滅・変化して常住でないこと」。

問 次の語の対義語をそれぞれ答えよ。

□22 a 否定　b 普遍　c 具体　（明治大）
□23 a 強大　b 原則　c 権利　d 広義　（小樽商科大）
□24 a 口語　b 相対的　c 拡大　（青森公立大）
□25 a 単純　b 集中　（宮崎大）
□26 a 虚偽　b 希薄　c 肉体　d 理論　e 絶賛　f 原告　（高知工科大）

問 対義語を組み合わせて二字熟語を作る時、□に適当な漢字を入れよ。

□27 ①任□　②経□　③盛□　④□急　⑤□福　（帝京大）

問 次のa～eのそれぞれについて対となる語を選べ。

□28 a 獲得　b 需要　c 昇進　d 生産　e 召集
①解散　②消費　③放散　④降格　⑤供給　⑥墜落　⑦喪失　⑧提供　（亜細亜大）

問 次の語の対義語として最も適当なものをそれぞれ選べ。

□29 a 潤沢　b 愛護　c 横柄　d 拙劣　e 自然
①じんい　②けんお　③せんぱく　④ひつぜん　⑤こかつ　⑥けんきょ　⑦じゅうじゅん　⑧ぎゃくたい　⑨へいぼん　⑩こうみょう　（東洋英和女学院大）

---

21 ① **執着**は「ある物事に心が深くとらわれて離れないこと」。

22 a＝肯定　b＝特殊　c＝抽象
b＝特殊の対義語として「一般」が用いられることもある。

23 a＝弱小　b＝例外　c＝義務　d＝狭義

24 a＝文語　b＝絶対的　c＝縮小

25 a＝複雑　b＝分散

26 a＝真実　b＝濃厚（「濃密」も可）　c＝精神　d＝実践（「実際」「現実」「応用」も可）　e＝酷評　f＝被告

27 ①＝免　②＝緯　③＝衰　④＝緩　⑤＝禍
②＝経緯の経は「縦糸」、緯は「横糸」の意。

28 a＝⑦　b＝⑤　c＝④　d＝②　e＝①
需要は「あるものを必要としてもとめること」。**供給**は「必要に応じて物を与えること」。**解散**の対義語として「集合」が用いられることもある。

29 a＝⑤　b＝⑧　c＝⑥　d＝⑩　e＝①
潤沢（ものが豊富にあること）⇔枯渇
愛護（大切に庇護(ひご)すること）⇔虐待
横柄（偉そうに人を見下すさま）⇔謙虚
拙劣（下手で劣っていること）⇔巧妙
自然（人為によらない現象）⇔人為

問 **次の語の類義語として最も適当なものをそれぞれ選べ。**

□ 30 a 留意 b 不意 c 激賞 d 往時 e 音信
①消息 ②我慢 ③来世 ④絶賛 ⑤配慮
⑥過去 ⑦無心 ⑧励行 ⑨唐突 ⑩文面 （亜細亜大）

□ 31 a 出色 b 険悪 c 歴然
①明白 ②卓抜 ③一貫 ④不穏 ⑤曖昧
⑥開始 （自治医科大）

□ 32 a 熟知 b 他界 c 比肩
①魔界 ②匹敵 ③永眠 ④独立 ⑤熟練
⑥通暁 ⑦崇拝 ⑧老練 ⑨謙虚 ⑩専行 （名城大）

問 **次の語と類似した意味の語をそれぞれ選び、番号で答えよ。**

□ 33 黙殺 ①無視 ②否定 ③忘却 ④蔑視 ⑤黙認 （九州国際大）

□ 34 矛盾 ①対極 ②融通 ③撞着 ④無双 ⑤拮抗 （成蹊大）

□ 35 安易 ①安閑 ②安直 ③安泰 ④安寧 ⑤安穏 （松山大）

□ 36 予見 ①予防 ②予報 ③予定 ④予行 ⑤予知 （昭和女子大）

□ 37 算段 ①暗算 ②工面 ③準備 ④勘定 （杏林大）

□ 38 啓蒙 ①普及 ②養育 ③蒙昧 ④教化 ⑤福祉 （法政大）

□ 39 無骨 ①軟弱 ②平易 ③従順 ④実直 ⑤粗野

解答とポイント

30 a=⑤ b=⑨ c=④ d=⑥ e=①
留意の類義語として「注意」、**不意**の類義語として「突然」が用いられることもある。

31 a=② b=④ c=①
出色（しゅっしょく）は「他よりも際立ってすぐれていること」。**険悪**は「状況・雰囲気・人心などがけわしくわるいこと」、**歴然**は「はっきりしていて疑いのないさま」。

32 a=⑥ b=③ c=②
熟知は「よく知っていること」。**他界**は「死ぬこと」、**比肩**（ひけん）は「優劣のないこと。同等なこと」。

33 34 ① ③ **黙殺**は「問題にせず、無視すること」。**撞着**（どうちゃく）は「ぶつかること・つじつまの合わないこと」の意。

35 ② **安易**は「努力しなくても、わけもなくできること。たやすいこと。いい加減なこと」。

36 ⑤ **予見**は「まだ起こらないうちに、見通して知ること」。

37 ② **算段**は「手段を工夫すること。特に金銭の都合をつけること」。

38 ④ **啓蒙**（けいもう）は「人々に正しい知識を与え、導くこと」。

□ **40** 息災　①辛労　②苦楽　③惨禍　④無事　⑤困難　〈東京経済大〉

□ **41** 籠絡　①卑屈　②翻弄　③懐柔　④合点　⑤落胆　〈東京経済大〉

問 **傍線部と同じ意味の語として最も適当なものをそれぞれ選べ。**

□ **42** そのことの顚末に対して「こんなはずではなかった」と呟いたのだろう、〈鷺沢萠『帰れぬ人びと』〉

①結末　②経緯　③帰結　④概略　⑤発端　〈東海大〉

□ **43** 安全を担保できるように手を施さねばならない。〈柏木博『視覚の生命力』〉

①証明　②確立　③保証　④約束　〈産業能率大〉

□ **44** サルトルが挙げている例は、認識による世界の所有、愛撫による女体の所有、滑走による雪原の所有、登頂による風光の所有、であった。〈見田宗介『現代社会はどこに向かうか』〉

①大気　②景観　③天下　④資源　⑤宇宙　〈成蹊大〉

□ **45** そこには有象無象の海の物とも山の物ともつかないようなものたちが蠢（うごめ）いている。〈中屋敷均「科学と非科学」〉

①形而上　②烏合の衆　③無尽蔵　④不明瞭　⑤不可思議　〈専修大〉

---

39 ⑤ **無骨**は「洗練されていないこと。無作法なこと。無礼なこと」。

40 ④ **息災**は「達者で無事なこと」。

41 ③ **籠絡**（ろうらく）は「巧みに言いくるめて人を自由に操ること」。

42 ② **顚末**（てんまつ）は「物事の初めから終わりまでの事情。ことのいきさつ」の意。

43 ③ **担保**は「債務者が債務を履行しない場合、弁済を確保するため債権者にあらかじめ提供されるもの。抵当権や保証の類」の意。

44 ② **風光**は「自然の美しいながめ。景色」の意。

45 ② **有象無象**（うぞうむぞう）は「宇宙にある有形・無形の一切のもの」の意だが「世にいくらでもいる種々雑多なつまらない人々」もさす。**烏合**（うごう）**の衆**は「規律も統制もない群衆」の意。

第2章

3 熟語の意味に関するもの

問 次の傍線部の意味として最も適当なものを選び、番号で答えよ。

□ 46 映画を撮ろうとする者と、被写体の間には、多くの軋轢や断絶があったにちがいない。〈宇野邦一『破局と渦の考察』〉
① 衝撃が生まれること ② 多様な見方があること
③ 関係がきしむこと ④ 圧力に屈すること
⑤ 気持ちを通わすこと（関西学院大）

□ 47 ハンナ・アーレントは、『暗い時代の人々』で、ハイデガーの『存在と時間』に依拠してこう述べる。〈篠原雅武『全―生活論 転形期の公共空間』〉
① 全面的に信用してそのまま用いること
② 明確な根拠に基づいて賛同すること
③ 必要な部分だけを選んで利用すること
④ 主張を支えるよりどころとすること
⑤ 自説を補強するため巧妙に利用すること（佛教大）

□ 48 古来日本人が宗教的なまでの讃美や畏敬の念を持っていたことは誰もが認める事実であるが、〈舟橋豊『古代日本人の自然観』〉
① おそれ、うやまうこと ② おそれ、おののくこと
③ たっとび、めでること ④ あやぶみ、おそれること
⑤ うやまい、いとおしむこと（山梨学院大）

□ 49 つまり、詩のことばは一義的になり、表面の意味の背後に別の隠され

解答とポイント

46 ③
軋轢（あつれき）
「争って不和になること。関係がきしみ、摩擦を生じること。いざこざ」。軋も轢も「車輪がきしる」意。例 両者の間に軋轢を生ずる

47 ④
依拠（いきょ）
「よりどころとすること」。また、その「よりどころ」。

48 ①
畏敬（いけい）
「心から服しうやまうこと」。畏は「畏(おそ)れる・畏(かしこ)まる」、敬は「敬(うやま)う」と訓読する。
例 畏敬の念を抱く

49 ②
一義的（いちぎてき）

た意味を探る必要がないのです。

〈大岡信『日本の詩歌』〉

① 単調で深みがないこと　② 意味が一つに限定されること
③ 無意識に表出されること　④ 理性的で安定していること
⑤ 翻訳できない特殊性を帯びていること

（青山学院大）

□ 50

そちらに合流すべきだろうかというふうに、彼女は一瞥（いちべつ）した。

〈平野啓一郎『マチネの終わりに』〉

① 少し躊躇（ちゅうちょ）した　② 考えをめぐらせた
③ ちらっと見た　④ いちずに振る舞った
⑤ 横目で観察した

（二松学舎大）

□ 51

ある逸話について聴き手の反応がよければ「おお、この種の話は受けがいいな。では、この線で行こう」ということになるし、

〈内田樹『街場の現代思想』〉

① 皮肉な言い回しを含んだ批評的な話
② おもしろおかしい荒唐無稽（むけい）な空想話
③ そのものの特色を最もよく現すたとえ話
④ 世間にあまり知られていない興味深い話

（早稲田大）

□ 52

大人が、まず、そうした気分を利用して、消費生活を謳歌し、バブルにおどった。

〈齋藤孝『子どもたちはなぜキレるのか』〉

① うそぶき　② 悲しみ　③ 楽しみ
④ くちずさみ　⑤ 試み

（獨協大）

「意味が一種類で、他に解釈の余地を残さないさま。最も重要な大切な意義があるさま」をいう。

50 ③

一瞥（いちべつ）

「ちらりとみること」。**瞥**は「横目でちらりと見る」意。一瞥の対義語は「凝視（ぎょうし）」、類義語は「一見」。

51 ④

逸話（いつわ）

「世間にあまり知られていない、興味ある話。エピソード」のこと。

52 ③

謳歌（おうか）

「自分の恵まれた境遇などを、他人にはばからず言動にはっきり表すこと。心おきなく楽しむこと」。例 青春を謳歌する

問 次の傍線部の意味として最も適当なものを選び、番号で答えよ。

□53 たとえば、衝突の現場をみて、そこに関与している人々の政治的立場や社会的地位といった属性を、まず先に打ち立てることによって、そこから演繹(えんえき)的に彼らの行為を説明する、という作業が何の疑問ももたれずに繰り返されてきた。

〈松田素二『日常人類学宣言!』〉

① 具体的な現象から一般に通用するような法則性を見出すこと。
② 得られた情報や資料を恣意的に解釈して結論づけること。
③ 一般的な理論によって個別の事例を推論すること。
④ 確かな証拠や事実の存在をもって証明すること。
⑤ 事前に設定された結論に向けて議論を導くこと。

(東海大)

□54 そこまでは、鷹揚(おうよう)で貫禄十分な、いつもの義父だった。

〈重松清「サンタ・グランパ」〉

① ゆったりとして　② 配慮が行き届いて
③ 詳細に物事を考えて　④ 大局を判断できて
⑤ 短気で怒りっぽくて

(佛教大)

□55 出生前診断で胎児が重篤な障害をもつという蓋然性が目前に提示されたとき、その蓋然性が、どの程度の蓋然性なのかを判断し続ける作業は「科学」の枠内に入り続けると、どうしても言いたいのならいってもよい。

〈金森修『自然主義の臨界』〉

① あることが起こる確実性の度合い
② あることが起こる危険性の度合い

解答とポイント

53 ③

演繹(えんえき)

一般には「普遍的命題から特殊命題を導き出すこと」と説明される。「一般的・普遍的な前提から、個別の結論を導く」推論方法である。対義語は「帰納(きのう)」で、①がその説明にあたる。

54 ①

鷹揚(おうよう)

「(鷹が大空を悠々と飛揚するさまから)ゆったりとして落ち着いていること。何事も恐れず悠然としていること」。**貫禄**は「身にそなわる威厳。おもみ」。

55 ①

蓋然性(がいぜんせい)

probability の訳語。「その事柄が実際に起こるか否か、真であるか否かの、確実性の度合い」。これを数量化したものが「確率」である。

③ あることが起こる可能性が希であること
④ あることが起こる偶然性が希であること
（上智大）

□ 56 哲学で用いられる「実体」概念は、「本当に存在するもの、それ自体で存在するもの」である。
〈山内志朗『目的なき人生を生きる』〉
① 明確な存在内容　② 理性的な判断内容　③ 中心的な思想内容
④ 大まかな認識内容　⑤ 具体的な意味内容
（玉川大）

□ 57 子どもの自分にとっては、書物はお話以前のモノとしての魅力に満ち、触覚的で可塑的なオブジェでもあったのだ。
〈紅野謙介『書物の近代—メディアの文学史』〉
① いろいろな使い道がある
② 関心を呼び起こすことができる
③ 期待を実現させることができる
④ 柔軟に変形させることができる
⑤ 本来の用法と異なってもよい
（武庫川女子大）

□ 58 この明治社会を「獣の世」として喝破した同時代人がいた。
〈井手英策・松沢裕作「分断社会の原風景」〉
① 誤った説を非難し、退けること
② 誤った説を論難し、否定すること
③ 誤った説の問題点を証明すること
④ 誤った説を退け、真実を称讃すること
⑤ 誤った説を論破し、真実を解き明かすこと
（青山学院大）

---

56 ④

概念（がいねん）

Begriff（ドイツ語）の訳語。「1個々の事物から共通な性質を取り出してつくられた表象。**内包**（意味内容）と**外延**（適用範囲）とからなり、名辞と呼ばれる言語によって表される。**2**言葉で表される大まかな意味内容」。入試で出題される場合、ほとんど**2**の意味で問われる。

57 ④

可塑（かそ）

「固体に力を加えて弾性限界を超える変形を与えたとき、力を取り去っても歪（ひず）みがそのまま残る性質」のこと。粘土などに見られる性質。「環境に応じた可塑的な対応」のように「柔軟」とほぼ同義に用いられることが多い。

58 ⑤

喝破（かっぱ）

「誤りを正し、真実を解き明かすこと」。また、「大声を上げて、相手を言い負かすこと」。

問 次の傍線部の意味として最も適当なものを選び、番号で答えよ。

□59 人間の欲望は必ずしも統一的な方向性を持っているわけではなく、複数の欲望に分裂し、絶えず葛藤を引き起こす。

〈山竹伸二『「本当の自分」の現象学』〉

① 人の精神の中で、類似のものがからみ合っていること。
② 人の気持ちの中で、はっきりしないものがさまざまに姿を変えること。
③ 人の頭脳の中で、種々雑多なものが入り乱れ、混じり合うこと。
④ 人の心の中で、異なるものがたがいに争うこと。
⑤ 人の肉体の中で、いくつかの要素が精神を刺激すること。

(青山学院大)

□60 この漠然とした認識のもとでは、「恋愛に対する欲望」は「恋愛をしたいという欲望」へと還元されてしまう——正確に言えば、両者の差異が意識されないまま看過されてしまう。

〈松浦優「アセクシュアル/アロマンティックな多重見当識=複数的指向」〉

① 見落とすこと　② 見破ること　③ 見咎(とが)めること
④ 見誤ること　⑤ 見定めること

(立教大)

□61 連続性の幻想がかえって一個の陥穽となるおそれがある。

〈宮島喬『文化と不平等』〉

① 楽観的な見通し　② 危険な状況　③ 安心な気持ち
④ 落とし穴　⑤ 気の緩み

(愛知大)

解答とポイント

59 ④

葛藤(かっとう)

「人と人との関係が複雑にもつれて、互いにいがみ合うこと。心の中で相反する欲求や感情がからみあい、そのいずれをとるか迷い悩むこと。悶着(もんちゃく)。あらそい」の意。「葛(かずら)」や「藤(ふじ)」の枝が、もつれからむことからいう。例 心理的葛藤

60 ①

看過(かんか)

「見過ごすこと。見逃すこと」。類義語は「座視・黙認」など。対義語は「摘発」。

61 ④

陥穽(かんせい)

「落とし穴のこと」。比喩的に「人をおとしいれる策略。わな」をいう。例 敵の陥穽にはまる

□ 62 宮廷顧問で医師のクリストフ・フーフェラントの著作に応答する形で、彼はそこで含蓄のある健康観を記していました。〈福嶋亮大『感染症としての文学と哲学』〉

① もっともらしさ　② 決定的　③ まとまり
④ 深い意味　⑤ 先見性
（京都女子大）

□ 63 「家族国家観」により天皇への忠誠と親への孝や家長への服従を涵養したとされる修身教科書においても、教科書の文面に直接説かれる教説以外の説話や挿絵などのメタ・メッセージのレベルに注目すれば、明治期中盤以降、権威主義的色彩の薄く親密な親子・家族の姿がもっぱら描かれている。〈牟田和恵『戦略としての家族』〉

① ゆっくり育てること　② 深く長期に広がること
③ 早急に獲得させること　④ 少しずつ慣らしていくこと
⑤ 繰りかえし刷りこむこと
（青山学院大）

□ 64 われわれは人間の成長に伴う興味の変化、一つのことを続けることの困難、気紛れ（きまぐ）や心変わりなどの感情の機微を熟知しているので、それらが、時間の経過の中で破壊的に働くことにどこか納得しもする。〈金森修『人形論』〉

① 一瞬も目を離せないほどすばやく小刻みに変化する状態
② 豊富な経験に基づいてはじめて把握できる不規則な変化
③ 不変に感じられたものが突如として劇的に変化する性質
④ 物事の表面だけを見ていたのではわからない微妙な事情
（成蹊大）

---

62 ④

含蓄（がんちく）

「表現が、ある深い意味を含みもつこと」。また「含蓄がある」で、「深い意味がひそんでいる」ことを表す。

63 ①

涵養（かんよう）

「自然に水がしみこむように、徐々に養い育てること」。**涵**は「うるおす」の意。

64 ④

機微（きび）

「表面からはとらえにくい微妙な事情や趣」。例 **人情の機微に触れる**

問 次の傍線部の意味として最も適当なものを選び、番号で答えよ。

□ 65 それだけの情報では、なんとかサキだとか、サキなんとかという人の本を出されるのではないかと千春は危惧したのだが、〈津村記久子「サキの忘れ物」〉

① 疑いを持った ② 慎重になった ③ 気後れがした
④ 心配になった ⑤ 怖れをなした

（共通テスト）

□ 66 琢治は、毅然とした妻の声を胸に刻んだ。〈湯川秀樹『旅人 ある物理学者の回想』〉

① 理路整然とした ② 意志が強くしっかりとした
③ 誇り高く堂々とした ④ 憤然とした
⑤ 自信をあらわにした

（順天堂大）

□ 67 どれほどまでに喫緊の課題として受けとめられていたかが、切迫した呻き声として伝わってくるようだ。〈山室信一『モダン語の世界へ』〉

① 差し迫っていて大切な ② 非常事態における
③ さしあたって当面の ④ 何より重要な
⑤ 解決しなくてはならない

（京都女子大）

□ 68 枯木産、あるいは海産とは、すべて詭弁である。〈堀田善衛『路上の人』〉

① 弁舌さわやかで信じるに足る議論
② 道理にあった本当のように見える議論
③ こじつけの議論
④ 自分を正当化するためにする議論

解答とポイント

65 ④

危惧（きぐ）

「成り行きを心配し、おそれること。不安心。気がかり」。類義語は「懸念・憂慮」。

66 ②

毅然（きぜん）

「意志が強く、しっかりとしているようす。物事に動じないさま」。例 毅然たる態度を示す

67 ①

喫緊（きっきん）

「さしせまっていて、大切なこと。またそのさま」。例 喫緊の課題

68 ③

詭弁（きべん）

「道理に合わないことをいかにももっともらしくこじつける巧みな弁論。ごまかしの議論」。論理学で、相手の思考の混乱や感情につけ入って相手をだます虚偽の議論。例 詭弁を弄（ろう）する

⑤ 弁舌さわやかに相手を論破すること（日本福祉大）

□ 69 ナチスは、人権思想を知っていて、それが、失業者を前提とする社会では欺瞞であるとしてあえて無視した。〈藤原辰史「脱人間の人文学」〉

① 退化を招くこと　② 騙すこと　③ 偽善的なこと
④ 邪魔なこと　⑤ 不条理なこと（関西学院大）

□ 70 需要は商品化の前に存在せず、商品化が逆に需要を創造するという逆説がなりたつのである。〈山崎正和『歴史の真実と政治の正義』〉

① 論理展開の上で、原因と結果が混同されているさま
② 言語表現のしかたが風変わりで、ひどくこっけいな言説
③ 真理に背いているようで、真理を言い表している言説
④ 真理へのプロセスが複雑で容易には理解できない言説
⑤ 述べられている二つの物事が食い違っているさま（同志社女子大）

□ 71 技能オリンピックでメダルをかち得るほどの人々がその矜持を発揮する道を、この時代は必要としなくなったのだろうか。〈柏木義雄『文化の時差について』〉

① 誇りを持つこと　② 名声に酔うこと　③ おごり高ぶること
④ 名誉を守ること　⑤ 技能を磨くこと（青山学院大）

□ 72 極めて強靱な一種の紙は、ポケット・ハンカチーフとして使われる。〈浜野保樹「中心のない迷宮」〉

① どんな力にも負けないこと。　② しなやかで強いこと。
③ 打たれ強いこと。　④ 再生力があること。（亜細亜大）

---

69 ②
欺瞞（ぎまん）
「あざむき、だますこと」。欺は「あざむく。だます」意。

70 ③
逆説（ぎゃくせつ）
「真理にそむいているようで、よく考えると一種の真理を表している説。パラドックス」。

71 ①
矜持（きょうじ）
「自分の能力を信じて抱く誇り。プライド」。「きんじ」は慣用読み。「矜恃」とも書く。類義語は「自負・自尊」。

72 ②
強靱（きょうじん）
「しなやかで強いこと。柔軟でねばり強いこと」。例 強靱な肉体／強靱な精神力

問 次の傍線部の意味として最も適当なものを選び、番号で答えよ。

73 蓑虫の形而上学的疑惑、カメレオンの享楽家的逆説。 〈中島敦『かめれおん日記』〉

① 捨象的　② 具象的　③ 実在的　④ 観念的 （高崎経済大）

74 そして、おう、と返す兄に引きちぎったカレンダーの白紙の面を差し出した。彼は、怪訝な表情を浮かべる。 〈山田詠美『微分積分』〉

① 不安な　② 不思議に思う　③ 嬉しい
④ 悲しい　⑤ いらいらする （愛知大）

75 連帯論という文脈において、ローティの反本質主義や反形而上学が顕著に表現されるのは、ローティが人間的連帯という発想を拒絶するときである。 〈馬渕浩二『連帯論　分かち合いの論理と倫理』〉

① 際立って　② はかばかしく
③ 揺ぎ無く　④ はなばなしく （目白大）

76 これが講談落語の速記本の嚆矢であろうと思われるが、その当時には珍しいので非常に流行した。 〈岡本綺堂『岡本綺堂随筆集』〉

① いただき　② はじまり　③ なかつぎ
④ はやりもの　⑤ しめくくり （早稲田大）

77 一つのことに拘泥せず、場面に応じて自分を巧みに切り替えたり、場面自体を積極的に転がしていけるような能力を「人間力」の基礎とみなす風潮が強まっている。 〈土井隆義『友だち地獄』〉

① 抵抗すること　② かかわること　③ 悩むこと

解答とポイント

73 ④
形而上（けいじじょう）
metaphysical の訳語。「形をもっていないもの。抽象的・観念的なもの」をいう。対義語は「形而下」。

74 ②
怪訝（けげん）
「その場の事情などがわからず、納得がいかないさま」。類義語は「不審」。

75 ①
顕著（けんちょ）
「際だって目につくこと・著しいこと」。類義語は「明瞭・如実」など。対義語は「曖昧・隠微」など。

76 ②
嚆矢（こうし）
「物事のはじめ」。もと、空中で高い音の出るかぶら矢の意。昔、中国で開戦のしるしにかぶら矢を敵陣に射たことからいう。

77 ④
拘泥（こうでい）
「こだわること」。例 勝敗に拘泥しない

④ こだわること　⑤ 一喜一憂すること

（広島修道大）

□ **78** 王は自分の欠点を隠すことに固執して、自分の人格の変化のチャンスを見殺しにしていたのである。

〈河合隼雄『子どもの宇宙』〉

① ひとつのことに全力を注ぐこと
② 自分の意見を譲らずこだわること
③ 夢中になって周囲を見ないこと
④ 妄想にとりつかれていること
⑤ 必死になるあまり無理をすること

（川崎医療福祉大）

□ **79** キリスト教に遅れをとっているので、それを挽回しようという姑息な対応である。

〈呉智英『つぎはぎ仏教入門』〉

① 表面だけを取り繕うこと
② 一時しのぎで済ませること
③ 本質を見ないふりをしておくこと
④ 巧妙な言い訳をしてはぐらかすこと
⑤ すぐにわかる嘘をついてごまかすこと

（椙山女学園大）

□ **80** ドレイパーの主張のなかにある純粋に歴史上の誤謬はさて措くとしても、

〈村上陽一郎『歴史としての科学』〉

① 失敗　② 記憶違い　③ 錯覚　④ 間違い　⑤ 誤解

（山梨学院大）

□ **81** 寒気はむしろ張り合う相手、自分を鼓舞する契機だ。〈池澤夏樹「ヘルシンキ」〉

① こぶしを握ること　② 驚かせること　③ 滅入らせること
④ 脅かすこと　⑤ 躍らせること　⑥ はげますこと

（法政大）

---

78 ②

固執（こしゅう・こしつ）

「自分の意見などを、あくまでも主張し続けること」。対義語は「譲歩」。

79 ②

姑息（こそく）

「根本的な解決をせず、一時のまにあわせにすること。その場逃れ」。姑は「しばらく」の意。例 姑息な手段をとる

80 ④

誤謬（ごびゅう）

「間違い。誤り」のこと。例 誤謬を犯す

81 ⑥

鼓舞（こぶ）

「人をはげまし、ふるいたたせること」。鼓（つづみ）を打ち、舞うことからいう。「士気を鼓舞する」のように用いられる。

問 次の傍線部の意味として最も適当なものを選び、番号で答えよ。

□ 82 アムールもこんな上流の果てになると、細流が縦横に錯綜して流れているらしかった。〈梅崎春生『赤帯の話』〉

① 激しく音をたてて　② 延々と続いて
③ 複雑に入り交じって　④ 整然と並んで
⑤ 曲がりくねって
（センター試験）

□ 83 それは、自然の営みとは無関係に、自分勝手な人間の脳が恣意的に作り出す世界です。〈姜尚中『悩む力』〉

① 客観的に　② 根拠があって　③ 思いつきで
④ 積極的に　⑤ 自信をもって
（獨協大）

□ 84 示唆的なのは、サイードがその晩年にフロイトの『モーゼと一神教』を引き合いに出している点である。〈姜尚中『在日』〉

① 指図がましい　② それとなく気づかせる
③ はっきりと示す　④ 目標となる
⑤ おしつける
（桃山学院大）

□ 85 それは忘れていたかつての桎梏が再び押し寄せてくる予感を与えるのである。〈阿部謹也『「教養」とは何か』〉

① 悪い癖（くせ）や生活習慣　② 自由を束縛するもの
③ 檻（おり）や牢獄　④ しがらみ
（日本大）

□ 86 他方ではなんらかの自発性にもとづいて、こうした通俗道徳を自明の当為として生きてきた。〈安丸良夫『日本の近代化と民衆思想』〉

解答とポイント

82 ③
錯綜（さくそう）
「複雑に入り交じること。入り組むこと」。
例 情報が錯綜する

83 ③
恣意（しい）
「自分の思うまま。思いつくままの考え」のこと。例 恣意的な解釈

84 ②
示唆（しさ）
「それとなく教えること。また、ほのめかすこと」。例 示唆に富む発言　漢字の書きでも頻出。類義語は「暗示・教示」。

85 ②
桎梏（しっこく）
「人の自由を束縛するもの」。桎は「足かせ」、梏は「手かせ」の意。④しがらみ（柵）は「水をせきとめるために、くいを打ち並べて、竹や木の枝を結びつけたもの。転じてひきとめるもの。まつわりついて離れないもの」。

86 ③
自明（じめい）
「証明したり特に詳しく説明したりする

① 他人から言われる前に自発的に行うこと
② 自分の側から進んで弁明するのが当然の行為
③ 証明の必要がないほど明らかな為すべきこと
④ 当事者として明らかにする必要のある行為
⑤ 他人の思惑など意に介しないで為すべきこと　（中央大）

□ 87
生活にとって不可欠な物であれ、かつての特権身分に見られたように奢侈（しゃし）のためにであれ、それらをなんらかの仕方で手に入れなくてはならない。　〈今村仁司『交易する人間（ホモ・コムニカンス）――贈与と交換の人間学』〉
① 裕福なこと　② 浪費的なこと　③ ぜいたくなこと
④ 娯楽が多いこと　⑤ 絢爛（けんらん）豪華なこと　（同志社女子大）

□ 88
菜穂子の考えはいつもそうやって自分の惨めさに突き当たったまま、そこで空しい逡巡を重ねている事が多かった。　〈堀辰雄『菜穂子』〉
① ひと回りして元の所に戻ることを繰り返すこと
② 決断がつかないでぐずぐずとためらうこと
③ 繰り返し同じことについて考えること
④ 自分の言動を正しいと認めること　（熊本学園大）

□ 89
どんなものでもその気になって探せば、かならずいいところがある。それを称揚する。　〈外山滋比古『思考の整理学』〉
① ほめたたえる　② 善し悪（あ）しの評価をする
③ 大声で指摘する　④ 良いところを見つけ出す
⑤ 誇りをもたせる　（神戸女学院大）

までもなく明らかなこと」。「自明の理」あるいは「自明な理」のように用いられる。**当為**は「とうい」と読み、哲学用語で、「（現にあることに対して）あるべきこと、（あらざるを得ないことに対して）そのようにすべきこと」の意。

87 ③

奢侈（しゃし）

「度を越してぜいたくなこと。身分不相応な暮らしをすること」。**奢**・**侈**はともに「おごる」意。

88 ②

逡巡（しゅんじゅん）

「決心がつかないでぐずぐずとためらうこと。しりごみすること」。類義語は「**躊躇（ちゅうちょ）**・**思案**」。「遅疑（ちぎ）逡巡」という四字熟語も同じ意味。

89 ①

称揚（しょうよう）

「その価値を認めて、ほめたたえること。ほめそやすこと」。「賞揚」とも書く。

問　次の傍線部の意味として最も適当なものを選び、番号で答えよ。

□ 90 矛盾はそれ自身の止揚へ向けて運動への推力を与える。

〈小浜逸郎『方法としての子ども』〉

① 歴史的な蓄積　② 発展的な統合　③ 根本的な解消
④ 永続的な維持　⑤ 決定的な衝突

（南山大）

□ 91 私はこの先生を見ると紫色の匂いが漂うような憧憬を感じた。

〈倉田百三『光り合ういのち』〉

① 横恋慕　② 気後れ　③ ときめき
④ 面映さ　⑤ あこがれ

（広島国際大）

□ 92 もっというなら、それこそがスサビとしての遊びの真骨頂だったのだ。

〈松岡正剛『日本数寄』〉

① 奥の手　② 隠し玉　③ 本来の姿
④ 隠れた特技　⑤ 得意の極致

（國學院大）

□ 93 もちろん、陰謀論者は善と悪が絶対的に対立する二元論的世界観を真摯に信じているし、陰謀論を批判する者も、批判の正当性を確信していることだろう。

〈吉本光宏『陰謀のスペクタクル』〉

① いいかげんに　② 本当に　③ まじめに　④ 絶対に

（学習院大）

□ 94 こうした抽象的な概念を時に崇高なものとして共有できるのは、科学的に立証できる範囲において、地球上に現在は人類（現生人類）しかいない。

〈犬飼裕一『世間体国家・日本　その構造と呪縛』〉

① 身近でわかりやすい　② 取るに足らない

解答とポイント

90 ②
止揚（しよう）
Aufheben（ドイツ語）の訳語。弁証法で、矛盾・対立する二つの概念を、より高次の段階で統一すること。「揚棄（ようき）」ともいう。

91 ⑤
憧憬（しょうけい）
「あこがれること」。「どうけい」は慣用読み。

92 ③
真骨頂（しんこっちょう）
「本来もっているありのままの姿。真実の姿。真面目（しんめんもく）」。

93 ③
真摯（しんし）
「まじめでひたむきなさま」。漢字の読みでも頻出。

94 ④
崇高（すうこう）
「尊く気高いこと。またそのさま」。

③ 思い通りにならない　④ 気高く貴い
⑤ 厳かで重々しい
〈同志社女子大〉

□ **95** アメリカ軍の物量に負けたと悔しがった日本人は、戦後三十年をかけて、大量の、しかも良質なモノを作り出すことに成功し、自動車、電化製品、精密機械などの分野で世界市場を席巻(せっけん)することになります。
〈鹿島茂『新道徳論　幸福の条件』〉

① 激しい勢いで勢力を広げること　② 金品を巻き上げること
③ 無理やり相手を制圧すること　④ 多大な功績をあげること
⑤ 緩やかに力を浸透させてゆくこと
〈京都女子大〉

□ **96** ある芸術の門を潜(くぐ)る刹那に、この危険は既にその芸術家の頭に落ちかかっている。
〈夏目漱石『素人と黒人(くろうと)』〉

① 無常　② 都合　③ 現在　④ 瞬間　⑤ 途中
〈成蹊大〉

□ **97** 我が国においては何らかの問題を論ずる際に常に建前と本音の相克が見られるのである。
〈阿部謹也の文〉

① 互いにいつくしむこと　② 互いに協力すること
③ 互いに勝とうとして争うこと　④ 互いに似ていること
⑤ 互いに同等であること
〈流通経済大〉

□ **98** 社会という全体の軌跡は、その構成員という要素の意識や行為に対して齟齬を起こす。
〈小坂井敏晶『責任という虚構』〉

① 対立　② ばらつき　③ 食い違い
④ 変質　⑤ 影響
〈成蹊大〉

---

95 ①

席巻（せっけん）

「むしろを巻くように、片端から領土を攻め取ること。また、激しい勢いで自分の勢力範囲を広げること」。「席捲」とも書く。

96 ④

刹那（せつな）

「きわめて短い時間。瞬間」の意。「過去も将来も考えず、現在の瞬間の感情のままに生きようとする考え方」を「**刹那主義**」という。

97 ③

相克（そうこく）

「対立するものが互いに相手に勝とうと争うこと」。「**相剋**」とも書く。もと五行(ごぎょう)説で、木は土に、土は水に、水は火に、火は金に、金は木に勝つこと。

98 ③

齟齬（そご）

「意見や事柄が食い違って、合わないこと。食い違い」。もとは歯が上下かみ合わないさま。例 **齟齬をきたす**

問 次の傍線部の意味として最も適当なものを選び、番号で答えよ。

☐ 99 私たちは、そのまま疎遠になり、中学校も高校も同じ学校に進みながら、決して交わらぬ間柄のまま、時をすごしたのだった。 〈宮本輝『寝台車』〉

① 交際がなくなり ② 遠慮がなくなり ③ 無関心になり
④ 嫌悪するようになり ⑤ けんか別れになり （センター試験）

☐ 100 デューイはこのあとの文章で、化学に造詣の深い非専門家と専門の化学者が、金属という語に下す定義がいかに異なるかという例を示している。 〈W・リップマンの文〉

① 経験が長いこと ② 興味・関心が深いこと
③ 知識・理解が深いこと ④ 技術が卓越していること
⑤ 洞察力が鋭いこと （成蹊大）

☐ 101 岸和田だんじりの一番の醍醐味は、なんといっても「遣り回し」である。 〈江弘毅『岸和田だんじり祭 だんじり若頭日記』〉

① 美味 ② 奇妙な味わい
③ 最高の評価 ④ 本当のおもしろさ （京都産業大）

☐ 102 この論文は、ノーベル経済学賞をもたらした一連の研究の端緒になったものである。 〈斎藤幸平『人新世の「資本論」』〉

① 最先端 ② 最高峰 ③ 始まり ④ 集大成 （名城大）

☐ 103 その性格のいいところをも、悪いところをもそれは端的に現していた。 〈井上靖『姨捨』〉

解答とポイント

99 ①
疎遠（そえん）
「行き来や文通が絶えて、親密さに欠けること」。対義語は「親密」。

100 ③
造詣（ぞうけい）
「学問や芸術（のある分野）について、知識が広く理解が深く、優れていること」。
例 造詣が深い

101 ④
醍醐味（だいごみ）
「美味の最高のものといわれる醍醐の味。転じて物事の最高の味わい。本当のおもしろさ」。**醍醐**は牛や羊の乳を精製した濃厚な液体。

102 ③
端緒（たんしょ）
「物事のはじまり。手がかり。いとぐち」。「たんちょ」は慣用読み。

103 ①
端的（たんてき）

① 手短にはっきりと　② 生き生きと言葉のはしばしに
③ 余すところなく確実に　④ わかりやすく省略して
⑤ あざやかに際立たせて
〈センター試験〉

□ **104** しかしミープさんは躊躇なく、しかも立派に務めを果たされた……
〈小川洋子『アンネ・フランクの記憶』〉

① 困り果てること　② ためらうこと
③ 考え込むこと　④ 踏みとどまること
〈京都産業大〉

□ **105** 精神の過剰な跳梁は山の神や先祖という「聖なるもの」によって抑制されていた。
〈佐伯啓思『「脱」戦後のすすめ』〉

① 立ち回って努力すること　② 思うままにのさばること
③ 発展する動きを見せること　④ 勢いを失って静かになること
⑤ 存在を示し目立とうとすること
〈同志社女子大〉

□ **106** ここで私たちが見たいのは「燃える愛の炎」という陳腐な隠喩ではない。
〈佐藤信夫『わざとらしさのレトリック』〉

① 灰汁が強く目立った　② 鼻につくほど気取った
③ 古めかしく重々しい　④ 平凡でどこにでもある
⑤ 分かりやすく優れた
〈関西学院大〉

□ **107** 故に他面より言えば、文明の沈滞、国民生活の不活発は、芸術を等閑視するからである。
〈長谷川天渓「寄居蟹文明の破壊と文藝」〉

① 客観視　② 軽視　③ 絶対視
④ 同一視　⑤ 蔑視
〈早稲田大〉

「明白なさま。てっとり早く核心にふれるさま」。例 **端的に言うと**　漢字の書きでも頻出。

104 ②

躊躇（ちゅうちょ）

「決心が定まらず、ぐずぐずすること。ためらうこと」。類義語は「逡巡」。

105 ②

跳梁（ちょうりょう）

「はねまわること。好ましくないものがのさばりはびこること」。**跳梁跋扈**は「悪人などが好き勝手にふるまう」という意味の四字熟語である。

106 ④

陳腐（ちんぷ）

「ありふれていて、古くさくつまらないこと」。対義語は「新鮮」あるいは「斬新」。

107 ②

等閑視（とうかんし）

「物事を軽く見ていい加減に扱うこと」。「物事をいい加減にほうっておくこと」を「**等閑に付す**」という。

問 次の傍線部の意味として最も適当なものを選び、番号で答えよ。

□ 108 恋愛を語ろうとする時だけは、少なからず通俗的でまた感傷的であった。〈井伏鱒二『たま虫を見る』〉

① 野卑で品位を欠いているさま　② 素朴で面白みがないさま
③ 気弱で見た目を気にするさま　④ 平凡でありきたりなさま
⑤ 謙虚でひかえ目なさま
（センター試験）

□ 109 家庭がすでに、電子的な個室の集合体になっているとするならば、同じような電子的な個室の姿を典型的なかたちで示していたのは、次のようなひとり暮らしの大学生の場合です。〈吉見俊哉『メディア文化論［改訂版］』〉

① 多くの物の中で際立っていること　② 先行する様式をなぞること
③ 中途半端でなく一貫していること　④ 見習うべき手本となること
⑤ 特性を端的に示していること
（武庫川女子大）

□ 110 彼のあとから同じやり方を踏襲するものは、「何かを包んでいる表面」だけを作りながら、中が空っぽであるという印象を受ける。〈和辻哲郎「新しい様式の創造」〉

① 形ばかりを真似すること
② 体裁ばかりを取り繕うこと
③ 誤った理解をしてしまうこと
④ 先人の行ったことを継承すること
⑤ 十分に理解しないまま実行すること
（國學院大）

□ 111 彼の言明は唐突で理解しにくいだろうか？〈上野俊哉『思想家の自伝を読む』〉

解答とポイント

108 ④
通俗（つうぞく）
「世俗的で、だれにもわかりやすいさま。平凡でありきたりなさま」。対義語は「高尚」。

109 ⑤
典型（てんけい）
「同類・同種の中で、その特性を最もよく表しているもの」。

110 ④
踏襲（とうしゅう）
「前人のやり方や方針を変更しないで、そのまま受け継ぐこと」。**例** 前の方針を踏襲する

111 ①
唐突（とうとつ）

① 不意であること
② 言葉が胸につきささること
③ 大袈裟であること
④ 意味不明であること
⑤ 異国的でありすぎること
（関西学院大）

□ 112 しかし彼は過去を顧みて徒労に帰したその努力を悔いはしなかった。
〈志賀直哉『山の木と大鋸』〉

① むなしい努力はやめようと考え直した
② なんの益もない労働を押しつけられた
③ なんの役にも立たない骨折りに終わった
④ 何もしないで元の状態にもどってしまった
⑤ 無用な苦労をもう一度することになった
（センター試験）

□ 113 いちど内に含んで反芻するという時間の澱がない。
〈鷲田清一『「ぐずぐず」の理由』〉

① 反対の立場を含みおく
② 内省して悔悟心を覚える
③ 反応してよく吸収する
④ 繰り返し考え味わう
⑤ すう勢にあえて反する
（中央大）

□ 114 「十五年戦争期」の柳田が文学者として日本語、ひいては言葉そのものに対していったい、どんな態度をとっていたのか一度、俯瞰してみよう。
〈鶴見太郎『柳田国男入門』〉

① 詳しく検討すること
② 情報を収集すること
③ 深く考え直すこと
④ はっきりと思い出すこと
⑤ 全体を見渡すこと
（武庫川女子大）

「前ぶれもなく突然に物事を始めること。だしぬけであること。不意」。例 唐突な発言

112 ③

徒労（とろう）

「むだな骨折り。無益な労苦」の意。例 **徒労に終わる** **帰する**は「結局、ある一つのところに落ちつく。最後にはそうなる」こと。「水泡に帰する」「烏有に帰する」のように用いられる。

113 ④

反芻（はんすう）

「一度飲み込んだ食物を再び口中に戻し、よくかんでからまた飲み込むこと」。反芻類の動物（牛など）が行う。転じて「繰り返し考え味わうこと」の意に用いられる。

114 ⑤

俯瞰（ふかん）

「高い所から見下ろし眺めること。全体を上から見ること」。設問は「全体を見渡す」意で用いられている。例 **展望台から市街全域を俯瞰する** 類義語は「鳥瞰」。

問　次の傍線部の意味として最も適当なものを選び、番号で答えよ。

□ 115 畢竟我々は大小を問わず、いずれも機関車に変りはない。
〈芥川龍之介「機関車を見ながら」〉
① つまるところ　② なぜならば　③ もちろんのこと
④ たとえるならば　⑤ どちらかといえば
（成蹊大）

□ 116 議会は国民の代表であることを標榜しながら、各党派は私利私欲をほしいままにし、政権以外に国民の利益を眼中におかなかった。
〈岸田國士「恐怖なき生活について」〉
① 目標にすること　② 詐称すること
③ 基準にすること　④ 掲げ示すこと
（成城大）

□ 117 「国際」と「世界」の用語の差異をもう少し敷衍すれば、次のようにいうことができます。
〈伊豫谷登士翁『グローバリゼーションとは何か』〉
① 意味を簡便且つ簡潔に説明すると
② 意義を広くおし広げて言い換えると
③ 意味を的確且つ深く捕らえて説明すると
④ わかりやすく、やさしい言葉で言い換えると
⑤ 意義をその基本的な論理に基づいて説明すると
（獨協大）

□ 118 氏は力をこめてこの「世界の関節がはずれた」時代の人びとを襲った空虚感と不条理を説き、その上でこう書いている。
〈中野孝次『中世を生きる』〉
① 現実感がないこと　② 満足できないこと

解答とポイント

115 ①
畢竟（ひっきょう）
「つまるところ。結局」。**畢**も**竟**も「終わる」の意。**畢竟するに**は「つまるところは」の意。

116 ④
標榜（ひょうぼう）
「主義・主張などを公然と掲げ示すこと」。
例 **平和主義を標榜する**　**ほしいまま**は「自分の思うままにふるまうさま」。

117 ②
敷衍（ふえん）
「意味・趣旨などをおし広げて詳しく説明すること」。本来は「押し広げる」意。
例 **自分なりに敷衍して話す**

118 ③
不条理（ふじょうり）
「事柄の筋道が立たないこと。道理に合わないこと」。実存主義的な考え方で、人生に意義を見いだすことのできない絶望的な状況をいう語。

□ 119
物の感じ方を知らず識らずに呪縛させられていたことに気がついて、自分の精神のはかなさに憮然とさせられることがある。〈古井由吉『辻占』〉

① 思い通りにならずがっかりすること
② あまりの悲しさから絶望すること
③ 突然のことにびっくりすること
④ 面白くない展開にむっとすること
⑤ 事の重大さに恐れおののくこと
③ 筋道が通らないこと　④ 混乱していること
（西南学院大）

□ 120
しかし、人間の社会で互恵的利他主義が普遍的に見られ、平和な暮らしを築く重要な基盤となっていることは間違いありません。〈亀田達也『モラルの起源』〉

① 特に目立って　② 前から変化せず　③ 広く行きわたって
④ 不完全だが確実に　⑤ 当然のこととして
（明治大）

□ 121
いまにも、嗚咽（おえつ）が出そうになるのだ、私は実に閉口した。〈太宰治『故郷』〉

① 悩み抜いた　② がっかりした　③ 押し黙った
④ 考えあぐねた　⑤ 困りはてた
（聖心女子大）

□ 122
牛尾大六は辟易し、ぐあい悪そうに後退し、そこでなんとなくおじぎをして、ひらりと外へ去っていった。〈山本周五郎『雨あがる』〉

① 勢いにおされ　② 気分を害し　③ 恥じ入り
④ ふるえあがり　⑤ 責任を感じ
（センター試験）

（センター試験）

---

119 ①

憮然（ぶぜん）

「失望・落胆し、また驚きあきれて、呆（ぼう）然とするさま」。**憮**は「心が空しいさま。失意のさま」をいう。「憮然たる面持ち」を「腹を立てているような顔つき」の意で使うことが多くなっているが、本来は誤用。

120 ③

普遍（ふへん）

「**1**広く行きわたること。また、すべてのものにあてはまること。**2**哲学で、多くの事物に共通する性質またはそれをあらわす概念」をいう。

121 ⑤

閉口（へいこう）

「言い負かされたり圧倒されたりして、言葉に詰まること。一般に、ひどく困らされること」。もと、「口を閉じ、ものを言わない」意。**例** **無理を言われて閉口した**

122 ①

辟易（へきえき）

「勢いや困難におされて、しりごみすること。たじろぐこと」。もと、「相手をおそれ道をあけて立ちのく」意。**辟**は「避ける」、**易**は「変える」意。

問　次の傍線部の意味として最も適当なものを選び、番号で答えよ。

□ 123 かつてないほど他者の承認が渇望され、承認への不安に起因する苦悩、精神疾患が蔓延している。〈山竹伸二『「認められたい」の正体』〉

① 次から次へと伝わること　② 期限がのびて遅れること
③ はびこって広がること　④ いつまでも終わらないこと
⑤ いっぱいになってあふれ出ること

（専修大）

□ 124 そこで自分は仕方がなく、椅子の背へ頭をもたせてブラジル珈琲とハヴァナと代る代る使いながら、すぐ鼻の先の鏡の中へ、漫然と煮え切らない視線をさまよわせた。〈芥川龍之介「毛利先生」〉

① ぼんやりとしているさま　② いらいらしているさま
③ ゆったりと動くさま　④ 夢うつつなさま
⑤ がっかりしているさま

（防衛医科大学校）

□ 125 このような「力」としての教養の必要性が再び叫ばれるきっかけとなったのは、二〇一一年の東日本大震災という未曽有の自然災害とそれによって引き起こされた東京電力福島第一原子力発電所の出来事である。〈桑子敏雄『何のための「教養」か』〉

① 未来に禍根を残すようなこと　② 今までに一度も無かったこと
③ 将来にもまた起こりそうなこと　④ 極めて深刻なこと

（名城大）

□ 126 「そればかりじゃありませんよ」梶氏は躍起になって言った。〈加藤幸子『海辺暮らし』〉

解答とポイント

123 ③

蔓延（まんえん）

「（病気や悪習などが）はびこり広がること」。例 風邪が蔓延する

124 ①

漫然（まんぜん）

「とりとめのないさま。ぼんやりとして心にとめないさま」。

125 ②

未曽有【未曾有】（みぞう）

「歴史上、いままで一度も起こったことがないこと」。「未だ曾て有らず」の意。

例 未曽有の大事件

126 ⑤

躍起（やっき）

「（あせって）むきになること」。例 躍起になって追いかける

① 夢中になって　② さとすように　③ 威圧するように
④ あきれたように　⑤ むきになって
（センター試験）

□ **127** ロゴス中心主義と揶揄(やゆ)されるような文化ではさすがにそれだけのことはあって、もともと異質なことを結びつけるにはどうしても不器用に長い表現を要することになる。
〈半田智久『構想力と想像力』〉

① もてあそぶこと　② 軽んずること
③ 見下すこと　④ 批判すること
⑤ からかうこと
（國學院大）

□ **128** 紀元前五世紀ごろに記されたとされる『ヨブ記』では、ヨブは数かぎりない不幸を一身にあびる。その際、彼は神ヤハヴェに理不尽さを訴えても、べつに悪魔を罵(ののし)ったりはしていない。
〈池内紀『悪魔の話』〉

① 困難に苦しむこと　② 不幸が長く続くこと
③ 理解に苦しむこと　④ 筋道の通らないこと
（摂南大）

□ **129** 人間そっくりともてはやされる一方で、でもどこかでケダモノだと思われている。類人猿というのは、ずっとそんな両義的な存在として描き続けられているのだ。
〈中村美知夫「チンパンジー」〉

① 二重の意味を持った存在
② 相互に協力し合ってきた存在
③ お互いに無視し合ってきた存在
④ 二つの類似した性格を持った存在
⑤ 両者の足りないところを補い合う存在
（青山学院大）

---

127 ⑤

揶揄（やゆ）
「冗談や皮肉を言って相手をからかうこと」。

128 ④

理不尽（りふじん）
「物事の筋道が立たないこと。道理に合わないこと」。 理不尽な要求

129 ①

両義（りょうぎ）
「両方の意味。二つの意味」。「ある概念や言葉に、相反する二つの意味や解釈が含まれていること」を「**両義性**」といい、両義性を持つ存在を「両義的な存在」という。

4 四字熟語に関するもの

問 次の空欄に入る適当な漢字を選び、番号で答えよ。

□ 130
a 破顔一□ ①症 ②笑 ③勝 ④傷
b 夏炉冬□ ①川 ②扇 ③銭 ④船
c 天衣無□ ①報 ②胞 ③峰 ④縫
d 博覧強□ ①鬼 ②基 ③記 ④気
（日本大）

□ 131
a 軽□妄動 ①虚 ②挙 ③距 ④拒
b 阿鼻□喚 ①叫 ②狂 ③共 ④経
c 馬耳□風 ①東 ②西 ③南 ④北
（日本大）

□ 132
a 時期□早 ①招 ②尚 ③証 ④渉
b 熟読□味 ①眼 ②願 ③頑 ④玩
c 無為□食 ①衣 ②寄 ③徒 ④欠
d 軽佻□薄 ①不 ②浮 ③負 ④付
e 驚天□地 ①道 ②同 ③導 ④動
（神田外国語大）

□ 133
a □床異夢 ①動 ②同 ③道 ④堂
b 一刀両□ ①段 ②断 ③弾 ④壇
c 一視同□ ①義 ②権 ③仁 ④断
d □言飛語 ①竜 ②流 ③留 ④柳
（畿央大）

解答とポイント

130 a＝② b＝② c＝④ d＝③
a＝**破顔一笑**（顔をほころばせて笑うこと）、b＝**夏炉冬扇**（時期はずれで役に立たないもののたとえ）、c＝**天衣無縫**（性格や言動が、飾り気がなく純粋であるようす）、d＝**博覧強記**。

131 a＝② b＝① c＝①
a＝**軽挙妄動**（軽はずみで向こう見ずな行動）、b＝**阿鼻叫喚**（泣き叫ぶような悲惨な状態）、c＝**馬耳東風**（人の意見や批評を気にとめないで聞き流すこと）。

132 a＝② b＝④ c＝③ d＝② e＝④
a＝**時期尚早**（それを行うにはまだ時期が早いこと）、b＝**熟読玩味**（じっくり味わって読むこと）、c＝**無為徒食**（何の仕事もせず、ぶらぶらと暮らすこと）、d＝**軽佻浮薄**（軽はずみで落ち着きのないこと）、e＝**驚天動地**（世間をひどく驚かすこと）。

133 a＝② b＝② c＝③ d＝②
a＝**同床異夢**（同じ立場でありながら考えや思惑が異なっていること）、b＝**一刀両断**（断固たる処置をすること）、c＝**一視**

□ **134**
a 気宇□大　①壮　②広　③盛　④寛
b 直情□行　①傾　②経　③径　④啓
（杏林大）

□ **135**
a 群雄割□　①巨　②挙　③拠　④許
b 旧態□然　①依　②以　③威　④維
c 明□止水　①郷　②峡　③響　④鏡
（日本大）

□ **136**
a 毀誉□貶　①報　②鵬　③縫　④褒　⑤宝
b 臥□嘗胆　①心　②薪　③臣　④榛　⑤慎
（法政大）

□ **137**
a 一網打□　①刃　②陣　③迅　④尽　⑤塵
b 一朝一□　①関　②昔　③夕　④石　⑤斥
c □死回生　①気　②起　③己　④帰　⑤鬼
d 才色兼□　①美　②尾　③備　④媚　⑤微
e 大器□成　①板　②判　③番　④晩　⑤盤
（拓殖大）

□ **138**
拱手□観　①客　②静　③諦　④傍　⑤達
（青山学院大）

□ **139**
一□来復　①朝　②春　③年　④転　⑤陽
（成蹊大）

□ **140**
二□三文　①把　②面　③足　④束　⑤茫
（亜細亜大）

同仁（すべての人を差別なく平等に愛すること）、d＝**流言飛語**（世間にひろがる根も葉もないうわさ）。

134
a＝① b＝③
a＝**気宇壮大**（心意気が雄大であること）、b＝**直情径行**（感情をそのまま言動に表すこと）。

135
a＝③ b＝① c＝④
a＝**群雄割拠**（群雄が各地に勢力を張り対立すること）、b＝**旧態依然**（昔のままで発展のないこと）、c＝**明鏡止水**（邪念のない静かな心境）。

136
a＝④ b＝②
a＝**毀誉褒貶**（そしることと褒めること）、b＝**臥薪嘗胆**（苦心・苦労を重ねること）。

137
a＝④ b＝③ c＝② d＝③ e＝④
a＝**一網打尽**（悪人などを一度に全部捕らえること）、b＝**一朝一夕**（きわめて短い時間のたとえ）、c＝**起死回生**（絶望的な状態にある物事を立て直すこと）、d＝**才色兼備**、e＝**大器晩成**。

138 ④
拱手傍観（何もしないでただ見ていること）。

139 ⑤
一陽来復（冬が去って春が来ること。悪い事が続いたあと好運に向かうこと）。

140 ④
二束三文（値段がきわめて安いこと）。

問 次の空欄に入る適当な漢字を選び、番号で答えよ。

□ 141
a 疾風□雷 ①迅 ②陣 ③尽 ④刃 ⑤甚
b 朝□暮改 ①礼 ②隷 ③令 ④例 ⑤励
（日本大）

□ 142
a 自暴自□ ①棄 ②危 ③気 ④忌 ⑤機
b 内憂外□ ①慮 ②敵 ③喜 ④交 ⑤患
c □色満面 ①貴 ②喜 ③気 ④木 ⑤黄
d 温厚□実 ①得 ②督 ③特 ④徳 ⑤篤
e 隠忍自□ ①超 ②町 ③重 ④庁 ⑤長
（拓殖大）

□ 143
a 暗□模索 ①中 ②昼 ③注 ④虫 ⑤宙
b □突猛進 ①追 ②煙 ③激 ④猪(ちょ) ⑤衝
c □母三遷 ①生 ②養 ③継 ④賢 ⑤孟(もう)
d 一言□士 ①策 ②名 ③学 ④志 ⑤居
（名城大）

□ 144
a □代未聞 ①現 ②先 ③然 ④前 ⑤全
b 一□発起 ①即 ②念 ③触 ④存 ⑤捻
c 有為□変 ①天 ②激 ③較 ④不 ⑤転
d 勧善□悪 ①超 ②徴 ③挑 ④懲 ⑤跳
（中央学院大）

□ 145
a 曲学□□ ①混淆 ②玉条 ③美風 ④阿世

解答とポイント

141 a=① b=③

a=**疾風迅雷**(しっぷうじんらい)（すばやく激しいこと）、b=**朝令暮改**(ちょうれいぼかい)（命令が出てもすぐあとから改められて、当てにならないこと）。

142 a=① b=⑤ c=② d=⑤ e=③

a=**自暴自棄**(じぼうじき)（自分を粗末に扱いやけになること）、b=**内憂外患**(ないゆうがいかん)、c=**喜色満面**(きしょくまんめん)、d=**温厚篤実**(おんこうとくじつ)（おだやかで情のあるさま）、e=**隠忍自重**(いんにんじちょう)（じっとこらえてがまんすること）。

143 a=① b=④ c=⑤ d=⑤

a=**暗中模索**(あんちゅうもさく)（手がかりがないまま、いろいろ打開策を試みること）、b=**猪突猛進**(ちょとつもうしん)、c=**孟母三遷**(もうぼさんせん)（子供の教育にはよい環境を選ぶことが大切だという教え）、d=**一言居士**(いちげんこじ)（何事にも自分の意見をひとこと言わないと気のすまない人）。

144 a=④ b=② c=⑤ d=④

a=**前代未聞**(ぜんだいみもん)、b=**一念発起**(いちねんほっき)（ある事を成しとげようと決心すること）、c=**有為転変**(ういてんぺん)（万物が常に変化してやまないこと）、d=**勧善懲悪**(かんぜんちょうあく)（善事を勧め、悪事を懲らしめること）。

145 a=④ b=④ c=④ d=③ e=①

b　大言□□
①飛語　②造語　③私語　④壮語

c　順風□□
①良好　②日和　③航路　④満帆

d　秋霜□□
①冬雷　②春雨　③烈日　④秋雨

e　栄枯□□
①盛衰　②転生　③滅国　④傾城

f　□□隻句
①片言　②甘言　③一言　④両言

g　□□即発
①瞬時　②一触　③危機　④言下

（日本大）

□ **146**

a　□□乱麻
①快投　②懐刀　③快刀　④回答　⑤会頭

b　意味□□
①伸張　②慎重　③新調　④深調　⑤深長

（文教大）

□ **147**

a　南□北□
①車　②海　③船　④川　⑤湖
⑥鳥　⑦牛　⑧羊　⑨馬　⑩魚

b　面□腹□
①頭　②従　③逆　④前　⑤反
⑥肩　⑦後　⑧尾　⑨脚　⑩背

c　自□自□
①給　②主　③行　④業　⑤他
⑥損　⑦得　⑧即　⑨急　⑩緩

d　絶□絶□
①対　②体　③太　④態　⑤帯
⑥明　⑦名　⑧命　⑨銘　⑩鳴

e　□前□後
①海　②人　③空　④山　⑤地
⑥連　⑦絶　⑧縁　⑨続　⑩切

（高千穂大）

---

f＝①　g＝②

a＝**曲学阿世**（真理を曲げて世の人の気に入るような説を唱え、時勢に投じようとすること）、b＝**大言壮語**（実力以上に大きなことをいうこと）、c＝**順風満帆**（物事が非常に順調であること）、d＝**秋霜烈日**（権威・刑罰などが非常にきびしいたとえ）、e＝**栄枯盛衰**（栄えたり衰えたりすること）、f＝**片言隻句**（ちょっとした言葉。「片言隻語」「一言半句」は類語）、g＝**一触即発**（ちょっとさわると爆発しそうなほど危機に直面していること）。

146

a＝③　b＝⑤

a＝**快刀乱麻**（**快刀乱麻を断つ**で、もつれた物事をきっぱり処断・解決すること）、b＝**意味深長**（意味に深み・含みがあって複雑なこと）。

147

a＝③・⑨　b＝②・⑩　c＝④・⑦
d＝②・⑧　e＝③・⑦

a＝**南船北馬**（絶えず方々に旅行すること）、b＝**面従腹背**（表面では服従するように見せかけて、内心では反抗すること）、c＝**自業自得**（自分でしたことの報いを自分自身で受けること）、d＝**絶体絶命**、e＝**空前絶後**（ごくまれなこと）。

問 **148** 次の空欄に入る適当な漢字を選び、番号で答えよ。

a 古色□然　①歴　②厳　③逸　④暗　⑤蒼

b 有職□実　①故　②事　③堅　④写　⑤口

c 悠々自□　①的　②適　③摘　④敵　⑤笛　（法政大）

149

a 金□玉条　①科　②日　③下　④火　⑤禍

b 支□滅裂　①里　②離　③利　④理　⑤裏

c 理□曲直　①否　②被　③比　④秘　⑤非　（名城大）

問 **150** **151** 次の空欄に適当な漢字を補い四字熟語を完成させよ。

150 a □□石火　b 大胆□敵　（松山大）

151 a 情□酌量　b 責任転□　c 縦横無□　d 危急存□　e 大義名□　（帝京大）

152 a 正真正□　b 波瀾万□　（早稲田大）

問 次のそれぞれに答えよ。

153 空欄に適当な漢数字を補い四字熟語を完成させよ。

a 七転□倒　b □日坊主　c 岡目□目　d □律背反　e □里霧中　（帝京大）

154 空欄に同じ漢字を入れても四字熟語を構成しないものを選べ。

① □理□題　② □念□想　③ □理□論　④ □材□所　⑤ □信□疑　（龍谷大）

解答とポイント

148 a=⑤　b=①　c=②

a=**古色蒼然**（いかにも古びてみえるさま）、b=**有職故実**（朝廷や武家の儀式・制度などに関する古来のきまり）、c=**悠々自適**（俗世を離れ、自分の欲するままに心静かに生活すること）。

149 a=①　b=②　c=⑤

a=**金科玉条**（大切に守らなければならない規則）、b=**支離滅裂**（ばらばらになって筋道が立たないさま）、c=**理非曲直**（不正なことと正しいこと）。

150 a=電光　b=不

a=**電光石火**（きわめて短い時間。転じて行動などが非常に迅速なさま）。

151 a=状　b=嫁　c=尽　d=亡　e=分

c=**縦横無尽**（自由自在にふるまうこと）。

152 a=銘　b=丈

153 a=八　b=三　c=八　d=二　e=五

c=**岡（傍）目八目**（当事者より第三者の方が物事の真相がわかること）。

154 ①

②**無念無想**、③**空理空論**、④**適材適所**、⑤**半信半疑**。①は**無理難題**。

□ **155** 空欄に同じ漢字が入らないものを選べ。

① 山紫□明—□耕雨読　② 難□苦行—□住坐臥
③ □所旧跡—有□無実　④ 泰然□若—□然淘汰
⑤ □頭蛇尾—画□点睛 （専修大）

□ **156** 四字熟語の空欄[B]に入る数より空欄[A]に入る数が大きい組み合わせはどれか。次の中から一つ選べ。

① [A]世[B]代　② [A]載[B]遇
③ [A]寒[B]温　④ [A]石[B]鳥
⑤ [A]差[B]別 （専修大）

□ **157** 空欄に動物を表す漢字が入らないものを一つ選べ。

① 南船北□　② 飛□長目　③ 汗□充棟
④ 周章□狽　⑤ 千軍万□ （法政大）

□ **158** 次の四字熟語には各々同じ漢字が二度入る。空欄に入れるのに最も適当なものを、各々選べ。

a □事□難　b □死□生

① 半　② 千　③ 自　④ 無　⑤ 万　⑥ 非
⑦ 多　⑧ 大 （神戸女学院大）

□ **159** 次の四字熟語の空欄にそれぞれ入る字を選べ。

a 出□進退　b 千篇一□　c 厚顔無□　d 一心不□

① 律　② 度　③ 乱　④ 神　⑤ 所
⑥ 知　⑦ 処　⑧ 森　⑨ 恥　⑩ 覚 （亜細亜大）

---

155 ①

①**山紫水明**（美しい山水の形容）—**晴耕雨読**、②**難行苦行**—**行住坐臥**、③**名所旧跡**—**有名無実**、④**泰然自若**—**自然淘汰**、⑤**竜頭蛇尾**—**画竜点睛**（完成させるために最後に加える大切な仕上げ）。

156 ②

①**一世一代**、②**千載一遇**（めったにない好機のこと）、③**三寒四温**（寒い日が三日間ぐらい続くと、そのあと四日間ぐらいは暖かい日が続くこと）、④**一石二鳥**、⑤**千差万別**。

157 ②

①**南船北馬**、②**飛耳長目**（観察力や情報収集力があること）、③**汗牛充棟**（蔵書が非常に多いこと）、④**周章狼狽**（慌てふためくこと）、⑤**千軍万馬**（大軍。または戦闘の経験が豊富であること）。

158 a＝⑦　b＝①

a＝**多事多難**（事件などが多く困難や災難の多いこと）、b＝**半死半生**（死にかかっていること）。

159 a＝⑦　b＝①　c＝⑨　d＝③

a＝**出処進退**（とどまるか辞めるかという身の振り方）、b＝**千篇一律**（代わりばえがせず面白みがないこと）、c＝**厚顔無恥**（厚かましく恥知らずなこと）、d＝**一心不乱**（一つのことに集中し、他のことで心が乱されないこと）。

問 次の四字熟語の意味として適当なものをそれぞれ選び、番号で答えよ。

□160 一衣帯水

① 山は険しく川も大きく起伏に富んでいる
② 大海のように限りなく広大である
③ 大小の川がいりくむように様々な民族が住んでいる
④ せまい海をはさんで近接している

（姫路獨協大）

□161 一期一会

① 一度限りの人生におけるはかない出会い
② 生涯においてただ一度限りの大切な出会い
③ 期待通りのただ一度の幸運な出会い
④ 人生の大事な時期に訪れるただ一回の出会い

（日本大）

□162 隔靴搔痒

① 靴の外から足の痒いところを搔くように、はがゆくもどかしいこと。
② 靴がむれて足が痒くて搔きむしりたくなるように、無性にしたくなること。
③ 靴が合わなくて靴擦れができるように、不適合が悪い結果を生むこと。
④ 靴擦れが痒くて搔きたくなるように、ことが思いがけない結果を生むこと。

（日本大）

□163 我田引水

① 自分に都合の良いように物事をしたり何かを言ったりすること。
② 自己の流儀に従って物事を行い他人のやり方を顧みないこと。

解答とポイント

160 ④

一衣帯水（いちいたいすい）

「狭い川や海などを隔てて近接しているさま」のこと。例 門司と下関は一衣帯水の地だ

161 ②

一期一会（いちごいちえ）

「一生に一回しか会う機会がないような、不思議な縁」の意。**一期**は「人が生まれてから死ぬまで。一生。生涯」の意。

162 ①

隔靴搔痒（かっかそうよう）

「（靴の上からかゆいところをかくように）思いどおりにならず、もどかしいこと」。反対に、「かゆいところに手が届くこと。物事が思いのままになること」を「**麻姑搔痒**」という。

163 ①

我田引水（がでんいんすい）

もとは「我が田に水を引く」の意で、「物

③ どんな知識でも吸収してあらゆる物事に精通していること。
④ 物事の優先順位をわきまえず手当たり次第に処理すること。
⑤ 物事を説明するのに多くの例や証拠を挙げて論じること。
（法政大）

□ **164** 換骨奪胎
① 激しい勢いで奮闘すること
② 機会を狙い様子をうかがうこと
③ 目的を果たすためにあらゆる苦難に耐えること
④ 故人の詩文の言葉や着想を作り変え、自分のものとすること
（フェリス女学院大）

□ **165** 牽強付会
① 無理にこじつけること　② 話に飛躍が多いこと
③ 論が重複すること　④ 論理が矛盾すること
⑤ 当たり前のことを言うこと
（金城学院大）

□ **166** 乾坤一擲
① 世の中を知りつくしていること　② 自分の実力を過信すること
③ ゆったりとした心境になること　④ 新しい分野を切り開くこと
⑤ いちかばちかの大勝負をすること
（関西学院大）

□ **167** 捲土重来
① 一度恥をかかされた者が名誉ばん回につとめる。
② 一度負けた者が勢力を盛り返して攻め寄せる。
③ 一度負けた者が再挑戦して勝者となる。
（大谷女子大）

事を、自分の利益になるように引きつけて言ったりしたりすること」。

164 ④
換骨奪胎（かんこつだったい）
「他人の詩文の語句や構想をうまく利用し、その着想・形式をまねながら、自分の作としても（独自の）価値があるものにすること」。

165 ①
牽強付会（けんきょうふかい）
「自分の都合のよいように無理に理屈をこじつけること」。

166 ⑤
乾坤一擲（けんこんいってき）
「運命をかけて、のるかそるかの勝負をすること」。**乾坤**は「天と地」、**一擲**は「すごろくのさいなどを投げること」。

167 ②
捲土重来（けんどちょうらい）
「けんどじゅうらい」とも読む。「前に敗れた者が、いったん引き下がって勢いを盛り返し、意気込んで来ること」。唐の詩人・杜牧の詩句に基づく。例 捲土重来を期する

問 次の四字熟語の意味として適当なものをそれぞれ選び、番号で答えよ。

□ 168 巧言令色

① 策略で相手の機嫌を取り言葉巧みに取り入って、相手をだますこと。
② 血色もよく顔だちが整って、言葉で言い表せないほど美しいこと。
③ 言葉付きや顔の表情が穏やかで優しく、人柄がよいこと。
④ 言葉を飾り顔付きをやわらげて相手を喜ばせ媚(こ)びへつらうこと。
⑤ 物の言い方が論理立って分かりやすく、顔付きも思慮深そうであること。

(奈良学園大)

□ 169 荒唐無稽

① 言動に根拠がなく、現実味のないこと。
② 即物的で、味わいやうるおいがないこと。
③ 信念がなく、こっけいで無駄なこと。
④ 説明不足で、十分に理解されないこと。
⑤ 内容が粗雑で、面白味のないこと。

(法政大)

□ 170 虎視眈々

① 油断をしているようす
② おっとりとかまえているようす
③ じっと機会をねらっているさま
④ 生き生きとしているさま

(日本大)

□ 171 枝葉末節

① 主要でない事柄
② 役に立たない事柄
③ ほそぼそと持続する事柄
④ 将来性をもった事柄

解答とポイント

168 ④

巧言令色(こうげんれいしょく)

「言葉をうまく飾り、顔色をうまくつくろうこと。相手に気に入られるように、お世辞を言ってこびること」。発言・言葉に真心がこもっていない場合にいう言葉。

169 ①

荒唐無稽(こうとうむけい)

「言うことに根拠がなく、でたらめなこと」。

170 ③

虎視眈々(こしたんたん)

「虎が獲物をねらって、じっと見おろしていること。また、そのように機会をねらってようすをうかがっていること」。

171 ①

枝葉末節(しようまっせつ)

「本質からはずれた、ささいな部分。物

⑤ 自然に消えてゆく事柄　（東京経済大）

□ **172** 四面楚歌

① 注意を集中すること　② 夫婦の別れ　③ 暗闇の中の戦争
④ 孤立無援になること　⑤ 長引く戦争のこと　（阪南大）

□ **173** 針小棒大

① 小さいものがだんだん成長すること　② 役に立たないこと
③ 小さくても威力が大変にあること
④ ちょうどよい組み合わせのこと
⑤ 物事を大げさに言うこと　（高千穂大）

□ **174** 深謀遠慮

① 浅はかな計略　② 深く考えて身を引くこと
③ 引け目のある画策　④ よく考えて辞退すること
⑤ よく考え先を見通すこと　（九州産業大）

□ **175** 漱石枕流

① 何もせずに、傍らからただ見ているだけであること。
② 夏目漱石を文学上の師として敬い、その門下になること。
③ なにごとにも逆らわずに強い者に迎合すること。
④ 負け惜しみが強く、自分の意見をあくまでも押し通したり、こじつけなどが巧みなこと。
⑤ うまく行かないことがあってもじっと耐え、やがて目的を達成すること。　（亜細亜大）

事の中心でない細かい部分や事柄のたとえ」。

172 ④
四面楚歌（しめんそか）
「助けがなく、まわりが敵・反対者ばかりであること」。楚（そ）の項羽（こうう）が漢軍に囲まれた時の故事による。

173 ⑤
針小棒大（しんしょうぼうだい）
「針ほどの小さいことを棒ほどに大きく言うこと。ちょっとしたことを大げさに言い立てること」。

174 ⑤
深謀遠慮（しんぼうえんりょ）
「はるか先のことまで考え、気を配って計画すること」。

175 ④
漱石枕流（そうせきちんりゅう）
「素直に間違いを認めず、負け惜しみの強いことのたとえ」。晋（しん）の孫楚（そんそ）が、「石に枕（まくら）し流れに漱（くちすす）ぐ」と言うべきところを「石に漱ぎ流れに枕す」と言い間違えたのをとがめられると、「石に漱ぐのは歯を磨くため、流れに枕するのは耳を洗うためだ」と言ってごまかしたという故事から。

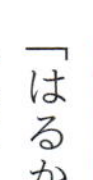

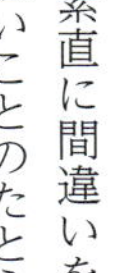

問 次の四字熟語の意味として適当なものをそれぞれ選び、番号で答えよ。

□ 176 切歯扼腕
①ただひたすら悲しむさま　②他人を深く恨み憎むさま
③身ぶり手ぶりを大げさにするさま
④激しくくやしがりいきどおるさま
⑤一途に絶望の底に沈むさま
（青山学院大）

□ 177 朝三暮四
①他人をうまく騙してごまかすこと
②時間が経てば利益が増えるということ
③健康に暮らすための食習慣の戒め
④決まりごとがよく変わり信頼できないこと
（亜細亜大）

□ 178 同工異曲
①見かけは同じだが中身は違う　②見かけは違うが中身は同じ
③見かけほど中身に意味がない　④見かけも中身もまったく違う
⑤見かけも中身もまったく同じ
（大谷大）

□ 179 万古不易
①古くさいならわしのこと　②どこにでもある平凡なこと
③いつまでも変わらないこと
④すぐにはわからない本質的なこと
⑤古くからあるのでわかりやすいこと
（青山学院大）

□ 180 不倶戴天

解答とポイント

176 ④
切歯扼腕（せっしやくわん）
「歯ぎしりをし、自分の腕を握りしめて、ひどく悔しがったり怒ったりすること」。

177 ①
朝三暮四（ちょうさんぼし）
「目前の差にばかりこだわり、結局は同じ結果に至るのに気がつかないこと。また言葉の上でだけうまく話して他人をごまかすこと」。猿に木の実を、朝三つ夕方四つ与えると言ったら怒ったので、朝四つ夕方三つ与えると言ったら喜んだという、中国の故事による。

178 ②
同工異曲（どうこういきょく）
「違っているようで実はだいたい同じであること」。

179 ③
万古不易（ばんこふえき）
「いつまでも変わらないこと」。

180 ②
不倶戴天（ふぐたいてん）

①焦がれること　②恨むこと　③鼻に掛けること
④のさばること　⑤重んじること　（国士舘大）

□ 181
付和雷同
①すぐに仲たがいして大声で相手をののしること
②大声で言われるとあっさり引き下がってしまうこと
③しっかりした考えもなく周りの意見に同調してしまうこと
④暴力的・好戦的な主張に簡単にひきずられること
⑤その時々の勢力の強いものに安易に迎合すること　（中央大）

□ 182
夜郎自大
①周囲に気づかれないように悪事を働くこと
②善悪も考えずやたらに人のまねをすること
③他人につまらない情けをかけること
④成功するために苦難に耐えること
⑤自分の力量を考えずに威張ること　（法政大）

□ 183
羊頭狗肉
①羊の頭部も犬の肉もごちゃ混ぜにして売るように、相手をごまかすこと。
②羊が頭を使って犬をだますように、悪知恵を働かせること。
③羊の頭と犬の肉体を持つ動物のように、奇怪であること。
④羊の頭を掲げて犬の肉を売るように、見かけと実質が一致しないこと。　（神奈川大）

「いっしょに天をいただかない、つまり共に生きてはいけないと思うほど、恨むこと」。例 不倶戴天の敵

181 ③
付和雷同（ふわらいどう）
「自分にしっかりした考えがなく、むやみに他人の意見に同調すること」。

182 ⑤
夜郎自大（やろうじだい）
「（中国西南の異民族「夜郎」の王が漢の強さを知らずに自らを強大と思って漢の使者と接したことから）自分の力量も知らないで威張っていること」をいう。

183 ④
羊頭狗肉（ようとうくにく）
「看板には羊の頭を出しておきながら、実際には犬（狗(いぬ)）の肉を売ってごまかすこと。見かけだけ立派にして実質が伴わないたとえ」。「羊頭を懸けて狗肉を売る」が本来の用い方。

問　**次の空欄に入る適当な四字熟語をそれぞれ選び、番号で答えよ。**

□ **184**

a　試験の結果を□□□□の思いで待つ。

①一瀉千里　②一望千里　③一刻千金　④一日千秋

b　新入社員の身で三日も無断欠勤するとは□□□□である。

①一騎当千　②言語道断　③感慨無量　④神出鬼没

c　転職して、□□□□自分の可能性を試すつもりだ。

①千載一遇　②離合集散　③心機一転　④千変万化

（拓殖大）

□ **185**

a　彼と野球の話で盛り上がり、□□□□した。

①意気投合　②意気軒昂　③意気消沈　④意気衝天

b　夫婦仲のよいことを、□□□□という。

①意気軒昂　②偕老同穴　③深謀遠慮　④自家撞着

c　私たちの間では□□□□で通じるから言葉は必要ない。

①異口同音　②謹厳実直　③言行一致　④以心伝心

⑤孤立無援

（京都橘大）

□ **186**

思えば日本人は、文字が輸入され、仏教が伝来し、さまざまな中国思想が入って来るたびに、偉そうな理屈に脅かされ、□□□□してきたのである。

〈前田英樹『独学の精神』〉

①朝令暮改　②面従腹背　③疑心暗鬼

④右往左往　⑤切磋琢磨

（青山学院大）

□ **187**

彼等は長い航海の後、アジアの各地に寄りながら日本までやって来て、

解答とポイント

184　a=④　b=②　c=③

a=①**一瀉千里**（物事がすみやかにはかどることのたとえ）、②**一望千里**（広々として遠くまで見渡せること）、④**一日千秋**（非常に待ち遠しいこと）、b=①**一騎当千**（一人で千人の敵を相手に戦えるほど強いこと）、②**言語道断**（もってのほかのこと）、c=③**心機一転**（あることをきっかけとして、気持ちがすっかりよい方向に変わること）。

185　a=①　b=②　c=④

a=①**意気投合**（互いに気持ちが一致すること）、②**意気軒昂**（意気込みが盛んで元気なさま）、③**意気消沈**（がっくりして沈み込むこと）、④**意気衝天**（意気込みが天をつくほど盛んなこと）、b=②**偕老同穴**（夫婦がともに老いるまで仲むつまじく連れ添うこと）、④**自家撞着**（同じ人の言動が前と後で矛盾していること。自己矛盾）。

186　④

①**朝令暮改**（法令や命令が次々に変わって定まらないこと）、②**面従腹背**（うわべは服従するように見せかけて、内心では従わないこと）、③**疑心暗鬼**（疑いの心が妄想をかき立て、さまざまな不安を呼び起こすということ）、④

「日本人はなぜこうも他のアジア人と違うのか」ということに驚愕しつつ、日本とは何かについて□□□□を繰り返しました。
〈藤原正彦『日本人の誇り』〉

①自画自賛　②自縄自縛　③自問自答
④自業自得　⑤自給自足
（東京工芸大）

□ **188** 「田沼時代」について、教科書から専門書、さらに通俗書はほとんど例外なしにこの時代を腐敗の時代、不正や賄賂の横行した時代であった、と□□□□にいう。
〈加藤秀俊『メディアの展開』〉

①百家争鳴　②当意即妙　③異口同音
④針小棒大　⑤牽強付会
（同志社大）

□ **189** そこは流転の世界であり、□□□□の世界でありながら、生き物たちはいつも他者への思いやりの心を持っていて、いつも自らを他者に捧げようとしている。
〈梅原猛『人類哲学序説』〉

①厚顔無恥　②時々刻々　③安心立命
④孤軍奮闘　⑤弱肉強食
（京都女子大）

□ **190** だとすれば、ひたすら一つのことに集中することではなく、もっと□□□□に人間関係を構築していけるように工夫を重ねることこそ、今日の努力のあり方なのだと考えを改めねばならないのかもしれません。
〈土井隆義『「宿命」を生きる若者たち　格差と幸福をつなぐもの』〉

①用意周到　②大胆不敵　③以心伝心
④一心不乱　⑤臨機応変
（東海大）

右往左往（うろたえてあっちに行ったりこっちに行ったりすること）、⑤**切磋琢磨**（学問・技芸などに励み、人格を高めること。また仲間と励まし合って向上すること）。

187 ③
①**自画自賛**（自分で自分をほめること）、②**自縄自縛**（自分の言動によって自分自身の動きがとれなくなること）、③**自問自答**（自分で自分に問いかけ、自分で答えること）、④**自業自得**（自分がした悪い行為の報いを自分自身が受けること）、⑤**自給自足**（必要な物資を自分で生産して満たすこと）。

188 ③
①**百家争鳴**（多くの学者が自説を自由に発表し論争すること）、②**当意即妙**（その場に適応して機転を利かすこと）、③**異口同音**（多くの人が口をそろえて同じことを言うこと）。

189 ⑤
③**安心立命**（強い信念によって心の平安を得て、何事にも心を動揺させないこと。仏教では「あんじんりゅうめい」などという）、④**孤軍奮闘**（一人で困難を克服しようと努力することのたとえ）、⑤**弱肉強食**（弱い者の犠牲によって強い者が繁栄すること）。

190 ⑤
①**用意周到**（用意が十分にととのって手抜かりのないこと）、④**一心不乱**（一つのことに集中し心が乱されないこと）、⑤**臨機応変**（機に臨み変化に応じて適切な手段を施すこと）。

問 次の空欄に入る適当な四字熟語をそれぞれ選び、番号で答えよ。

□ **191** 百数十の音で、□□□□、すなわち宇宙に存在する一切のものを表現しなければならないから、

〈井上ひさし「私のことば史抄」〉

① 虚心坦懐　② 泰然自若　③ 深山幽谷
④ 森羅万象　⑤ 諸行無常　（弘前大）

□ **192** 津波や地滑りに遭った人たちは、一時間前まで住んでいた家が突如として消え失せ、それだけでなく、そこに家族として当然いるべき人たちまで失われたことを知るのである。つまりその人が信じていた歴史も生活も瓦解したと言うべきか、□□□□するのである。

〈曽野綾子『人生の第四楽章としての死』〉

① 紆余曲折　② 千変万化　③ 雲散霧消　④ 周章狼狽　（日本大）

□ **193** 言葉を用いながら、言葉の無力を嘆いてみせる——ここにロマン派的な音楽批評が本質的に孕んでいる□□□□がある。一方で音芸術を「言葉を超えたもの」として神聖化しながら、他方でそれについて語らざるをえないという矛盾を、いかにして繕うか。

〈岡田暁生『音楽の聴き方』〉

① 自家中毒　② 自家撞着　③ 自己欺瞞
④ 自己韜晦　⑤ 自己陶酔　（成蹊大）

□ **194** そもそもネットもケータイも電源を切れば、直ぐにその関係を絶つことができるのであるから、人間の手と足のように□□□□の運命を共有することなど、できるはずもないのである。

解答とポイント

191 ④ 空欄は「宇宙に存在する一切のもの」の言い換えなので、④**森羅万象**（宇宙に存在する一切のもの）が正解。①**虚心坦懐**（心にわだかまりがなく、さっぱりしているさま）、②**泰然自若**（落ち着き払ってものに動じないさま）、③**深山幽谷**（奥深い山や静かな谷）、⑤**諸行無常**（永久不変なものはないという仏教の根本思想）。

192 ③ 空欄は「消え失せ」「失われた」の言い換えなので、③**雲散霧消**（雲や霧が消え失せるように、物事が一時に消えてなくなること）が正解。①**紆余曲折**（事情がこみいって、いろいろと変化すること）、②**千変万化**（物事がさまざまに変化すること）。

193 ② 空欄は「矛盾」の言い換えなので、②**自家撞着**が正解。①**自家中毒**（自分の体内に発生した毒性物質のために起こる中毒）、③**自己欺瞞**（自分で自分の心をだますこと）、④**自己韜晦**（自分の才能や知識を隠して、人に知られないようにすること）、⑤**自己陶酔**（自分で自身のすばらしさにうっとりすること）。

194 ③ 空欄は「人間の手と足のように……運命を共有する」の言い換えなので、③**一蓮托生**

①徹頭徹尾　②粉骨砕身　③一蓮托生　④呉越同舟

〈藤井聡「『交通』を追い抜いた『情報』の弊害」〉（早稲田大）

□ **195** つまり、伝統的なもののなかから何が本質的なのかということを充分に洗い出し、□□□□は捨てて、本質的なものを生かしてゆくことが大切なのですが、これは言葉でいうほど簡単なことではないからです。

〈山崎正和『室町記』〉

①長所短所　②無理難題　③大同小異
④意味不明　⑤枝葉末節

（名古屋女子大）

□ **196** 二人三脚を組む柳田と折口の牧歌的な光景である。しかしそれも一皮むけば、ただちに□□□□の角突き合わせる対立へと様相を一変させる。ボディー・ブローの応酬もはじまる。

〈山折哲雄『これを語りて日本人を戦慄せしめよ』〉

①会者定離　②換骨奪胎　③捲土重来
④南船北馬　⑤呉越同舟

（立命館大）

□ **197** 人間には競い合うこと、争うこと、他者より優位に立とうとする性向が与えられてしまっているという事実がある。そして厄介なことに、人間は同時に、譲り合うこと、他者に隷従したいと望むこと、争いを避け平和裡に生きたいという、□□□□する欲求を持っていることも、過去の賢者が指摘してきたとおりである。

〈猪木武徳『自由と秩序』〉

①試行錯誤　②取捨選択　③二律背反　④二者択一

（成城大）

（結果のいかんにかかわらず行動・運命をともにすること）が正解。②**粉骨砕身**（力の限り懸命に努力すること）、④**呉越同舟**（敵対する者同士が同じ場所に居あわせること）。

195 ⑤

空欄と「本質的なもの」が対比関係になっているので、⑤**枝葉末節**（本質から外れた些細な部分）が正解。②**無理難題**（道理に外れたいいがかり）、③**大同小異**（細部の違いがあるが全体的にはほぼ同じであること）。

196 ⑤

「二人三脚を組む…牧歌的な光景」と「…の角突き合わせる対立」が対比関係になっているので、敵対する者同士が同じ場所に居あわせるという意の⑤**呉越同舟**が正解。①**会者定離**（会う者は必ず別れる運命にあるということ）、③**捲土重来**（一度敗れた者が再び勢いを盛り返してくること）。

197 ③

空欄は「他者より優位に立とうとする」と同時に「他者に隷従したいと望む」性向の関係の言い換えなので、③**二律背反**（相互に矛盾し対立する命題が同じ権利をもって主張されること）が正解。①**試行錯誤**（さまざまな試みをくり返し、失敗を重ねながら目的に近づいていくこと）、②**取捨選択**（よいものを取り悪いものを捨てて選ぶこと）、④**二者択一**（二つのうちどちらか一方を選ぶこと）。

問 次の文章の空欄に適当な語を補い四字熟語を完成させよ。

□ 198 冒頭にも述べたことではあるが、スコアや順位、カテゴリーはあくまで参考として受け止めれば良く、一喜□□すべきものではない。
〈待鳥聡史「日本の民主主義の何が映し出されたのか」〉(法政大)

□ 199 その場に流れる喜怒□□の時間ばかりを気にしていて、おぼえるべき対象としての物事を反復し、整理し、定着しなければ、百人一首は記憶できず、国語の成績は急降下である。
(早稲田大)

□ 200 反語表現を杓子□□に口語訳すれば、「……であろうか、いやそうではない」である。
〈白石良夫『古語と現代語のあいだ』〉(釧路公立大)

□ 201 それゆえ、彼は単□□入に問題に斬り込んでゆく。
〈立木康介『露出せよ、と現代文明は言う』〉(学習院大)

□ 202 声を落とさないのはサラリーマン、車内で□□無人の営業が開始される。
〈芹沢俊介『家族という意志』〉(福井大)

□ 203 大学ランキングが誤用されているように、スコアや順位を上げるために何らかの政策や目標を掲げるような発想法になるとすれば、全くの本末□□である。
〈待鳥聡史「日本の民主主義の何が映し出されたのか」〉(法政大)

□ 204 井伏鱒二の小説、『洋之助の気焔（きえん）』(昭和九年)の冒頭に掲げられた詩なのだが、彼が得意としていたナンセンス・ユーモアの□目躍□たるものがある。
〈安藤宏『太宰治　弱さを演じるということ』〉(中央大)

□ 205 ポピュリズムを理解することが難しいのは、この□□無碍（げ）な性格のゆえである。
〈森本あんり『異端の時代』〉(学習院大)

解答とポイント

198 一憂　一喜一憂（いっきいちゆう）(状況が変わるたびに喜んだり心配したりして落ち着かないこと)。

199 哀楽　喜怒哀楽（きどあいらく）(喜びと怒りと哀しみと楽しみ。さまざまな人間感情)。

200 定規　杓子定規（しゃくしじょうぎ）(いつも一つの基準や規則にとらわれて、応用・融通がきかないこと)。

201 刀直　単刀直入（たんとうちょくにゅう）(前置きをせず直接に要点に入ること)。

202 傍若　傍若無人（ぼうじゃくぶじん）(人目をはばからず、勝手気ままにふるまうこと)。

203 転倒　本末転倒（ほんまつてんとう）(根本的なこととささいなことを取り違えること)。

204 面・如　面目躍如（めんもくやくじょ）(得意な分野で実力が発揮されて目をひくさま。世間から認められていきいきとしているさま)。

205 融通　融通無碍（ゆうずうむげ）(考え方や行動が何物にも束縛されず、どんな事態にも自在に対応できること)。

第3章

慣用表現に関する問題

＊文学的な文章（小説や随想）の読解では、第２章で取り上げた熟語に加えて、さまざまな慣用表現や和語の意味の理解が重要になります。また、論理的な文章（評論）では外来語も多く用いられます。

＊演習問題では、私立大学の選択問題の出題例を中心に覚えておきたい慣用表現や和語を取り上げ、外来語やことわざ・成語についてもカバーしました。

ウォームアップ

第3章 慣用表現に関する問題

【慣用句の完成】

1 次の空欄に入れるのに最も適当な語をそれぞれ選べ。

a 襟（えり）を□

b 袖（そで）を□

c 裃（かみしも）を□

① しぼる　② めくる　③ ただす

④ ぬぐ　⑤ かさねる

（中央大）

【外来語の知識】

2 傍線部の意味として最も適当なものを選べ。

ここで再び学習指導要領やその解説から浮かび上がるのは、資質・能力と連動するコンセプトとしての「主体的・対話的で深い学び（いわゆる「アクティブ・ラーニング」）」である。

〈神代健彦『「生存競争」教育への反抗』〉

① 作業過程　② 基本構想　③ 自己決定

④ 抽象概念　⑤ 共通認識

（京都女子大）

解答とポイント

1 a=③　b=①　c=④

a 襟をただす（心を引きしめ真面目な態度になること）。

b 袖をしぼる（涙でぬれた袖をしぼるほどひどく悲しんで泣くこと）。

c 裃をぬぐ（四角ばった態度をやめる。気楽にうちとけること）。

Check! 慣用表現は、完成問題、意味を問う問題、空欄補充問題など多岐にわたって出題される。

2 ②

コンセプトは「概念。考え」の意。本来哲学用語だが、芸術・服飾・企画・広告などの分野で「全体を貫く新しい観点・発想による基本的な考え方。またそれを表した主張」の意で用いられる。ここは教育についての文章なので、②「基本構想」が正解である。

Check! 外来語は、直接問われなくても、その語の理解を前提として論が展開される場合も多いので、最低限のものは把握しておきたい。

Warm up

【慣用表現の意味】

3 **傍線部の意味として最も適当なものを選べ。**

厳格な祖父ですら、本当のことを受け入れれば自分自身を損なうような場面ではやにわに弁解し、自分の領域を護(まも)ろうとするときがあった。

〈牧田真有子「桟橋」〉

① 多弁に　② 即座に　③ 強硬に
④ 半端に　⑤ 柔軟に

（共通テスト）

【慣用表現の意味・用法】

4 **空欄に入る語として最も適当なものを選べ。**

地域でも、どのような地域を目指せばいいのか、住人はどのような価値を重んじているのか、以前からの住人と新しく来た人たちはどう交流すればよいか。本当はこうしたことについて［　　］対話する必要があるのではないだろうか。

〈河野哲也『人は語り続けるとき、考えていない』〉

① きびすを返して　② 膝を突き合わせて
③ 耳をそろえて　④ 顔色をうかがって
⑤ 肩ひじを張って

（同志社大）

---

3 ②

やにわに（矢庭に）は「急に。即座に。いきなり」の意。矢庭は矢を射ているその場。なお、正解の選択肢は国語辞典の意味をそのまま引用している場合が多い。

Check! 慣用表現や和語は単独で意味を問われることも多い。文章読解の前提となるので、意味を正確に把握できるようにしよう。

4 ②

①**きびすを返す**（あともどりする。引き返す）、②**膝を突き合わせる**（じっくり話をするために、膝が触れ合うほど近くに向かい合ってすわる）、③**耳をそろえる**（金額を不足なくとりそろえる）、④**顔色をうかがう**（相手の顔の様子によってその心の動きを察する）、⑤**肩ひじを張る**（威張る。気負うこと。また堅苦しい態度をとること）。

空欄は、「住人」同士の「交流」について述べた箇所なので、「膝を突き合わせて対話する」が正解。

Check! 外来語や和語も含めて、慣用表現の空欄補充も多く出題される。意味を覚えたうえで、文脈から正解を判断する必要がある。

1 慣用句・慣用語の完成に関するもの

問 次の空欄に入る適当な語をそれぞれ選び、番号で答えよ。

□ **1**

a □によりて魚を求む
①水 ②船 ③金 ④木 ⑤火

b 角を矯めて□を殺す
①牛 ②犀 ③鬼 ④嫁 ⑤鹿
（大阪学院大）

□ **2**

a 出藍の□れ
①揺 ②訪 ③流 ④振 ⑤誉

b □にも棒にもかからない
①箸 ②橋 ③端 ④恥 ⑤嘴

c □の軽重を問う
①雫 ②顰 ③鼎 ④鱗 ⑤厨
（法政大）

□ **3**

a □竹の勢い
①破 ②覇 ③刃 ④葉 ⑤派

b 怒り心頭に□する
①達 ②屈 ③圧 ④喝 ⑤発

c 掉□を飾る
①頭 ②尾 ③目 ④羽 ⑤口
（東京理科大）

□ **4**

漁□の利
①布 ②夫 ③婦 ④富 ⑤歩
（名城大）

解答とポイント

1 a＝④ b＝①

a＝**木によりて魚を求む**（方法を誤ると目的を達成できないということ）、b＝**角を矯めて牛を殺す**（少しの欠点を直そうとして全体を駄目にしてしまうこと）。

2 a＝⑤ b＝① c＝③

a＝**出藍の誉れ**（弟子が師よりもすぐれているという評判、名声）、b＝**箸にも棒にもかからない**（ひどすぎてどうにもならない）、c＝**鼎の軽重を問う**（権威者の実力を疑うこと、また統治者の地位や権力を奪おうとすること）。

3 a＝① b＝⑤ c＝②

a＝**破竹の勢い**（激しくとどめがたい勢い）、b＝**怒り心頭に発する**（激しく怒る）、c＝**掉尾を飾る**（物事の最後を立派に仕上げること）。

4 ②

漁夫の利（両者が争っているすきに第三者が利益を横取りすること）。

□5 一寸の虫にも五分の□
①心　②命　③魂　④涙　⑤怒　（青山学院大）

□6 生き□の目を抜くような世の中
①犬　②猿　③猫　④馬　（日本大）

□7 a 入社から数年がたち、仕事ぶりも□に付いてきた。
①体　②様　③板　④手　⑤場
b すぐに終わるだろうと□をくくっていたら、とんでもなかった。
①身　②目　③気　④高　⑤鼻
c 彼は一見おっとりしているが、あれでなかなか□に置けない。
①斜　②隅　③地　④外　⑤野　（同志社女子大）

□8 a その都市計画は［　］の楼閣にすぎない。
①洋上　②紙上　③机上　④砂上
b それを聞くと彼は色を［　］て詰め寄ってきた。
①変え　②なし　③変じ　④染め　（帝京大）

□9 a 白羽の矢が［　］
①刺さる　②飛ぶ　③立つ　④舞う
b 横槍を［　］
①入れる　②貫く　③投げる　④突く
c 手ぐすねを［　］
①巻く　②打つ　③持つ　④引く　（日本大）

---

5 ③
一寸の虫にも五分の魂（小さく弱い者にも相応の意地があるのだからあなどってはいけないということ）。

6 ④
生き馬の目を抜く（事をなし利を得るのに抜け目なく素早いさま）。

7 a＝③　b＝④　c＝②
a＝**板に付く**（経験を積んで、動作・態度などがその人にしっくりあう）、b＝**高をくくる**（せいぜいそんな程度だろうと見くびる。あなどる）、c＝**隅に置けない**（思いのほか才能・知識などがあって軽視できない）。

8 a＝④　b＝②
a＝**砂上の楼閣**（基礎がしっかりしていない物事。転じて実現不可能な物事のたとえ）、b＝**色をなす**（憤激して顔色を変えること）。

9 a＝③　b＝①　c＝④
a＝**白羽の矢が立つ**（多くの人の中から、これぞと思う人が選ばれること。また、犠牲者になること）、b＝**横槍を入れる**（わきから第三者が文句をつけること）、c＝**手ぐすねを引く**（十分に用意し待ちかまえること）。

問 次の空欄に入る適当な語をそれぞれ選び、番号で答えよ。

□ 10 a 車軸を［　］
①洗う ②曲げる ③覆す ④流す
b 後顧の［　］
①悔い ②憂い ③慰め ④安らぎ
c 烏有に［　］
①返る ②葬る ③塗る ④帰する （産能大）

□ 11 屋上屋を［　］ようなことをする
①架す ②足す ③重ねる ④連ねる （日本大）

□ 12 a ［　］割って b ［　］開いて
c ［　］吐露する d ［　］言う
①胸襟を ②心境を ③腹蔵なく ④腹を （中央大）

□ 13 a 横車を□ b 因果を□ c ほぞを□
①ふくめる ②とおす ③かためる ④かける ⑤おす （中央大）

□ 14 a 柔よく□を制す b □酸をなめる c 水□に帰する
d □に雪折れなし e □から鼻へ抜ける
①口 ②目 ③人 ④剛 ⑤泡 ⑥柳 ⑦辛 （中部大）

□ 15 a 口角□を飛ばす b 鶏□となるも牛後となるなかれ
c □心を買う
①歓 ②寒 ③関 ④泡 ⑤矢 ⑥唾
⑦口 ⑧頭 ⑨首 （畿央大）

解答とポイント

10 a=④ b=② c=④
a=**車軸を流す**（雨が激しく降るさま）、b=**後顧の憂い**（後に残る気づかい。後の心配）、c=**烏有に帰する**（皆無になる。特に火災で何もなくなること）。

11 ①
屋上屋を架す（むだなことをするたとえ）、**屋下に屋を架す**ともいう。

12 a=④ b=① c=② d=③
すべて同義語で、「心の中をうちあけること」。

13 a=⑤ b=① c=③
a=**横車をおす**（無理を押し通すこと）、b=**因果をふくめる**（事情を言い聞かせて納得させる）、c=**ほぞをかためる**（覚悟を決める）。

14 a=④ b=⑦ c=⑤ d=⑥ e=②
c=**水泡に帰する**（努力のかいなく無駄に終わること）、d=**柳に雪折れなし**（柔らかいものは、堅いものよりよく物事に耐えるということ）、e=**目から鼻へ抜ける**（頭の働きのよいさま）。

15 a=④ b=⑦ c=①
a=**口角泡を飛ばす**（激しく議論するさ

問 次のそれぞれに答えよ。

□ **16** 空欄に入る漢字一字を記せ。
a 卒業式での恩師の言葉を、肝に□じておこうと思った。
b 袖触れ合うも多□の縁、せっかく知り合いになれたのだから仲良くしましょう。（法政大）

□ **17** 空欄に入る漢字一字を記せ。
a しかし、これは諸□の剣である。
b 私は地団駄を□んだものだった。（学習院大）

□ **18** 空欄に入る適当な語を漢字で答えよ。
a 心の□線に触れる　b 頭□を現す
c 常□を逸する　d 筆□に尽くしがたい（帝京大）

□ **19** 次の空欄に入る適当な身体の部分名を漢字で答えよ。
a 寝□に水　b 知らぬ□の半兵衛
c 良薬は□に苦し　d □に腹はかえられぬ（東海大）

□ **20** 次の空欄を補うのに適当な動物名を答えよ。
a □撫で声　b 腐っても□　c □脚をあらわす
d □合の衆　e □の滝のぼり（常葉学園大）

□ **21** 次の空欄に入る適当な漢数字を答えよ。
a □階から目薬　b 仏の顔も□度
c □寸先は闇　d 総領の甚□（東海大）

ま）、b＝**鶏口となるも牛後となるなかれ**（大きな組織の中で使われるよりも、小さな団体や組織の長となる方がいい）、c＝**歓心を買う**（人に気に入られるように努める。人の機嫌をとる）。

16
a＝銘　b＝生
b＝**袖触れ合うも多生の縁**（ちょっとしたことも前世からの因縁によって起こるということ）。「多生」は「他生」とも表記する。

17
a＝刃　b＝踏
a＝**諸刃（両刃）の剣**（一方では役に立つが、他方では危険を伴うもののたとえ）、b＝**地団駄を踏む**（怒りや悔しさから、激しく地を踏む）。

18
a＝琴　b＝角　c＝軌　d＝舌
a＝**琴線**（人の心の奥に秘められている真情のたとえ）、d＝**筆舌に尽くしがたい**（表現のしようがないようす）。

19
a＝耳　b＝顔　c＝口　d＝背
a＝**寝耳に水**（思いがけない、突然の出来事に驚くようすのたとえ）。

20
a＝猫　b＝鯛　c＝馬　d＝烏　e＝鯉
d＝**烏合の衆**（統一も規律もない集まり）。

21
a＝二　b＝三　c＝一　d＝六
a＝**二階から目薬**（効果がないこと）。

第3章

2 外来語の意味に関するもの

問 次の傍線部の意味として最も適当なものを選び、番号で答えよ。

□22 非西洋に自分のアイデンティティを見出さざるをえない学生が、日本近代文学の授業に顔を出していたのであった。

〈水村美苗『日本語が亡びるとき』〉

① 自己満足性 ② 自己存在的 ③ 自己責任性 ④ 自己暗示的 ⑤ 自己同一性

（関西外国語大）

□23 どこにアナロジーが成立するかというと、触媒材であるプラチナが、化合の前後で、まったく増減、変化がないというのが、詩人の個性のはたす役割に通ずるものがある、とエリオットは考えた。

〈外山滋比古『思考の整理学』〉

① 逸話、挿話 ② 実験、試験 ③ 修辞、修飾 ④ 意見、主張 ⑤ 類推、類似

（中部大）

□24 「やる気」は子どもの内側から「自発的」に育つしかない。それは教育という営みのアポリアである。

〈西平直『ライフサイクルの哲学』〉

① 欠点 ② 勘所 ③ 目的 ④ 使命 ⑤ 難問

（東京理科大）

□25 口ではさかんにリアリズムを唱えるけれども、実際に多くの表現はアレゴリーの性格をおびる。

〈外山滋比古『日本語の感覚』〉

① 神話 ② 昔話 ③ 寓話 ④ 物語

（帝塚山大）

□26 そこに、私が言語学イデオロギーと呼んでいる独得の情熱が色あいを

解答とポイント

22 ⑤ **アイデンティティ**
「自己が他と区別されて、自分であると感じられるときの、その感覚や意識をいう語。**自己同一性**。**自我同一性**」。

23 ⑤ **アナロジー**
「似た点をもとにして、ほかのことを推し量ること。**類推**。**類比**」。

24 ⑤ **アポリア**
「解決できない**難問**」のこと。

25 ③ **アレゴリー**
「**諷喩**(ふうゆ)。**寓意**(ぐうい)。また、それによるたとえ話」の意。教訓などを暗示的に示す文学技法として用いられる。

26 ③ **イデオロギー**

添えている。このイデオロギーを私は憎悪すると同時に、また一方では大切に考えて行きたい。〈田中克彦『言語学とは何か』〉

①位相　②存在論　③思想傾向
④流言飛語　⑤類推　（中部大）

□27 昭和四十年に日清紡は新聞に次の如き広告を出した。「（中略）しとやかな　wonderful　エキゾチック　優雅な」〈井上ひさし『私家版　日本語文法』〉

①旅情的　②感傷的　③西洋的
④情緒的　⑤異国的　（関西外国語大）

□28 言語の構造が文法カテゴリーの観念を与えるという目的にとっては、授業に向いていないと述べたのは、〈田中克彦『国家語をこえて』〉

①構造　②範疇　③形態　④意味　（愛知大）

□29 この識別という力があるために、読んだものがバラバラにならないで、一つ一つがある枠の中へまとめられることになる。このまとまりがコンテクストである。〈外山滋比古『ものの見方』〉

①文章の内容　②文章の意味　③文章の対比
④文章の脈絡　⑤文章の表現　（東京農業大）

□30 彼らには彼らなりの偏見やステレオタイプはあったにせよ、その西洋理解が意外なほどに周到で親密で、〈芳賀徹『名詩名訳の文化史的系譜』〉

①片方でなく双方から見る　②共鳴しあう親密な関係
③地位が安定したさま　④型にはまった考え方
⑤立体放送が聞ける装置　（関西外国語大）

「政治的・経済的なものの考え方。**思想の傾向**」。

27 ⑤ **エキゾチック**
「外国のような趣のあるさま。**異国風**」。

28 ② **カテゴリー**
「**範疇**（はんちゅう）」の意。範疇とは「同一性質のものが属すべき部類。分類・認識などを支える、根本的な枠組み」。

29 ④ **コンテクスト**
「文章などの前後の**脈絡**」。「**文脈**」と訳すことが多い。

30 ④ **ステレオタイプ［ステロタイプ］**
「**紋切り型**、きまりきった形式。社会科学用語では、ある集団に共通に受け入れられる**固定観念**」の意。

問 次の傍線部の意味として最も適当なものを選び、番号で答えよ。

□ 31 しかし、そこには秩序破壊的な暴力を完全には否定できないというジレンマがある。

〈田中純『死者たちの都市へ』〉

① 成果　② 焦燥　③ 許可　④ 葛藤

（亜細亜大）

□ 32 私たちをとりまくシンボル世界のなかに文化の一部として存在している物語

〈井上俊『現代文化のとらえ方』〉

① 記号　② 映像　③ 暗号　④ 文明　⑤ 概念

（白百合女子大）

□ 33 だがもし彼が短歌を詩のひとつとして認めたなら、「詩の構造とは並行性の連続である」というホプキンスのテーゼは採用しなかったはずである。

〈尼ヶ崎彬「移ろいの詩学―回帰と転移―」〉

① 解釈　② 命題　③ 妄言　④ 告白　⑤ 警句

（成蹊大）

□ 34 その意味で自然淘汰説は一種のトートロジーを含むが、これはたんに適者に基準を与えるものだと理解すれば不都合はない。

〈吉川浩満『理不尽な進化』〉

① 同位概念　② 同語反復　③ 同一原理
④ 同化作用　⑤ 同類意識

（立命館大）

□ 35 その仮説が正しいことを示すのにバイアスがかかるということだ。

〈今井むつみ『学びとは何か』〉

① 予測　② 威圧　③ 困難　④ 偏向　⑤ 推察

（名城大）

□ 36 「人間なるもの」のパラダイムが、男性、健常者、文明人といった特殊な一部分の普遍であること、

〈花崎皋平『増補アイデンティティと共生の哲学』〉

解答とポイント

31 ④ **ジレンマ**
「相反する二つの事柄の**板ばさみ**になって進退きわまること。八方ふさがり」。

32 ① **シンボル**
「**象徴。表象。記号**」の意。

33 ② **テーゼ**
「物事の基本やよりどころとなる考え方。**命題**」の意。

34 ② **トートロジー**
「同じ言葉の無意味なくり返し。**同語反復**」。

35 ④ **バイアス**
「偏見。物事の**傾向の偏り**」。例 バイアスがかかった見方

36 ④ **パラダイム**

□ 37 適当に頭が悪い方がいいというのはたんなるパラドックスではない。〈外山滋比古『ことわざの論理』〉（北海学園大）

①主題　②反例　③論理
④思考枠組　⑤機能　⑥相互関係

□ 38 なぜならそれは、私たちの内部で初めは漠然としていたものが、次第に明らかになっていくプロセスを正確にたどっているからだ。〈加賀野井秀一『日本語は進化する』〉（愛知大）

①矛盾　②皮肉　③愚直　④逆説　⑤撞着

□ 39 「意識のメタ市場」でまず先にやらなければいけないPR、もしくは、プロパガンダ活動だということになります。〈石田英敬『大人のためのメディア論講義』〉（佛教大）

①理由　②過程　③結果　④熟成　⑤基本

□ 40 志賀直哉の「小僧の神様」は、チェーホフの「かき」をモチーフにしているといわれることがあります。〈中島岳志「利他はどこからやってくるのか」〉（産業能率大）

①感化　②宣伝　③洗脳　④布教

□ 41 飛行機が空を翔ける馬のようだと、レトリックを言うのではない。〈中上健次『紀州弁』〉（武庫川女子大）

①作品に固有の雰囲気　②創作の動機となる題材
③ある問題についての主張　④到達すべき目標
⑤皮肉を込めた模倣

①幻想　②幻影　③修辞　④修飾　⑤夢想（亜細亜大）

---

37 ④ **パラドックス**
「ある時代の人々のものの見方や考え方を支配する概念的な枠組み。**思考の規範**」。

「**逆説**」。逆説は「真理に反しているようで、よく吟味すると真理である説」。

38 ② **プロセス**
「**過程**。**工程**。**方法**」の意。

39 ② **プロパガンダ**
「**宣伝**。特に、政治的意図をもって行われる主義・思想などの宣伝」。

40 ② **モチーフ**
「芸術作品で、創作の動機となる**主要な題材・思想**」。

41 ③ **レトリック**
「**修辞学**。巧みな表現をする技法」。

問 42 次のカタカナ語の意味として最も適当なものをそれぞれ選べ。

a イノベーション　b リテラシー　c オファー

①技術革新　②相手先との面会の約束
③提案、申し出　④正しく読んだり書いたりできる能力
⑤収容能力　⑥情報媒体の中身

（拓殖大）

43
a コンプライアンス　b ア・プリオリ　c インセンティブ
d ポピュリズム　e コスモポリタン

①法令遵守　②排他主義　③多言語使用者　④世界人
⑤大衆迎合　⑥動機付け　⑦先験的

（大阪経済法科大）

問 次の空欄に最も適当なカタカナ語をそれぞれ選べ。

44 幸いなことに、舞台での失敗ですぐに命までとられるということは、現代では起こらないので、私たちは舞台での成否を稽古に［　　］することが可能である。

（内田樹『修行論』）

①アウトソーシング　②アウトプット　③アーカイブ
④エクスポート　⑤フィードバック

（北海学園大）

45 差別を考えるうえで、まず必要な作業があります。それは、〈被差別―差別〉をめぐる硬直した常識的な二分法をひとまず《カッコに入れる》、つまり［　　］し、使わないように気をつけることです。

（好井裕明『他者を感じる社会学』）

解答とポイント

42 a=① b=④ c=③

a＝イノベーション（新機軸。革新。特に経済発展の機動力となる技術革新）、b＝リテラシー（読み書きの能力。転じてある分野に対する知識・能力）、c＝オファー（提案。申し入れ）。

43 a=① b=⑦ c=⑥ d=⑤ e=④

a＝コンプライアンス（法令遵守。特に企業が社会規範・企業倫理などを守ること）、b＝ア・プリオリ（経験に先立って与えられている意。先験的・先天的）、c＝インセンティブ（意欲を起こさせるような刺激・誘因）、d＝ポピュリズム（大衆に迎合するような政治姿勢）、e＝コスモポリタン（世界主義者。国際人）。

44 ⑤

空欄は舞台と稽古の関係なので、⑤フィードバック（結果に含まれる情報を原因に反映させ調節をはかること）が正解。①アウトソーシング（外部委託）、②アウトプット（出力）、③アーカイブ（古文書・記録文書類。またその保管場所）、④エクスポート（輸出。輸出品）。

45 ②

空欄は「カッコに入れる」の言い換えなの

□
46
①カテゴライズ　②ペンディング
③コミット　④クロージング
（高崎経済大）

□
46
「日本に保守主義が知的および政治的伝統としてほとんど根付かなかったことが、一方進歩『イズム』の風靡（ふうび）に比して進歩勢力の弱さ、他方保守主義なき『保守』勢力の根強さという逆説を生む一因をなしている」。きわめて□な表現であるが、いわんとするところは明白だろう。
（宇野重規『保守主義とは何か』）
①ラディカル　②アイロニカル　③クリエイティブ
④テクニカル　⑤ネガティブ
（立命館大）

□
47
そこで子供の知的発達で最も重要な段階は、概念が具体的・身体経験的なものから抽象的・客観的なものへと発展すること、つまり□化することであると考えられてきた。
（尼ヶ崎彬『ことばと身体』）
①パトス　②カオス　③コスモス
④パラドックス　⑤ロゴス
（青山学院大）

□
48
若い人たちを教育することよりも自分たちの年金額を優先したり、これまでの価値観の維持の方が大事だというのであれば、「もう経済成長できない」、ひいては「もう経済成長なんて必要ない」という□が蔓延（まんえん）せざるを得ない。
（大竹文雄『競争社会の歩き方』）
①リアリズム　②アナクロニズム　③ペシミズム
④マンネリズム　⑤エゴイズム
（中央大）

で、②**ペンディング**（事柄が未決定であること。保留）が正解。①**カテゴライズ**（分類すること）、③**コミット**（関わりをもつこと）、④**クロージング**（一連の取引手続きが完了すること）。

46
②
空欄は前文の逆説的表現を受けているので、②**アイロニカル**（ことばや態度に皮肉を含んでいるさま）が正解。①**ラディカル**（急進的。根本的）、③**クリエイティブ**（創造的。独創的）、④**テクニカル**（技術的）、⑤**ネガティブ**（否定的）。

47
⑤
空欄は「抽象的・客観的」の言い換えなので、⑤**ロゴス**（ことばによって表される人間の理性的活動。論理・定義）が正解。①**パトス**（心の感情的な側面。情念）、②**カオス**（秩序のない混沌（こんとん）とした状態）、③**コスモス**（秩序と調和をもつ世界）。

48
③
空欄は直前部のまとめなので、③**ペシミズム**（物事を悲観的にとらえる思想傾向。悲観主義。厭世（えんせい）主義）が正解。①**リアリズム**（現実主義）、②**アナクロニズム**（時代錯誤）、④**マンネリズム**（手法などが型にはまって独創性を失うこと）、⑤**エゴイズム**（利己主義）。

第3章

3 慣用句・慣用語の意味に関するもの

問 次の表現の意味として最も適当なものを選び、番号で答えよ。

□ 49 情けは人のためならず

① 人に情をかけないことは、実はその人を思うからである。
② 人に愛情をもつことは、かえって自分自身を愛することになる。
③ 人に人情をかけることは、結果的にその人のためにならない。
④ 人に恩情を与えることは、結局は自分自身の利益となる。
⑤ 人になんらかの感情をもつことは、必ずその人の身を滅ぼす。 (中央大)

□ 50 流れに棹さす

① 時流を生み出す　② 時流に逆らう　③ 時流に乗る
④ 時流を混乱させる　⑤ 時流を無視する (明治大)

□ 51 魚心あれば水心

① 身近なことはかえってわかりにくいものだ
② 生まれ育ちによってそれぞれ得意な分野がある
③ 習慣によって生まれながらの性質が変わる
④ 人はその環境しだいで良くも悪くもなる
⑤ 一方の出方によって他方もそれに応じようとする (文教大)

□ 52 思い半ばに過ぐ

① もどかしい　② あきれる　③ がっかりする
④ だいたい了解できる　⑤ 見識が狭い (文教大)

解答とポイント

49 ④

情けは人のためならず

「他人に親切にしておけば必ず自分にもよい報いがある」というのが正しい意味。③のように誤用されることが多いので注意したい。

50 ③

流れに棹さす

「時流に乗る。大勢に同調する」こと。これも②のように誤用されることがある。注意したい。

51 ⑤

魚心あれば水心

「一方の側に相手に親しむ気持ちがあれば、その相手の方も同じく親しむ気持ちを持つものだ」という意。「魚、心あれば、水、心あり」という形であったものが、魚心・水心と一語のように使われたもの。

52 ④

思い半ばに過ぐ［過ぎる］

「推測しておよそのところが理解できる」こと。『易経』の文句から出た表現。

□ 53 固唾を呑む

① 絶対にだまされまいと、用心している様子。
② 思わず発してしまった言葉を、後悔する様子。
③ 物事の成り行きが不安で、緊張して見守る様子。
④ 相手のことを考えて、口に出さずに胸におさめる様子。

（亜細亜大）

□ 54 木で鼻をくくる

① 困り果てること　② 大切に扱うこと
③ 悲しみに暮れること　④ あきらめをつけること
⑤ 無愛想に振る舞うこと

（文教大）

□ 55 半畳を入れる

① 話半分に聞いて割り引こうとする
② よけいな口を挟んでおだてあげる
③ 話をまぜかえしてからかってくる
④ すぐに熱狂して騒がしく加勢する
⑤ 冷静に対応して半端な点を補強する

（桜美林大）

□ 56 ひそみに倣う

① 他者の忠告に聞き従う　② 他者の善行を模範とする
③ やたらに他者のまねをする　④ 何でも他者の言いなりになる

（日本大）

---

53 ③

固唾（かたず）を呑（の）む

「事のなりゆきを見守って緊張しているようす」をいう。「呑」は常用漢字ではないので仮名書きにすることも多い。

54 ⑤

木で鼻をくくる

「無愛想にもてなす。冷淡にあしらう」こと。元来は「木で鼻をこくる（＝こする）」。「こくる」の誤用が一般化したもの。「傲慢な態度で接する」意で用いるのは誤り。

55 ③

半畳（はんじょう）を入れる

本来「役者に対する不満をぶちまけるため、半畳（小さい畳・ござの類）を舞台に投げる」こと。転じて「他人の言動をからかったりする」の意。

56 ③

ひそみに倣（なら）う

「よしあしに関係なく、やたらに他人のまねをする」こと。自分の言動について、へりくだった言い方として用いられることが多い。

問 次のそれぞれに答えよ。

□ 57 「月とすっぽん」に最も近い慣用句を一つ選べ。
① 五十歩百歩　② 雲泥の差　③ 豚に真珠
④ 馬の耳に念仏　⑤ 月夜に提灯
（学習院大）

□ 58 「合点が行く」と似た意味あいの言葉を一つ選べ。
① 目から鱗が落ちる　② 憂愁　③ 慚愧
④ 筆舌に尽くしがたい　⑤ 噴飯物
（福岡教育大）

□ 59 慣用表現とその意味の組み合わせとして正しくないものを一つ選べ。
① 相好を崩す（喜ぶ）　② 気色ばむ（驚く）
③ 感に堪えない（感動する）　④ 愁眉を開く（ほっとする）
⑤ 悦に入る（嬉しがる）
（専修大）

□ 60 慣用表現の使い方が正しいものを一つ選べ。
① 君が来てくれたおかげで、今夜のパーティは枯れ木も山の賑わいで盛大になった
② 私が発言したら、君にはぜひ横車を押して助けてもらいたい
③ いつまで待っても結論に至らないとは、まさに小田原評定だ
④ これだけ実力者がそろえば、船頭多くして船山に上るで、うまくいくに違いない
⑤ 洞穴の中は、爪に火をともさねばならないほど真っ暗だった
（専修大）

□ 61 「役不足」という表現を正しく使っている文を一つ選べ。

解答とポイント

57 ②
月とすっぽん（二つのものの間に非常に差のあることのたとえ）。①**五十歩百歩**（わずかの違いがあっても本質的に同じであること）、②**雲泥の差**（比較にならないほどの大きな差）、③**豚に真珠**（貴重なものでもその価値のわからない者には無意味であること）、④**馬の耳に念仏**（人の忠告を聞き流すだけで、少しも聞き入れないこと）、⑤**月夜に提灯**（無益、不必要なことのたとえ）。

58 ①
合点が行く（事情がよくのみ込める。納得できること）。①**目から鱗が落ちる**（あることがきっかけとなって、真相や本質が理解できるようになる）、②**憂愁**（心配して悲しむこと）、③**慚愧**（恥じ入ること）、⑤**噴飯物**（あまりのばかばかしさに思わず笑ってしまうこと）。

59 ②
気色ばむ（怒りを表情に表す）。①**相好を崩す**（大いに喜ぶさま）、④**愁眉を開く**（心配がなくなって安心する）。

60 ③
①**枯れ木も山の賑わい**（つまらないものでもないよりはあった方がよいというたとえ）、②**横車を押す**（無理を押し通すこと）、③**小田原評定**（長びいてなかなか決定しない相談）、

①私には役不足で物足りません。
②私では役不足ですが頑張ります。
③努力の甲斐(かい)なく役不足だ。
④登場人物の数が役不足に陥った。

（日本大）

□ 62 「他山の石」という表現を正しく使っている文を一つ選べ。

①先生の生き方を他山の石とし、私も先生を見習って精進してまいります。
②友人が突然勤め先を解雇されたが、私には他山の石とは思えない。自分にもいつ同じことが起こるか分からない。
③後輩の失敗を非難ばかりしないで他山の石とすべきだ。君も同じ間違いをするかもしれない。
④彼は真面目にこつこつと努力したおかげで、コンクールに入賞した。他山の石としたいものだ。
⑤当社のこのたびの不祥事を他山の石として今後会計の透明化をはかるつもりです。

（中央大）

□ 63 「やぶさかではない」という表現を正しく使っている文を一つ選べ。

①誤りを改めてもやぶさかではない。
②駅前で待ち合わせるのにやぶさかではない。
③彼の功績を認めることにやぶさかではない。
④厳しくしかられるにやぶさかではない。
⑤君たちが協力し合うのはやぶさかではない。

（武庫川女子大）

---

④**船頭(せんどう)多くして船山(ふねやま)に上る**（指図する人が多くて統一がとれず、目的を外れた方向に進んでいくこと）、⑤**爪に火をともす**（極端に倹約すること。ひどくけちなこと）。

61 ①

役不足

「その人の力量に比べて、与えられた役目が不相応に軽いこと」というのが正しい意味。近年、②のように「その人の力量に対して役目が重すぎること」の意味で誤用されることが多いので注意したい。

62 ③

他山の石

「自分の人格を形成するのに役立つ他人のよくない言行やできごと」。目上の人の言行や手本となる言行の意では用いない。

63 ③

やぶさかで[は]ない

やぶさか（吝か）は「物惜しみするさま。けちなこと」。「～にやぶさかで(は)ない」の形で、「～する努力を惜しまない」「ためらうことなく～する」の意で用いられる。本来は肯定的、積極的な意志を表す表現である。

問 次の傍線部の意味として最も適当なものを選び、番号で答えよ。

□64 その中(うち)私も結婚をしたり、子が出来たりして、境遇も次第に前と異(こと)なって来て、一層足が遠くなった。〈加能作次郎「羽織と時計」〉

① 訪れることがなくなった ② 時間がかかるようになった
③ 会う理由がなくなった ④ 行き来が不便になった
⑤ 思い出さなくなった

□65 くたびれて女中に負(おぶ)さった子供は、初めて見る此珍(このめずら)しい踊りの群れを、呆(あ)っけに取られた顔をして熱心に眺めた。〈野上弥生子「秋の一日」〉（共通テスト）

① 驚いて目を奪われたような ② 意外さにとまどったような
③ 真剣に意識を集中させたような ④ 急に眠気を覚まされたような
⑤ 突然のことにうれしそうな

□66 わかったような同情やいたわりには必ず冷笑で一矢を報いずにはいなかった。〈松村栄子『僕はかぐや姫』〉（センター試験）

① 無視せずには ② からかわずには ③ ごまかさずには
④ 嘆息せずには ⑤ 反撃せずには

□67 この一句は、（中略）その実、いま一つ、得たいの知れない相貌(そうぼう)を隠し持っているのではないか。〈本田和子『異文化としての子ども』〉（センター試験）

① 予測ができない ② 意味がわからない
③ 現実ではありえない ④ 怪しくて油断できない
⑤ 本当の姿がわからない

□68 公的主体はコンペティションにも及び腰である。〈隈研吾『負ける建築』〉（國學院大）

解答とポイント

64 ① **足が遠くなる**（遠い・遠のく）
「しばらく訪れない。訪れることが間遠になる」こと。なお、**足が重い**は「気が進まず行きたくない」の意。

65 ① **呆気(あっけ)に取られる**
「事の意外なのに驚きあきれる」こと。

66 ⑤ **一矢(いっし)を報いる**
「相手の攻撃・非難に対して、わずかでも反撃・反論する」こと。

67 ⑤ **得たい［得体］の知れない**
得たいは「正体・本当の姿」の意。「得体の知れない男だ」のように、下に打消の語を伴うかたちで用いられることが多い。

68 ④ **及び腰**

① 距離を取ることで、媚びずにすますこと
② 判断を中途半端にし、誤解を避けること
③ 下方から見るため、姿勢が正せないこと
④ 自信がなく、積極的に振る舞えないこと
⑤ 仕方なくて言いなりになって、悩むこと

（國學院大）

□ **69** 気の置けない、いたって行き届いた人らしいといって賞(ほ)めていた。

〈夏目漱石『彼岸過迄』〉

① 気分を害さず対応できる
② 遠慮しないで気楽につきあえる
③ 落ち着いた気持ちで親しめる
④ 気を遣ってくつろぐことのない
⑤ 注意をめぐらし気配りのある

（センター試験）

□ **70** 彼が糊口をしのぐために通俗的な仕事しかできないという事態が余儀なくされているならば、

〈松原隆一郎『豊かさの文化経済学』〉

① 世間の人気を得ること　② なんとか生計を立てること
③ 人々の批判から免れること　④ 人々を楽しませること
⑤ 貧しい生活に打ち勝つこと

（神戸学院大）

□ **71** 母親の声は鋭かった。道子は腰を折られて引返(ひきかえ)した。

〈岡本かの子「快走」〉

① 下手(したて)に出られて　② 思わぬことに驚いて
③ やる気を失って　④ 途中で妨げられて
⑤ 屈辱を感じて

（センター試験）

「腰を曲げて前方に手をのばす、不安定な姿勢。比喩的に、**自信のなさそうな中途半端な態度**」をいう。

69 ②

気が［の］置けない

「遠慮したりする必要がなく、うちとけられる」の意。これを④のような意味で用いるのは最近の誤用である。

70 ②

糊口（ここう）をしのぐ

「かろうじて生計を立てる。やっとのことで生活していく」こと。**糊口**は「粥(かゆ)をすすること。転じて暮らしを立てること」。

71 ④

腰を折る

「途中で妨げる。途中で邪魔をして続ける気をなくさせる」こと。ほかに、「腰を据える」（落ち着いて物事に取り組む）、「腰を抜かす」（驚きや恐怖のために立ち上がれなくなる）、「腰が低い」（他人に対しへりくだった態度だ）、「腰がひける」（積極的に取り組む姿勢でない）などがある。

問 次の傍線部の意味として最も適当なものを選び、番号で答えよ。

□ 72 はじめ元重役であるからには月給十万円以下では沽券にかかわるといっていた父も、やがて五万円でもいいと言いだし、ついには使ってくれれば給料は問題じゃないと泣き言を並べた。〈加賀乙彦「雨の庭」〉

① 自分の今後の立場が悪くなる
② 自分の守ってきた信念がゆらぐ
③ 自分の体面がそこなわれる
④ 将来の自分の影響力が弱くなる
⑤ 長年の自分の信用が失われる

（センター試験）

□ 73 中国から導入した漢字を自家薬籠中の物にし、四文字熟語を作り出すことでも私達のご先祖は達者だった。〈筑紫哲也『スローライフ』〉

① 特効性があり役に立つ秘密の使い方を生み出したもの
② 本来の使用法に忠実に効果的に使用できるようにしたもの
③ 自分が独自に作り出し自由奔放に使えるようにしたもの
④ 必要に応じていつでも自由に役立てられるようにしたもの

（学習院大）

□ 74 褒めるもけなすも極端で、一般の愛好家のことなど歯牙にもかけていない。〈高橋英夫「自然・詩・音楽のロンド」〉

① 問題にしていない
② 聞いていない
③ にらみをきかしていない
④ 口を割っていない
⑤ 同意していない

（立命館大）

解答とポイント

72 ③

沽券（こけん）にかかわる

「体面や品位にさしつかえる」こと。**沽券**はもともと「土地などの売り渡しの証文」のこと。そこから、「人の値打ち。体面。面目」の意になった。

73 ④

自家薬籠中（じかやくろうちゅう）の物

「自分の薬籠の中の薬のように、必要に応じていつでも役立てられるもの」。身につけた知識や技術についていう。**薬籠**は「薬箱」のこと。

74 ①

歯牙（しが）にもかけない

「無視して、まったく問題にしない」こと。

□ 75 ダーウィンは「ビーグル号航海記」のなかのフェゴ島人についての一章で、人びとの模倣能力に舌を巻いている。

〈野村雅一『身ぶりとしぐさの人類学』〉

① 驚きあきれて　② 物も言えないで
③ ほとほと感心して　④ 恐怖にほほを引きつらせて

（拓殖大）

□ 76 私が語りたいのは、日本国の国際的責任についての焦眉の急の問題である。

〈加藤周一『夕陽妄語Ⅲ』〉

① 災難に遭うこと　② 顔を火傷すること
③ 緊急事態であること　④ 急所を衝かれて苦しいこと

（拓殖大）

□ 77 彼の思想は、万物流転という語で人口に膾炙している。

〈池田清彦『やぶにらみ科学論』〉

① 多くの人がわかりやすいように変化して使われている
② 広く人々の口にのぼって知れわたっている
③ わかりやすい慣用表現になっていきわたっている
④ 世間に広めるためにわざと唱えられている
⑤ 多くの人が使ったために単純化されている

（学習院大）

□ 78 もちろん敵の面体（めんてい）を見識（みし）らぬ我々は、お前に別れては困るに違いないが、もはや是非に及ばない。

〈森鷗外『護持院原の敵討』〉

① 言うまでもない　② 話にもならない
③ 善悪が分からない　④ やむを得ない
⑤ 判断ができない

（センター試験）

---

75 ③

舌を巻く

「ひどく驚く。また、感心する」こと。ほかに、「舌がまわる」（よどみなくしゃべる）、「舌先で丸めこむ」（うまく言いくるめてだます）、「舌の根の乾かぬうち」（あることを言い終わったすぐあと）などがある。

76 ③

焦眉（しょうび）の急

「差し迫った危険。急を要する事態」のこと。**焦眉**は「まゆげを焦がすばかりに火が迫るように、危難が迫ること」。

77 ②

人口に膾炙（かいしゃ）する

「広く世人の話題にのぼり、賞賛される」こと。**膾**は「なます」、**炙**は「あぶり肉」。ともに誰の口にも美味と感じられもてはやされることからいう。

78 ④

是非（ぜひ）に及ばず

「しかたがない。やむを得ない」こと。ほかに「是非もない」（しかたがない）がある。

問 次の傍線部の意味として最も適当なものを選び、番号で答えよ。

79 恩師を例外とせず、自らをも俎上にのせた徹底的な批判精神は、その「読み」の強さと拡がりにおいて聴く者を引き寄せた。〈市村弘正『読むという生き方』〉（早稲田大）

① 客観視した　② セットに組み込んだ　③ 例外としなかった　④ 特別扱いした　⑤ 対象に据えた

80 活字離れという事態は、活字という思考の根源が惰眠をむさぼっていたことの結果である。〈橋本治『改めて啓蒙を論ず』〉（拓殖大）

① 怠けて何もしないでいること　② うとうと心地よく眠ること　③ 正体もなく眠りこけてしまうこと　④ 十分に寝てなお惰性で眠りつづけること

81 むろん、作家たちはこの混乱を手を拱いて見ていたわけではない。〈三浦雅士『疑問の網状組織へ』〉（摂南大）

① 一心不乱に　② とりとめもなく　③ 諸手をあげて　④ 傍観して　⑤ 躍起になって

82 道理が通っているかどうかではなく、「生理的な嫌悪感」だということであれば、取りつくしまもない。〈齋藤孝『子どもたちはなぜキレるのか』〉

① 頼りにならない　② 古くさいと拒絶される　③ 何もかもなくなってしまう　④ いささか疑問に思われる

解答とポイント

79 ⑤

俎上（そじょう）にのせる

「批評・議論・考察などの対象として取り上げる」こと。**俎上**は「まな板の上」の意。

80 ①

惰眠（だみん）をむさぼる

「働かず無為（むい）に暮らす」こと。**惰眠**は「なまけて眠っている状態」。

81 ④

手を拱（こまね）く

「何もしないで見過ごす。傍観する」。本来「こまぬく」だが、現在は「こまねく」が一般的。**拱手傍観（きょうしゅぼうかん）**という四字熟語がある。ほかに、「手を打つ」（必要な措置をとる）、「手をつける」（着手する）、「手を引く」（関係を絶つ）、「手に汗を握る」（はらはらする）、「手を貸す」（助力する）、「手を焼く」（手こずる）、「手がこむ」（複雑である）などがある。

82 ⑤

取りつくしま（島）もない

「頼りにする手がかりもなく、どうしようもない」こと。

⑤ 関わろうとする手がかりもない　（獨協大）

□ **83** 社会的風潮が抜き差しならない状況へと人を追い込み、あるいは居直りの心理を正当化させ、ますます非合理へと追い込んでしまうのである。
〈池内了『科学の落し穴』〉

① どうにもならない　② 激しく変化する
③ 追い越せない　④ 競争が激化する　（神奈川大）

□ **84** あの夜、暗いままに後片付けのはかは行かず、焚火に水をかけると帰ってきた、そのままの姿が雨にたたかれている。
〈加賀乙彦『雨の庭』〉

① 後片付けを途中でやめて　② 後片付けをあきらめて
③ 後片付けが手につかず　④ 後片付けに満足できず
⑤ 後片付けが順調に進まず　（センター試験）

□ **85** いったん、スイッチが入ってしまうと、自然のなかに、なにもかもを見るような態度に拍車がかかってきた。
〈小池昌代「言葉以前」〉

① どんどん重みが増してきた　② しだいに制御が働いてきた
③ だんだんと変化が生じてきた　④ いちだんと熱が入ってきた　（日本大）

□ **86** 自分の教養、知識をハナにかけて、読んでわからないと、文章が悪いからだと言うのは、思い上がりである。
〈外山滋比古『読みの整理学』〉

① 自慢して　② 軽蔑して　③ 目先ばかり考えて
④ 人を無視して　⑤ おもてに出して　（桜美林大）

83 ①
抜き差しならない
「身動きできない。どうにもならない。のっぴきならない」こと。

84 ⑤
はかが行く（計がいく）
「仕事などが順調に進む。はかどる」こと。
はかは「仕事などの進み具合。はかどり」。

85 ④
拍車がかかる
「物事の進行に一段と力が加わる。事の成り行きが一段と早くなる」こと。

86 ①
鼻にかける
「自慢する。得意になる」こと。ほかに、「鼻であしらう」（冷淡な態度をとる）、「鼻につく」（いやけがさす）、「鼻をあかす」（出し抜いてあっと言わせる）、「鼻が高い」（誇らしく思う）などがある。

問　次の傍線部の意味として最も適当なものを選び、番号で答えよ。

□ 87 彼の音楽は鼻持ちならないだろう。〈許光俊『世界最高のクラシック』〉

① 嫌みで我慢できない　② 理解すらできない
③ 最初から相手にならない　④ 信条的に受け入れられない
⑤ 得るものが少ない

（東北学院大）

□ 88 いつも黙り込むだけだったが、いちどだけ腹に据えかねたのか「別れようか」と言われたことがあった。〈井上荒野「キュウリいろいろ」〉

① 本心を隠しきれなかった　② 我慢ができなかった
③ 合点がいかなかった　④ 気配りが足りなかった
⑤ 気持ちが静まらなかった

（センター試験）

□ 89 一部の知識人たちの顰蹙を買いつつも、新しい知識の形態としての「科学」と、それを専門的に扱う「科学者」という人間とが、まさしく誕生しつつあったのである。〈村上陽一郎『科学者とは何か』〉

① 常識に反する行為を行って、制裁を受ける
② 気の合わない相手に対してよそよそしく振る舞う
③ 出すぎた行為によって冷ややかな視線を浴びる
④ 自分の過ちにきまりの悪い思いをする
⑤ 不快感を与える言動によって、嫌がられ軽蔑される
⑥ 自ら苦労を買って出る

（関東学院大）

□ 90 具体的な実践例が出される場合も、肝心の抽象的概念との結び付きが弱く、具体的には説明されないため、「なんとなくわかったつもり」

解答とポイント

87 ①

鼻持ちならない

「くさみ（いやみ）があって我慢しきれない。言動が不愉快で見聞きするに堪えない」こと。

88 ②

腹に据えかねる

「怒りをおさえることができない。がまんができない」こと。

89 ⑤

顰蹙（ひんしゅく）を買う

「自分の言動が原因で、世間の人から軽蔑され嫌がられる」こと。**顰蹙**は、「まゆをひそめること。不快の念を表して、顔をしかめること」。

90 ②

腑（ふ）に落ちない

になるだけで腑に落ちない。〈苅谷剛彦『コロナ後の教育へ』〉

① あれこれ悩み苦しむこと　② 納得がいかないこと
③ 驚き恐れ、ひやりとすること　④ 気持ちを奮い起こすこと
（名城大）

□ 91 人の生活を支えるシステムには、不如意なことや予測し得ないことが起きても対処できるような仕組みが、本来あるはずだ。〈玄侑宗久「信頼喪失社会を語る」〉

① 思うようにならないこと　② 不人情を嘆くこと
③ 不満そうな顔つきをすること　④ 打ち解けないこと
⑤ 迷いの元となる欲望のこと
（桜美林大）

□ 92 父の小説についてどう思うかと訊ねられ、「読んでいないから分かりません」と答えて、不興を買った。〈吉行淳之介『二代目の記』〉

① 興味を引かなかった　② 機嫌をそこねた　③ 不合格になった
④ わざとしらばくれた　⑤ 大いに悔やんだ
（成蹊大）

□ 93 多くの「普通の発見」であれば、誤りであった事例など、実は枚挙にいとまがない。〈中屋敷均『科学と非科学』〉

① 一つ一つ数えたところで面白くない
② 数で表してみると驚くほどだ
③ わざわざ数えるほどの価値がない
④ よくあることで物の数にもならない
⑤ 数え上げたらきりがないほど多い
（北里大）

「納得がいかない。合点が行かない」こと。否定の意で使うのが伝統だが、近年は「腑に落ちる」の形で、納得がいく意で使うこともある。

91 ①

不如意（ふにょい）

「思い通りにならない」こと。「意の如く（ごと）ならず」の意。経済的に苦しい状態を表現するのに用いられることも多い。

92 ②

不興（ふきょう）**を買う**

「機嫌を損（そこ）ねる」こと。特に、目上の人の機嫌を損ねた場合に用いられることが多い。**不興**は「興趣をそがれたさま。面白くない気持ち」。

93 ⑤

枚挙（まいきょ）**にいとまがない**

「たくさんありすぎて数えきれない」さま。**いとま**は「暇」「遑」と表記することもある。

問 次の傍線部の意味として最も適当なものを選び、番号で答えよ。

□ 94 「それでも行くよ。」 そんな気はしなかったが、間が悪かったので彼はそう云った。 〈牧野信一「地球儀」〉

① 気持ちが揺らいでしまった　② 相手にするのが煩わしかった
③ 言外の意味を理解できなかった　④ 深く考える余裕がなかった
⑤ 正直に言うのが気まずかった 〈センター試験〉

□ 95 日本人はスープを音を立てて吸うが、ヨーロッパ人はその音をきくと眉をひそめる。 〈森本哲郎『すばらしき旅――人間・歳月・出会い――』〉

① 驚きを表す　② 怒りを感じる
③ 不思議に思う　④ 不快感を表す 〈京都産業大〉

□ 96 それを言っては、みもふたもない。 〈中沢けい『楽隊のうさぎ』〉

① 現実でなくどうにもならない　② 大人気なく思いやりがない
③ 露骨すぎて話にならない　④ 計算高くてかわいげがない
⑤ 道義に照らして許せない 〈センター試験〉

□ 97 それで自分が、何にもおもしろいと思えなくて高校をやめたことの埋め合わせが少しでもできるなんてむしのいいことは望んでいなかったけれども、とにかく、この軽い小さな本のことだけでも、自分でわかるようになりたいと思った。 〈津村記久子「サキの忘れ物」〉

① 都合がよい　② 手際がよい　③ 威勢がよい
④ 要領がよい　⑤ 気分がよい 〈共通テスト〉

□ 98 僕はその時高木から受けた名状し難い不快を明らかに覚えている。

解答とポイント

94 ⑤ **間(ま)が悪い**

「きまりが悪い。何となく恥ずかしい。ばつが悪い。運が悪い」こと。

95 ④ **眉をひそめる**

「心の中に心配ごとや憂いごとがあったり、他人のいまわしい言動に不快を感じたりして、顔をしかめる」こと。

96 ③ **みもふたもない**（身も蓋もない）

「露骨すぎて味わいも含みもない」こと。ほかに、「身を粉(こ)にする」（苦労をいとわず骨を折る）、「身から出た錆(さび)」（自分がしたことの報いとして起こる災難）、「身につまされる」（他人の不幸が人ごとでなく感じられる）などがある。

97 ① **むしの[が]いい**

「自分の都合だけを考えて、他を顧みない。身勝手である」こと。

98 ④ **名状(めいじょう)し難(がた)い**

① 言い当てることが難しい　② 名付けることが不可能な
③ 意味を明らかにできない　④ 何とも言い表しようのない
⑤ 全く味わったことのない

〈夏目漱石『彼岸過迄』〉（センター試験）

□ **99**

私は暫く佇んで目を見張っていたが、いつまで見ていても果てしがない。〈上林暁「花の精」〉

① 間違いではないかと見つめていた
② 感動して目を見開いていた　③ 動揺しつつも見入っていた
④ 集中して目を凝らしていた　⑤ まわりを見わたしていた

（センター試験）

□ **100**

フランスといえば花の都パリ、パリでなければ南仏プロヴァンスとくるような、売れ筋に規定された紋切り型はもうごめんだ、しかしごめんだからといってほかになにがあるのか、〈堀江敏幸『一階でも二階でもない夜』〉

① 定番すぎて新鮮さがないもの　② 有名すぎて意外性がないもの
③ 美しすぎて面白みがないもの　④ 堅実すぎて遊び心がないもの

（成城大）

□ **101**

ひとが哲学に焦がれるのは、（中略）なにかこれまでとは違う問い方をしなければ、それももっと包括的な問いのなかに座を移さないと、らちがあかないと感じるときである。〈鷲田清一『哲学の使い方』〉

① とりとめがない　② 支離滅裂である　③ 物事が解決しない
④ 気分がふさぐ　⑤ 論理が通らない

（二松学舎大）

「物事のありさま・状態を言葉で言い表すのが難しい」こと。

99 ②

目を見張る

「驚いたり感心したりして目を大きく見開く」こと。ほかに、「目をくらます」（ごまかして気づかれないようにする）、「目を通す」（一通り見る）、「目が高い」（ものを識別する力がある）、「目をこらす」（じっと見つめる）、「目を三角にする」（怒って怖い目つきをする）、「目をそばめる」（恐れやうとましさのため、まともに見ない）などがある。

100 ①

紋切り型

「物事のやり方が一定の型にはまっていて、新味に乏しいこと。**ステレオタイプ**」。

101 ③

らち（埒）があかない

「物事のきまりがつかない。事がはかどらない」こと。**埒**は、馬場にめぐらした柵。**埒があかない**とは馬が走ることができない。

問 **次の傍線部の意味として最も適当なものを選び、番号で答えよ。**

□ 102 たくさんの人たちがこれは真実だと訴えながら、ウソつきとかインチキの烙印を押されて死んでいきました。

〈小浜逸郎『日本語は哲学する言語である』〉

① 面と向かって口汚くののしられ、嘲られて
② 意味を考えることさえない風評にさらされて
③ 忘れることができないほど軽んじられて
④ ぬぐい去ることのできない汚名を受けて
⑤ 価値などないとはじめから決めつけられて

（國學院大）

□ 103 若さとは向う見ずなものだ。私自身は人見知りの塊（かたま）りなのに、臆面もなく習作を「噴水」の詩人にあてて郵送したのだ。

〈小沢信男『ぼくの東京全集』〉

① 権威に対して恐れることなく堂々として
② 恥ずかしがったり遠慮したりする様子がなく
③ 他者の忠告に耳を貸すことなく思い切って
④ 確かな才能と技術を疑うことなく自信をもって

（成蹊大）

□ 104 定められた、あまりに仮借ない均整を目にすると、どうも居心地がよろしくないと感じたらしく、

〈ドナルド・キーン『日本人の美意識』〉

① 絶対に他から借りない　② 決して見逃さない
③ ちっとも現実的でない　④ みっともない
⑤ 割り切れない

（追手門学院大）

□ 105 「ええ、もう、どうやら」くったくなく、そうほがらかに答えて、お

解答とポイント

102 ④
烙印（らくいん）を押される
「消し去ることのできない汚名を受けること」。**烙印**は「火で焼いて物に押しあてる金属製の印」。

103 ②
臆面（おくめん）もなく
「遠慮するようすもなく平然と。ずうずうしく」の意。**臆面**は「気後れした顔色・ようす」。

104 ②
仮借（かしゃく）ない
「決して見逃したり、許したりしない」こと。**仮借**は「許すこと。見逃すこと。手心を加えること」。

105 ④
くったく（屈託）ない

巡りさんはハンケチで額の汗をぬぐって、〈太宰治『黄金風景』〉

① 屈するような感じがなく　② 人を食ったような感じがなく
③ 鬱屈することなく　④ 特に何かを気にすることなく
（広島修道大）

□ **106** おむら婆さんは**所在ない**ままに実家の背戸（せど）から外へ出て、穏やかな陽を浴びている村道をすこし歩いてみた。〈三浦哲郎「ねぶくろ」〉

① 自分の居場所が見つからない　② することがなく退屈だ
③ どこに行けばいいかわからない　④ 居心地がよくない
⑤ 帰るに帰れず困惑している
（順天堂大）

□ **107** 思ったことを率直に言うのは心ないわざであって、**如才ない**人はほかのものに託して志をのべる。〈外山滋比古『日本語の感覚』〉

① 小心で臆病な　② 気のきいた
③ 才能のない　④ かしこくない
（帝塚山大）

□ **108** 人生を**大過なく**渡っていた人々は数多くいたのである。〈阿部謹也『「教養」とは何か』〉

① 大した出世もしないで　② 大きな失敗もしないで
③ 重い病気もしないで　④ 深く考えることもしないで
（共立女子大）

□ **109** なにより多くの人が徴兵のために故郷を離れることを**余儀なくされ**、多くの戦死者も出ていたにちがいない。〈中沢けい「『津軽』無事へのまなざし」〉

① 勧められて　② やむを得ずさせられて　③ 自ら進んで行い
④ とてもいやがって　⑤ 考慮させられて
（武蔵大）

「（失敗や不快な出来事を）気にしない。気にかかることが一つもないさま」。**屈託**は「ある事が気になってくよくよすること」。

106 ②
所在（しょざい）ない
「何もすることがなくて退屈であるさま。手持ちぶさた」。

107 ②
如才（じょさい）ない
「気がきく。あいそがいい」こと。例 **如才なく振る舞う**　**如才**は「手抜かり。疎略」の意。

108 ②
大過（たいか）なく
「大きな過失もなく。大変な誤りもなく」。**大過**は「大きな過ち。目立った失敗」の意。

109 ②
余儀（よぎ）ない
「ほかに方法がない。やむを得ない」こと。例 **それも余儀ないことだ／再考を余儀なくされる**

第3章　3 慣用句・慣用語の意味

4 ことばの意味に関するもの

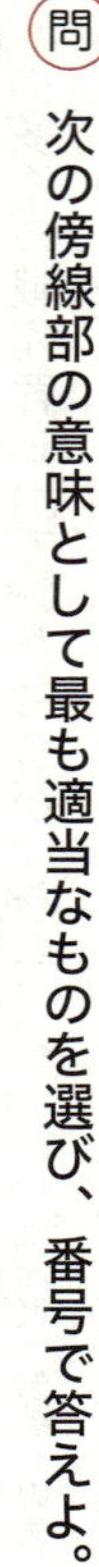

問 **次の傍線部の意味として最も適当なものを選び、番号で答えよ。**

□ 110 長明の出家遁世者としての不徹底をあげつらうこともできないのである。

〈桶谷秀明『中世のこころ』〉

① 詠嘆する　② 嘲笑する　③ 否定する　④ 論議する

（早稲田大）

□ 111 「初ッ(はな)からそんな方が出ては屹度(きっと)長続きはしないから、いっそ止めましょうよ。」とおしまいにはこんなあてつけがましいお転婆を云(い)って止めてしまった。

〈野上弥生子「秋の一日」〉

① いかにも皮肉を感じさせるような
② 遠回しに敵意をほのめかすような
③ 暗にふざけてからかうような
④ あたかも憎悪をにじませるような
⑤ かえって失礼で慎みがないような

（センター試験）

□ 112 この「試み」もあながち無価値とはいえません。

〈中村光夫『日本の現代小説』〉

① 一概には　② 急には　③ 不完全には
④ 時には　⑤ 相対的には

（立正大）

□ 113 だが、あにはからんや、そこでは訝しげな反応しか返ってこなかった。

〈白石良夫『古語と現代語のあいだ』〉

解答とポイント

110 ④

あげつらう（論う）

「理非、可否を言いたてる。あれこれと論ずる」こと。また「ささいな非などをことさらに批判的にいう」こと。

111 ①

あてつけがましい

あてつけは「ほかのことにかこつけて皮肉な態度をとること」。**がましい**は「〜らしい。〜の傾向がある」の意の接尾語。体言や動詞の連用形などについて「おこがましい」「晴れがましい」「差し出がましい」などのように形容詞を作る。

112 ①

あながち（強ち）

下に打消の語を伴って「一概には。必ずしも」の意。例 **あながち間違いとはいえない**

113 ②

あにはからんや（豈図らんや）

「意外にも。思いがけず」の意。「どうしてそんなことを予想しようか、いや予想

① 予想通り　② 思いがけず　③ よくあるように
④ 要するに　⑤ 困ったことに
（釧路公立大）

□ 114
こうした「自己実現」の価値をあまねく広げようとする社会と、実際の職業機会とのアンバランスだったといってよい。

〈苅谷剛彦「教育の綻びをどう修正したらいいか」〉

① いつまでも　② おなじように
③ おおまかに　④ すみずみまで
（日本大）

□ 115
いたいけな子供たちは何もいいはしないが、もしも彼らが批判の眼を持っていたとしたら、彼らから見た世の大人たちは、一人のこらず戦争責任者に見えるにちがいないのである。

〈『伊丹万作エッセイ集』〉

① 天真爛漫な　② 思い煩う　③ 察しの良い
④ いたましい　⑤ いじらしい
（中央大）

□ 116
諸君、光明を求めて進もうじゃないか。いたずらに悲観する勿れ、といったような意味になって来るじゃないか。

〈太宰治「パンドラの匣」〉

① 絶対に　② 過剰に　③ 軽々に
④ 当然に　⑤ 無益に
（共通テスト追試）

□ 117
こんなに重くて角ばったものが手になじむときが来るのかいぶかしく思った。

〈青山七恵「かけら」〉

① 深刻に　② 待ち遠しく　③ 疑わしく　④ ありえなく　（山形大）

しない」という反語から。

114 ④
あまねく（遍く・普く・周く）
「広く全体に及ぶさま。すべてにわたって、広く」の意。

115 ⑤
いたいけ（幼気）
「小さくて愛すべきさま。幼くてかわいらしいさま。子どもなどのいじらしいさま」。

116 ⑤
いたずらに（徒に）
「無益なこと。いくらしても、実りのないさま」。例 **いたずらに時間を費やす**

117 ③
いぶかしい（訝しい）
「不審に思う。疑わしい」さま。「物事の状況がはっきりしないので気にかかる」という意の古語「いぶかし」から。

問 次の傍線部の意味として最も適当なものを選び、番号で答えよ。

□ 118 さて、ここで注意が必要なのは、いまいみじくも「感度」という言葉を使ったように、「自由」の本質は「感度」（感じることとその度合い）であって「状態」ではないということだ。
〈苫野一徳『「自由な社会」を先に進める』〉

① 巧みに　② 大胆に　③ ことさらに　④ だしぬけに
（神田外国語大）

□ 119 しかし、いわずもがな、現代人であるわたしたちは、日常生活で、「……であろうか、いやそうではない」などという会話は、よっぽどでないかぎり、かわさない。
〈白石良夫『古語と現代語のあいだ』〉

① 言うはずがない　② 言うべきでない　③ 言うべきである
④ 言うまでもない　⑤ 言うがまま
（釧路公立大）

□ 120 うがった見方をすれば、可能性を追求しないということすら、父にとってひとつの可能性の選択だったのかもしれない。
〈小林恭二『父』〉

① 逆説的な　② 奇抜な　③ かくれた本質をとらえた
④ 懐疑的な　⑤ 斜に構えた
（椙山女学園大）

□ 121 いまなら右のようにうそぶいて平然としていられただろうが、当時はそうはゆかぬ。
〈井上ひさし「私のことば史抄」〉

① 平気な顔で言う　② 大きな声で言う　③ 嘘を言う
④ こっそり言う　⑤ ふざけて言う
（弘前大）

□ 122 うらぶれた男やもめと彼を陰に陽に支えるおせっかいな商店街の面々

解答とポイント

118 ①
いみじくも
「非常に巧みに。まことに適切に」。古語の形容詞「いみじ」から。

119 ④
いわずもがな（言わずもがな）
「言わない方がよい。言う必要がない。言うまでもない」こと。連語で、「もがな」は願望を表す終助詞。例 いわずもがなのことを言う

120 ③
うがつ（穿つ）
「物事の本質や人情の機微をしっかりととらえる」こと。否定的な意味はなく、プラス評価で用いるのが正しい。

121 ①
うそぶく（嘯く）
「大きなことをいう。豪語する」こと。また、「とぼけて知らん顔をする。平然としていう」こと。その他「詩歌を口ずさむ」「猛獣などがほえる」意でも用いられる。

だとか、凝っている。　〈牧田真有子「桟橋」〉

①度量が小さく偏屈な　②だらしなく大雑把な
③不満げで投げやりな　④みすぼらしく惨めな
⑤優柔不断で不誠実な　（共通テスト）

□ 123 得てして、この手の会話能力は日本男子には全く備わっていないからつまらない。　〈辛淑玉『女が会社で』〉

①予想通り　②もっとも　③原則的に
④観察記録上　⑤とかく　（文教大）

□ 124 臨床体験が特異なのは、それがしばしばえもいわれぬ快感を伴うことであろう。　〈養老孟司『カミとヒトの解剖学』〉

①言いたくもない　②言うに言えない
③言ってはならない　④言ってもしかたがない
⑤言わずにはおれない　（大阪産業大）

□ 125 いうまでもないことだが、どの価値を優先するかについて市民のあいだの意見は往々にしてはげしく対立する。　〈鷲田清一『しんがりの思想』〉

①ふつうは　②しばしば　③ときには
④かならず　⑤やはり　（神戸学院大）

□ 126 歴史について語りだす文は、おしなべて物語り文というかたちをとることになるだろう。　〈熊野純彦『差異と隔たり―他なるものへの倫理―』〉

①仕組みからして　②概念上は
③おそらく　④総じて　（成蹊大）

---

122 ④ **うらぶれる**

「落ちぶれてみすぼらしいようすになる」さま。しょんぼりと力なく、心のしおれるような状態をいう語。

123 ⑤ **得（え）てして**

「とかく、その傾向があること。ともすると」の意。「過信は得てして失敗を招く」
例 急ぐと得てして失敗しがちだ

124 ② **えもいわれぬ（えも言われぬ）**

連語で、連体詞的に用いられ「言い表すこともできないほど、すぐれている」こと。例 えもいわれぬよいかおり／えもいわれぬ趣がある

125 ② **往々（おうおう）にして**

頻度の高いようすを表す副詞。「しばしば。時々。折々」の意。例 往々にしてあることだ

126 ④ **おしなべて（押し並べて）**

「すべて一様に。総じて。おおむね。概して」の意。例 今年の新入生はおしなべておとなしい

問 次の傍線部の意味として最も適当なものを選び、番号で答えよ。

□127 どちらも積極的に人に近づいていく性格ではなかったから、会話は弾まず、おずおずとした調子のもので、

〈松村栄子『僕はかぐや姫』〉

① 気まずい感じ　② しらける感じ
③ ためらう感じ　④ かたくなな感じ
⑤ つまらない感じ

（センター試験）

□128 いやよ。郁子は即座にそう答えた。とうとう夫がその言葉を言ったということに戦(おのの)きながら、でもその衝撃を悟られまいと虚勢を張って。

〈井上荒野「キュウリいろいろ」〉

① 勇んで奮い立ちながら　② 驚いてうろたえながら
③ 慌てて取り繕いながら　④ あきれて戸惑いながら
⑤ ひるんでおびえながら

（センター試験）

□129 いまとなっては、あの日、ナタリアのおぼつかない手もとから敷き皿にあふれたコーヒーの色までが惜しまれて、かなしかった。

〈須賀敦子『トリエステの坂道』〉

① みっともない　② 年老いた
③ とまどいがちの　④ 頼りない

（京都産業大）

□130 周囲の窓枠や席の布地を手でさすったあげく、思いあぐねた様子で母親にこうたずねたのです。

〈丸山圭三郎『ソシュールを読む』〉

① 考えたすえにふと思いついた様子
② 質問しようという思いを決した様子

解答とポイント

127 ③

おずおず（怖ず怖ず）**[と]**

「おそれてためらいながらものごとをするさま。こわごわ。おそるおそる」。文語動詞「怖づ」を重ねたもの。

128 ⑤

戦く[慄く]（おののく）

「恐れてふるえる。わななく。戦慄(せんりつ)する」こと。

129 ④

おぼつかない（覚束ない）

「心細く、頼りない。心もとない。疑わしい」こと。**おぼ**は「ぼんやりした不明な状態」を表す。

130 ③

〜あぐねる（倦ねる）

「物事がうまくいかず、どうしたらよいかわからなくなる」こと。多く動詞の連用形につく。例 書きあぐねる／考えあ

③ どう思えばよいのかわからないという様子
④ 自分の考えがまとまった様子
⑤ なんとか自分の思いをとげたいという様子
（中央大）

□ **131** 具合が悪くなれば地方へ引きこもって蟄伏（ちっぷく）しながら、おもむろに再起を図ろうとする。
〈宮崎市定『科挙』〉
① むっつりと　② こっそりと　③ きっぱりと
④ ぴったりと　⑤ ゆっくりと
（明治大）

□ **132** しかしこれは新しい現象であって以前は人は文献の少ないことを託（かこ）っていた。
〈柳田国男「民間伝承論」〉
① あきらめていた　② 思い悩んでいた
③ 当然だと思っていた　④ 嘆いていた
（明治大）

□ **133** そうした技術を全うすることにかまけているのは、逆にケアの「資格なし」である。
〈鷲田清一『思考のエシックス』〉
① よく習熟している　② ひときわ秀でている
③ 不熱心である　④ かかりっきりである
⑤ とても怠惰である
（関西学院大）

□ **134** それで、かりそめの一夜と思った源氏は、当時のしきたりである後朝（きぬぎぬ）の手紙を送らなかった。
〈大野晋『日本語の年輪』〉
① まぼろしの　② うわべだけの　③ 拍子はずれの
④ つかのまの　⑤ その時かぎりの
（和洋女子大）

ぐねる／探しあぐねる

131 ⑤
おもむろに（徐に）
動作が静かでゆっくりしているようす。「しずかに。ゆるやかに」の意。「不意に（突然に）」の意で使うのは誤り。

132 ④
託（かこ）つ
「自分の境遇などを嘆く。怨んで言う。ぐちをこぼす」こと。

133 ④
かまける（感ける）
「一つのことだけに気をとられて、ほかのことを顧みなくなる」こと。「～にかまけて…ない」の形で用いられることが多い。

134 ⑤
かりそめ（仮初・苟且）
「一時的なこと。その場限りであること。はかないこと」。「つかの間」という意味もあるが、ここは「かりそめの一夜」なので「その時かぎり」の方がふさわしく、「手紙を送らなかった」理由ともなっている。

問 次の傍線部の意味として最も適当なものを選び、番号で答えよ。

135 これは、ひとえに〝時〟のおかげ、〝時〟の力が入らざる〝人間〟のさかしらに耳をかさず、正しい裁きをしてくれたからであります……
〈久保田万太郎「一葉の日記」〉

① 先走り ② 画策 ③ 逡巡 ④ お節介 （成蹊大）

136 「雪印」を「雷印」へと移行させるあたりには、さながら江戸戯作者の感性すら仄(ほの)見えるほどだ。
〈本田和子『異文化としての子ども』〉

① かなり ② あたかも ③ 若干
④ たとえば ⑤ 一方で （北海学園大）

137 わたしは、さもありなんという気持ちを抱いた。
〈四方田犬彦『「かわいい」論』〉

① それはあってはならないことだ ② それはもっともなことだ
③ それはもっとも過ぎることだ ④ それはありえないことだ
⑤ それはあってほしいことだ （亜細亜大）

138 理性という日本語はとてもしかつめらしく響く。哲学の世界でも、理性とはまるで完成された大人のように取り扱われる。
〈中岡成文『臨床的理性批判』〉

① 仰々しく ② 気高く ③ 空々しく ④ 堅苦しく （上智大）

139 しかるべき場面で「あの犬」と言えば、それはある一匹の犬を表現する。
〈野矢茂樹『語りえぬものを語る』〉

① 重要な ② 不明確な ③ 反事実的な

解答とポイント

135 ④
さかしら（賢しら）
「利口そうに振る舞う」こと。例 **さかしらに口出しする** また「お節介」の意味でも用いられる。

136 ②
さながら（宛ら）
「そっくりそのまま。まるで。あたかも」の意。副詞「さ」に副助詞「ながら」がついた形。なお、「仄」は「ほの」と読み、「わずかに。かすかに」の意。

137 ②
さもありなん（然も有りなん）
「そうであろう。もっともなことだ。当然のことだ」の意。

138 ④
しかつめらしい（鹿爪らしい）
「堅苦しく形式張っている。もっともらしい。まじめぶっているさま」。「しかめつらしい（しかめっつらしい）」は誤り。

139 ④
しかるべき
連体詞的に「適当な。ふさわしい」の意で用いられるほか、「～してしかるべき」

④ 適切な　⑤ 必要な　（東海大）

140 これを参考としつつも、「交際」や「人」などという日本語で追求してきたのだが、しょせん、それは無理であった。〈柳父章『翻訳語成立事情』〉

① 予想どおり　② 残念ながら　③ 思いのほか
④ 結局のところ　⑤ 努力のかいなく　（武庫川女子大）

141 親切ごかしのことばの裏を見破れない愚かしさが、『注文の多い料理店』の面白さになっていることは言うまでもありません。〈滝浦真人『お喋りなことば』〉

① 親切にするように見せかけながら、自分の利益をはかること。
② 相手に遠慮するあまり、十分に親切にすることができないこと。
③ 親切にしようとする態度が、結果として誤解を招くことになること。
④ あまりに親切すぎて、かえって失礼な振る舞いになること。
⑤ 親切にしようと思っても、実際に行動に表すことができないこと。　（早稲田大）

142 そんな想像にふけりながら、僕はいつまでも一人でその像をためつすがめつして見ていた。〈堀辰雄『大和路・信濃路』〉

① よさを確かめるために念入りに見ていた
② 美しさに感動しながらじっと見つめていた
③ さまざまな想像をしながら見つめていた
④ 本物かどうかを鑑定するために見ていた　（日本大）

の形で、「そうするのが当然だ」の意でも用いられる。

140 ④

しょせん（所詮）
「結局は。つまるところ。要するに」の意。

141 ①

～ごかし
ごかしは「～を口実として相手をだまし、自分の利益をはかる」意を表す接尾語。ほかに**おためごかし**（表面は相手のためになるように見せかけて、実は自分の利益をはかること）などがある。

142 ①

ためつすがめつ（矯めつ眇めつ）
「あちこちの向きから、よく眺めるようす。いろいろな方面から念入りに眺めるさま」。例 骨董（こっとう）を**ためつすがめつ**眺める

問 次の傍線部の意味として最も適当なものを選び、番号で答えよ。

□ **143** その類のないお腕前といい高邁なる御志操といい、禄高に拘らずぜひ御随身が願いたい、〈山本周五郎『雨あがる』〉

① 平均的な　② 十分な　③ 並外れた
④ 個性的な　⑤ 意外な　（センター試験）

□ **144** だがそれだけでなく、その存在は、人とは違った存在のたおやかさと心地よさを想像させるのである。〈浅見克彦「愛玩と所有」〉

① 粗野でたけだけしいさま　② 健康的で自信にあふれたさま
③ のろのろしていて愚鈍なさま　④ しなやかで優美なさま
⑤ のんびりしていてうろんなさま　（関西学院大）

□ **145** 空想はたわいもないものであるが、その論理に誤りがあるとは思われない。〈大岡昇平「出征」〉

① あどけない　② とりとめのない　③ 配慮の足りない
④ どこにでもある　⑤ 不自然な　（立教大）

□ **146** ちなみにもし日本が桃山時代に海洋へ進出していたら、その後の世界史は一変していたかもしれない。〈山崎正和「日本人と海」〉

① 実際のところ　② ついでに言うと　③ あり得ないが
④ 言うまでもなく　⑤ それ以上に　（佛教大）

□ **147** このことをつとに指摘したのは和辻哲郎で、名著『風土』の中で次のように述べている。〈芦原義信『街並みの美学』〉

① 明確に　② 鋭く　③ 簡単に

解答とポイント

143 ③ **類（類い・比い）［の］ない**
「並ぶものがない。比べるものがないほど優れている」意。**類**は「同じ程度のものの集まり、仲間」の意。

144 ④ **たおやか（嫋やか）**
「姿・動作などがしなやかで優しいさま。しとやかで優美なさま」。

145 ② **たわい［も］ない**
「とりとめもない。思慮がない。正体ない。張り合いがない。手ごたえがない」などの意味がある。「**たあいない**（他愛ない）」ともいう。

146 ② **ちなみに（因みに）**
「ついでに言うと」。前の事柄に関連して、説明や補足をつけ加えることを示す。

147 ⑤ **つとに（夙に）**
「早くから。ずっと以前から」の意。「朝早く。早朝に」の意は主に古語で用いら

④幾度も　⑤早くから

（東洋大）

148
かなり有名な噺だが、どこから出てきたものかは、つまびらかでない。

〈計見一雄『脳と人間』〉

①調べてみないとわからない　②くわしくはわからない
③今となってはわからない　④誰にもわからない

（早稲田大）

149
それ等のものが直ちに勤め人気質や学問や体験の衒いと結びついているのを知った。

〈伊藤整『若い詩人の肖像』〉

①強気をよそおうこと　②自信過剰なこと
③ひとりよがりなこと　④ひけらかすこと

（日本大）

150
実際、近年とみに日本企業の開発能力が落ちていると内外から指摘されているのはご存じの通りです。〈齋藤孝『潜在能力を引き出す「一瞬」をつかむ力』〉

①微妙に　②やたらに　③次第に
④にわかに　⑤極度に

（桃山学院大）

151
子供を嚇す想像上の外敵は、とりもなおさず、子供を誘惑する想像上の導者である。

〈堀切直人『迷子論』〉

①たまさか　②すなわち　③往々にして
④なんとなれば　⑤あにはからんや

（國學院大）

152
複数の相対的な価値の存在を暗に示唆することによって、彼らの世界の絶対性をないがしろにしている。

〈竹川大介『サザエを見る目』〉

①異化する　②軽視する　③再評価する
④重視する　⑤認識する

（学習院大）

れる。

148 ②
つまびらか（詳らか・審らか）
「くわしいこと」。「つまびらかでない」で、「くわしいことはわからない。はっきりしない」という意で用いられる。

149 ④
衒（てら）い
「自分の学識や才能を誇って、ことさらにひけらかすこと。学識や才能があるかのように見せかけること」。

150 ④
とみに（頓に）
「急に。にわかに」の意。

151 ②
とりもなおさず（取りも直さず）
「そのままに。すなわち。ただちに」の意。①**たまさか**は「思いがけないさま。たまたま。偶然」の意。⑤**あにはからんや**は「意外にも。思いがけず」の意。

152 ②
ないがしろ（蔑ろ）
「人や物事を、あってもないかのように軽んずること」。ほとんどの場合「ないがしろに」の形で用いられ、「する」系統の動詞を修飾する。

問 次の傍線部の意味として最も適当なものを選び、番号で答えよ。

□ 153 怖れるにあたらぬというのは、実は理屈の上でのことであって、やはり、それはどんなかたちかで、われわれの存在を脅かし、これをなおざりにするものは、いつかきっと手痛い目にあうという事実を否定するわけにいかぬ。 〈岸田国士「恐怖なき生活」〉

① 萎縮させること ② あざ笑うこと
③ 批難すること ④ 疎か（おろそ）にすること （成城大）

□ 154 なかんずく、今という時代の骨格をなしている新しい情報技術は、なくてはならない場所、という考え方、感じ方をなくして、場所からの自由を、際立った特徴にしています。 〈長田弘『なつかしい時間』〉

① つまりは ② すなわち ③ 一方では
④ おまけに ⑤ とりわけ （日本女子大）

□ 155 非生産的、非実用的な行動の様式が、にわかに文明の境を超え始めたのである。 〈山崎正和『世界文明史の試み』〉

① 段階的に ② 急に ③ 着実に
④ ゆっくりと ⑤ 勢いよく （立教大）

□ 156 奥で、なにかのっぴきならないことがおこったのかもしれない、と弟は想像した。 〈野呂邦暢『白桃』〉

① 予想もつかない ② どうにもならない ③ 決着のつかない
④ 言い逃れのできない ⑤ 口出しのできない （センター試験）

□ 157 そういった自然な発言をつうじて自分が何者だったかが、はしなくも

解答とポイント

153 ④
なおざり（等閑）
「物事を軽く見て、いいかげんにしておくこと。おろそか。ゆるがせ」の意。

154 ⑤
なかんずく（就中）
「（その中で）とりわけ。特に」の意。「中に就（つ）く」の音便形。

155 ②
にわか（俄）
「物事が急に起こるさま。突然」の意。また「にわかに決めがたい」のように否定的表現を伴って、「すぐさま。即座」の意。

156 ②
のっぴきならない
「どうにもならない。動きがとれない」ようす。

157 ①
はしなくも（端無くも）

明らかにされます。それは、それらの特性が当の私自身にもほとんど気づかれていなかったことを意味します。

〈納富信留『対話の技法』〉

①おもいがけなく　②おりあしく　③ていよく
④あいにく　⑤くまなく
（専修大）

□158
そして照明がもどると、また子供たちに説明をはじめる。なにやら鼻白んだ気持ちで、私はその場を離れることにした。

〈須賀敦子『ふるえる手』〉

①迷惑に思った　②失望した　③興ざめした
④落胆した　⑤きまり悪くなった
（立命館大）

□159
技術的要求が高度かつ繊細であればあるほど、得られる快感もまたひとしおというところであろう。

〈五明紀春の文〉

①進みかたの早いさま　②盛んな状態が続くさま
③いっそう程度が増すさま　④数量がわずかであるさま
⑤ゆるみやたるみがないさま
（國學院大）

□160
良枝はとうとう列車の中でまんじりともしなかった。

〈佐多稲子「かげ」〉

①みじろぎもしなかった　②一睡もしなかった
③まばたきもしなかった　④何も見なかった
（京都産業大）

□161
理性は高次の認識能力を指すが、感覚はもとより、知性ともはっきり区別される。

〈猪木武徳『自由と秩序』〉

①以前から　②根本から　③関係なく
④もちろん　⑤さておき
（立教大）

「思いがけなく。はからずも。意外にも」の意。

158 ③

鼻白（はなじろ）む

「気後れした顔つきをする。また、興ざめた顔をする」こと。

159 ③

ひとしお（一入）

「ひときわ。一層」の意。例 寂しさがひとしお身にしみる／喜びもひとしおだ

160 ②

まんじりともしない

まんじりは「ちょっと眠るさま」を表す副詞。普通、「まんじりともしない」のように打消語を伴って、少しも眠らないことを強調する。

161 ④

もとより（元より・固より・素より）

「いうまでもなく。もちろん」の意。ほかに「古くから。初めから」の意もあるので、文脈から判断する。

問 次の傍線部の意味として最も適当なものを選び、番号で答えよ。

162 プライバシーの侵害や人間性の尊厳にもとるような、いわゆる低俗番組を生む。〈原寿雄『ジャーナリズムの思想』〉

① 重んじる　② 排除する　③ 反する
④ 無視する　⑤ 復帰する　（山梨学院大）

163 一箇所もゆるがせにしないで、正確に、これしかないという表現へともたらすこと、これが画家の力量である。〈鷲田清一『哲学の使い方』〉

① 寛大に処理しない　② 何事にも動じない　③ 不安定にしない
④ 一時的でない　⑤ いい加減にしない　（二松学舎大）

164 やおら立ち上がる。

① 突然　② 急いで　③ ゆっくり　④ つらそうに　（日本大）

165 よしんば、タンポポという名前は知らなくても、それを、「花」の一種としてみてしまうのである。〈加藤秀俊『情報行動』〉

① かりに　② とりわけて　③ うまくいけば
④ よくもわるくも　⑤ それだけでなく　（國學院大）

166 しかしそれは彼の記憶の中にわけのわからないものとして変にわだかまっていたのであった。〈梶井基次郎「大蒜」〉

① つかえていた　② 焼き付いていた　③ 場所を占めていた
④ 詰め込まれていた　⑤ 捕らえられていた　（広島国際大）

解答とポイント

162 ③
もとる（悖る）
「（道理などに）そむく。反する」こと。

163 ⑤
ゆるがせ（忽せ）
「物事をいいかげんにするさま。おろそかにするさま。なおざりにするさま」。

164 ③
やおら
「落ち着いてゆっくりと動作を始めるようす。おもむろに。静かに」。「突然。不意に」の意味で使うのは誤用。

165 ①
よしんば
「たとえ。かりに」。よし(縦)を強めた語。

166 ①
わだかまる（蟠る）
「不快な感情が心の中にたまってさっぱりとしない。心が晴れないさま」。

第4章

口語文法に関する問題

＊私立大学の入試では、現代文の問題の中で口語文法の知識が問われることがあります。

＊出題の頻度としては熟語（第２章）や慣用表現（第３章）よりも低くなりますが、正確な知識を持っていないと解答が難しい分野です。

＊演習問題に取り組みながら、助詞・助動詞の識別など入試頻出のポイントを確認していきましょう。

1 表現に関するもの

問 次のそれぞれに答えよ。

□ 1 仮名書きした場合、「う」ではなく「お」を使う語はどれか。

①放る ②擁す ③申す ④凍る （拓殖大）

□ 2 次の中から現代かなづかいに照らして正しくないものを二つ選べ。

①ひざまずく ②ちぢむ ③もとずく ④うなづく
⑤じめん ⑥かたづける （九州共立大）

□ 3 文は構造上三種類に分けられる。次の文はそれぞれどれにあたるか。

a 花の咲く日は近い。 b 白い犬が黒い猫を追いかける。
c 花は咲き、鳥は歌う。
d 私が生まれたのは、昭和四十九年の秋です。
e 波もおさまり、陸もだんだん近くなった。
f 山の雪は、実にきれいだ。 g 私がなくした本がでてきた。
h 雨があがったあとの新緑はまぶしかった。

①単文 ②複文 ③重文 （徳山大）

□ 4 傍線部の表現技法を何というか。

西洋にひょっこりと日本人が出て来て、いわゆる椋鳥（むくどり）のような風をしている。 〈森鷗外『混沌』〉

①隠喩 ②擬人法 ③擬態語 ④誇張法 ⑤直喩 （早稲田大）

解答とポイント

1 ④
オ列の長音は①「ほうる」、②「ようす」、③「もうす」のように「う」と表記するのが原則。ただし「大路・多い・大きい・通る・遠い・凍る」などは「こおる」のように「お」と表記する。

2 ③・④
③は「基づく」で「もとづく」と表記、④は「頷く」で「うなずく」と表記する。

3
a＝② b＝① c＝③ d＝②
e＝③ f＝① g＝② h＝②
主語・述語の関係が一回だけの文を**単文**という。主語・述語の関係が複数あるもののうち、一方が他の成分の一部となっている（従属節）ものを**複文**という。また、それぞれが対等の関係で並んでいる（並立節）ものを**重文**という。

4 ⑤
直喩（ちょくゆ）は「たとえば」「ような」「ごとく」などの語を添えて、はっきりと比喩であることを示した修辞法。「雪のような肌」「馬のような顔」など。

□ **5** **「隠喩」を含む例文として最適なものを選べ。**

① トンネルを抜けるとそこは雪国だった。
② 出た出た月が、まあるい、まあるい、まん丸い、盆のような月が
③ 吾輩は猫である。名前はまだない。
④ 彼はひといきでジョッキを飲み干した。
⑤ 彼は我が社の最後の切り札だ。

（青山学院大）

□ **6** **傍線部の表現の特徴として最も適当なものを一つ選べ。**

ではなぜ、神社仏閣に小さいオオバコが暮らしているのか。

① 直喩　② 擬人法　③ 擬態語　④ パロディ

（愛知工業大）

□ **7** **次の短歌に用いられている表現技巧を漢字で答えよ。**

はるばると薬を持ちて来しわれを目守(まも)りたまへりわれは子なれば

（中部大）

□ **8** **次の空欄に入る漢字二字の熟語をそれぞれ答えよ。**

音声や音響を言語音で象徴的にあらわす［a］語や、動作・状態・心情などを同じく言語音で象徴的にあらわす［b］語を総称して《オノマトペ》と呼ぶ。

〈中村明『日本の一文 30選』〉（中部大）

□ **9** **次の各文は①～⑦のどの例にあたるか。**

a 犬がわんわん吠える　b 出る杭は打たれる
c 風が叫ぶ　d 川床の石がぬるぬる滑る　e 弓のような腰

① 擬態語　② 擬声語　③ 擬人法　④ 擬物法
⑤ 直喩法　⑥ 諷喩法　⑦ 隠喩法

（徳山大）

---

5 ⑤

隠喩は「ようだ」「ごとし」などの語を用いず、直接その言葉を言ってたとえる修辞法。「玉の肌」「りんごのほお」のようなもの。「**暗喩**」、「**メタファー**」ともいう。②は「盆のような月」が直喩。①、③、④は比喩を含まない。

6 ②

擬人法は動植物や事物などを人間になぞらえて表現する技法。

7 倒置法

倒置法は主語・述語・修飾語などの語順を逆にすることで強調する技法。

8 a＝擬声（擬音）　b＝擬態

擬声語（**擬音語**）は「物の音や声などをまねて表す語」。「ざあざあ」「ばたばた」など。**擬態語**は「物事の状態・身振りなどをそれらしく表した語」。「そわそわ」「ぐずぐず」など。

9 a＝②　b＝⑥　c＝③　d＝①　e＝⑤

諷喩は**寓喩**とも呼ばれ、「遠回しにさとすこと。たとえでそれを推察させること」。ことわざ・故事・格言などに見られる技法。

問 次の各文の傍線部の敬語はどう改めたらよいか。各文について、一般的に見て最も適切と思われる表現を選び、番号で答えよ。

□ 10

a 「当方の施設をぜひ一度、拝見下さい」
① 拝見して下さい ② ご拝見下さい
③ 見学下さい ④ 御覧下さい

b 「先生、傘を持ってないんですね」
① お持ちしない ② お持ちしていない
③ お持ちでない ④ 持たれない

c （先生に対して）「じゃ、傘を貸してさしあげましょうか」
① 貸してやりましょう ② 貸してあげましょう
③ 貸しましょう ④ お貸ししましょう

d （進行役）「ただ今より、校長がご来賓の皆様にご挨拶いたします」
① 申しあげます ② いたさせます
③ していただきます ④ なさいます

（北星学園大）

問 次のそれぞれに答えよ。

□ 11 次の語の謙譲語を答えよ。
a 来る b 食べる

（青山学院大）

□ 12 次の文の傍線部を適切な尊敬語・謙譲語に改め、全文を記せ。
来週あらためてそちらに行ってお詫びを言いたいので、ご都合のよい日時を言ってください。

（法政大）

解答とポイント

10 a=④ b=③ c=④ d=①

aの拝見するは「見る」の謙譲語。尊敬語は「御覧になる」。

bの持つの尊敬表現は「お持ちになる」。尊敬動詞のないものは「お…になる・…なさる」で尊敬表現にする。

cは主体が「私」、受け手が「先生」なので、謙譲表現を用いる。「貸す」のように謙譲動詞のないものは「お…する」で謙譲表現にする。

dは、「来賓」に対して「校長」は身内になるので、謙譲表現を用いる。「いたす」は「する」の謙譲語だが、ここでは「ご挨拶申しあげます」が妥当。なお「する」の尊敬語は「なさる」。

11 a=参る（うかがう） b=いただく

「行く・来る」の尊敬語は「いらっしゃる」。

12 来週あらためてそちらにうかがって（おうかがいして）お詫びを申し上げたいので、ご都合のよい日時をおっしゃってください。

「行く」の謙譲語は「うかがう（参る）」、「言う」の謙譲語は「申し上げる」、尊敬語は「おっしゃる」。

13 □ 「拙者」の「拙」と同じ働きをする漢字を含む語を選べ。

①粗品　②玉稿　③銘菓　④御礼

〈明治大〉

14 □ 傍線部の敬語が正しく使われていないものを一つ選べ。

①食事をいただいてください。　②手紙を拝見しました。
③浴衣をお召しください。　④私がお持ちします。
⑤そこでお待ちになってください。

〈文京学院大〉

15 □ 次の中で、正しい敬語の表現はどれか。一つ選べ。

①その件につきましては、案内係に伺って下さい。
②先ほど、山田先生が参られました。
③その方のお名前は存じ上げません。
④先生は僕が留学中に撮った写真を拝見された。

〈京都橘大〉

16 □ 傍線部の性質が他と異なるものを次の中から一つ選べ。

①明日もまた一日中自宅におります
②あいにくとそのような方は存じません
③突然、空から雹が降ってまいりました
④わたしは東京から来た丸山と申します
⑤昨晩、兄が成田に到着いたしました

〈専修大〉

17 □ 「堂々」「わくわく」「ちょいちょい」「もやもや」「せいせい」のように、同一の単語や語根を重ねてできた熟語を何と呼ぶか。

①重語　②複語　③再語　④連語　⑤畳語

〈高崎経済大〉

---

13 ①
「拙（せつ）」「粗」はいずれも自分をへりくだって言う語。「拙宅」「拙著」「粗茶」も同じ。自分を「小生」、自分の息子を「愚息」と言うのも同じ用法である。

14 ①
「食べる」の尊敬語は「召し上がる」。「いただく」は謙譲表現なので誤り。③、⑤は尊敬表現、②、④は謙譲表現。

15 ③
「**存じ上げる**（**存ずる**）」は「知る」の**謙譲語**。①は「お尋ねください」、②は「いらっしゃいました」、④は「御覧になった」が正しい表現。

16 ③
まいるには「電車がまいります」「絶好のチャンスがまいりました」のように話の相手に対しての**丁寧**表現となる用法がある。他はいずれも謙譲表現。

17 ⑤
同一の単語や語根を重ねて一語とした語を**畳語**（じょうご）と呼ぶ。語の意味を強めたり、事物の複数、動作の反復などを示したりする。ほかに「**人々**」「**泣き泣き**」「**あかあか**」などがある。

第4章

2 品詞・識別に関するもの

問 次のそれぞれについて該当するものを選び、番号で答えよ。

□ 18 傍線部の品詞名として最も適当なものをそれぞれ選べ。

ある作品を読んでみて退屈だと感じられたとき、退屈な原因は、作品自体にではなく読者自身にあるかもしれないのです。（a：ある　b：感じ　c：退屈な　d：では）

〈石黒圭『「読む」技術』〉

①名詞　②動詞　③形容詞　④形容動詞
⑤副詞　⑥連体詞　⑦接続詞　⑧助動詞

□ 19 次の各群の口語動詞は共通の文法上の性質を持つものを集めたものである。ただし異質のものがまじっている。それをそれぞれ一つ選べ。

（共立女子大）

a ①着る　②脱ぐ　③砕く　④戦う　⑤集まる
b ①読める　②書ける　③泳げる　④なおせる　⑤当てる
c ①見る　②似る　③居る　④来る　⑤伸びる
d ①知る　②出る　③する　④寝る　⑤得る
e ①読んで　②消して　③散って　④注いで　⑤頼んで

（四天王寺国際仏教大）

□ 20 「入れる（はいれる）」は「入る（はいる）」に対して可能動詞と呼ばれている。これと同様に可能動詞を持つものを選べ。

①見る　②離れる　③書く　④食べる

（拓殖大）

解答とポイント

18 a＝⑥　b＝②　c＝④　d＝③

品詞の分類

○自立語
・活用あり…動詞・形容詞・形容動詞
・活用なし…名詞・副詞・連体詞・接続詞・感動詞

○付属語
・活用あり…助動詞
・活用なし…助詞

19 a＝①　b＝⑤　c＝④　d＝①　e＝②

動詞の活用

aの①は上一段活用。ほかは五段活用の動詞。bは、⑤以外はすべて可能動詞。cの④は変格活用。ほかは上一段活用の動詞。dは、①以外はすべて語幹のない動詞。eは、②以外は音便。①と⑤は撥音便、③は促音便、④はイ音便。

20 ③

可能動詞

「書ける」が可能動詞。ほかは①「見られる」、②「離れられる」、④「食べられる」

□ **21** 次の傍線部「みる」と同じ用法の動詞をあとから一つ選べ。

一、二例をあげてみる。

①うれしいと申しております　②お伝えしておきましょう

③本を机の上におきなさい　④映画をみに行きます

⑤お茶を一杯ください

（愛知学院大）

□ **22** 「を」の意味のつながり方において異質なものはどれか。

①本を読む　②机を運ぶ

③友達を推薦する　④道を歩く

（京都教育大）

□ **23** 次のうちから「形容詞」を一つ選べ。

①しばらく　②いきおい　③うるおい

④ください　⑤おそらく　⑥いさぎよい

（中部大）

□ **24** 傍線部の品詞が他と異なるものを次の中から一つ選べ。

①彼から聞いたゆかいな話　②何度聞いてもおかしな話

③高台の上の小さな家　④林の中のいろんな木

⑤海で釣った大きな魚

（専修大）

□ **25** 次の言葉は①〜⑥のどれにあたるか。

a　けれども　b　それとも　c　だから　d　それから

e　および

①順接　②逆接　③並列　④累加　⑤選択　⑥比較

（徳山大）

のように助動詞を用いる。

21 ②

補助動詞

本来の独立性を失い、他の語について補助的な役割をするものを補助動詞と呼ぶ。②「伝えておく」のほか、「仕事をしている」なども同じ用法。

22 ④

自動詞と他動詞

「読む」「運ぶ」「推薦する」は目的語を伴う他動詞。「歩く」は自動詞。

23 ⑥

形容詞

①、⑤は副詞、②、③は名詞、④は動詞「くださる」の命令形。形容詞は「かろ・かっ／く・い・い・けれ」と活用する。

24 ①

形容動詞と連体詞

①は形容動詞「ゆかいだ」の連体形。他は連体詞（活用のない自立語で体言を修飾する語）。「〜だ」の形にできない。

25 a＝② b＝⑤ c＝① d＝④ e＝③

接続詞

接続詞は意味のうえから、順接、逆接、並列・累加（並立・添加）、選択、転換、補足などに分類される。

問 次のそれぞれについて該当するものを選び、番号で答えよ。

26 傍線部と同じ品詞を含むものを一つ選べ。

そこでの「私」は「社員としての私」とか「父親としての私」とかではなく、いわば裸の私、一人の自分でなければなりません。

〈納富信留『対話の技法』〉

① いわゆるドローンについて調べた
② 願わくは私も会に参加したい
③ いろんな花が咲いている
④ 誰かいれば手伝ってもらおう
⑤ それでは、さようなら

27 傍線部の動詞「借りる」の活用形が他と異なるものを一つ選べ。

〈専修大〉

① その本は図書館で借りましょう
② 私もその本を借りようと思います
③ その本は誰かに先に借りられてしまいました
④ その本を借りるかどうか迷ったが、結局借りないことにしました
⑤ 私がその本を先に借りさせてもらうことになりました

〈専修大〉

28 次の傍線部の「に」と意味・用法の同じものを一つ選び、番号で答えよ。

彼女は捕まえたかまきりに木綿糸をつけて、まるで犬のように、連れて歩いていたものだ。

〈小池昌代「蟬と日本語」〉

① 朝八時に起きる　② 図書館の方に向かう

解答とポイント

26 ② **副詞**

「いわば」は副詞（単独で修飾語になる単語のうち、主として用言を修飾するもの）。②「願わくは」が副詞。①「いわゆる」、③「いろんな」は連体詞。④「誰か」は代名詞（名詞の代わりに用いられる代用の名詞。人称代名詞、指示代名詞などがある）。⑤「それでは」は別れの挨拶に用いる感動詞。

27 ① **活用形**

「借りる」は上一段活用の動詞で、未然形、連用形が同形なので、下接する語を手がかりに活用形を考える。②「よう」、③「られる」、④「ない」、⑤「させる」はいずれも未然形に接続する助動詞。①「ます」だけが連用形に接続する助動詞。

28 ③ **格助詞「に」の用法**

例文は「動作・作用の対象」を示す。①は動作・作用の行われる「時」、②は「方向」、④は「変化の結果」を示す。

□ 29

③ 壁にペンキを塗る　④ 議会の代表になる　〈日本大〉

傍線部「に」の文法的説明として最も適当なものをそれぞれ選べ。

a 雨が静かに降っている。　b 早く君のようになりたい。

① 形容動詞の一部　② 副詞の一部　③ 連体詞の一部
④ 格助詞　⑤ 接続助詞の一部　⑥ 副助詞
⑦ 助動詞の一部　〈中部大〉

□ 30

傍線部「で」と同じ意味・用法のものを一つ選べ。

空が夕日で赤く染まった。　〈藤田正勝『哲学のヒント』〉

① トビウオの群れが水面で大きく跳ねた。
② 救助隊が救命ボートで急いで向かった。
③ 選手たちが猛練習でくたくたに疲れた。
④ 子どもたちが三人で輪になって遊んだ。
⑤ 保護者たちが笑顔でやさしく出迎えた。　〈群馬県立女子大〉

□ 31

次の傍線部「で」と意味用法が同じものはどれか。

労働が苦痛だという言葉が、字義的に本当になるのは労働が強制の形で行はれる時であらう。　〈柳宗悦『労働と美』〉

① これは私の本で、あれが君の本であろう。
② 冷え冷えしているので、皆にも焚火はよかった。
③ 町では人々が軒先で涼んでいた。
④ 五十四歳で彼は妻を失った。　〈日本大〉

---

29 a＝① b＝⑦

「に」の識別

aは形容動詞「静かだ」の連用形「静かに」の一部。bは助動詞「ようだ」の連用形「ように」の一部。

30 ③

格助詞「で」の用法

例文は「原因・理由」を示す。①は「動作の行われる場所」、②は「手段・方法・材料」、④、⑤は「事情・状態」を表す。

31 ①

「で」の識別

例文は助動詞「だ」の連用形。「吾輩(わがはい)は猫である」「あれが梅でこちらが杏子(あんず)だ」のように用いる。②は接続助詞「ので」の一部。③・④は格助詞で、③は「動作の行われる場所」、④は「時」を示す。

問　次のそれぞれについて該当するものを選び、番号で答えよ。

□ 32 次の傍線部「が」と同じ働きのものを選べ。

いまだにぐずぐずと父が屋敷の一室に閉居しております。〈永井荷風〉

① 何が何でも成功させたい　② はっきり言うのも何ですが
③ 君が好きだ　④ 私が先に行く
⑤ 馬鹿者めが　⑥ 我が罪を知る（福岡大）

□ 33 次の傍線部「の」と同じ意味用法のものを選べ。

科学者とは、本来、みずからの好奇心の赴くままに、俗界を離れて、ひたすら真理を探求することに勤しむものである。〈村上陽一郎の文〉

① ちょうど一九世紀ヨーロッパに「芸術のための芸術」という考え方があったのと同じように、
② 科学者の立場からすれば、自分たちの造り出す知識は、芸術作品とは違って、豊富な社会的効用を備えているのだから、
③ 科学研究は純粋に「知識のための知識」追求の営みなのだから、
④ 社会の側から制約や管理を受けるべきではないし、その必要もない、
⑤ そうした集団の内部のみということになるだろう。（早稲田大）

□ 34 次の傍線部「を」と同じ用法のものを選べ。

加納光於はこの作品群をつくるため、プレファブの木工所をアトリエの横に建て、木材屋さんになったような有様で一夏を働いた。

〈大岡信『狩月記　文学的断章』〉

解答とポイント

32 ④

格助詞「が」の用法

例文は主格を示す。①は着目する性質に注意を喚起する用法。特に数量表現や「みな」「何」などの場合「そのすべて」の意。②は接続助詞。③は動作・作用の対象を示す。⑤は主に文末に間投助詞的に使って、ののしり（時には気やすさからの親しみ）の気持ちを表す。⑥は連体修飾格を示す。

33 ②

格助詞「の」の用法

例文は「好奇心が赴く」の意で、主格を示している。①は体言の代用（「もの」「こと」に言い換えられる）。③・⑤は連体修飾格を示す。④は連体詞「その」の一部。

34 ④

格助詞「を」の用法

例文の「を」は格助詞で、動作の移動する場所、持続する時間を示す。同様の例文に「一日を歩き続ける」「道を急ぐ」などがある。①、②、③も格助詞で、対象を示す。

①二人でいるところを見られてしまった。
②返事を待って半月たった。
③苦難の長い旅をようやく終えた。
④思いがけなく長い休日を過ごす。
〈杏林大〉

□ 35 傍線部の「まで」と意味的に同じ用法のものを次の中から一つ選べ。

ともかく生（「生きる」ではなく「生ずる」の意）が苦のはじまりだとつくづく思い、自分のふた親までの生活全体が、「わたしの大阪」なのだと思うのである。

〈富岡多惠子『難波ともあれ　ことのよし葦』〉

①言うまでもなく賛成である。
②わが国の領土はここまでだ。
③頑固なまでに拒否する。
④子供にまでばかにされる。
⑤出張で札幌まで行く。
〈桃山学院大〉

□ 36 傍線部の「また」と同じ意味で用いられているものを次の中から選べ。

折角家を出て来た以上、わたしは、家へだけはどんなことがあっても帰りません。またみんなと一緒になるなんてまっぴらですよ。

〈井上靖『姨捨』〉

①彼は社長でありまた政治家でもある。
②これはまたどういうことですか。
③あなたとまたお会いいたしましょう。
④電車でも行けるし、またバスでも行けます。
⑤私もまたテニスを習っています。
〈龍谷大〉

---

35 ②

副助詞「まで」の用法

例文の「まで」は副助詞。範囲を示すことによって、その範囲内に限定され、程度がそれ以上に及ばないことを示し、「だけ。ばかり」の意。①は「までもない」の形で「必要がない」意。③は動作・作用の及ぶ程度を示し、「ほど。くらいに」の意。④は強意・添加を示し、「でさえも。さえも」の意。⑤は動作・作用の及ぶ範囲、地点を示す。

36 ③

「また」の識別

例文の「また」は副詞。「再び。もう一度」の意。①・④は「その上に。かつ」という意味の接続詞。②・⑤は副詞で、②は疑問文に用いて事態をいぶかしがる気持ちを強調する用法。⑤は「同じく。やはり」の意。

問　次のそれぞれについて該当するものを選び、番号で答えよ。

□ 37 次の傍線部「そうだ」と同じ意味用法のものを選べ。

やはりいい子であったのだと、うれしかったそうだ。〈外山滋比古の文〉

① そうだ、京都へ行こう。
② 彼は桜のころ京都へ行くそうだ。
③ 今年は京都の桜は例年より早そうだ。
④ 平安神宮もそうだが、京都はしだれ桜が多い。
⑤ 京都へ行こうかと誘われたら、彼も行きそうだ。〈常葉学園大〉

□ 38 次の傍線部「れる・られる」の意味として適当なものをそれぞれ選べ。

a 故郷にいる両親のことが思われる。
b 台風で家の屋根が飛ばされた。
c そんな低い垣根なんか、子供にでも越えられる。
d 部長が乗られる車が到着しました。
e この本はたくさんの人に読まれている。
f その子供はピーマンが食べられる。

① 受身　② 可能　③ 自発　④ 尊敬〈南山大〉

□ 39 次の傍線部「よう」と同じ用法であるものを選べ。

何かに憑かれたように他者との差異、つまり自分たちのアイデンティティを強調し、……自己のアイデンティティを主張することが目的であるような政治関係を、〈最上敏樹『いま平和とは』〉

① 砂漠のような都会で生活をする

解答とポイント

37 ②

「そうだ」の識別

例文の「そうだ」は伝聞の意の助動詞。③・⑤は様態の意の助動詞。様態は「眠そうだ」のように動詞や助動詞の連用形、形容詞・形容動詞の語幹に接続し、伝聞は「眠いそうだ」のように終止形に接続する。①・④は連語で、①は是認・肯定の意を表したり、思い出したり思いついたりした時に感動詞的に使う。④は「そういうこと・わけ」の意。

38 a=③　b=①　c=②　d=④
e=①　f=②

助動詞「れる・られる」の用法

「れる・られる」は助動詞で、受身・尊敬・可能・自発の意味がある。口語では、五段動詞とサ変動詞の未然形に「れる」が、上一段、下一段、カ変動詞の未然形に「られる」がつく。

39 a=①　b=④

助動詞「ようだ」の用法

例文の「よう」は助動詞「ようだ」。a「ように」は連用形で比況、b「ような」は

②あの先生のような人になりたい
③その会社はよく知られているようだ
④さっき説明したような理由がある
⑤忘れないように確認してください

（中央大）

□ 40

傍線部「ない」と品詞が同じものはどれか。

大脳皮質が言語分野だけでできていないことを考えても、すぐにわかる。

〈養老孟司『日本人の身体観の歴史』〉

①それは当然ではないか。
②意味がないと言っているわけではけっしてない。
③証明する必要など毛頭ない。
④自然科学は成立しない。
⑤それ以外にはないからである。

（日本大）

□ 41

次の傍線部「らしい」と同じ用法のものを選べ。

何らかの同一性が我々の認識とは独立に実在する（すなわち自存する）という考えはプラトンの昔から現代に至るまで、多くの人々に取り付く信憑であるのは確かなことらしい。

〈池田清彦『生命の形式』〉

①どうやら彼は学生らしい
②あたらしい生活を始める
③男らしい行動をとれ
④憎らしいことを言う
⑤わざとらしいことをするな

（早稲田大）

連体形で婉曲の意。②は例示、③は不確かな断定（推定）、⑤は意志的な行為として行う意志を表す。

40 ④

「ない」の識別

例文の「ない」は助動詞。「ない」を「ぬ」（または「ず」）に置き換えて自然なのが助動詞と考える。その際、「しない」は活用の関係で「せぬ」になるので注意。④以外は形容詞の「ない」。

41 ①

「らしい」の識別

例文の「らしい」は助動詞。体言および動詞・形容詞の終止形などに接続し、述べる事柄が相当確実な推定によるという気持ちを表す。転じて、断定的な言い方を避け婉曲に表すのにも使う。③は接尾語。「夏らしい暑さ」「仕事らしい仕事」のように体言について形容詞を作る。ほかは形容詞の一部で、②は「あたらしい」、④は「憎らしい」、⑤は「わざとらしい」という一語の形容詞。

問 次のそれぞれについて該当するものを選び、番号で答えよ。

□42 次の傍線部「さえ」と同じ意味・用法のものをあとから選べ。

夏には緑が濃くなり、秋には紅葉さえして、蟻（あり）や蜘蛛（くも）が横切ったりもする。

〈赤瀬川原平『千利休　無言の前衛』〉

① 雨に加えて雪さえ交じり出した　② 勘のさえが働く
③ 寝る所さえあればじゅうぶんだ　④ 月光のさえわたる夜だ。
⑤ 親の忠告さえをも無視する。
（東京工芸大）

□43 次の傍線部「ながら」と同じ意味で使われているものを一つ選べ。

老婆心ながら、このような「秘密」の世界は、もちろん危険性も十分にもつものであり、落とし穴と地下牢に満ちていることを再びつけ加えておきたい。

〈河合隼雄『うさぎ穴の意味するもの』〉

① 昔ながらの故郷のたたずまい　② 山道を登りながら考えた
③ 子供ながら立派なものだ　④ 涙ながらに過去を語った
（同志社女子大）

□44 次の傍線部「ばかり」と同じ用法のものを選べ。

ところどころで休まなければならないが、休むのはそのためばかりではなかった。

〈井上靖『幼き日のこと』〉

① 七歳ばかりの子どもがいる。　② 寝坊したばかり遅刻した。
③ 買ったばかりの車が壊れた。　④ 口先ばかりで実行しない。
（日本大）

解答とポイント

42 ①

「さえ」の識別

例文は副助詞。「まで」の意で、他の事柄が加わる意を表す。③は「…さえ…ば」の形で一つの条件を満たせば物事が成立する意を表す。⑤は「すら」の意で、程度の軽いものをあげてそれ以上のものを推測させる。②は名詞、④は動詞の一部。

43 ③

「ながら」の識別

例文の「ながら」は接続助詞で、逆接の確定条件を示し、「…なのに。にもかかわらず」の意。②は動作の並行を示す。①・④は「そのままに。共に」の意。①・④を接尾語とする説もある。また④「涙ながら（に）」で副詞とする説もある。

44 ④

副助詞「ばかり」の用法

「ばかり」は副助詞。例文は「ほかならぬこれ」と限る意で「だけ」に言い換えられる。①は「おおよその数量や程度」を示す。②は「それがきっかけ・原因となる」意で「に」を伴うことが多い。③は状態や時間の差がほとんど認められないという気持ちを言う場合に用いる。

第5章 空所補充に関する問題

＊私立大学の現代文問題では、問題文中の空所に当てはまる適当な語句を答えさせる設問（空所補充問題）が多く見られます。

＊空所補充の出題パターンはさまざまですが、演習問題ではその中から代表的なものを三つ取り上げました。

＊空所補充問題では、空所の前後にある語句、選択肢の語句の意味の正確な把握が正答の決め手になることがあります。問題文・選択肢に▼の印がある語は第１章～第３章で学習した重要語です。演習問題を解きながら、再確認していきましょう。

ウォームアップ
第5章 空所補充に関する問題

［前後の関係を押さえた空所補充］

1 次の□に入る語句として最も適当なものを選べ。

私たちは、誰もが病気よりも健康を願い、「人生の幸せはまさに健康にある」とまで考えている。□よく考えてみると、心身の状態を健康と病気の二つに分けて、健康はよい状態、病気は悪い状態というように分節化して考えるのは、私たちの社会的な習慣に過ぎない。

〈清水博『場の思想』〉

① また　② しかし
③ たとえば　④ したがって

（大妻女子大）

［同義語・同内容表現に着目した空所補充］

2 次の□に入る語句として最も適当なものを選べ。

ある文学作品の価値は、その作品の売り上げに関係なく、その内在する芸術的価値によって定まるとされる。それは一般に商品としての価値にむしろ□するとさえ思われているのだ。つまり、芸術的に高いものほど、一般大衆には受けないし、したがって、商品としては成功しないだろうという通念が存在している。

〈ヨコタ村上孝之『マンガは欲望する』〉

解答とポイント

1 ②

空所の前後は次のような関係になる。

私たちは、病気よりも健康を願い、人生の幸せは健康にあると考えている

⇔ **逆接の接続詞**

健康と病気に分けて考えるのは私たちの社会的習慣に過ぎない

Check! 接続語補充問題は、接続語の働き（順接・逆接・対比・換言・例示など）を覚え、空所の前後の文脈をしっかり押さえよう。

2 ⑤

空所の前後で同じ内容を繰り返している。

文学作品の価値は商品としての価値に□する

＝ **つまり**（換言）

芸術的に高いものほど商品としては成功しない

作品の価値と商品の価値は「反比例」の関係。

①「従属」は「権威あるものに付き従う」、④「迎合（げいごう）」は「気に入られようと調子を合わせる」の意。

① 従属　② 正比例　③ 反映
④ 迎合　⑤ 反比例
（青山学院大）

【対義語・対比表現に着目した空所補充】

3 次の□に入る語句として最も適当なものを選べ。

けっきょく科学的真理は時代とともに変遷するのだ。何故ならば、科学における真理とは要するにわれわれ人間の経験の蓄積から導きだされた法則にすぎないからである。そこではつねにわれわれの経験が前提とされている。たとえそれが数学のように純粋に□と思われるような真理も、必ず何かしらの経験に依拠せざるを得ない。

〈三好由紀彦『哲学のメガネ』〉

① 段階的　② 情緒的　③ 無機的
④ 演繹的　⑤ 帰納的
（同志社大）

【慣用的な言い回しに関する空所補充】

4 次の□に入る語句として最も適当なものを選べ。

はるか昔にまで思いを□ば、私たちはお墓参りで、すべての生物の祖先に手を合わせなければいけないのである。

〈稲垣栄洋『植物はなぜ動かないのか』〉

① 焦がせ　② 晴らせ　③ 馳せれ
④ 懸けれ　⑤ 遂げれ
（同志社大）

Check! 熟語補充問題は、空所前後が同内容表現か対比的表現であることを利用しよう。接続表現を参考にして同内容の箇所を探し、空所に入る言葉を特定しよう。

3 ④

科学的真理
経験の蓄積から導きだされた法則＝帰納的
（具体例）　（共通する原理）

⇔ 反対の考え方

数学
純粋に□と思われるような真理（共通する原理）

空所には「帰納的」の反対の考え方である「演繹的（えんえき）」（一般的・普遍的な前提から個別の結論を導く方法）が入る。

Check! 「経験⇔真理・法則」のような対比的な言葉に注意して内容を整理するとともに、日頃から重要語の意味・用法を覚えるようにしよう。

4 ③

「思いを馳せる（は）」は、「遠く離れているもののことを思う」意の慣用表現。

Check! 空所補充問題は、接続語や熟語だけでなく、副詞の呼応や慣用表現、外来語、四字熟語など多岐にわたって出題される。重要語を確実に身につけ、使いこなせるようにしておこう。

重要語

第5章

1 接続語に関するもの

問 次の□に入る語句として最も適当なものを選び、番号で答えよ。

□ 1 土器の形はみなちがうのであるから、この曲線は、もちろんいろいろな形をしていた。しかし一つの型に属する土器の曲線には、何となく互いに似たところがあり、何か一定の法則がありそうに見える。この法則を巧（うま）く数学的に表現することができれば、目的は達せられるはずである。

□、いろいろな方法で、この曲線の分析を試みてみた。一番簡単なのは、各点の彎曲率（わんきょく）をはかって、その値が壺の上から下までの間に、どういう変化をしているかを調べてみることである。彎曲率がどこも一定ならば、曲線は円である。

〈中谷宇吉郎『科学の方法』〉

① それで　② はじめに　③ とりもなおさず
④ はたして　⑤ いずれにせよ

（法政大）

□ 2 西洋では、心身二元論的な考え方の伝統がつよいので、意識的な計算にもとづいた訓練法によって身体をトレーニングしていくという考え方がつよいようです。つまり、心から身体へ、あるいは心から形（かたち）へ、という順序で考えていきます。□東洋の修行法の考え方では、逆に、形から心へ入ることを重視します。つまり、身体の訓練を通じて心を訓練していく、ということです。

〈湯浅泰雄『気 修行 身体』〉

① おまけに　② ただし　③ ところが

解答とポイント

1 ①

土器の曲線には、一定の法則がありそうに見える。

↓ それで　順接

いろいろな方法で曲線の分析を試みてみた。

◎順接の接続語…前の条件から当然起こる関係として、後に続ける。

(例)・だから　・したがって
・それで　・すると

2 ③

▼「とりもなおさず」の意味→P137 151

西洋＝心から身体へ、心から形へ

⇔ ところが　逆接

東洋＝形から心へ入ることを重視

◎逆接の接続語…前の条件に合わない反対のことを、後に続ける。

(例)・しかし　・だが　・ところが
・にもかかわらず　・けれども

3 A＝④　B＝②

ひそかに手を打っていた

④つまり　⑤あいにく
（法政大）

□3
エドワード・グレイ卿は、戦争が起こったら、われわれをフランス支援にかりたてようとひそかに手を打っていたし、［A］それを一般国民から感づかれまいとして用意周到に嘘をついてきた。わたくしはそれに何年も前から気がついていた。グレイ卿がいかに彼らを欺いてきたかを国民が知ったら、さぞかし激昂するだろうぐらいに、単純に想像していたのである――［B］怒るどころか国民は、自分たちの肩にも道義的責任の一端を担わせてくれたグレイ卿に感謝の意さえ表わしたのである。

〈赤上裕幸『「もしもあの時」の社会学』〉

①ところで　②ところが　③つまり
④しかも　⑤なぜ　⑥もし
（同志社大）

□4
子どもとは何だろう。そして、子どもが大人になるとは、どういうことだろう。思うに、それはこうだ。子どもは、まだこの世の中のことをよく知らない。それがどんな原理で成り立っているのか、まだよくわかっていない。では、大人はわかっているのだろうか。ある程度はそうだ。大人はわかっている。しかし、全面的にわかっているわけではない。［　］、大人とは、世の中になれてしまって、わかっていないということを忘れてしまっているひとたちのことだ、とも言えるだろう。

〈永井均『〈子ども〉のための哲学』〉

①けれども　②むしろ　③当然
④もとより　⑤おおむね
（神戸学院大）

第5章　1 接続語

＋［しかも］　並立・添加
一般国民から感づかれまいとして用意周到に嘘をついてきた

◎並立・添加の接続語…共通点・類似点のある事柄を整理する。
（例）・そして　・また　・さらに
・しかも　・なお　・そのうえ

国民が知ったら激昂するだろうと想像
⇔［ところが］　逆接
国民は感謝の意さえ表わした

▼「欺いて」の読み→P20 53

4 ②

大人は…全面的にわかっているわけではない
―［むしろ］　対比・選択
大人とは…わかっていないということを忘れてしまっているひとたちのことだ

◎対比・選択の接続語…相違点・対立点のある事柄を整理する。
（例）・あるいは　・もしくは　・または
・それとも　・むしろ　・それより

▼「もとより」の意味→P139 161

重要語

問 次の［　］に入る語句として最も適当なものを選び、番号で答えよ。

□ 5

科学哲学者のカール・ポパーは、特に科学が有するべき要件として「反証可能である」ことを第一とした。反証可能とは、仮説や法則が間違いであることを証明する方策（手だて）がなければならない――「こうやれば仮説や法則が成立していないと証明できる」方法の提案が必要――ということだ。［　］、いかなる手段（実験や観測など）によっても間違っていることを示す方法がない仮説は科学ではない、というのだ

〈池内了『疑似科学入門』〉

① ところが　② つまり　③ むしろ　④ さらには

（学習院女子大）

□ 6

ものづくりがまだ複雑ではなかった頃、すなわち人類がまだ複雑な意匠や紋様を生み出す以前、物はシンプルであったのだろうか。［A］、石器時代の石器はそのほとんどが単純な形をしている。物の見方としてこれを「シンプル」と形容することもできる。［B］、それをつくった石器時代の人々は、これらを決してシンプルとは捉えていなかったはずである。［C］、シンプルという概念は、それに相対する複雑さの存在を前提としているからである。初期の石器は確かに比較的単純な形をしているように思われるが、当人たちは、簡素さやミニマルを志向してその形をつくっていたわけではない。

〈原研哉『日本のデザイン―美意識がつくる未来』〉

① なぜなら　② 仮に　③ しかしながら
④ たとえば　⑤ ましてや

（福岡教育大）

解答とポイント

5 ②

科学が有するべき要件
「反証可能である」ことを第一
「こうやれば仮説や法則が成立していないと証明できる」方法の提案が必要
＝［つまり］換言
いかなる手段によっても間違っていることを示す方法がない仮説は科学ではない

◎換言の接続語…同じ内容を端的に言い換える。
（例）・つまり　・すなわち　・要するに

6 A＝④　B＝③　C＝①

人類が複雑な意匠や紋様を生み出す以前、物はシンプルであったのだろうか
＝［たとえば］説明（例示）
石器時代の石器はそのほとんどが単純な形をしている

◎説明の接続語…前の事柄と関連する情報を追加して説明する。
（例）・たとえば　・具体的には（例示）
・なぜなら（理由）
・もっとも　・ただし（補足）
・もちろん　・たしかに（譲歩）

7

このような支配は、イデオロギーのような抽象的で観念的なものではない。あくまで個別の天皇や皇太子の身体を媒介とする、視覚的で具体的なものである。本書ではそれを、〈視覚的支配〉と呼んで重視することにしたい。明治、大正、昭和を一貫する〈視覚的支配〉の実態を探ることなしに、近代天皇制を考察することはできないといってよい。［　］それは、明治になって突然出てきたものではなく、後述する徳川体制という、東アジアでも特異な体制が二百年以上も続いた「遺産」を半ば継承したものであった。

〈原武史「可視化された帝国」〉

①はたして　②あるいは　③いわば
④なかでも　⑤もっとも

（法政大）

8

敗戦後の日本は、主要都市の多くが焦土となったなかでの復興を、しいられた。そして、二〇世紀の後半には、そこへ鉄筋コンクリートのビルなどを、たてている。

［　］、戦時中の空襲をまぬがれた戦前以来の建築も、いくらかはのこっていた。なかには、建築史上の傑作と言えそうな物件も、なかったわけではない。だが、戦後のスクラップ・アンド・ビルドは、そういう建物をもふくめ、すすんでいった。建築の歴史的価値はかえりみられず、新しい施設へとたてかえられたのである。

〈井上章一『日本の醜さについて』〉

①ところが　②また　③とくに
④もちろん　⑤けっきょく

（清泉女子大）

---

7 ⑤

「シンプル」と形容することもできる。
⇔ しかしながら　逆接
石器時代の人々はシンプルとは捉えていなかったはず
→ なぜなら　説明（理由）
シンプルという概念は複雑さの存在を前提としているからである

明治、大正、昭和を一貫する〈視覚的支配〉の実態を探ることなしに、近代天皇制を考察することはできない
→ もっとも　説明（補足）
明治になって突然出てきたものではなく、徳川体制という「遺産」を継承

▼「イデオロギー」の意味→P106 26
▼「抽象」の対義語→P57 22

8 ④

鉄筋コンクリートのビルをたてている
－ もちろん　説明（譲歩）
戦前以来の建築ものこっていた
⇔ だが　逆接
そういう建物をもふくめすすんだ

いったん譲歩してから否定する形。「もちろん（たしかに）」は「だが（しかし）」とセットで用いられることが多い。

第5章

2 同義語・同内容表現に関するもの

問 次の□に入る語句として最も適当なものを選び、番号で答えよ。

□ 9 場所を表象として捉える時、場所は、景観という名で呼ばれる。表象としての建築と、景観という表象を調和させようという考えは、一言でいえば他人事として建築や景観を評論するだけの、□の議論である。

〈隈研吾『自然な建築』〉

① 当事者　② 科学者　③ 予言者　④ 傍観者

（南山大）

□ 10 水平に見ることへのこだわりは、一つには、斜めに見ると作図上とても複雑になってしまうためであった。しかしそれだけではなく、斜めの角度は無数にあり、視点にいる観者の恣意的なヴィジョンに陥りかねないからでもあった。遠近法は、人間なら誰でもその視点に立てば同様に見えるという□がその前提となっていたのだ。

〈宮崎克己『ジャポニスム　流行としての「日本」』〉

① 観念性　② 具体性　③ 公平性
④ 徹底性　⑤ 普遍性

（中京大）

□ 11 悲しい現実として「虐待の連鎖」が語られる。子どもの時期に親から虐待された人たちは、自分が親になったとき、やはり同じことを自分の子どもに繰り返してしまうという、しばしば誇張して語られる話。必ず繰り返されるわけではない。にもかかわらず、そうした話が伝わりやすいのは、私たちがそうした□を、身をもって感じている

解答とポイント

9 ④

他人事として…評論
＝
□の議論

空欄は「他人事」の言い換えなので、④「傍観者」が正解。

▼「表象」の意味→P47 253

10 ⑤

人間なら誰でも…同様に見える
＝
□

空欄は「人間なら誰でもその視点に立てば同様に見える」の言い換えなので、⑤「普遍性」が正解。

▼「恣意」の意味→P70 83
▼「普遍」の意味→P79 120

11 ④

繰り返してしまう
＝
（必ず）繰り返される（わけではない）
＝
そうした□

からなのだろう。

① 即興性　② 逆説性　③ 円環性
④ 循環性　⑤ 主体性

〈西平直『ライフサイクルの哲学』〉（東京理科大）

□ 12 同郷人、同国人、おなじ言語を話す人、おなじ宗派の人……といったふうに〈同〉が地球市民にまで拡(ひろ)げられ、そしてそういう〈同化〉の延長線上で「　」という考えに到達するというわけだ。反相対主義者が想定する「人間の本性」というものも、さまざまの異なる文化、社会にふれるなかで、人類についての一つの洞察として獲得されるというわけだ。

〈鷲田清一『〈ひと〉の現象学』〉（立教大）

① 相対主義　② 集団性　③ 異人
④ 根源的多様性　⑤ わたしたち　⑥ 人類

□ 13 加えて、中世は江戸時代と比較してもはるかに　の高い時代だった。人と土地との結びつきは弱く、上層の公家や武家を除いて、大半の階層はまだ先祖から子孫へと受け継がれていく「家」を形成できなかった。それは、死者を長期にわたって弔い続ける社会環境がまだ熟していないことを意味した。

〈佐藤弘夫『日本人と神』〉（小樽商科大）

① 具体性　② 多様性　③ 流動性
④ 客観性　⑤ 超越性　⑥ 定住性

空欄は「繰り返し」の言い換えなので、④「循環性」が正解。
▼「逆説」の意味→P67 70

12 ⑥

同郷人、同国人…地球市民…の延長線上
＝
「　」という考え

空欄は「そういう〈同化〉の延長線上」なので、⑥「人類」が正解。

13 ③

中世ははるかに　の高い時代
＝
人と土地との結びつきは弱く
大半の階層…「家」を形成できなかった

空欄の説明は直後にされている。「人と土地との結びつきは弱く」「大半の階層は…「家」を形成できなかった」とあるので、③「流動性」が正解。
▼「具体」の対義語→P57 22

重要語

問 次の[　]に入る語句として最も適当なものを選び、番号で答えよ。

□ 14

市井の人びともこれを歓迎する。善悪二元論的な世界理解は、日頃抱いている不満や怒りを、たとえ争点とは事実上無関係であっても、そこに集約させてぶつけることができるからである。それによって人びとは、自分にも意義ある主体的な世界参加の道が開かれていることを実感する。つまり、ポピュリズムは一般市民に「正統性」の意識を抱かせ、それを堪能する機会を与えているのである。人びとは、[　]であるままに、みずからを安全な立場に置いた上で、この正統性意識を堪能することができる。

〈森本あんり『異端の時代』〉

① 匿名　② 少数　③ 反知性
④ 集団　⑤ 代弁者　⑥ 異端

□ 15

こうなってくると、都市計画や街並みだけの話にはとどまらなくなってくる。慣れ親しんだ街の風景があれよあれよという間に変ってゆき、ほとんど「何でもあり」的にいろいろなことが起こるという状態になってきたとき、そこに暮らしている人々がそれをどのように受けとめ、そういう中で都市に対する人々の表象や記憶がどのように推移してゆくのかということが問題になってくるのである。通常であれば、都市に対する表象や記憶は少しずつ書き換えられてゆくのが普通である。新旧さまざまな建物や事物によって織りなされる都市の景観には、そこに暮らす人々の過去の記憶が[　]に堆積している。時代の変化の中で古いものが消え、新しいものが作られてゆくにつれて、

（立命館大）

解答とポイント

14 ①

ポピュリズム＝「正統性」の意識を抱かせ、それを堪能する機会
人びとは、[　]である
＝
みずからを安全な立場に置いた上で、正統性意識を堪能

空欄の直後に「みずからを安全な立場に置いた上で」と説明されている。①「匿名」（＝自分の名前を隠す）が正解。

▼「市井」の読み→P25 125
▼「ポピュリズム」の意味→P110 43

15 ①

少しずつ書き換えられてゆく
＝
そこに暮らす人々の過去の記憶が[　]に堆積している
＝
少しずつ書き換えられてゆく

空欄の前後に「少しずつ書き換えられてゆく」と説明されている。過去の記憶の堆積なので、①「重層的」が正解。

音声再生アプリ

いいずなボイス

Version-up版
Web版

「いいずなボイス」は音声学習をサポートするためのアプリです。

スマホで簡単アクセス！

▶無料アプリ「いいずなボイス」を使って、2通りの方法で音声の再生ができます。
※通信料は別途かかります。

〈Android版〉

〈iOS版〉

①対応教材の「もくじ」をタップ
書籍の登録をすると本を開かなくても音声が再生できます。

②学習頁のQRコードを読み取る
聞きたい頁の音声をダイレクトに再生できます。

Web版もご用意！

▶インターネットブラウザーで、「いいずなボイス」がご利用いただけます。
https://iizuna-qrdl.com/voice-web/

(初回のみ) 書籍の登録が必要です。テキストの「いいずなボイス」説明頁にある書籍認識コードを読み取ってください。

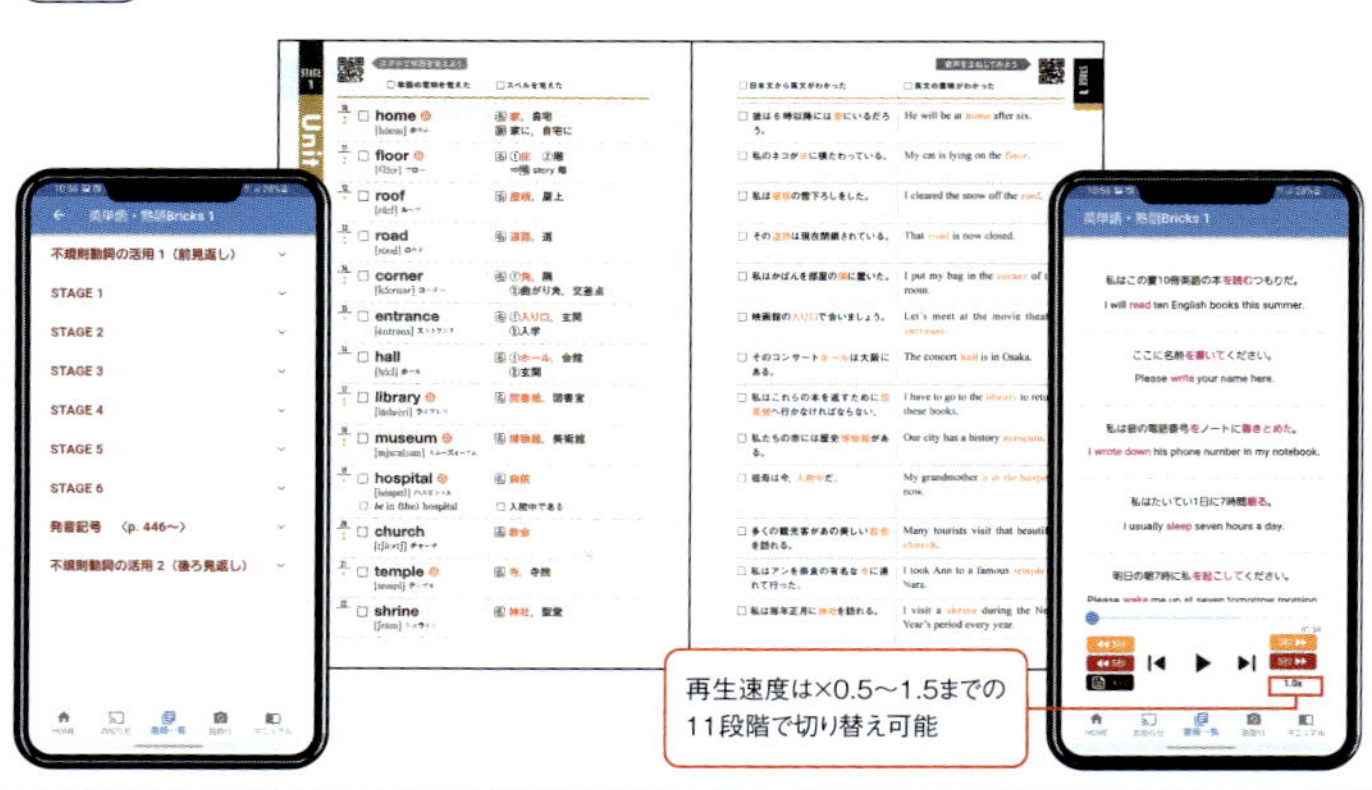
再生速度は×0.5～1.5までの
11段階で切り替え可能

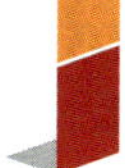

for all learners, with all teachers
すべての学ぶ人のために、すべての先生とともに

●お問い合わせ先
株式会社 いいずな書店
〒110-0016 東京都台東区台東1-32-8 清鷹ビル4F
TEL. 03-5826-4370 FAX. 03-5812-7030
ホームページ https://www.iizuna-shoten.com

2024/08

＊QRコードは株式会社デンソーウェーブの登録商標です。

英単語アプリ

いーおにぎり

英単語

英単語学習はこれ1つ。機能充実で最大1万語をマスター！

「テスト形式」だから確実に定着！

「e-ONIGIRI英単語」はテスト形式の学習が中心。初めて見る単語でも、音声や例文またはヒントをもとに考えることで記憶に残りやすく、ただ画面をじっと眺めて覚えるだけの学習よりもはるかに効果的です。

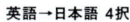

英語→日本語 4択

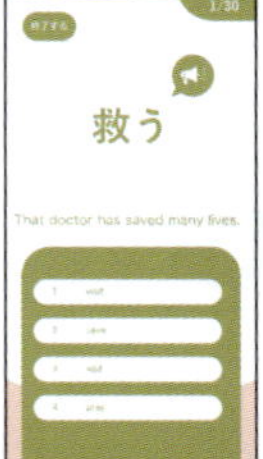

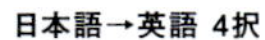
日本語→英語 4択

テンポよく進むテスト形式で、
記憶に残りやすい
（音声も確認できます）

「ヒント」がでるので、
初めてみる単語
でも安心

充実の収録語数と安心の辞書機能！

中学レベルの単語から、大学入試、そして各種検定試験に必要となる高度なレベルの単語まで、約1万語を収録。さらに便利な辞書機能も搭載。

大学入試
標準
レベル

右のQRコードからアプリをインストールして、ぜひお試しください。中学校の全Stage、高校／大学受験対策のそれぞれStage1～10は無料でご利用いただけます。

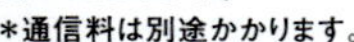
＊通信料は別途かかります。

＊QRコードは株式会社デンソーウェーブの登録商標です。

人々の記憶もまた、自分では気づかないうちに少しずつ書き換えられてゆく。

〈渡辺裕『まちあるき文化考』〉

①重層的　②階層的　③間欠的
④幻想的　⑤総合的

（青山学院大）

□ **16**

一つの例を挙げて説明しよう。ただしこれはウィトゲンシュタインからの借用である。

人は皆自分自身についてこう語る：「私は、私自身の痛みからのみ、痛みの何たるかを知るのである！」――そこで、人は皆或る箱を持っている、としよう。その中には、我々が「かぶと虫」と呼ぶ或るものが入っているのである。しかし誰も他人のその箱の中を覗く事は出来ない。そして、皆、自分自身のかぶと虫を見る事によってのみ、かぶと虫の何たるかを知るのだ、と言うのである。

個人の「痛み」の□と交換不可能性について述べたくだりだが、われわれはこれを、現象学的「間主観性」の概念の一般モデルとみなすことができる。

すなわち、世界の総体を純粋意識に還元すればつぎのようにいえる。各人は自分だけの「世界」（意識世界）を生きており、誰も他人の「世界」を直接に認識することはできない。それは原理的に交換不可能である。

〈竹田青嗣「ヨーロッパ認識論における「パラダイムの変更」」〉

①絶対的な独自性　②超越的な客観性　③基本的な優位性
④感覚的な志向性　⑤先験的な他者性

（早稲田大）

---

16 ①

「私自身の痛みからのみ、痛みの何たるかを知る」
＝
個人の「痛み」の□と交換不可能性
＝
各人は自分だけの「世界」（意識世界）を生きており、誰も他人の「世界」を直接に認識することはできない
＝
原理的に交換不可能

「私自身の痛みからのみ、痛みの何たるかを知る」、「自分だけの「世界」（意識世界）を生きており」と空欄直後の「交換不可能性」から、①「絶対的な独自性」が正解。

▼「概念」の意味→P63 56
▼「還元」の意味→P46 247
▼「絶対的」の対義語→P57 24

第5章　2 同義語・同内容表現

重要語

3 対義語・対比表現に関するもの

問 次の□に入る語句として最も適当なものを選び、番号で答えよ。

□ 17 「今、このグループでうまくいかないと、自分はもう終わりだ」と思ってしまう。現在の人間関係だけを絶対視してしまい、他の人間関係のあり方と比較して□することができないからである。

〈土井隆義『友だち地獄』〉（神戸学院大）

① 正当化　② 相対化　③ 抽象化
④ 多様化　⑤ 一般化

□ 18 誰に強制されたのでも頼まれたのでも、何か別のことのためでもなく、本当に□にすすんで何かをする、という純粋な行為をしたのは、小学校時代のその何年かの始業前の一時間しかなかった気さえする。

〈日野啓三「迷宮庭園」〉（中京大）

① 建設的　② 自発的　③ 衝動的
④ 積極的　⑤ 徹底的

□ 19 アンリとかルイという名前に特別の意味や価値はない。だが団十郎は、それ自体がある種の性格と価値を持った名前であって、ほとんどひとつの人格に近い。だからこそ、襲名ということが行なわれる。団十郎という名前が、ルイやアンリのように単なる□だとすれば、なにもわざわざ襲名する必要はないであろう。

〈高階秀爾『増補　日本美術を見る眼』〉

解答とポイント

17 ②

現在の人間関係だけを絶対視
⇔
□（することができない）

空欄は「絶対視」の対義語が入るので、②「相対化」が正解。

18 ②

誰に強制された　頼まれた（のではなく）
⇔
本当に□にすすんで何かをする

空欄は「強制」「頼まれた」の対義語が入るので、②「自発的」が正解。

19 ①

アンリとかルイ
単なる□＝特別の意味や価値はない
⇔
団十郎
ある種の性格と価値を持った名前

空欄は「性格と価値」のない名前なので、①「符号」が正解。

□20
日本の芸術家はかつて方法に頼らなかった。かれらの考えた美は□的なものではなく一回性なものであり、その結果動かしがたいものである点では西欧の美と変わりがないが、その結果を生み出す努力は、方法的であるよりは行動的である。

〈三島由紀夫「廃墟について」〉
① 個別　② 破滅　③ 具体　④ 普遍　⑤ 節度
（愛知大）

□21
生者と死者は、交流を続けながら同じ空間を共有していた。生と死そのものが、決して本質的に異なる状態とは考えられていなかったのである。こうした前近代の死生観と対比したとき、近代が生と死のあいだに□不可能な一線を引くことによって、生者の世界から死を完全に排除しようとした時代であることが理解できるであろう。

〈佐藤弘夫『日本人と神』〉
① 往還　② 転換　③ 巡回　④ 因循　⑤ 可逆
（早稲田大）

□22
フォードが、規格化された大量生産を通して低価格化された堅牢な「大衆車」の普及によって、自ら市場を飽和させてしまったことに対して、GMは発想を逆転し「自動車は見かけで売れる」という信条の下、「デザインと広告とクレジット」という情報化の諸技法によって車をファッション商品に変え、買替え需要を開発するという仕方によって市場を「□」してしまう。

〈見田宗介『現代社会はどこに向かうか』〉
① 閉域化　② 究極化　③ 無限化　④ 消費化
（早稲田大）

（前ページ）
▼「襲名」の「襲」の意味→P29 157

20 ④
□的（なものではなく）⇔一回性
空欄は「一回性」の対義語が入るので、④「普遍」が正解。

21 ①
前近代＝生者と死者は、交流を続けながら同じ空間を共有
⇔
近代＝生と死のあいだに□不可能な一線、生者の世界から死を排除
空欄＋不可能が「交流」の対義なので、①「往還」（＝行き来する）が正解。
▼「排除」の意味→P36 189

22 ③
フォード　市場を飽和させてしまった
⇔
GM　市場を「□」してしまう
空欄は「飽和させてしまった」の対義なので、③「無限化」が正解。
▼「需要」の対義語→P57 28

第5章　3 対義語・対比表現

重要語

問 次の□に入る語句として最も適当なものを選び、番号で答えよ。

□ 23

「平成」は「昭和」からの歴史の反転である。「昭和」がその前半においては「帝国」の「拡張」を生き、後半においては「経済」の「成長」を生きたというように、いずれも単線的で単中心的な歴史の経験であったのに対し、「平成」はそのような単線性、単中心性が解体していった歴史として経験される。「モダン」に対する「ポストモダン」、「ネーション」に対する「トランスナショナル」、「□」に対する「成熟」の歴史とも言える。

〈吉見俊哉『平成時代』〉

① 呪縛　② 未熟　③ 成長　④ 衰退

（早稲田大）

□ 24

僕は高校時代に『点・線・面』というタイトルに直感的に惹かれて、この本を手にとった。当時、絵画に特別に興味を惹かれていたのだが、絵画に関する A な議論、テキストがあまりに少なく、すべての絵画論が B でウェットであったことに不満を感じ、点・線・面というドライな数学的タイポロジーに吸い寄せられたのである。

〈隈研吾『点・線・面』〉

A ① 文学的　② 科学的　③ 刹那的
④ 社会的　⑤ 倫理的

B ① 立体的　② 実践的　③ 客観的
④ 理論的　⑤ 主観的

（同志社大）

解答とポイント

23 ③

	昭和	平成
モダン（近代）		ポストモダン（脱近代）
ネーション（国家）	帝国の拡張	トランスナショナル（越境）
□	経済の成長	成熟

「成熟」に対比される語で、本文に「『経済』の『成長』」とあるので、③「成長」が正解。

▼「呪縛」の読み・意味→P11 7

24 A＝② B＝⑤

A な議論、テキストが少なく、
↕ドライな数学的タイポロジー
⇔
すべての絵画論が B でウェット

Aは「ウェット」の対義で、「ドライな数学的」に通じる語が入る。②「科学的」が正解。BはAの対極のものなので、⑤「主観的」が正解。

▼「惹かれて」の読み→P22 98
▼「刹那」の意味→P73 96

重要語

第6章 文学史に関する問題

＊単純な作品名・作者名の暗記だけでは文学史問題の対策にはなりません。「系統図」（P.172 ～ 175）を活用し、問われている作品・作者の同時代・同ジャンルにある作品・作者、主要作品・作者の前後の作品・作者も確認しながら演習問題を解いていきましょう。

ウォームアップ

第6章 文学史に関する問題

［作品のジャンル（古典）］

1 『今昔物語集』と同じ文学ジャンルに属する作品を二つ選べ。

①栄花物語　②大鏡　③古今著聞集
④日本霊異記　⑤方丈記　⑥伊勢物語
⑦和漢朗詠集

（学習院大）

［作品と作者（古典）］

2 次の作品名と作者名の組み合わせのうち正しいものはいくつあるか。一つ選べ。

『土佐日記』（紀貫之）　『蜻蛉日記』（藤原兼家母）
『枕草子』（紫式部）　『源氏物語』（清少納言）
『更級日記』（菅原道真女）

①一つ　②二つ　③三つ
④四つ　⑤五つ

（関西学院大）

［作品成立の先後（古典）］

3 『源氏物語』よりも前に成立している作品を一つ選べ。

①狭衣物語　②讃岐典侍日記　③更級日記

解答とポイント

1 ③・④
『今昔物語集』は**説話**、③古今著聞集、④日本霊異記が**説話**。①栄花物語、②大鏡はいずれも**歴史物語**、⑤方丈記は**随筆**、⑥伊勢物語は**歌物語**、⑦和漢朗詠集は漢詩文と和歌を集めた**詩文集**。

Check! 同じジャンル、異なるジャンルを問う設問は頻出。特に、歴史物語、軍記、説話などでよく出題される。

2 ①
『土佐日記』（紀貫之）　『蜻蛉日記』（藤原道綱母）
『枕草子』（清少納言）　『源氏物語』（紫式部）
『更級日記』（菅原孝標女）

Check! 作品と作者は必須。主な作品の作者はぜひ覚えたい。特に、随筆（方丈記）、歌論（無名抄）、説話（発心集）の三ジャンルに著作のある鴨長明は頻出。

3 ⑤　**4** b→a→c→d
作品成立時期の先後もよく出題される。特に『源氏物

④ とりかへばや　⑤ 平中物語　（早稲田大）

4 次の作品を古い方から順に並べ、記号で答えよ。

a 『竹取物語』　b 『古事記』（太安万侶）
c 『源氏物語』（紫式部）　d 『平家物語』　（福岡教育大）

【流派と作家・作品（近代）】

5 日本の自然主義文学の担い手ではない作家を一つ選べ。

① 正宗白鳥　② 島崎藤村
③ 田山花袋　④ 芥川龍之介　（西南学院大）

6 「白樺派」の作家を一つ選べ。

① 永井荷風　② 有島武郎　③ 佐藤春夫
④ 芥川龍之介　⑤ 川端康成　（東海大）

7 夏目漱石の作品を一つ選べ。

① 浮雲　② 芋粥　③ 斜陽
④ 舞姫　⑤ 潮騒　⑥ 三四郎　（福岡教育大）

語』を基準として問われることが多い。

【『源氏物語』以前に成立した主な作品】
- **作り物語** 『竹取物語』『宇津保物語』『落窪物語』
- **歌物語** 『伊勢物語』『大和物語』『平中物語』
- **日記** 『土佐日記』『蜻蛉日記』
- **和歌** 『古今和歌集』『後撰和歌集』

Check! 作品成立時期の先後は、『源氏物語』（11世紀初め）、『宇治拾遺物語』『方丈記』（13世紀初め）、『徒然草』（14世紀）などを基準にして考えよう。

5 ④　**6** ②

【近代文学の主な流派と作家】
- **自然主義**…島崎藤村・田山花袋・正宗白鳥
- **白樺派**…武者小路実篤・有島武郎・志賀直哉
- **耽美派**…永井荷風・谷崎潤一郎・佐藤春夫
- **余裕派**（高踏派）…夏目漱石・森鷗外
- **新現実主義**（新思潮派）…芥川龍之介・菊池寛
- **プロレタリア文学**…徳永直・小林多喜二
- **新感覚派**…横光利一・川端康成

7 ⑥

①**浮雲**（二葉亭四迷）、②**芋粥**（芥川龍之介）、③**斜陽**（太宰治）、④**舞姫**（森鷗外）、⑤**潮騒**（三島由紀夫）、⑥**三四郎**（夏目漱石）。

Check! 近代文学は流派・作家・作品をセットで覚えよう。

古典文学系統図

※□は演習問題で、赤字は『頻出ランキングチェックブック』で取り上げた作品・作者。――は同一作者によるもの。

時代	奈良	平安	平安	平安	鎌倉
世紀	8世紀（801）	9世紀（901）	10世紀（1001）	11世紀（1101）	12世紀（1201）・13世紀

散文

神話・伝説
□古事記　□日本書紀　風土記

作り物語
□竹取物語 ― □宇津保物語　□落窪物語 ― □源氏物語（紫式部）

歌物語
□伊勢物語　□大和物語　□平中物語

□源氏物語（紫式部） ― □浜松中納言物語　□夜の寝覚　□狭衣物語　□堤中納言物語 ― □とりかへばや物語

擬古物語
□松浦宮物語 ― 住吉物語　苔の衣

軍記物語
□保元物語　□平治物語　□平家物語

Check! 平安時代の物語は、『源氏物語』の以前／以後に分けて覚えよう。

歴史物語
□栄花物語 ― □大鏡 ― □今鏡 ― □水鏡 ― □愚管抄

Check! 歴史物語の成立順をおさえよう。

逸話
□日本霊異記 ― □三宝絵詞 ― □今昔物語集 ― □古本説話集　打聞集 ― 宝物集 ― □発心集　□宇治拾遺物語　□撰集抄　□閑居友　□今物語　□十訓抄　□古今著聞集

Check! 説話は、平安／鎌倉の区別が大切。

日記・紀行
□土佐日記（紀貫之） ― □蜻蛉日記 ― □和泉式部日記　紫式部日記 ― □更級日記　成尋阿闍梨母集 ― □讃岐典侍日記 ― 建春門院中納言日記　海道記　□建礼門院右京大夫集　東関紀行　□弁内侍日記

Check! 日記の成立順をおさえよう。

Check! 『源氏物語』と同時期（11世紀初め）に成立した作品はまとめて覚えよう。

随筆
□枕草子 ― □方丈記（鴨長明）

Check! 随筆の成立順をおさえよう。

韻文

和歌集
□万葉集 ― □❶古今和歌集＊ ― □❷後撰和歌集＊ ― □❸拾遺和歌集＊　和泉式部集 ― □❹後拾遺和歌集＊ ― □❺金葉和歌集＊　□❻詞花和歌集＊ ― □❼千載和歌集＊　□山家集（西行） ― □❽新古今和歌集＊　□金槐和歌集

❶～❽…八代集（うち、❶～❸が三代集）

Check! 和歌集の成立順をおさえよう。

歌論
□古今和歌集仮名序 ― 和歌体十種 ― 俊頼髄脳（源俊頼）　袋草紙 ― □古来風体抄（藤原俊成） ― □無名草子　□近代秀歌　□無名抄　□毎月抄　□明月記（藤原定家）

漢詩集
□懐風藻 ― 凌雲集　文華秀麗集　経国集　性霊集 ― 菅家文草　菅家後集

歌謡
□和漢朗詠集 ― □梁塵秘抄

時代の作品をおさえることが大切。

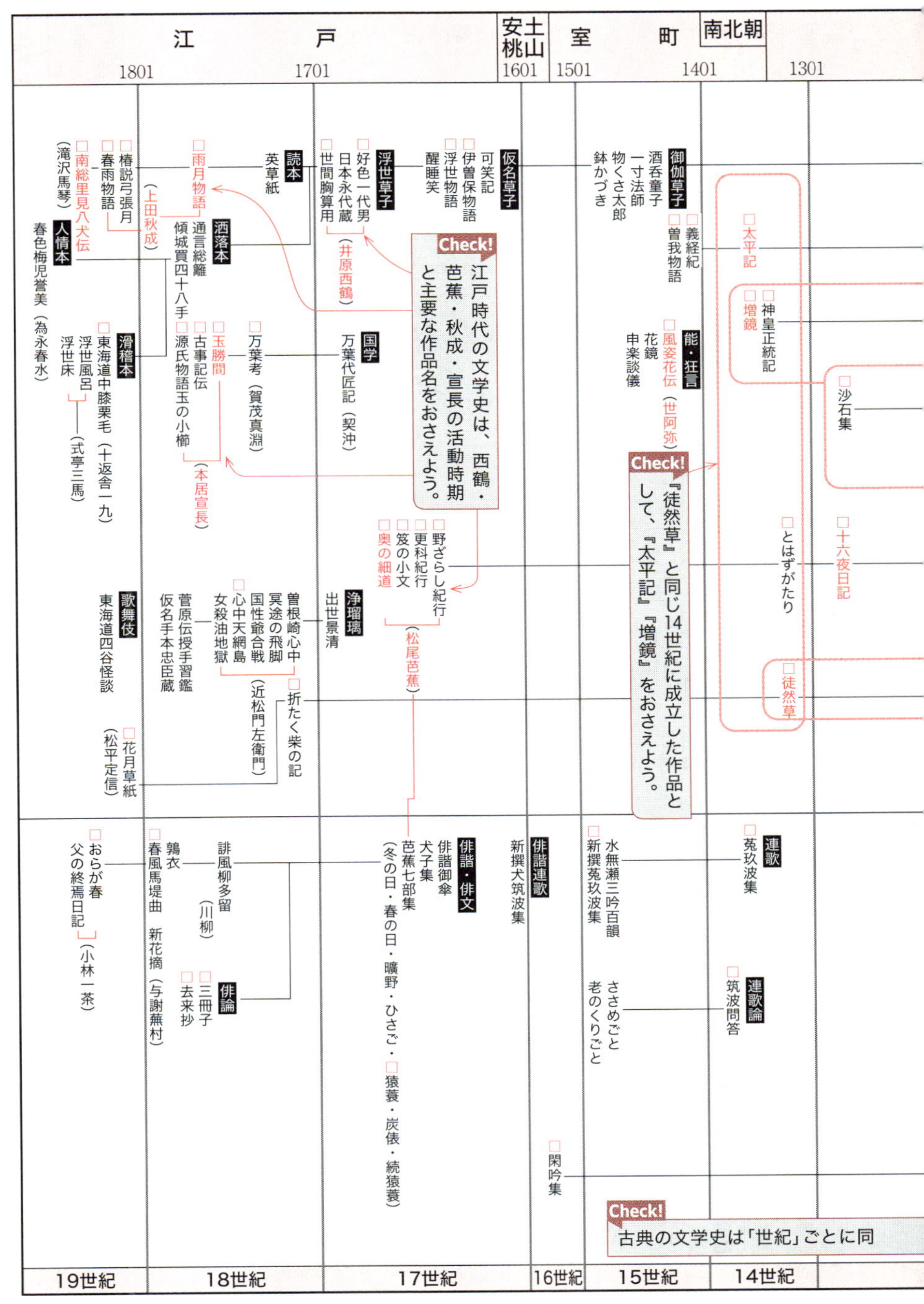

南北朝
1301
1401
室町
1501
安土桃山
1601
江戸
1701
1801
御伽草子
酒呑童子
一寸法師
物くさ太郎
鉢かづき
義経記
曽我物語
太平記
神皇正統記
増鏡
沙石集
能・狂言
風姿花伝（世阿弥）
花鏡
申楽談儀
Check!
『徒然草』と同じ14世紀に成立した作品として、『太平記』『増鏡』をおさえよう。
十六夜日記
とはずがたり
徒然草
仮名草子
可笑記
伊曽保物語
浮世物語
醒睡笑
浮世草子
好色一代男
日本永代蔵
世間胸算用
（井原西鶴）
Check!
江戸時代の文学史は、西鶴・芭蕉・秋成・宣長の活動時期と主要な作品名をおさえよう。
読本
英草紙
雨月物語
（上田秋成）
椿説弓張月
春雨物語
南総里見八犬伝
（滝沢馬琴）
洒落本
通言総籬
傾城買四十八手
人情本
春色梅児誉美（為永春水）
国学
万葉代匠記（契沖）
万葉考（賀茂真淵）
玉勝間
古事記伝
源氏物語玉の小櫛
（本居宣長）
滑稽本
東海道中膝栗毛（十返舎一九）
浮世風呂
浮世床
（式亭三馬）
野ざらし紀行
更科紀行
笈の小文
奥の細道
（松尾芭蕉）
浄瑠璃
出世景清
曽根崎心中
冥途の飛脚
国性爺合戦
心中天網島
女殺油地獄
（近松門左衛門）
菅原伝授手習鑑
仮名手本忠臣蔵
歌舞伎
東海道四谷怪談
折たく柴の記
花月草紙
（松平定信）
連歌
菟玖波集
連歌論
筑波問答
水無瀬三吟百韻
新撰菟玖波集
ささめごと
老のくりごと
俳諧連歌
新撰犬筑波集
閑吟集
俳諧・俳文
俳諧御傘
犬子集
芭蕉七部集
（冬の日・春の日・曠野・ひさご・猿蓑・炭俵・続猿蓑）
誹風柳多留
（川柳）
俳論
三冊子
去来抄
鶉衣
春風馬堤曲
新花摘
（与謝蕪村）
おらが春
父の終焉日記
（小林一茶）
Check!
古典の文学史は「世紀」ごとに同
14世紀
15世紀
16世紀
17世紀
18世紀
19世紀

近現代文学系統図

※□は演習問題で、赤字は『頻出ランキングチェックブック』で取り上げた作家。

明治時代					大正時代
10	20	30	40		10

小説・評論

- 戯作：□仮名垣魯文
- 政治小説：矢野龍渓／□東海散士
- 翻訳小説：丹羽純一郎
- 啓蒙思潮：中村正直／□福沢諭吉 ― 中江兆民
- 写実主義：□坪内逍遥／□二葉亭四迷 ― □樋口一葉
- 写実主義 → 擬古典主義：□尾崎紅葉／□幸田露伴
- 浪漫主義：□森鷗外 ― □北村透谷 ― □泉鏡花／国木田独歩
- 自然主義：□田山花袋／□島崎藤村／□正宗白鳥／徳田秋声
- 耽美主義：□永井荷風／□谷崎潤一郎 ― 佐藤春夫
- 余裕派（高踏派）：□夏目漱石／□森鷗外
- 白樺派：□武者小路実篤／□志賀直哉／□有島武郎
- 新早稲田派：□葛西善蔵／広津和郎／宇野浩二
- 新思潮派：□芥川龍之介／□菊池寛／山本有三

Check! 近代の文学史は、□の範囲からの出題が中心となる。

詩

- 翻訳詩集：『新体詩抄』（外山正一・谷田部良吉・井上哲次郎）
- 浪漫主義：□森鷗外 ― □北村透谷 ― □島崎藤村／土井晩翠
- 象徴詩：上田敏／□薄田泣菫／□蒲原有明 ― □北原白秋／三木露風
- 理想主義：□高村光太郎／千家元麿 ― □萩原朔太郎／□室生犀星／（□宮沢賢治）

短歌

- 根岸短歌会：□正岡子規
- アララギ派：□伊藤左千夫／長塚節 ― 木下利玄 ― □斎藤茂吉／土屋文明／中村憲吉／島木赤彦／釈迢空
- 心の花：佐佐木信綱
- 明星派：与謝野鉄幹／□与謝野晶子 ― 窪田空穂
- 耽美主義：□北原白秋／吉井勇
- 自然主義：若山牧水／前田夕暮
- 生活派：□石川啄木／土岐哀果

俳句

- 近代俳句成立：□正岡子規
- 伝統俳句：□高浜虚子 ― 飯田蛇笏／村上鬼城／原石鼎
- 新傾向俳句：□河東碧梧桐
- 自由律俳句：荻原井泉水／中塚一碧楼 ― 尾崎放哉／種田山頭火

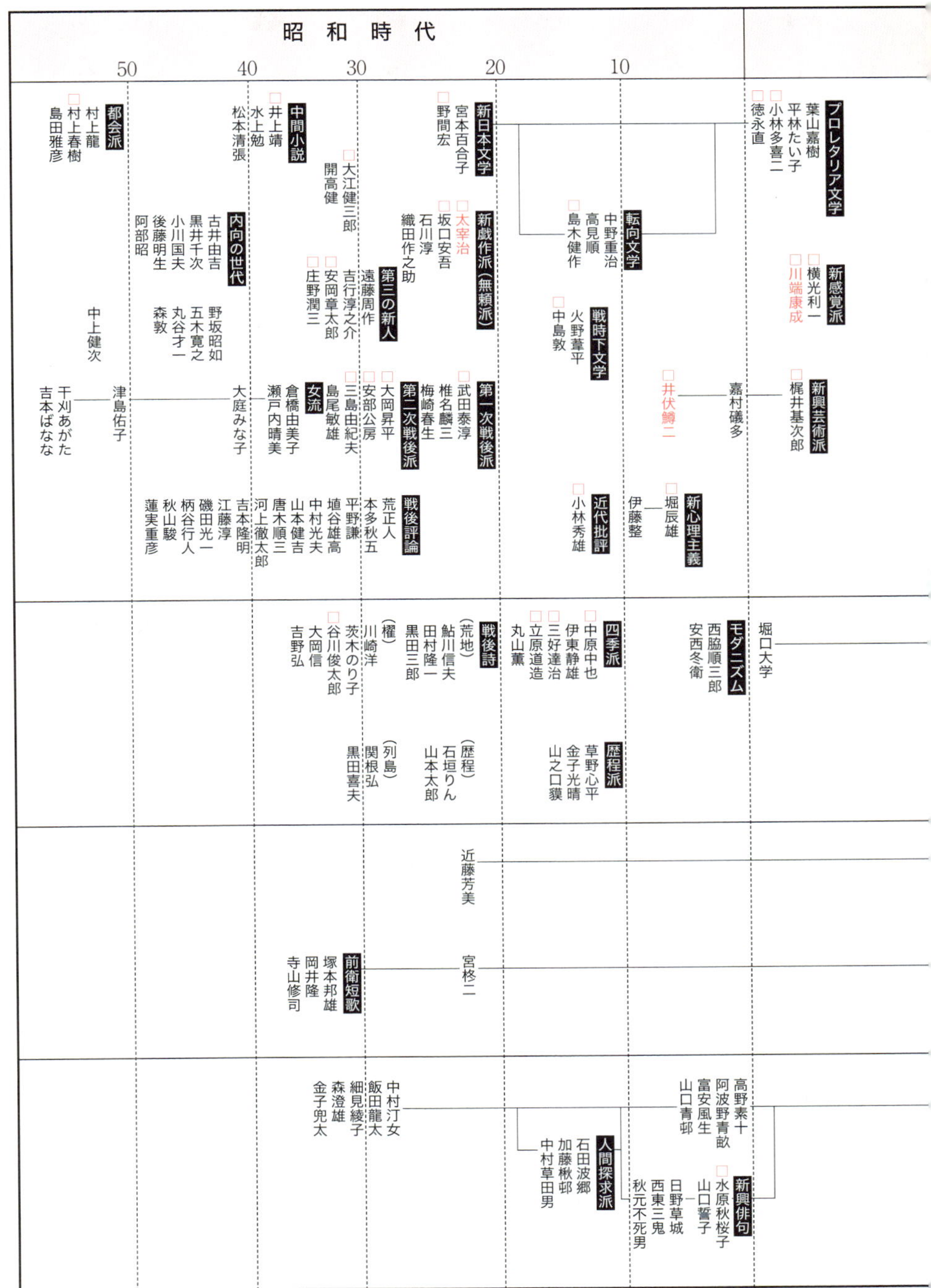

昭和時代
50
40
30
20
10
プロレタリア文学
葉山嘉樹
平林たい子
小林多喜二
徳永直
新日本文学
宮本百合子
野間宏
転向文学
中野重治
高見順
島木健作
新感覚派
横光利一
川端康成
新戯作派（無頼派）
太宰治
坂口安吾
石川淳
織田作之助
戦時下文学
火野葦平
中島敦
新興芸術派
梶井基次郎
嘉村礒多
井伏鱒二
第一次戦後派
武田泰淳
椎名麟三
梅崎春生
第二次戦後派
大岡昇平
安部公房
三島由紀夫
島尾敏雄
第三の新人
遠藤周作
吉行淳之介
安岡章太郎
庄野潤三
大江健三郎
開高健
女流
倉橋由美子
瀬戸内晴美
大庭みな子
津島佑子
干刈あがた
吉本ばなな
中間小説
井上靖
水上勉
松本清張
内向の世代
古井由吉
黒井千次
小川国夫
後藤明生
阿部昭
野坂昭如
五木寛之
丸谷才一
森敦
中上健次
都会派
村上龍
村上春樹
島田雅彦
新心理主義
堀辰雄
伊藤整
近代批評
小林秀雄
戦後評論
荒正人
本多秋五
平野謙
埴谷雄高
中村光夫
山本健吉
唐木順三
河上徹太郎
吉本隆明
江藤淳
磯田光一
柄谷行人
秋山駿
蓮實重彦
堀口大学
モダニズム
西脇順三郎
安西冬衛
四季派
中原中也
伊東静雄
三好達治
立原道造
丸山薫
戦後詩
（荒地）
鮎川信夫
田村隆一
黒田三郎
（櫂）
川崎洋
茨木のり子
谷川俊太郎
大岡信
吉野弘
歴程派
草野心平
金子光晴
山之口貘
（歴程）
石垣りん
山本太郎
（列島）
関根弘
黒田喜夫
近藤芳美
宮柊二
前衛短歌
塚本邦雄
岡井隆
寺山修司
高野素十
阿波野青畝
富安風生
山口青邨
新興俳句
水原秋桜子
山口誓子
日野草城
西東三鬼
秋元不死男
人間探求派
石田波郷
加藤楸邨
中村草田男
中村汀女
飯田龍太
細見綾子
森澄雄
金子兜太

第6章

1 和歌に関するもの

問 次のそれぞれについて該当するものを選び、番号で答えよ。

□ 1 柿本人麻呂と同様に、『万葉集』の歌人である人物を一人選べ。
① 上田秋成 ② 賀茂真淵 ③ 藤原定家
④ 山上憶良 ⑤ 与謝蕪村
（学習院大）

□ 2 『古今和歌集』が成立したのはいつ頃か。
① 八世紀初 ② 九世紀初 ③ 十世紀初
④ 十一世紀初 ⑤ 十二世紀初
（甲南大）

□ 3 『古今集』仮名序の作者はだれか。
① 柿本人麻呂 ② 大伴家持 ③ 在原業平 ④ 菅原道真
⑤ 紀貫之 ⑥ 藤原公任 ⑦ 藤原俊成 ⑧ 藤原定家
（京都外国語大）

□ 4 六歌仙に数えられる人を二人選べ。
① 藤原俊成 ② 山部赤人 ③ 清少納言 ④ 凡河内躬恒
⑤ 大伴黒主 ⑥ 小野篁 ⑦ 僧正遍昭
（日本大）

□ 5 『古今和歌集』の次に選ばれた勅撰和歌集はどれか。
① 万葉集 ② 新古今和歌集 ③ 千載和歌集
④ 拾遺和歌集 ⑤ 後撰和歌集
（専修大）

□ 6 『後拾遺和歌集』は第何番目の勅撰集か。
① 二番目 ② 三番目 ③ 四番目

解答とポイント

1 ④ 『**万葉集**』
現存する最古の歌集。奈良時代後期に**大伴家持**らが編纂。主な歌人は額田王・柿本人麻呂など。歌風は「**ますらをぶり**」。

2 ③ 『**古今和歌集**』
最初の勅撰和歌集。九〇五年醍醐天皇の勅命により撰進。

3 ⑤ 『**古今和歌集**』**仮名序**
作者は**紀貫之**。漢文で書かれた「**真名序**」の作者は紀淑望。撰者は**紀貫之**・紀友則・凡河内躬恒・壬生忠岑の四人。

4 ⑤・⑦ **六歌仙**
在原業平・**文屋康秀**・**喜撰法師**・**小野小町**・**大伴黒主**・**僧正遍昭**の六人。

5 ⑤ 『**後撰和歌集**』
九五一年成立。撰者は源順・大中臣能宣・清原元輔・紀時文・坂上望城。「**梨壺の五人**」と呼ばれる。

6 ③ 『**後拾遺和歌集**』
一〇八六年成立。撰者は藤原通俊。
・『拾遺和歌集』（三番目の勅撰集。撰者

④ 五番目　⑤ 六番目　（京都橘大）

□ **7** **平安時代に撰集された勅撰和歌集を三つ選べ。**

① 新古今和歌集　② 続古今和歌集　③ 玉葉和歌集
④ 金葉和歌集　⑤ 新勅撰和歌集　⑥ 拾遺和歌集
⑦ 風雅和歌集　⑧ 千載和歌集　（久留米大）

□ **8** **勅撰和歌集でないものを一つ選べ。**

① 金葉和歌集　② 詞花和歌集　③ 新古今和歌集
④ 金槐和歌集　⑤ 千載和歌集　（法政大）

□ **9** **源俊頼が撰集した勅撰和歌集を一つ選べ。**

① 古今和歌集　② 金葉和歌集　③ 万葉集
④ 凌雲集　⑤ 新古今和歌集　（福岡教育大）

□ **10** **藤原俊成が撰者となった勅撰和歌集はどれか。**

① 新勅撰和歌集　② 玉葉和歌集　③ 詞花和歌集
④ 千載和歌集　⑤ 新古今和歌集　（南山大）

□ **11** **後鳥羽院が院宣を下した勅撰和歌集を選べ。**

① 古今和歌集　② 金葉和歌集　③ 後撰和歌集
④ 詞花和歌集　⑤ 千載和歌集　⑥ 新古今和歌集　（駒澤大）

□ **12** **西行に最も関係の深い和歌集を選べ。**

① 古今和歌集　② 拾遺和歌集　③ 千載和歌集
④ 山家集　⑤ 金槐和歌集　（関東学院大）

は花山院といわれる）

7 ④・⑥・⑧

八代集

『古今』『後撰』『拾遺』『後拾遺』『金葉』『詞花』『千載』『新古今』の八つの勅撰和歌集。『新古今』だけは鎌倉時代の成立。

8 ④

源実朝の『金槐和歌集』

源実朝の私家集。一二一三年成立。力強い万葉調の歌が多い。
・『詞花和歌集』（六番目の勅撰和歌集。一一五一年ごろ成立。撰者は藤原顕輔）

9 ②

『金葉和歌集』

五番目の勅撰和歌集。一一二七年成立。
・『凌雲集』（最初の勅撰漢詩集。八一四年成立）

10 ④

『千載和歌集』

七番目の勅撰和歌集。一一八八年成立。
・『新勅撰和歌集』（九番目の勅撰和歌集）
・『玉葉和歌集』（鎌倉末期の勅撰和歌集）

11 ⑥

『新古今和歌集』

八番目の勅撰和歌集。一二〇五年成立。撰者は源通具・藤原有家・藤原定家・藤原家隆・藤原雅経・寂蓮の六人。

12 ④

西行の『山家集』

成立は未詳。西行の没年は一一九〇年。

第6章

2 日記に関するもの

問 次のそれぞれについて該当するものを選び、番号で答えよ。

13 平安時代の日記を成立順に並べたものとして正しいものを一つ選べ。
① 土佐日記→和泉式部日記→蜻蛉日記→更級日記
② 土佐日記→蜻蛉日記→和泉式部日記→更級日記
③ 蜻蛉日記→和泉式部日記→更級日記→土佐日記
④ 蜻蛉日記→土佐日記→更級日記→和泉式部日記
（拓殖大）

14 『土佐日記』の作者名を、次の中から一つ選べ。
① 在原業平 ② 小野小町 ③ 菅原道真
④ 紀貫之 ⑤ 鴨長明
（学習院大）

15 『蜻蛉日記』の作者はだれか。
① 紫式部 ② 紀貫之 ③ 藤原道綱母
④ 菅原孝標女 ⑤ 和泉式部
（九州共立大）

16 『更級日記』の筆者を選んで、番号を記しなさい。
① 藤原道綱母 ② 和泉式部 ③ 伊勢大輔
④ 菅原孝標女 ⑤ 紫式部
（千葉大）

17 『更級日記』と同時代の作品を次の中から一つ選べ。
① 堤中納言物語 ② 万葉集 ③ 増鏡
④ 新古今和歌集 ⑤ 風姿花伝
（明治大）

解答とポイント

13 ②
日記の成立順
『土佐』『蜻蛉』＝『源氏』以前
『和泉式部』＝『源氏』と同時期
『更級』＝『源氏』以後

14 ④
『土佐日記』
紀貫之が、土佐守の任を終えて帰京するまでの旅日記をかなで書いたもの。九三五年ごろ成立。

15 ③
『蜻蛉日記』
わが国最初の女流日記。作者は**藤原道綱母**。九七四年以後成立。

16 ④
『更級日記』
菅原孝標女が十三歳の年から四十年間を回想し、魂の遍歴を記した日記。

17 ①
『更級日記』の成立時期
一〇六〇年ごろ成立。

18 ④
『讃岐典侍日記』
一一〇九年ごろ成立。院政時代の作品。

□ 18 『讃岐典侍日記』と同時代のものを選べ。

①十六夜日記　②懐風藻　③宇治拾遺物語
④大鏡　⑤更科紀行

（明治大）

□ 19 『成尋阿闍梨母集』は平安時代後期に成立したが、この作品よりも後に成立した作品を一つ選べ。

①源氏物語　②古今和歌集　③小倉百人一首
④万葉集　⑤大和物語

（駒澤大）

□ 20 『建礼門院右京大夫集』と成立年代の最も近い作品を選べ。

①伊勢物語　②とはずがたり　③栄花物語
④新古今和歌集　⑤源氏物語

（東京女子大）

□ 21 『十六夜日記』の作者はだれか。次の中から選べ。

①藤原俊成卿女　②菅原孝標女　③和泉式部
④赤染衛門　⑤阿仏尼

（青山学院大）

□ 22 中世に成立した女流日記文学を次の中から二つ選べ。

①紫式部日記　②十六夜日記　③土佐日記
④更級日記　⑤とはずがたり　⑥和泉式部日記
⑦蜻蛉日記

（いわき明星大）

□ 23 『とはずがたり』と同時代・同ジャンルのものはどれか。

①太平記　②弁内侍日記　③枕草子
④蜻蛉日記　⑤金槐集

（明治大）

・『懐風藻（かいふうそう）』（日本最初の漢詩集。七五一年成立）
・『更科紀行』（松尾芭蕉（ばしょう）の紀行文）

19 ③
『成尋阿闍梨母集（じょうじんあじゃりのははのしゅう）』

一〇七三年ごろ成立。中国（宋）に渡った僧成尋を思う母の心情を綴（つづ）った日記的家集。
・**『小倉（おぐら）百人一首』**（一二三五年ごろ成立。撰者は**藤原定家**といわれる）

20 ④
『建礼門院右京大夫集（けんれいもんいんうきょうのだいぶしゅう）』

一二三二年ごろ成立。平家全盛時に宮廷に仕えた作者が壇ノ浦で果てた恋人への思いを綴った歌日記。

21 ⑤
阿仏尼（あぶつに）の『十六夜日記（いざよいにっき）』
一二八〇年ごろ成立。訴訟のため京から鎌倉へ下向したときの旅日記と鎌倉滞在記から成る。阿仏尼には日記『**うたたね**』もある。

22 ②・⑤
『とはずがたり』

一三〇六～一三一三年ごろ成立。作者は後深草院二条（ごふかくさいんのにじょう）。作者の愛の遍歴や苦悩を赤裸々に綴っている。

23 ②
『弁内侍日記（べんのないしにっき）』

一二五二年ごろ成立。作者は藤原信実女（のぶざねのむすめ）。

第6章

3 物語に関するもの

問 次のそれぞれについて該当するものを選び、番号で答えよ。

□ 24 『竹取物語』とほぼ同じ頃の成立の作品を二つ選べ。

① 古今和歌集　② 源氏物語　③ 枕草子
④ 伊勢物語　⑤ 奥の細道　⑥ 徒然草
（活水女子大）

□ 25 次の中から歌物語に属するものを一つ選べ。

① 竹取物語　② 平中物語　③ 落窪物語
④ 宇治拾遺物語　⑤ 堤中納言物語
（専修大）

□ 26 『宇津保物語』が成立した時期に既に存在していた作品を二つ選べ。

① 蜻蛉日記　② 金槐和歌集　③ 狭衣物語
④ 更級日記　⑤ 拾遺和歌集　⑥ 大和物語
（早稲田大）

□ 27 文学史において「継子物」に分類される作品を一つ選べ。

① 伊勢物語　② 落窪物語　③ 浜松中納言物語
④ とはずがたり　⑤ 平中物語
（明治大）

□ 28 『源氏物語』より古い作品を次の中から二つ選べ。

① 大鏡　② 蜻蛉日記　③ 今昔物語集
④ 堤中納言物語　⑤ 栄華物語　⑥ 更級日記
⑦ 宇津保物語　⑧ 宇治拾遺物語
（立命館大）

□ 29 『源氏物語』は何帖からできているか。

① 四十五帖　② 五十四帖　③ 五十八帖

解答とポイント

24 ①・④ 最古の物語＝『竹取物語』

『竹取物語』『古今和歌集』『伊勢物語』の三つは十世紀初頭成立といわれる。

25 ② 『平中物語』

古今集時代の歌人平貞文を主人公とする歌物語。

26 ①・⑥ 『宇津保物語』

九八〇年ごろ成立。最初の長編物語。

27 ② 『落窪物語』

現存最古の継子いじめの物語。一〇世紀末の成立。同じ継子いじめの物語には、鎌倉時代初期の『住吉物語』がある。

28 ②・⑦ 『源氏物語』以前の作品

作り物語　『竹取』、『宇津保』、『落窪』
歌物語　『伊勢』、『大和』、『平中』
日記　『土佐』、『蜻蛉』
和歌　『古今集』、『後撰集』

29 ② 『源氏物語』

長編物語。**五十四帖**。一〇〇八年ごろ成立。作者は**紫式部**。藤原道長の娘であ

④ 四十七帖　⑤ 五十二帖

（国士舘大）

□ **30** 『堤中納言物語』は平安時代後期の成立と考えられているが、これより後に成立した作品はどれか。

① 竹取物語　② 伊勢物語　③ 曽我物語　④ 源氏物語

（日本女子大）

□ **31** 『浜松中納言物語』の作者は『更級日記』の作者と同じ人物とする説が有力であるが、これが正しいとした場合、『浜松中納言物語』よりも前に成立した作品を三つ選べ。

① 十六夜日記　② 蜻蛉日記　③ 源氏物語
④ 古今和歌集　⑤ 徒然草　⑥ 平家物語

（早稲田大）

□ **32** 『夜の寝覚』とほぼ同時期に成立した作品を二つ選べ。

① 源氏物語　② 浜松中納言物語　③ 無名草子
④ 落窪物語　⑤ 蜻蛉日記　⑥ 土佐日記
⑦ 狭衣物語

（立命館大）

□ **33** 『とりかへばや物語』と同じジャンルのものを一つ選べ。

① 栄花物語　② 大和物語　③ 保元物語
④ とはずがたり　⑤ 夜の寝覚

（神戸学院大）

□ **34** 『松浦宮物語』は鎌倉時代初期に成立した物語である。それより後に成立した作品を一つ選べ。

① 伊勢物語　② 蜻蛉日記　③ 源氏物語
④ 徒然草　⑤ 枕草子

（駒澤大）

る中宮彰子に仕えた。

30 ③

『堤中納言物語』

十編の短編。このうち「逢坂越えぬ権中納言」は小式部の作で一〇五五年ごろ成立。ほかの作者・成立は未詳。

31 ②・③・④

『浜松中納言物語』

十一世紀後半成立。『源氏物語』の影響が強い。作者は菅原孝標女と伝えられるが未詳。

32 ②・⑦

『夜の寝覚』（『夜半の寝覚』）

十一世紀後半成立。『源氏物語』の影響を受けた平安後期の長編物語。

・『狭衣物語』（一〇七〇年前後成立）

33 ⑤

『とりかへばや物語』

作り物語。十二世紀末に成立。作者未詳。

34 ④

『松浦宮物語』

鎌倉時代初期に成立した物語。『松浦宮物語』以降、鎌倉・室町期に成立した平安貴族を主人公とする物語を総称して擬古物語と呼ぶことがある。

第6章
3 物語

4 随筆・評論・歌謡に関するもの

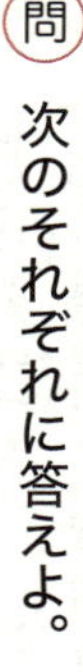

問 次のそれぞれに答えよ。

□ 35 次の文章の空欄に入るべき適切な語句を書きなさい。
『枕草子』を著した［A］は、一条天皇の皇后である［B］に仕えた。（小樽商科大）

□ 36 『枕草子』の作者と活躍した時期が最も近い人物を選べ。
①紀貫之 ②和泉式部 ③小野小町
④在原業平 ⑤菅原孝標女（青山学院大）

□ 37 『方丈記』の作者を次の中から選べ。
①宗祇 ②世阿弥 ③鴨長明
④藤原定家 ⑤吉田兼好（九州国際大）

□ 38 『方丈記』の書かれた時代として正しいものを次の中から選べ。
①上代 ②中古 ③中世 ④近世（九州共立大）

□ 39 鴨長明の作品を次の中から一つ選べ。
①沙石集 ②宇治拾遺物語 ③徒然草
④増鏡 ⑤無名抄（龍谷大）

□ 40 『徒然草』は何世紀に書かれた作品か、次の中から選べ。
①十一世紀 ②十二世紀 ③十三世紀
④十四世紀 ⑤十五世紀 ⑥十六世紀（法政大）

解答とポイント

35 A＝清少納言 B＝定子
『枕草子』
清少納言は「梨壺の五人」の一人である清原元輔の娘。

36 ②
『枕草子』の成立（一〇〇〇年ごろ）
『紫式部日記』に和泉式部、清少納言の批評がある。三人は同時代の人。

37 ③
『方丈記』
鴨長明の随筆。無常観を基調、対句表現などを用いた格調高い和漢混交文。

38 ③
『方丈記』の成立
一二一二年。鎌倉時代初頭の成立。

39 ⑤
鴨長明の作品
随筆『方丈記』 歌論書『無名抄』
説話集『発心集』

40 ④
『徒然草』
随筆。作者は兼好法師（吉田兼好）。一三三一年ごろ成立。

41 ②
兼好の同時代人
北畠親房（南北朝時代の公卿。『神皇正

41 「徒然草」の作者兼好と活躍時期が最も近い人を一人選べ。

①慈円　②北畠親房　③藤原定家　④鴨長明　（日本大）

42 次の①～④を、成立の古いものから順に並べなさい。

①徒然草　②方丈記　③枕草子　④折たく柴の記　（千葉大）

43 『無名草子』のジャンルはどれか。

①物語　②随筆　③評論　④日記　⑤説話　（熊本学園大）

44 『無名草子』と同時代の作品として最も適当なものを一つ選べ。

①更級日記　②平治物語　③奥の細道　④太平記　⑤万葉集　（九州産業大）

45 a藤原俊成、b藤原定家に関係する書物を二つずつ選べ。

①千載和歌集　②明月記　③近代秀歌　④古来風体抄　⑤古今和歌集　⑥後撰和歌集　⑦発心集　⑧後拾遺和歌集　（上智大）

46 『和漢朗詠集』とほぼ同時代に成立した作品を次の中から一つ選べ。

①万葉集　②古今和歌集　③源氏物語　④今昔物語集　⑤平家物語　（成蹊大）

47 「今様」の代表的な作品集を一つ選べ。

①閑吟集　②凌雲集　③梁塵秘抄　④新古今和歌集　（早稲田大）

統記』の著者）

42 ③→②→①→④

三大随筆

三大随筆…『**枕草子**』『**方丈記**』『**徒然草**』

・『折たく柴の記』（江戸中期の儒者・政治家新井白石の自叙伝的随筆）

43 ③

『無名草子』

最古の物語評論。一二〇一年ごろ成立。作者は藤原俊成女とされるが未詳。

44 ②

45 a＝①・④　b＝②・③

藤原俊成と、その子藤原定家

俊成＝『**千載和歌集**』の編者。**幽玄体**。家集『長秋詠藻』、歌論『**古来風体抄**』。

定家＝『**新古今和歌集**』『**新勅撰和歌集**』の編者。余情、**有心体**。家集『拾遺愚草』、歌論『**近代秀歌**』『毎月抄』『詠歌大概』、日記『**明月記**』。

46 ③

『和漢朗詠集』

一〇一二年ごろ成立。撰者は**藤原公任**。朗詠に適した漢詩文と和歌を収める。

47 ③

『梁塵秘抄』

一一六九年ごろ成立。撰者は後白河上皇。「**今様**」は平安中期以降に流行した七五調四句の歌謡。「当世風の歌」の意。

5 歴史物語・軍記物語に関するもの

問 次のそれぞれについて該当するものを選び、番号で答えよ。

□ **48** 『古事記』の撰者とされている人物を選べ。
① 舎人親王　② 稗田阿礼　③ 太安万侶
④ 大伴家持　⑤ 柿本人麻呂
（青山学院大）

□ **49** 舎人親王を中心に編修された漢文体の史書は何か。
① 日本霊異記　② 古事記　③ 吾妻鏡
④ 大鏡　⑤ 風土記　⑥ 日本書紀
（弘前大）

□ **50** 『大鏡』はどのようなジャンルに属するか。
① 歌物語　② 伝奇物語　③ 仮名草子
④ 歴史物語　⑤ 仏教説話
（高崎経済大）

□ **51** 次にあげる「鏡物」の成立順序として最も適当なものを選べ。
① 水鏡→大鏡→増鏡→今鏡　② 大鏡→増鏡→水鏡→今鏡
③ 今鏡→水鏡→増鏡→大鏡　④ 大鏡→今鏡→水鏡→増鏡
⑤ 水鏡→増鏡→大鏡→今鏡
（大東文化大）

□ **52** 『大鏡』と題材的にも共通するところがあり、同類の文学様式の代表的作品として、対比されるのはどれか。
① 源氏物語　② 大和物語　③ 今昔物語　④ 栄華物語
⑤ 打聞集　⑥ 古今著聞集　⑦ 狭衣物語　⑧ 増鏡
（東洋大）

解答とポイント

48 ③

最古の歴史書＝『古事記』

日本最古の歴史書。**稗田阿礼**が誦習していたものを、元明天皇の勅命により**太安万侶**が編纂した。七一二年成立。

49 ⑥

『日本書紀』

七二〇年に成立した歴史書。六国史の第一。**舎人親王**を中心として編纂された。

50 ④

『大鏡』

文徳天皇の八五〇年から後一条天皇の一〇二五年までの一七六年間を**紀伝体**で叙述した**歴史物語**。

51 ④

四鏡

『大鏡』『今鏡』『水鏡』『増鏡』

52 ④

『栄花物語（栄華物語）』

編年体で書かれた歴史物語。一〇九二年ごろ成立。特に**藤原道長**の栄華を賛美することに重点が置かれている。

・『打聞集』（仏教説話集。十二世紀前半成立）

53 ④

『増鏡』の成立

□ 53 四鏡の中で『徒然草』とほぼ同時期に書かれた作品を選べ。
① 大鏡　② 今鏡　③ 水鏡　④ 増鏡　（西南学院大）

□ 54 慈鎮和尚（慈円）の著した史論を一つ選べ。
① 神皇正統記　② 栄華物語　③ 梅松論
④ 愚管抄　⑤ 水鏡　（二松学舎大）

□ 55 『神皇正統記』と近いころの著述を二つ選べ。
① 大鏡　② 今鏡　③ 増鏡　④ 方丈記
⑤ 太平記　⑥ 信長公記　⑦ 愚管抄　（立正大）

□ 56 中古（平安時代）に成立した軍記物語を一つ選べ。
① 将門記　② 保元物語　③ 平治物語
④ 平家物語　⑤ 源平盛衰記　（大分大）

□ 57 軍記物語を一つ選べ。
① 栄花物語　② 古事談　③ 平中物語
④ 保元物語　⑤ 椿説弓張月　（専修大）

□ 58 『平家物語』と同じジャンルの作品を一つ選べ。
① 太平記　② 増鏡　③ 古今著聞集
④ 沙石集　⑤ 無名抄　（明治大）

□ 59 次の中から、室町時代の代表的な軍記物語を二つ選べ。
① 愚管抄　② 平家物語　③ 平治物語
④ 将門記　⑤ 保元物語　⑥ 義経記
⑦ 曽我物語　⑧ 南総里見八犬伝　⑨ 大鏡　（日本大）

一三三八～一三七六年ごろ成立。

54 ④ **『愚管抄』**
鎌倉時代の歴史書。一二二〇年成立。作者は**慈円**。仏教的な道理に基づく歴史論を展開している。

55 ③・⑤ **『神皇正統記』**
南北朝時代の歴史書。一三三九年成立。作者は**北畠親房**。南朝の正統性を主張。**『増鏡』『太平記』**ともに十四世紀成立。

56 ① **『将門記』**
平将門の乱を描いた初期の**軍記物語**。平安時代中期の成立といわれる。

57 ④ **『保元物語』**
保元の乱を描いた軍記物語。平治の乱を描いた『平治物語』と同じく十三世紀前期成立。

58 ① **『平家物語』**
平家一門の栄枯盛衰を描いた軍記物語の最高傑作。十三世紀前半の成立。
・**『太平記』**（南北朝の争乱を描いた軍記物語。十四世紀成立）

59 ⑥・⑦ **『太平記』以後の軍記物語**
『義経記』、**『曽我物語』**いずれも室町時代前期の成立と思われる。

6 説話に関するもの

問 次のそれぞれについて該当するものを選び、番号で答えよ。

□ 60 『日本霊異記』より前に成立した作品を次の中から二つ選べ。（早稲田大）

①大鏡 ②懐風藻 ③今昔物語集
④将門記 ⑤古今和歌集 ⑥日本書紀

□ 61 次の説話集はその成立順に配列されている。『今昔物語集』はどの作品の後に成立したとみなされているか。直前にくる説話集を答えよ。（西南学院大）

①日本霊異記 ②三宝絵詞 ③宝物集
④撰集抄 ⑤古今著聞集

□ 62 『古本説話集』と同じジャンルの作品を二つ選べ。（早稲田大）

①海道記 ②愚管抄 ③経国集
④撰集抄 ⑤方丈記 ⑥発心集

□ 63 『発心集』の編者はだれか。（京都外国語大）

①西行 ②鴨長明 ③慈円
④橘成季 ⑤無住 ⑥兼好

□ 64 『宇治拾遺物語』の成立に最も近い作品を次の中から選べ。（愛知大）

①徒然草 ②中楽談儀 ③心中天網島
④太平記 ⑤方丈記

□ 65 『宇治拾遺物語』と同じジャンルの作品を一つ選べ。

①方丈記 ②平家物語 ③大鏡

解答とポイント

60 ②・⑥ **『日本霊異記』**
説話文学の源流。僧景戒撰。八二三年ごろ成立。
・『懐風藻』（現存最古の漢詩集。七五一年成立）

61 ② **説話の成立順**
『三宝絵詞』（九八四年成立）
『今昔物語集』（一一二〇年ごろ成立）
『宝物集』（一一八〇年ごろ成立）
『撰集抄』（鎌倉時代中期成立）

62 ④・⑥ **『古本説話集』**
説話集。一一三〇年ごろ成立。
・『海道記』（紀行文。一二二三年成立）
・『経国集』（勅撰漢詩集。八二七年成立）

63 ② **鴨長明編の『発心集』**
仏教説話集。鴨長明編。発心・遁世・往生説話を中心に収める。

64 ⑤ **『宇治拾遺物語』**
説話集。一二一三〜一二二一年ごろ成立。編者は未詳。

④ 今昔物語集　⑤ 東関紀行　（青山学院大）

66 『閑居友』は鎌倉時代前期の成立と推定されているが、この作品よりも前に成立したと考えられるものをすべて選べ。

① 伊勢物語　② 浮世風呂　③ 奥の細道
④ 古今和歌集　⑤ 更級日記　（早稲田大）

67 『今物語』は鎌倉時代に成立した説話集である。同じ時代に成立した同じジャンルの作品を次の中から一つ選べ。

① 徒然草　② 今昔物語　③ 雨月物語
④ 古今著聞集　⑤ 大和物語　⑥ 醒睡笑　（上智大）

68 鎌倉時代に成立した説話集をすべて選べ。

① 金槐集　② 経国集　③ 古今著聞集
④ 山家集　⑤ 沙石集　⑥ 発心集　（早稲田大）

69 『十訓抄』と成立年代が最も近い作品を選べ。

① 徒然草　② 今昔物語集　③ 無名抄
④ 新古今和歌集　⑤ 古今著聞集　（明治大）

70 『沙石集』の編者は誰か。

① 道元　② 一休宗純　③ 景戒　④ 西行　⑤ 無住　（神戸大）

71 次の中から最も仏教とは関係の薄いものを一つ選べ。

① 沙石集　② 歎異抄　③ 毎月抄
④ 発心集　⑤ 往生要集　（専修大）

---

65 ④

『今昔物語集』
最大の説話集。平安時代成立。
・『東関紀行』（一二四二年ごろ成立）

66 ①・④・⑤

『閑居友』
仏教説話集。一二二二年成立。編者は慶政。

67 ④

『今物語』
説話集。一二三九年以降成立。編者は藤原信実。

68 ③・⑤・⑥

『古今著聞集』
説話集。一二五四年成立。編者は橘成季。

69 ⑤

『十訓抄』
説話集。一二五二年成立。六波羅二臈左衛門入道の編といわれる。

70 ⑤

『沙石集』
説話集。一二八三年ごろ成立。編者は無住。無住にはほかに『雑談集』がある。
・道元（曹洞宗の開祖。『正法眼蔵』）
・一休宗純（室町時代の禅僧。漢詩集『狂雲集』）

71 ③

『歎異抄』
親鸞の教えを記した法語。弟子の唯円が編纂したといわれる。
・『毎月抄』（藤原定家の歌論書）

第6章

7 能・連歌・俳諧・近世文学に関するもの

問 次のそれぞれに答えよ。

□ 72 『風姿花伝』の作者を選べ。

①観阿弥 ②世阿弥 ③能阿弥 ④善阿弥 （明治大）

□ 73 世阿弥が著した作品でないものを一つ選べ。

①風姿花伝 ②至花道 ③中楽談義 ④花鏡 ⑤閑吟集 （福岡大）

□ 74 二条良基がその成立に深く関わった作品を、次の中から一つ選べ。

①今鏡 ②愚管抄 ③神皇正統記 ④菟玖波集 ⑤とはずがたり （早稲田大）

□ 75 連歌に最も関係が深い作品を一つ選べ。

①大鏡 ②筑波問答 ③和漢朗詠集 ④おらが春 ⑤梁塵秘抄 （法政大）

□ 76 『新撰菟玖波集』を撰した連歌師を次の中から選べ。

①二条良基 ②山崎宗鑑 ③宗祇 ④肖柏 ⑤宗長 （明治大）

□ 77 A小林一茶、B松尾芭蕉、C与謝蕪村が活躍した時期を古い順に並べるとどうなるか。次の中から選べ。

①A―B―C ②C―B―A ③B―A―C ④C―A―B ⑤B―C―A （青山学院大）

解答とポイント

72 ②
世阿弥の『風姿花伝』（『花伝書』）
能楽論書。一四〇〇年ごろ成立。

73 ⑤
世阿弥の著作
『至花道』、『花鏡』、『中楽談義』は世阿弥の芸談を記した能楽論書。
・『閑吟集』（一五一八年成立の編者不詳の歌謡集）

74 ④
『菟玖波集』

一三五六年成立。撰者は二条良基と救済。連歌発生期以来の二千余首を集成し、連歌の地位を高めた。

75 ②
『筑波問答』

一三七一年ごろ成立した連歌論書。作者は二条良基。

76 ③
『新撰菟玖波集』

一四九五年成立。宗祇が弟子の肖柏・宗長と詠んだ『水無瀬三吟百韻』は連歌の最高傑作とされる。

77 ⑤
芭蕉・蕪村・一茶
松尾芭蕉 **元禄期** 蕉風俳諧

□ 78 芭蕉の作品でないものを一つ選べ。
①更科紀行　②野ざらし紀行　③笈の小文
④おらが春　⑤奥の細道
（青山学院大）

□ 79 芭蕉七部集に含まれない作品を一つ選び、その番号を記入せよ。
①曠野　②奥の細道　③猿蓑　④春の日
（西南学院大）

□ 80 『おくのほそ道』と最も関係の深い俳人を、次の中から二人選べ。
①去来　②其角　③芭蕉　④宗因　⑤曽良
（学習院大）

□ 81 芭蕉について、次の説明から正しいものを一つ選べ。
①西山宗因らの「談林派」に続く「貞門派」を改革して蕉風俳諧を確立した。
②『野ざらし紀行』、『更科紀行』、『笈の小文』などの紀行文を遺した。
③宝井其角、向井去来、山口素堂らの蕉門十哲といわれる門人を輩出した。
④「名月やいけをめぐりて夜もすがら」、「目に青葉山ほととぎす初鰹」、「秋深き隣は何をする人ぞ」の句を遺した。
（上智大）

□ 82 芭蕉の俳諧観を論じた書物として、向井去来の『去来抄』とならんで著名な服部土芳の著書を、漢字で書け。
（九州大）

---

78 ④
与謝蕪村　天明期
小林一茶　化政期　月並俳諧

芭蕉の紀行文
『野ざらし紀行』『鹿島紀行』『笈の小文』『更科紀行』『奥の細道』

79 ②
芭蕉七部集
『冬の日』『春の日』『曠野』『ひさご』『猿蓑』『炭俵』『続猿蓑』の俳諧撰集を「芭蕉（俳諧）七部集」という。

80 ③・⑤
『奥の細道』
芭蕉が門人曽良と奥州・北陸などを旅した五か月あまりの紀行文。一六九四年ごろ成立。

81 ②
俳諧史（貞門→談林→蕉風）
貞門派＝松永貞徳が中心。山崎宗鑑らの俳諧連歌を受け継いで近世俳諧を成立。
談林派＝西山宗因が中心。貞門の伝統的な作風を嫌い、奇抜な着想を特色とした。
蕉門十哲＝其角・嵐雪・去来・丈草・杉風・野坡・越人・北枝・許六・支考

82 三冊子
蕉風の俳論
服部土芳『**三冊子**』
向井去来『**去来抄**』

問 次のそれぞれに答えよ。

83 □ 蕪村の作品を一つ選び番号で答えよ。
① 春風馬堤曲　② 春雨物語　③ 奥の細道
④ 炭俵　⑤ おらが春
（立正大）

84 □ 蕪村と同時代の人物を一人選べ。
① 柄井川柳　② 松尾芭蕉　③ 西山宗因　④ 北村季吟
（日本大）

85 □ 小林一茶の作品を次の中から一つ選べ。
① おらが春　② 奥の細道　③ 笈の小文
④ 去来抄　⑤ 柳樽
（流通経済大）

86 □ 良寛とほぼ同じ時代に活躍した人を次の中から一人選べ。
① 兼好法師　② 西行法師　③ 十返舎一九
④ 世阿弥元清　⑤ 与謝蕪村
（龍谷大）

87 □ 教訓または寓話からなる短編集を一つ選べ。
① 栄花物語　② 伊勢物語　③ 源平盛衰記
④ 大鏡　⑤ 伊曾保物語
（関西学院大）

88 □ 次のa、bに答えよ。
a 『浮世物語』『竹斎』『仁勢物語』『東海道名所記』『薄雪物語』など江戸時代初期に啓蒙・教訓・娯楽を旨として制作された物語（草子）の一群（ジャンル）を文学史では何というか。

解答とポイント

83 ①
与謝蕪村の作品
『**春風馬堤曲**』（『夜半楽』所載の俳体詩）『新花摘』

84 ①
柄井川柳
「川柳」の創始者。作品に『**誹風柳多留**』（柳樽）がある。
・北村季吟（江戸時代の歌学者。『源氏物語湖月抄』）

85 ①
『おらが春』
俳諧句文集。一八一九年成立。

86 ③
良寛
江戸時代の歌人。歌集『蓮の露』。
・**十返舎一九**（滑稽本の作家）

87 ⑤
『伊曾保物語』
江戸時代初期の仮名草子。『イソップ物語』を文語に訳したもの。

88
a＝**仮名草子**　b＝①**御伽草子**　②**浮世草子**
御伽草子→仮名草子→浮世草子
御伽草子＝室町時代〜江戸初期。「酒呑童子」「一寸法師」「物くさ太郎」「浦島太郎」など。
仮名草子＝江戸時代初期。

b　前問の物語（草子）群を間に挟んで、①それ以前、室町時代に盛行した物語（草子）群、および②それ以後、江戸中期にかけて盛んになった物語（草子）群の名称を記せ。（九州大）

□ 89 十七世紀に成立した作品を一つ選べ。
① 浮世風呂　② 閑吟集　③ 好色一代男
④ 十訓抄　⑤ 南総里見八犬伝　（早稲田大）

□ 90 次の中から井原西鶴の作品を二つ選べ。
① 雨月物語　② 日本永代蔵　③ 椿説弓張月
④ 好色五人女　⑤ 浮世風呂　⑥ 春色梅児誉美　（日本大）

□ 91 井原西鶴の作品を次の中から選んで、番号で答えよ。
① 雨月物語　② 風姿花伝　③ 冥途の飛脚
④ 笈の小文　⑤ 世間胸算用　（宮崎大）

□ 92 十八世紀に成立した作品を一つ選べ。
① 心中天網島　② 古今著聞集　③ おらが春
④ 日本永代蔵　⑤ 宇治拾遺物語　（滋賀県立大）

□ 93 近松門左衛門の作品はどれか。
① 閑情末摘花　② 椿説弓張月
③ 心中天網島　④ 勧進帳　（大正大）

□ 94 『雨月物語』の作者はだれか。
① 上田秋成　② 滝沢馬琴　③ 近松門左衛門　④ 井原西鶴　（大阪商業大）

浮世草子＝西鶴『好色一代男』以降。

89 ③

『好色一代男』
一六八二年刊。作者は**井原西鶴**。
・『浮世風呂』（式亭三馬の滑稽本）

90 ②・④

井原西鶴の作品
・『椿説弓張月』（滝沢馬琴の読本）
・『春色梅児誉美』（為永春水の人情本）

91 ⑤

井原西鶴の作品
好色物『**好色一代男**』
雑話物『本朝二十不孝』
武家物『武家義理物語』
町人物『**世間胸算用**』『**日本永代蔵**』

92 ①

近松門左衛門
芭蕉と西鶴は十七世紀に死去したが、**近松門左衛門**が本格的に活躍するのは一七〇三年の『曽根崎心中』以降。

93 ③

近松門左衛門の作品
世話物『**心中天網島**』『曽根崎心中』『**冥途の飛脚**』など。
時代物『国性爺合戦』など。

94 ①

『雨月物語』

読本。一七七六年刊。九編の怪異小説から成る短編集。作者の上田秋成は国学者・歌人でもある。

問 次のそれぞれについて該当するものを選び、番号で答えよ。

95 『春雨物語』と成立年代の最も近い作品は何か。
① 奥の細道 ② 今昔物語集 ③ 椿説弓張月
④ 栄花物語 ⑤ 曽我物語 ⑥ 土佐日記
（成蹊大）

96 『南総里見八犬伝』に関係のあるものをa、bから選べ。
a ① 浮世草子 ② 黄表紙 ③ 読本 ④ 人情本
b ① 上田秋成 ② 滝沢馬琴 ③ 平賀源内 ④ 柳亭種彦
（聖心女子大）

97 『東海道中膝栗毛』の作者を選べ。
① 式亭三馬 ② 為永春水 ③ 十返舎一九
④ 井原西鶴 ⑤ 曲亭馬琴
（専修大）

98 本居宣長と同じ、江戸時代の国学者を次の中から一つ選べ。
① 林羅山 ② 賀茂真淵 ③ 与謝蕪村
④ 新井白石 ⑤ 曲亭馬琴
（福岡大）

99 本居宣長はほぼ何世紀に活動した人か。
① 十四世紀 ② 十五世紀 ③ 十六世紀
④ 十七世紀 ⑤ 十八世紀
（青山学院大）

100 本居宣長の著作はどれか。
① 万葉考 ② 古事記伝 ③ 万葉代匠記 ④ 去来抄
（聖心女子大）

解答とポイント

95 ③ 『春雨物語』
秋成晩年の読本。一八〇八年ごろ成立。
・『椿説弓張月』（一八〇七～一八一一年刊）

96 a＝③ b＝② 『南総里見八犬伝』
滝沢馬琴の読本。一八一四～一八四二年刊。
前期読本（上方読本） 秋成など
後期読本（江戸読本） 馬琴など

97 ③ 『東海道中膝栗毛』
十返舎一九の滑稽本。
・式亭三馬（滑稽本『浮世風呂』の作者）

98 ② 国学
日本古来の精神を求めて日本の古典を研究する学問。本居宣長は賀茂真淵に師事し、実証的な古典研究に業績を残した。

99 ⑤ 本居宣長の時代
与謝蕪村、上田秋成とほぼ同時代を生きた。

100 ② 『古事記伝』
『古事記』の注釈書。一七九八年完成。
・『万葉考』（賀茂真淵）
・『万葉代匠記』（契沖）

101 ③ 『玉勝間』
随筆。宣長が没するまで書き続けた。

□ 101 本居宣長の著作を一つ選べ。
①折りたく柴の記　②湖月抄　③玉勝間
④日本外史　⑤万葉代匠記　⑥蘭学事始
（早稲田大）

□ 102 宣長の作品ではないものを一つ選べ。
①古事記伝　②源氏物語玉の小櫛　③うひ山ぶみ
④折りたく柴の記　⑤玉勝間
（福岡女子大）

□ 103 契沖とほぼ同時代の儒者を次の中から選べ。
①林羅山　②石川丈山　③伊藤仁斎
④荻生徂徠　⑤頼山陽
（愛知学院大）

□ 104 賀茂真淵の著作を選べ。
①花月草紙　②古事記伝　③読史余論
④万葉考　⑤万葉代匠記
（青山学院大）

□ 105 荻生徂徠と最も近い時代の思想家を一人選べ。
①吉田兼好　②北畠親房　③世阿弥
④本居宣長　⑤慈円　⑥福沢諭吉
（学習院大）

□ 106 『花月草紙』の作者はだれか。
①加藤千蔭　②村田春海　③中島広足　④松平定信
（西南学院大）

□ 107 歌舞伎の台本作者でないものを選べ。
①河竹黙阿弥　②鶴屋南北
③近松門左衛門　④井原西鶴
（姫路獨協大）

---

102 ④
・『折たく柴の記』（新井白石の随筆）
・『日本外史』（頼山陽の歴史書）
・『蘭学事始』（回想録。作者は杉田玄白）

『源氏物語玉の小櫛』
『源氏物語』の本質を「もののあはれ」と述べた注釈書。
・『うひ山ぶみ』（初学者向けの国学入門書）

103 ③
契沖
国学の基礎を築いた。
・**林羅山**（江戸時代初期の朱子学者）
・**伊藤仁斎**（元禄期の古義学者）

104 ④
賀茂真淵
荷田春満門下。春満没後江戸に出て国学を唱えた。

105 ④
荻生徂徠
江戸時代中期の儒学者。朱子学を批判し古文辞学を確立した。

106 ④
『花月草紙』
松平定信の随筆。一八一八年刊。松平定信は老中として寛政の改革を行った。

107 ④
鶴屋南北
化政期の歌舞伎作者。代表作に『東海道四谷怪談』がある。

8 近代の散文に関するもの

問 次のそれぞれについて該当するものを選び、番号で答えよ。

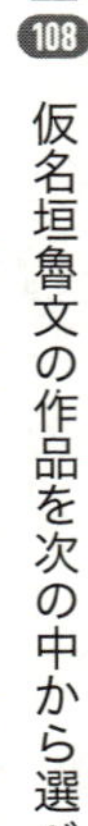

□ 108 仮名垣魯文の作品を次の中から選べ。

① 安愚楽鍋　② 当世書生気質　③ 経国美談
④ 西洋事情　⑤ 西洋紀聞
（追手門学院大）

□ 109 『佳人之奇遇』の分類として最も適当なものを選べ。

① 社会小説　② 翻訳小説　③ 政治小説
④ 時代小説　⑤ 歴史小説
（甲南大）

□ 110 坪内逍遥の提唱した文学理念を次の中から選べ。

① 写実主義　② 浪漫主義　③ 耽美主義
④ 人道主義　⑤ 自然主義
（大東文化大）

□ 111 「怪談牡丹灯籠」に大きな影響を受けて、言文一致によって書かれた文学作品を一つ選べ。

① 坪内逍遥「小説神髄」　② 二葉亭四迷「浮雲」
③ 森鷗外「舞姫」　④ 樋口一葉「たけくらべ」
⑤ 夏目漱石「吾輩は猫である」
（早稲田大）

□ 112 次の作品の著者をそれぞれ選び番号で答えよ。

a 文明論之概略　b 当世書生気質　c 浮雲

① 夏目漱石　② 石川啄木　③ 坪内逍遥
④ 福沢諭吉　⑤ 二葉亭四迷
（東京経済大）

解答とポイント

108 ①
仮名垣魯文（一八二九～一八九四）
明治初期の戯作作家。『西洋道中膝栗毛』『**安愚楽鍋**』がある。

109 ③
政治小説
自由民権運動を背景にした小説。東海散士『**佳人之奇遇**』、矢野龍渓『経国美談』、末広鉄腸『雪中梅』など。

110 ①
坪内逍遥（一八五九～一九三五）
『**小説神髄**』（一八八五）で、近世の勧善懲悪の価値観を否定し、**写実主義**を唱えた。

111 ②
二葉亭四迷（一八六四～一九〇九）
『**浮雲**』（一八八七）で、近代人の心理を言文一致の新しい文体で描いた。
・「**怪談牡丹灯籠**」（三遊亭円朝の落語）

112 a=④ b=③ c=⑤
福沢諭吉（一八三五～一九〇一）
明治初期の啓蒙思想家。『**学問のすゝめ**』、『**文明論之概略**』がある。
・『**当世書生気質**』（**坪内逍遥**の小説）

113 ②
『舞姫』

113 『舞姫』の成立はいつか。

① 一八七〇年　② 一八九〇年
③ 一九一〇年　④ 一九三〇年

（聖心女子大）

114 硯友社に所属した作家をa群から、また硯友社と関係のある雑誌をb群から一つずつ選べ。

a　① 尾崎紅葉　② 徳冨蘆花　③ 樋口一葉　④ 森鷗外
b　① 国民之友　② 文学界　③ 文章世界
　④ 我楽多文庫　⑤ 白樺　⑥ しがらみ草紙

（日本大）

115 次の中から幸田露伴の作品を一つ選べ。

① 浮雲　② 舞姫　③ 五重塔
④ 金色夜叉　⑤ 蒲団

（中京大）

116 「金色夜叉」の作者で、幸田露伴と並び称された人物を次の中から選べ。

① 尾崎紅葉　② 二葉亭四迷　③ 坪内逍遥
④ 泉鏡花　⑤ 樋口一葉

（南山大）

117 北村透谷の作品でないものを選べ。

① 歌よみに与ふる書　② 人生に相渉るとは何の謂いぞ
③ 楚囚之詩　④ 内部生命論

（拓殖大）

118 樋口一葉の作品として正しくないものを次の中から選べ。

① 大つごもり　② みだれ髪　③ 十三夜　④ にごりえ

（中央学院大）

雅文体で書かれた森鷗外の小説。『うたかたの記』『文づかひ』とともに**ドイツ三部作**といわれる。

114 a＝① b＝④

尾崎紅葉

硯友社という日本で最初の文学結社を結成、同人雑誌「**我楽多文庫**」を発刊し、明治二〇年代の文壇の主流をなした。擬古典主義と呼ばれる。

115 ③

幸田露伴（一八六七〜一九四七）

東洋的・男性的な独自の美的世界を描き、紅葉とともに紅露時代を築いた。『**五重塔**』『風流仏』がある。

116 ①

『金色夜叉』

一八九七年から「読売新聞」に断続連載されたが、未完のまま**尾崎紅葉**は一九〇三年に死去した。

117 ①

北村透谷（一八六八〜一八九四）

雑誌「文學界」の創刊に参加。**浪漫主義**運動の先駆者として評論を発表した。

・『歌よみに与ふる書』（正岡子規）

118 ②

樋口一葉（一八七二〜一八九六）

明治期の代表的女性作家。二十四年の生涯であったが、『**にごりえ**』『**たけくらべ**』などを発表した。

・『**みだれ髪**』（**与謝野晶子**の歌集）

問　次のそれぞれについて該当するものを選び、番号で答えよ。

119 泉鏡花の作品でないものを次の中から一つ選べ。
①歌行燈　②婦系図　③高野聖
④多情多恨　⑤夜行巡査
（愛知大）

120 徳冨蘆花の作品を選べ。
①金色夜叉　②不如帰　③門
④夜明け前　⑤暗夜行路
（北海学園大）

121 島崎藤村と関係の深い文学流派を次の中から選べ。
①耽美主義　②白樺派　③自然主義
④プロレタリア文学　⑤第一次戦後派
（東海大）

122 「自然主義に与しない」立場であった作家を次の中から一つ選べ。
①島崎藤村　②谷崎潤一郎　③田山花袋
④徳田秋声　⑤正宗白鳥
（成蹊大）

123 a藤村　b花袋　c白鳥の作品をそれぞれ一つずつ選べ。
①不如帰　②雁　③蒲団　④何処へ　⑤門
⑥破戒　⑦高野聖　⑧爛　⑨耽溺　⑩刺青
⑪土　⑫浮雲
（広島修道大）

124 武者小路実篤が活動した文学グループは一般に何と呼ばれているか。
①自然派　②白樺派　③明星派
④新感覚派　⑤新理知派
（早稲田大）

解答とポイント

119 ④
泉鏡花（一八七三～一九三九）
『**高野聖**』は一九〇〇年、『**婦系図**』は一九〇七年に発表された代表作。
・『**多情多恨**』（尾崎紅葉）

120 ②
徳冨蘆花（一八六八～一九二七）
小説『**不如帰**』（一八九九）、随筆『自然と人生』などがある。

121 ③
自然主義
日本の自然主義文学は作者個人の内面の真実を客観的に描くことを目標にした。そのため赤裸々な告白を尊重した。

122 ②
自然主義の作家
代表作家は**島崎藤村**・**田山花袋**・**正宗白鳥**・**徳田秋声**。理論的指導者は**島村抱月**。

123 a＝⑥　b＝③　c＝④
自然主義の作品
藤村『**破戒**』、花袋『**蒲団**』、白鳥『**何処へ**』
・『**雁**』（森鷗外）、『**爛**』（徳田秋声）、『**耽溺**』（岩野泡鳴）

124 ②
白樺派
個性の尊重・ヒューマニズムを唱えたグループで、人道主義・新理想主義などと呼ばれる。**志賀直哉**・**有島武郎**・**武者小**

□ 125 武者小路実篤の作品を次の中から選べ。

① 或る女　② 友情　③ 邪宗門　④ たけくらべ

（中央学院大）

□ 126 志賀直哉の作品として正しくないものを選べ。

① 和解　② 小僧の神様　③ 暗夜行路　④ 友情

（中央学院大）

□ 127 有島武郎の作品を次の中から二つ選び番号で答えよ。

① 友情　② 生まれ出づる悩み　③ 行人
④ 波　⑤ 或る女　⑥ 地獄変
⑦ 小僧の神様　⑧ 夜明け前

（日本大）

□ 128 耽美派の文学者を一人選べ。

① 正岡子規　② 石川啄木　③ 尾崎紅葉
④ 谷崎潤一郎　⑤ 国木田独歩　⑥ 森鷗外
⑦ 芥川龍之介　⑧ 田山花袋

（千葉大）

□ 129 永井荷風の作品を一つ選べ。

① それから　② 高野聖　③ ふらんす物語
④ 春琴抄　⑤ 高瀬舟

（国士舘大）

□ 130 谷崎潤一郎の作品でないものを次から一つ選べ。

① 卍　② 春琴抄　③ 蓼喰う虫
④ 刺青　⑤ 蒲団　⑥ 細雪

（名城大）

路実篤・長与善郎などがいる。

125 ②

武者小路実篤（一八八五〜一九七六）

『お目出たき人』で文壇に登場。作品に『**友情**』『幸福者』などがある。

126 ④

志賀直哉（一八八三〜一九七一）

近代文学を代表するリアリストで「小説の神様」といわれた。ほかに『網走まで』『城の崎にて』などがある。

127 ②・⑤

有島武郎（一八七八〜一九二三）

『カインの末裔』で文壇に登場。作品は『**生まれ出づる悩み**』『**或る女**』など。

128 ④

耽美派

雑誌「三田文学」を中心としたグループ。自然主義の「真」、白樺派の「善」に対して、「美」を希求し表現した。**永井荷風**・**谷崎潤一郎**などに代表される。

129 ③

永井荷風（一八七九〜一九五九）

江戸の伝統美を描き、反自然主義的な耽美派の先駆者となった。『**すみだ川**』『冷笑』『腕くらべ』『**濹東綺譚**』などがある。

130 ⑤

谷崎潤一郎（一八八六〜一九六五）

『**刺青**』『痴人の愛』『**春琴抄**』など美しい女の前に跪くことで男の歓びが完成する物語を書いた。

問 次のそれぞれに答えよ。

131 夏目漱石と関係のあった文学者を二人選べ。
① 中原中也　② 谷川俊太郎　③ 草野心平　④ 正岡子規
⑤ 近藤芳美　⑥ 高浜虚子　⑦ 木俣修　⑧ 宮柊二
（立命館大）

132 夏目漱石の『吾輩は猫である』が掲載された雑誌を次の中から選べ。
① アララギ　② 白樺　③ 新思潮
④ ホトトギス　⑤ 三田文学
（大阪産業大）

133 夏目漱石の作品でないものを一つ選べ。
① 草枕　② 明暗　③ 坊っちゃん　④ 雁　⑤ 行人
（愛知教育大）

134 『三四郎』は夏目漱石の三部作の一つであるが、残りの二作品の題名を答えよ。
（帝塚山学院大）

135 大正期に入ってから書かれた漱石の小説を二つ選べ。
① 三四郎　② 坊っちゃん　③ 道草
④ 明暗　⑤ 吾輩は猫である
（早稲田大）

136 森鷗外の作品でないものはどれか。
① 青年　② 夜明け前　③ 高瀬舟
④ 阿部一族　⑤ 舞姫
（帝京大）

137 森鷗外の史伝ものを一つ選べ。

解答とポイント

131 ④・⑥
夏目漱石の交友
漱石は大学在学中に**正岡子規**を知ってその影響を受けた。**高浜虚子**は正岡子規を引き継ぎ「**ホトトギス**」の編集をした。

132 ④
夏目漱石（一八六七～一九一六）
『吾輩は猫である』は一九〇五～一九〇六年、正岡子規主宰の雑誌「ホトトギス」に連載された漱石の処女作。

133 ④
夏目漱石の作品
『**坊っちゃん**』『**草枕**』は一九〇六年、『**行人**』は一九一二年の発表。『**雁**』は森鷗外の小説。

134 **それから・門**
漱石三部作
これらを**前期三部作**と呼ぶこともある。その場合、『**彼岸過迄**』『**行人**』『**こころ**』を**後期三部作**という。

135 ③・④
晩年の漱石
『**道草**』は一九一五年発表。『**明暗**』は一九一六年『朝日新聞』に連載、作者の死によって中絶した。なお漱石と鷗外を**余裕派**（高踏派）と呼ぶことがある。

136 ②
森鷗外（一八六二～一九二二）

□ **138** 芥川龍之介に関係のあるものを一つ選べ。

①芋粥　②即興詩人　③舞姫
④北条霞亭　⑤李陵

（金城学院大）

□ **139** 芥川龍之介の作品を、次の中から選べ。

①耽美派　②新感覚派　③新思潮派
④新興芸術派　⑤白樺派

（立正大）

□ **140** 菊池寛の作品を次の中から選べ。

①沈黙　②藪の中　③暗夜行路
④広場の孤独　⑤うたかたの記

（立命館大）

□ **141** 私小説に関係の深い作家とその作品として最もふさわしいものを、それぞれ一つずつ選べ。

①戯作三昧　②暗夜行路　③春
④恩讐の彼方に　⑤山椒大夫

（福岡教育大）

作家　①広津柳浪　②室生犀星　③横光利一
④島木健作　⑤葛西善蔵

作品　①「機械」・「旅愁」　②「哀しき父」・「子をつれて」
③「変目伝」・「雨」　④「あにいもうと」・「蜜のあはれ」
⑤「生活の探求」・「赤蛙」

（國學院大）

□ **142** 横光利一は文学史上どのように位置づけられるか。

①日本浪曼派　②余裕派　③耽美派
④白樺派　⑤新感覚派

（青山学院大）

『阿部一族』『高瀬舟』は歴史小説。森鷗外は乃木希典の殉死事件を機に歴史小説に転じた。

137 ④ **森鷗外の史伝**
『**北条霞亭**』は一九一七年発表。

138 ③ **新思潮派（新現実主義）**
現実を理知的にとらえ、技巧的に表現する**芥川龍之介**・菊池寛・久米正雄・山本有三など雑誌「新思潮」に拠った人々。

139 ② **芥川龍之介**（一八九二〜一九二七）
『**今昔物語集**』など古典の題材に近代的な主題を組み込んだ傑作を残した。『**羅生門**』『**鼻**』『**藪の中**』など。

140 ④ **菊池寛**（一八八八〜一九四八）
戯曲『父帰る』、小説『**恩讐の彼方に**』『真珠夫人』がある。

141 作家⑤・作品② **私小説**
主人公がそのまま作者と重なる日本独特の小説方法。虚構性を排し、事実の中に真実を追求する。自然主義文学を継承した新早稲田派によって完成された。

142 ⑤ **新感覚派**
横光利一・**川端康成**ら雑誌「文芸時代」（一九二四年創刊）に拠った人々。

問 次のそれぞれについて該当するものを選び、番号で答えよ。

□ **143** 横光利一の作品でないものはどれか。
①機械　②日輪　③旅愁　④檸檬　（愛知大）

□ **144** 川端康成の作品を次の中から二つ選べ。
①津軽　②潮騒　③春琴抄　④婦系図
⑤雪国　⑥沈黙　⑦千羽鶴　⑧たけくらべ　（日本大）

□ **145** 堀辰雄の作品を選べ。
①古都　②天平の甍　③聖家族　④細雪　⑤道草　（日本女子大）

□ **146** 井伏鱒二の作品を一つ選べ。
①野火　②暗い絵　③沈黙　④黒い雨　（日本大）

□ **147** 梶井基次郎の作品を選べ。
①蟹工船　②高野聖　③生まれ出づる悩み
④檸檬　⑤人間失格　⑥刺青　（日本大）

□ **148** 次の空欄に該当するものを選び、番号で答えよ。
プロレタリア文学においては、［ a ］が『蟹工船』を発表し、また、［ b ］は『太陽のない街』を発表している。
①中野重治　②徳永直　③丹羽文雄
④小林多喜二　⑤石川達三　（名古屋経済大）

□ **149** 宮沢賢治の作品を一つ選べ。

解答とポイント

143 ④
横光利一（一八九八〜一九四七）
『蠅』『機械』『日輪』『旅愁』がある。

144 ⑤・⑦
川端康成（一八九九〜一九七二）
『伊豆の踊子』『雪国』『山の音』など多数。一九六八年、日本人として初のノーベル文学賞を受賞した。

145 ③
堀辰雄（一九〇四〜一九五三）
新心理主義の作家。作品に『聖家族』『風立ちぬ』『菜穂子』などがある。

146 ④
井伏鱒二（一八九八〜一九九三）
新興芸術派の傍流から出発した。『山椒魚』『屋根の上のサワン』『黒い雨』など。

147 ④
梶井基次郎（一九〇一〜一九三二）
死後真価が認められた作家。『檸檬』『城のある町にて』『冬の蠅』など。

148 a＝④　b＝②
プロレタリア文学
小林多喜二・徳永直とも全日本無産者芸術連盟（ナップ）の作家で、雑誌「戦旗」を舞台に小説を発表した。

149 ②
宮沢賢治（一八九六〜一九三三）
詩人・童話作家。童話集に『注文の多い

①伊豆の踊子　②銀河鉄道の夜　③細雪
④智恵子抄　⑤人間失格

（松山大）

□ **150** 中島敦の作品を二つ選べ。

①夜明け前　②杜子春　③光と風と夢
④檸檬　⑤山月記

（高崎経済大）

□ **151** 柳田国男の作品はどれか。

①破戒　②遠野物語　③死者の書
④蒲団　⑤武蔵野

（関西学院大）

□ **152** 小林秀雄の評論名でないものを、次の中から一つ選べ。

①本居宣長　②様々なる意匠　③堕落論
④私小説論　⑤モオツアルト

（県立広島大）

□ **153** 島木健作の作品を一つ選び番号で答えよ。

①播州平野　②聖家族　③若い人
④生活の探求　⑤蟹工船

（名古屋学院大）

□ **154** 太宰治の作品でないものを二つ選べ。

①斜陽　②右大臣実朝　③少将滋幹の母
④ヴィヨンの妻　⑤旅愁　⑥富嶽百景

（学習院大）

□ **155** 坂口安吾の作品を次の中から一つ選べ。

①小説神髄　②自然と人生　③時代閉塞の現状
④千曲川のスケッチ　⑤木綿以前の事　⑥堕落論

（九州産業大）

料理店』がある。『銀河鉄道の夜』は、死後未定稿のまま発見された。

150 ③・⑤

中島敦（一九〇九～一九四二）

『山月記』『名人伝』『弟子』『李陵』など中国古典を題材にした作品を多く書いた。

151 ②

柳田国男（一八七五～一九六二）

民俗学者。著書に『**遠野物語**』『蝸牛考』『海上の道』などがある。

152 ③

小林秀雄（一九〇二～一九八三）

近代批評を確立した。『**様々なる意匠**』で文壇に登場、指導的批評家となった。③は坂口安吾。

153 ④

転向文学

島木健作の『**生活の探求**』は**中野重治**の『**村の家**』と並んで**転向**文学の代表作。

154 ③・⑤

太宰治（一九〇九～一九四八）

新戯作派（**無頼**派）を代表する作家。『**斜陽**』は一九四七年発表。③は谷崎潤一郎、⑤は横光利一。

155 ⑥

坂口安吾（一九〇六～一九五五）

織田作之助などとともに新戯作派（無頼派）と呼ばれる。『**堕落論**』『白痴』など。②は徳冨蘆花、③は石川啄木。

問 **次のそれぞれについて該当するものを選び、番号で答えよ。**

□ 156 **野間宏の作品でないものを一つ選べ。**
① 暗い絵　② 真空地帯　③ 青年の環　④ 豊饒の海　（姫路獨協大）

□ 157 **大岡昇平の作品を二つ選べ。**
① 砂の器　② 野火　③ 折々のうた　④ 武蔵野夫人
⑤ 金閣寺　⑥ 野分　⑦ 秀吉と利休　⑧ 黒い雨　（名古屋学院大）

□ 158 **武田泰淳の作品でないものを一つ選べ。**
① 蝮のすゑ　② 富士　③ ひかりごけ　④ 暗い絵　（日本大）

□ 159 **安部公房の作品を選べ。**
① 砂の器　② 他人の顔　③ 裸の王様
④ 坂の上の雲　⑤ 個人的な体験　（東海大）

□ 160 **庄野潤三、吉行淳之介は文学史上何と呼ばれているか。**
① 白樺派　② 第三の新人　③ 新感覚派
④ 内向の世代　⑤ 第二次戦後派　（福井大）

□ 161 **安岡章太郎の作品を次の中から一つ選べ。**
① プールサイド小景　② 沈黙　③ アメリカンスクール
④ 海辺の光景　⑤ 飼育　（明海大）

解答とポイント

156 ④
野間宏（一九一五～一九九一）
処女作『**暗い絵**』は戦後文学の第一声でもあった。④は三島由紀夫の作品。

157 ②・④
大岡昇平（一九〇九～一九八八）
復員後、戦争体験をもとにした『**俘虜記**』『**野火**』などを発表する一方、『武蔵野夫人』『花影』などの作品もある。

158 ④
武田泰淳（一九一二～一九七六）
敗戦後の上海を舞台にした『**蝮のすゑ**』で注目され、その後『風媒花』『**ひかりごけ**』などを発表した。

159 ②
安部公房（一九二四～一九九三）
『壁―S・カルマ氏の犯罪』（一九五一）で芥川賞受賞。作品に『赤い繭』『**砂の女**』などがある。

160 ②
第三の新人
遠藤周作、**庄野潤三**、**安岡章太郎**、**吉行淳之介**。日常的な主題を感覚的なリアリズムで追究した。

161 ④
安岡章太郎（一九二〇～二〇一三）
『**海辺の光景**』は一九五九年発表。①は庄野潤三、②は遠藤周作、③は小島信夫、⑤は大江健三郎の作品。

162 一九九四年にノーベル文学賞を受賞し、「あいまいな日本の私」という受賞記念講演を行った人物は誰か。

①大江健三郎　②村上春樹　③江藤淳
④石原慎太郎　⑤川端康成

（東海大）

163 次に挙げるものの中から、大江健三郎の作品を二つ選べ。

①飛ぶ男　②飼育
③黒い雨　④太陽の季節
⑤万延元年のフットボール　⑥静物

（愛知県立大）

164 「天平の甍」の作者は誰か。

①尾崎紅葉　②志賀直哉　③武田泰淳
④泉鏡花　⑤井上靖　⑥森鷗外

（立命館大）

165 三島由紀夫の作品でないものを次のなかから一つ選べ。

①金閣寺　②潮騒　③李陵　④花ざかりの森

（高崎経済大）

166 村上春樹の作品ではないものを一つ選べ。

①羊をめぐる冒険　②万延元年のフットボール
③風の歌を聴け　④ノルウェイの森
⑤アンダーグラウンド

（名城大）

167 次の作品を古い方から順に並べ、番号で答えよ。

①吾輩は猫である　②羅生門　③走れメロス
④坂の上の雲　⑤当世書生気質

（滋賀県立大）

---

162 ①

大江健三郎（一九三五〜二〇二三）

日本人として二人目のノーベル文学賞を受賞した戦後世代を代表する作家。

163 ②・⑤

大江健三郎の作品

『**飼育**』（一九五八）で芥川賞受賞。④は石原慎太郎、⑥は庄野潤三の作品。

164 ⑤

井上靖（一九〇七〜一九九一）

『闘牛』（一九四九）で芥川賞受賞。『**あすなろ物語**』『氷壁』『敦煌』『おろしや国酔夢譚』などの作品がある。

165 ③

三島由紀夫（一九二五〜一九七〇）

観念的な虚構による美の世界を構築した。『**金閣寺**』『**豊饒の海**』などのほか『サド侯爵夫人』など戯曲も多い。

166 ②

村上春樹（一九四九〜）

『風の歌を聴け』で群像新人文学賞受賞。『**ノルウェイの森**』は世界各国で翻訳された。ほかに『海辺のカフカ』『1Q84』などがある。

167 ⑤→①→②→③→④

司馬遼太郎

歴史小説作家。『竜馬がゆく』『空海の風景』などがある。①夏目漱石、②芥川龍之介、③太宰治、④司馬遼太郎、⑤坪内逍遥。

9 近代の韻文に関するもの

問 次のそれぞれについて該当するものを選び、番号で答えよ。

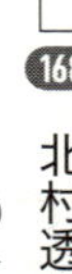

□ 168 北村透谷の作品を選べ。
① 落葉集 ② 楚囚之詩 ③ 純情小曲集
④ 一握の砂 ⑤ 春と修羅
（広島女学院大）

□ 169 島崎藤村の作品を一つ選べ。
① 歌よみに与ふる書 ② 一握の砂 ③ 抒情小曲集
④ 若菜集 ⑤ みだれ髪
（福岡大）

□ 170 蒲原有明と最も関係の深い詩の形式を次の中から選べ。
① 口語自由詩 ② 象徴詩 ③ 新体詩
④ 散文詩 ⑤ 劇詩
（大東文化大）

□ 171 薄田泣菫の詩集を次の中から一つ選べ。
① 邪宗門 ② 独絃哀歌 ③ 白羊宮 ④ 若菜集
（西南学院大）

□ 172 上田敏の訳詩集の題名として正しいものを選べ。
① 即興詩人 ② 月下の一群 ③ 珊瑚集
④ 新体詩抄 ⑤ 海潮音
（法政大）

□ 173 北原白秋の作品を次の中から選べ。
① 邪宗門 ② 月に吠える ③ 春と修羅
④ 道程 ⑤ 新体詩抄
（東海大）

解答とポイント

168 ②
北村透谷（一八六八～一八九四）
雑誌「文学界」に拠り、詩集『**楚囚之詩**』、劇詩『蓬莱曲』を発表した。

169 ④
島崎藤村（一八七二～一九四三）
浪漫派詩人として『**若菜集**』『一葉舟』『夏草』『落梅集』を発表した。

170 ②
蒲原有明（一八七五～一九五二）
象徴詩の確立者。詩集に『独絃哀歌』『春鳥集』などがある。

171 ③
薄田泣菫（一八七七～一九四五）
浪漫派詩人。また象徴派詩人として蒲原有明と併称された。詩集『白羊宮』（一九〇六）、随筆集『茶話』などがある。

172 ⑤
上田敏（一八七四～一九一六）
『**海潮音**』は一九〇五年刊。
『即興詩人』（森鷗外の翻訳小説）
『月下の一群』（堀口大学の訳詩集）
『珊瑚集』（永井荷風の訳詩集）
『新体詩抄』（外山正一・矢田部良吉・井上哲次郎編）

173 ①
北原白秋（一八八五～一九四二）

□ **174** 高村光太郎の詩集を一つ選べ。

① 若菜集　② 道程　③ 月に吠える
④ 邪宗門　⑤ 海潮音

（駒澤大）

□ **175** 萩原朔太郎と関係が深いものを、次の中から二つ選べ。

① 道程　② 白樺派　③ 月に吠える
④ 自然主義詩人　⑤ 若菜集　⑥ 口語自由詩

（九州国際大）

□ **176** 室生犀星の作品ではないものを一つ選べ。

① 杏っ子　② 性に目覚める頃
③ 青猫　④ 抒情小曲集

（千葉大）

□ **177** 宮沢賢治の詩集を選べ。

① 山羊の歌　② 月に吠える　③ 抒情小曲集
④ 海潮音　⑤ 春と修羅

（洗足学園音楽大）

□ **178** 三好達治の詩集を次の中から選べ。

① 道程　② 測量船　③ 一握の砂
④ 月に吠える　⑤ 月下の一群

（常葉学園大）

□ **179** a中原中也と、b立原道造の詩集をそれぞれ一つずつ選べ。

① 萱草に寄す　② 邪宗門　③ 白羊宮　④ 春と修羅
⑤ 月下の一群　⑥ 珊瑚集　⑦ 海潮音　⑧ 山羊の歌

（立命館大）

『邪宗門』は処女詩集。白秋には歌集『桐の花』もある。

174 ②

高村光太郎（一八八三〜一九五六）

現代詩の礎石を築いた詩人といわれる。**『道程』**（一九一四）のほか、『智恵子抄』『典型』などの詩集がある。

175 ③・⑥

萩原朔太郎（一八八六〜一九四二）

口語自由詩の完成者といわれる。**『月に吠える』**（一九一七）のほか、『青猫』『氷島』などの詩集がある。

176 ③

室生犀星（一八八九〜一九六二）

望郷・愛などを叙情的にうたった。詩集に『愛の詩集』**『抒情小曲集』**、小説に**『性に目覚める頃』『杏っ子』**がある。

177 ⑤

宮沢賢治（一八九六〜一九三三）

『春と修羅』は一九二四年刊。

178 ②

三好達治（一九〇〇〜一九六四）

『測量船』は第一詩集。ほかに『艸千里』『一点鐘』などの詩集がある。

179 a＝⑧　b＝①

中原中也と立原道造

中原中也は**『山羊の歌』**と『在りし日の歌』の二つの詩集を残した。立原道造は**『萱草に寄す』**『暁と夕の詩』がある。

問 次のそれぞれについて該当するものを選び、番号で答えよ。

□ **180** 後の詩集群に作品がない作者を一人選べ。

① 宮沢賢治　② 三好達治　③ 中原中也
④ 萩原朔太郎　⑤ 谷川俊太郎

（詩集群）月に吠える　二十億光年の孤独　邪宗門　測量船
山羊の歌　あこがれ　若菜集　（専修大）

□ **181** 近代短歌を確立した正岡子規が設立した結社は何か。

① あさ香社　② 硯友社　③ 新詩社
④ 竹柏会　⑤ 根岸短歌会　⑥ パンの会　（立命館大）

□ **182** 正岡子規の著作を一つ選べ。

① 歌よみに与ふる書　② 舞姫　③ 赤光
④ 一握の砂　⑤ 野菊の墓　（青山学院大）

□ **183** 根岸短歌会に属し、正岡子規の後継者と目されていた歌人を選べ。

① 北原白秋　② 与謝野鉄幹　③ 若山牧水
④ 伊藤左千夫　⑤ 室生犀星　⑥ 佐藤春夫
⑦ 島木健作　（名古屋経済大）

□ **184** 与謝野晶子と関係のあるものを一つ選べ。

① 文学界　② 海の声　③ みだれ髪
④ 自然主義　⑤ 新思潮　⑥ 一握の砂　（北海学園大）

□ **185** 次の文章の空欄にあてはまる適切なことばをそれぞれ選べ。

解答とポイント

180 ①

谷川俊太郎（一九三一～）

『二十億光年の孤独』は第一詩集。『**あこがれ**』は石川啄木の詩集。

181 ⑤

根岸短歌会

明治中期、落合直文の浅香社、佐佐木信綱の竹柏会などによる短歌革新の気運が起こった。同じころ、**正岡子規**も根岸短歌会を起こした。

182 ①

正岡子規と短歌の革新

正岡子規は一八九八年『**歌よみに与ふる書**』を発表して写生を唱えた。

183 ④

子規の後継歌人

根岸短歌会の歌人に**伊藤左千夫**・長塚節らがいる。伊藤左千夫は雑誌「**アララギ**」を創刊し後進を育成した。また小説『**野菊の墓**』もある。

184 ③

与謝野晶子（一八七八～一九四二）

浪漫主義短歌の歌人。夫の与謝野鉄幹が主宰する雑誌「**明星**」を中心に作品を発表した。『海の声』は**若山牧水**の歌集。

185 a＝③　b＝⑤　c＝⑪

アララギ派

島木赤彦、**斎藤茂吉**は伊藤左千夫の門下。

□ 186　斎藤茂吉は、［a］らとともに文芸雑誌［b］の代表的な歌人であり、その代表作には［c］などがある。

①石川啄木　②北原白秋　③島木赤彦　④高村光太郎
⑤アララギ　⑥明星　⑦ホトトギス　⑧白樺
⑨智恵子抄　⑩一握の砂　⑪赤光　⑫海潮音
（大阪府立大）

□ 186　石川啄木の歌集を一つ選べ。

①一握の砂　②赤光　③旅人かへらず
④道程　⑤みだれ髪
（早稲田大）

□ 187　明治時代になって最初に俳句の革新運動を展開した文学者はだれか。

①高浜虚子　②斎藤茂吉
③正岡子規　④種田山頭火
（日本大）

□ 188　正岡子規がはじめた雑誌の名前を選べ。

①アララギ　②明星　③ホトトギス　④スバル
（金城学院大）

□ 189　子規の門下として共に活動した俳人を二人選べ。

①尾崎放哉　②水原秋桜子　③村上鬼城
④山口誓子　⑤中村草田男　⑥河東碧梧桐
⑦種田山頭火　⑧高浜虚子
（日本大）

□ 190　「新興俳句」と最も関係ある人物を一人選べ。

①中村草田男　②水原秋桜子
③河東碧梧桐　④高浜虚子
（拓殖大）

186　①

斎藤茂吉は**アララギ派**の中心的歌人で、歌集に『**赤光**（しゃっこう）』『白き山』がある。

石川啄木（一八八六〜一九一二）
『**一握**（いちあく）**の砂**』のほかに、歌集『悲しき玩具』、評論『食（くら）ふべき詩』などがある。『旅人かへらず』は西脇順三郎（にしわきじゅんざぶろう）の詩集。

187　③

正岡子規と俳句の革新
正岡子規は「**写生**」を主張して短歌・俳句の革新を同時に成し遂げた。没後、**高**（たか）**浜虚子**（はまきょし）と**河東碧梧桐**（かわひがしへきごとう）に分かれた。

188　③

「ホトトギス」
一八九七年創刊（正確には子規の友人柳（やなぎ）原極堂（はらきょくどう）が創刊）。子規から高浜虚子に引き継がれた。

189　⑥・⑧

子規の後継俳人
河東碧梧桐は新傾向俳句を推進、**高浜虚子**は定型律を守り**ホトトギス**派と呼ばれた。ホトトギス派は近代俳句の中心勢力として継承された。

190　②

新興俳句
保守的な作風のホトトギス派に飽き足らぬ俳人たちによる俳句革新運動を**新興俳句**という。俳句雑誌「**馬酔木**（あしび）」を主宰した**水原秋桜子**（みずはらしゅうおうし）や山口誓子（やまぐちせいし）などが中心。

古典文学史のまとめ

①『源氏物語』を軸にした中古の文学のまとめ

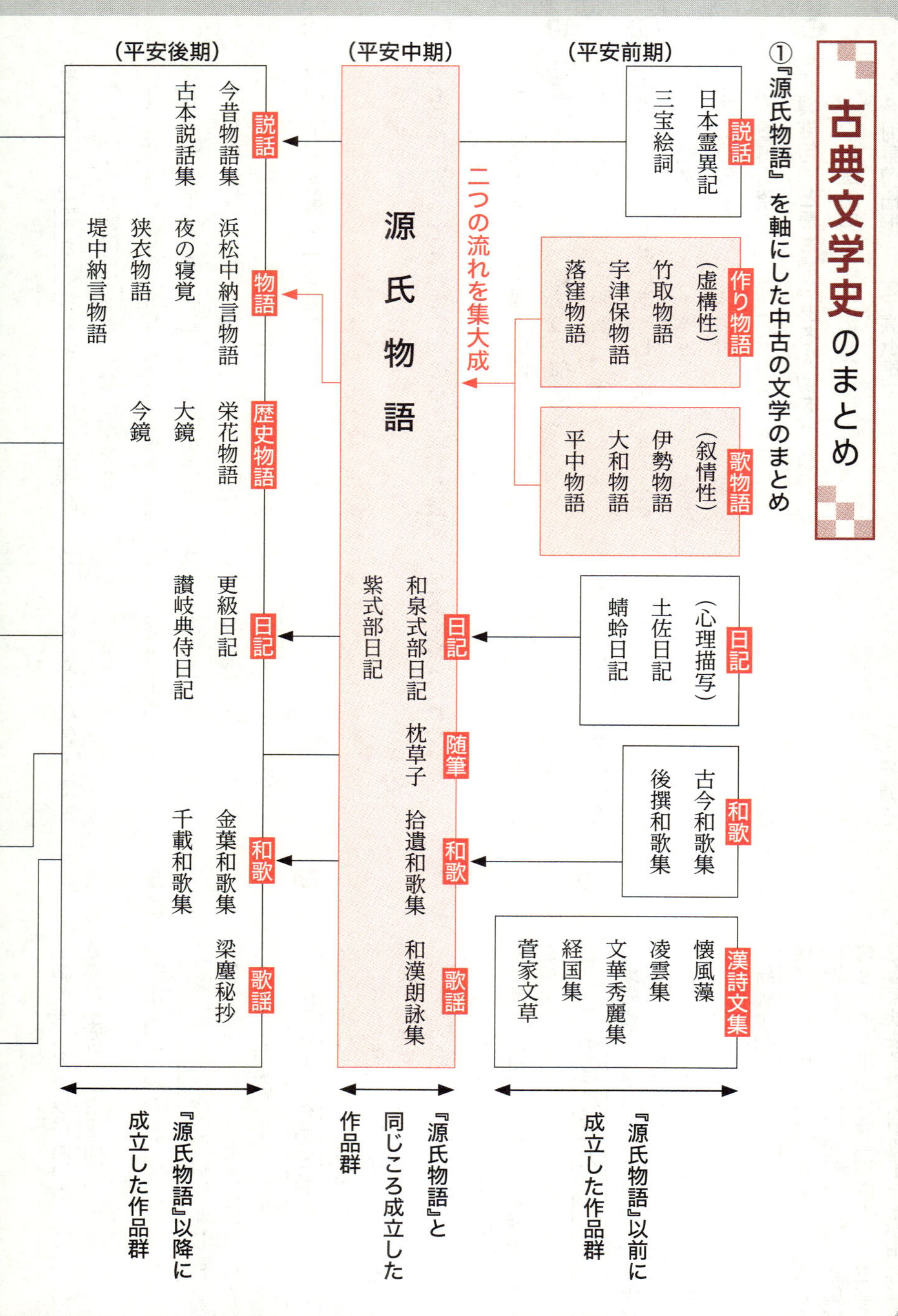

（平安前期）
説話
日本霊異記
三宝絵詞
作り物語
（虚構性）
竹取物語
宇津保物語
落窪物語
歌物語
（叙情性）
伊勢物語
大和物語
平中物語
日記
（心理描写）
土佐日記
蜻蛉日記
和歌
古今和歌集
後撰和歌集
漢詩文集
懐風藻
凌雲集
文華秀麗集
経国集
菅家文草
『源氏物語』以前に成立した作品群
（平安中期）
二つの流れを集大成
源氏物語
日記
和泉式部日記
紫式部日記
随筆
枕草子
和歌
拾遺和歌集
歌謡
和漢朗詠集
『源氏物語』と同じころ成立した作品群
（平安後期）
説話
今昔物語集
古本説話集
物語
浜松中納言物語
夜の寝覚
狭衣物語
堤中納言物語
歴史物語
栄花物語
大鏡
今鏡
日記
更級日記
讃岐典侍日記
和歌
金葉和歌集
千載和歌集
歌謡
梁塵秘抄
『源氏物語』以降に成立した作品群

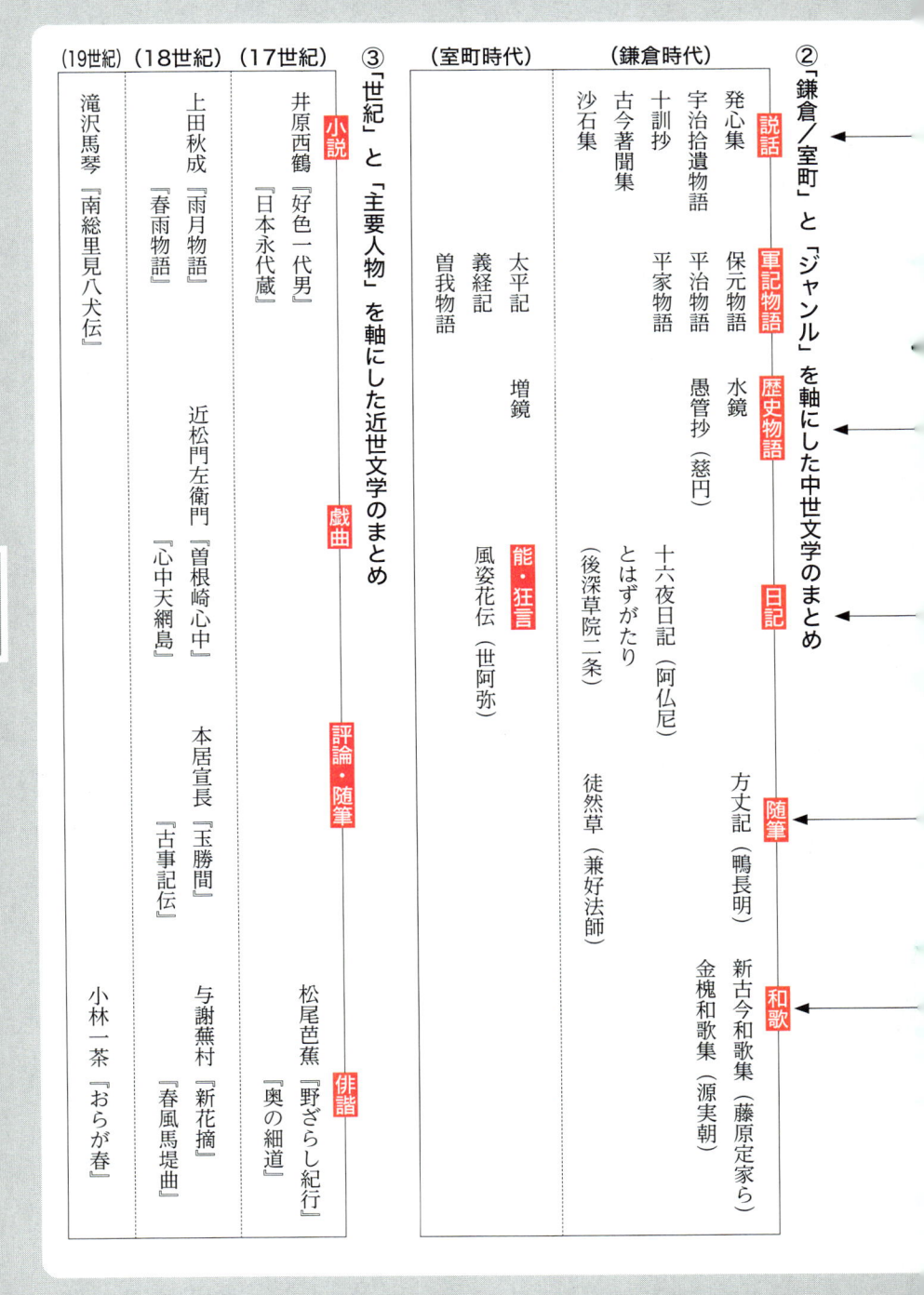

②「鎌倉／室町」と「ジャンル」を軸にした中世文学のまとめ

	説話	軍記物語	歴史物語	日記	能・狂言	随筆	和歌
（鎌倉時代）	発心集 宇治拾遺物語 十訓抄 古今著聞集 沙石集	保元物語 平治物語 平家物語	水鏡 愚管抄（慈円）	十六夜日記（阿仏尼） とはずがたり （後深草院二条）		方丈記（鴨長明） 徒然草（兼好法師）	新古今和歌集（藤原定家ら） 金槐和歌集（源実朝）
（室町時代）		太平記 義経記 曽我物語	増鏡		風姿花伝（世阿弥）		

③「世紀」と「主要人物」を軸にした近世文学のまとめ

	小説	戯曲	評論・随筆	俳諧
（17世紀）	井原西鶴『好色一代男』 『日本永代蔵』			松尾芭蕉『野ざらし紀行』 『奥の細道』
（18世紀）	上田秋成『雨月物語』 『春雨物語』	近松門左衛門『曽根崎心中』 『心中天網島』	本居宣長『玉勝間』 『古事記伝』	与謝蕪村『新花摘』 『春風馬堤曲』
（19世紀）	滝沢馬琴『南総里見八犬伝』			小林一茶『おらが春』

近代文学史のまとめ

①

近代文学への移行期（明治1～20）

① 戯作文学
仮名垣魯文『西洋道中膝栗毛』『安愚楽鍋』

② 政治小説
矢野龍渓『経国美談』東海散士『佳人之奇遇』

②

近代文学の出発期（明治20～39）

① 写実主義
坪内逍遥『小説神髄』
二葉亭四迷『浮雲』＊言文一致体

② 擬古典主義
尾崎紅葉『金色夜叉』
幸田露伴『五重塔』

③ 浪漫主義
森　鷗外『舞姫』
北村透谷『蓬莱曲』『内部生命論』

③

近代文学の完成期（明治40～大正12）

① 自然主義＝「真」の追求
島崎藤村『破戒』『夜明け前』
田山花袋『蒲団』『田舎教師』

② 耽美派＝「美」の追求
永井荷風『ふらんす物語』『腕くらべ』
谷崎潤一郎『刺青』『春琴抄』

③ 白樺派＝「善」の追求
武者小路実篤『お目出たき人』『友情』
有島武郎『カインの末裔』『或る女』
志賀直哉『城の崎にて』『暗夜行路』

④ 余裕派（高踏派）
夏目漱石
・『吾輩は猫である』（「ホトトギス」に発表）
・『三四郎』『それから』『門』＝前期三部作
・『彼岸過迄』『行人』『こころ』＝後期三部作
森鷗外
・『阿部一族』『高瀬舟』＝歴史小説
・『渋江抽斎』『北条霞亭』＝史伝

⑤ 新思潮派（新現実主義）＝「知」の追求
芥川龍之介『羅生門』『鼻』『戯作三昧』
菊池寛『恩讐の彼方に』『父帰る』

⑥ 新早稲田派＝私小説＝「現実」の追求
広津和郎『神経病時代』

④

近代文学の転換期（大正12～昭和20）

① プロレタリア文学
徳永直『太陽のない街』
小林多喜二『蟹工船』

② 新感覚派
横光利一『蠅』『日輪』『機械』
川端康成『伊豆の踊子』『雪国』

第7章

古文単語に関する問題

＊大学入試の古文問題では、古文単語の意味を問う設問が多く出題されています。また、傍線部の口語訳や解釈を問う設問でも古文単語の知識がポイントになるものが多くあります。

＊演習問題に取り組みながら、どの単語のどういう意味が問われているかを確認していきましょう。

＊ 多義語 24 は複数の意味を持つ多義語の問題です。意味の違いを確認しながら学習しましょう。

ウォームアップ

第7章 古文単語に関する問題

［現代語と異なる語義を持つ語］

1 傍線部の意味として最も適当なものを選べ。

言少なにて、南無阿弥陀仏、南無阿弥陀仏と言はれて侍りけるこそ、来しかた行く先のこと言はむよりも恥づかしく、汗も流れていみじかりしか。〈無名草子〉

① 気詰まりで　② 立派で　③ きまりが悪く　④ 控えめで　〈上智大〉

［複数の意味を持つ語］

2 傍線部の意味として最も適当なものをそれぞれ選べ。

a いとあやしく胸とどめきけれど、むくと起き出でて、やをら戸を開き見るに、目にさへぎるものなし。〈新花摘〉

① 珍しく　② 恐ろしく　③ 嬉しく　④ 不思議で　⑤ 興味をひかれ珍しく　〈立教大〉

b 離れたる所にあやしの庵かまへて、ただ一人ゐて、食ひ物なども自ら営みて、弟子をば時々ぞ来させける。〈閑居友〉

① 不思議な　② 粗末な　③ 風流な　④ 珍しい　⑤ 目立たない　〈立教大〉

解答とポイント

1 ②

古語の**恥づかし**には、相手がきわめてすぐれている場合に「こちらが恥ずかしくなるほど相手が立派だ」と評価を示す用法がある。ここも相手の状態に対して「恥づかし」と筆者が評価している箇所なので、「立派である・すぐれている」という意になる。

Check! 現代語と語義の異なる古語は多い。「おどろく」「ののしる」「おとなし」「かなし」「としごろ」などいずれも入試頻出語なので、しっかり意味を覚えたい。

2 a＝④　b＝②

あやしには「不思議だ・霊妙だ」の意の「**奇し**」「**怪し**」と「卑しい・身分が低い・粗末だ」などの意の「**賤し**」がある。ひらがなで書かれていることが多いので、文脈から意味を判断する。aは「胸とどめきけれど」とあるので「不思議だ」の意。bは「庵」のようすなので、「粗末だ」の意。助詞「の」を伴う連体修飾語の場合は「賤し」が多い。

Check! 複数の意味を持つ語は文脈から意味を判断する。本書では多義語として解説している。

Warm up

【複数の語の意味】

3 傍線部の意味として最も適当なものを選べ。

辛相が通ふ所にやと、このほどはここにとこそ聞きしか、いづくならんと、ゆかしくおぼしめして、御車をとどめて見出(みい)だし給へるに、
〈小夜衣〉

① いぶかしくお思いになって
② もどかしくお思い申し上げて
③ 知りたくお思いになって
④ 縁起が悪いとお思いになって
⑤ 会いたいとお思い申し上げて
（センター試験）

【文脈に即した解釈】

4 傍線部の意味として最も適当なものを選べ。

人々、皆乗り分かれて、管絃(くわんげん)の具ども、御前より申し出だして、そのことする人々、前におきて、やうやうさしまはす程に、
〈俊頼髄脳〉

［注］御前より申し出だして（皇后寛子からお借りして）

① さりげなく池を見回すと
② あれこれ準備するうちに
③ 徐々に船を動かすうちに
④ 次第に船の方に集まると
⑤ 段々と演奏が始まるころ
（共通テスト）

3

③

ゆかしと**おぼしめす**の意味を問う設問。ゆかしは心がひかれるが基本の意で「見たい・知りたい」などの意。おぼしめすは「思う」の尊敬語で「お思いになる」の意。各選択肢を検討すると次のようになる。

① いぶかしく　お思いになって
② もどかしく　お思い申し上げて
③ 知りたく　お思いになって　→正解
④ 縁起が悪いと　お思いになって
⑤ 会いたいと　お思い申し上げて

Check! 傍線部が複数の語で構成されているときは、いくつかの語に分けて意味を検討する。

4

③

やうやうは「徐々に・しだいに」の意なので③、④、⑤が該当する。**程**に該当するのは②、③「うち」、⑤「ころ」である。**さしまはす**は文脈から意味を判断する。「そのことする人々」は管絃の演奏をする人々を指す。冒頭の「人々」が船に「乗り分かれ」、楽器を借り、演奏する人々を前において、「さしまはし」ているという文脈である。「人々」が主語であるということから、「さしまはし」は「船を動かす」という意と解釈するのが正しい。

Check! 前後の文脈から主語述語の関係をおさえて意味を検討することも大切である。

第7章 ウォームアップ

口語訳

第7章

1 動詞に関するもの

問 次の傍線部の口語訳として最も適当なものを選び、番号で答えよ。

□ 1 聴聞の人々も、いかなる事ぞと思ひて、目も心もあきれけり。〈雑談集〉
① 呆然として ② 愛想が尽き ③ 怒気を表し
④ 嫌気がさし ⑤ 軽蔑を込め 〈同志社大〉

□ 2 酔ひの紛れにいととう明けぬる心地して、あかず帰らむことを宮は思す。〈源氏物語〉
① 飽きている ② 満足している ③ 満ち足りない
④ 夜が明けていない ⑤ まだ酔っていない 〈立教大〉

□ 3 例の思ひあまり、またなぐさむ方しなければ、何となくあくがれいでて、院へ参り給ひぬ。〈有明の別れ〉
① ふらりと出かけて ② あこがれを抱いて ③ 嫌気がさして
④ 明け方になって ⑤ とまどって 〈立教大〉

□ 4 御堂(みだう)この歌を御覧じて、いみじくあはれがらせたまひて、かく和泉守にはなさせたまへるなりけり。〈今昔物語集〉
① たいへん感動なさって ② とても悲しくなられて
③ ひどく残念に思われて ④ はげしく苦悩なされて 〈中央大〉

□ 5 帳のうちよりもいださず、いつき養ふ。〈竹取物語〉
① 大事に養育する ② 苦労して養育する
③ 厳しく養育する ④ すばらしい人として養育する 〈近畿大〉

解答とポイント

1 ①
あきる（呆る）
「（予想外のことにあって）途方に暮れる・呆然とする」こと。

2 ③
あく（飽く）
「望みなどが満ち足りて十分だと思う・満足する」こと。「**あかず**」は逆に「満ち足りない・名残惜しい」状態。

3 ①
あくがる
「本来の場所から離れてさまよう」こと。「さまよい出る・うわの空になる」のほか「お互いの心が離れる・疎遠になる」という意味もある。

4 ①
あはれがる
「しみじみと感動する・感心する・ほめたたえる」こと。「悲しがる・気の毒がる」の意もある。形容動詞「あはれなり」、感動詞「あはれ」も頻出。

6 一筆の御返事をも伺ひて得させよと頼むに、いなみがたくて、恐れながら捧げ奉るなり。〈俵藤太物語〉

① 断りづらくて　② 打ち明けにくくて　③ 放置しがたくて
④ 納得がいかなくて　⑤ わけが分からなくて 〈関西学院大〉

7 「あな、うたてのことや。親にとくおくれて、心もはかばかしからずぞあらんかし」といらへたまふ。〈落窪物語〉

① からかう　② いらいらする　③ 思いやる
④ こたえる　⑤ つぶやく 〈関西外国語大〉

8 「召（め）し具し給へるは、故宮に後（おく）れさせ給ひて、無礼（むらい）にわたらせ給へるを、侍従（じじゅう）が縁（よすが）となりて」〈松陰中納言物語〉

① 都に取り残されてしまって　② 出家されてしまって
③ 愛想がつきてしまわれて　④ 離縁されてしまって
⑤ 先立たれてしまわれて 〈立教大〉

9 御母の更衣なやみ給ふことありき。おこたりもやり給はで、夏の頃（ころ）は、いとしも重うわづらはせ給へば、御里にまかでなむとし給ふ。〈伊勢源氏十二番女合〉

① 怠けることも少しもなさらないで
② 病気がすっかりよくおなりにもならないで
③ わずかの過失を犯すこともなさらないで
④ 悩みが完全におなくなりにもならないで
⑤ お便りをまったくお出しにもならないで 〈センター試験追試〉

第7章　1 動詞

---

5 ①
いつく
「**斎く**」と「**傅く**」があり、前者は「心身を清らかにし、神に仕える」こと、後者は「大切に育てる」こと。「**いつき養ふ**」は後者。

6 ①
いなぶ（いなむ）
感動詞「**いな**（否）」が動詞化したもの。「断る・承知しない・いやがる」こと。

7 ④
いらふ
「返事をする・答える・返答する」こと。名詞「**いらへ**」は「返事」の意。

8 ⑤
おくる（後る・遅る）
「あとに残る・取り残される」こと、「（親しい人に）先に死なれる・先立たれる」こと。

9 ②
おこたる（怠る）
「休む・怠ける」こと、「病気がよくなる」こと。「**なやむ**」は「病気で苦しむ・わずらう」こと。

口語訳

問　**次の傍線部の口語訳として最も適当なものを選び、番号で答えよ。**

10 昔、愛宕(あたご)の山に、久しく行ふ聖(ひじり)ありけり。〈宇治拾遺物語〉

① 執行する　② 修行する　③ 通行する
④ 行動する　⑤ 食事する 〈大分大〉

11 御返事するとおぼして、うちおどろきたまひぬ。「夢と知りせば」と思ふに、悲しさ、言ふはかりなし。〈住吉物語〉

① 思いにふける　② 困惑する　③ 目をさます
④ びっくりする　⑤ 立ち上がる 〈立教大〉

12 見れば、普賢菩薩(ふげんぼさつ)、白象に乗りて、やうやうおはして、坊の前に立ち給へり。〈宇治拾遺物語〉

① やっと現れて　② しずしずとおいでになって
③ おもむろに進んで　④ 立派なお姿にて
⑤ ゆっくりゆっくり来て 〈中京大〉

13 さは、この僧にまことに具しておはしたるにやとおぼす程に、その後また、僧都の夢に見給ふやう、〈宇治拾遺物語〉

① ぼんやりされる　② 仰る　③ お思いになる
④ ご覧になる　⑤ おどろかれる 〈四国大〉

14 「いみじうも大殿籠(おほとのごも)りたるかな」と、申しかけて急ぎ帰りぬ。〈四条宮下野集〉

① お守りくださっていらっしゃいますこと
② お隠れになっていらっしゃいますこと

解答とポイント

10 ②
おこなふ（行ふ）
「仏道の修行をする・読経(どきょう)などをする」こと。名詞「おこなひ」も「勤行(ごんぎょう)・仏道修行」の意。

11 ③
おどろく（驚く）
「びっくりする・はっと気づく・目を覚ます」こと。「夢と知りせば」は「思ひつつ寝ればや人の見えつらむ夢と知りせば覚めざらましを」という小野小町(おののこまち)の和歌の一節。

12 ②
おはす
「あり・居り・行く・来(く)」の尊敬語。どの語の尊敬語か文脈から判断する。訳はすべて「いらっしゃる」でよい。

13 ③
おぼす（思す）
「思ふ」の尊敬語「お思いになる」。なお「思ふ」の謙譲語は「存ず」。

14 ④
おほとのごもる（大殿籠る）
「寝(ぬ)」「寝(い)ぬ」の尊敬語「おやすみになる」。

③ 引きこもっていらっしゃいますこと
④ おやすみになっていらっしゃいますこと
⑤ 気づかないでいらっしゃいますこと　〈金城学院大〉

□ 15 ただ母君のそのままにうつしとり給へるを見給ふには、えたへ給はず、かきくらされ給ふ。　〈五葉〉
① むなしく時を過ごしていらっしゃる
② 悲しみにくれていらっしゃる
③ 感涙にむせんでいらっしゃる
④ 部屋にこもりきりでいらっしゃる
⑤ 心に描き続けていらっしゃる　〈センター試験〉

□ 16 その後(のち)は、この猫を北面にもいださず、思ひかしづく。　〈更級日記〉
① 供養する　② 束縛する
③ 大切にする　④ 観察する　〈フェリス女学院大〉

□ 17 「大かたは、かくおそろしき物に領ぜられたりける所に参りける、あやまちなり」とかこちければ、舅、いとほしと思ひて、　〈宇治拾遺物語〉
① 恨み言を言ったところ　② 落ち込んでいたところ
③ 後悔していたところ　④ 責めたところ　〈学習院大〉

□ 18 薬の壺に御文そへ、まゐらす。ひろげてご覧じて、いといたくあはれがらせたまひて、物もきこしめさず。　〈竹取物語〉
① お召し上がりにならない　② お聞き入れにならない
③ お聞きにならない　④ お治めにならない　〈甲南女子大〉

なお、「**大殿油**」は「おほとなぶら」と読み、宮中や貴族の御殿でともした油の灯火。

15 ②
かきくらす（掻き暗す）
「暗くする」こと。「**かき**」は接頭語。「雨や雪が激しく降って、空やあたり一面を暗くする」や、「悲しみに心を暗くする」意。「**れ**」は自発の助動詞。

16 ③
かしづく
「幼い人を大切に守り育てる」が基本の意。「大切に守り育てる・愛育する・大事に面倒を見る・後見する」。

17 ①
かこつ（託つ）
「恨みに思い、愚痴を言う・不平を言う・嘆く」こと。「領ぜられ」の「**領ず**」は「領有する」、「**られ**」は受身の助動詞。

18 ①
きこしめす（聞こし召す）
「聞く」の尊敬語「お聞きになる」と、「食ふ・飲む」の尊敬語「召し上がる」がある。ここは「物も」なので、①が正解。

口語訳

問 次の傍線部の口語訳として最も適当なものを選び、番号で答えよ。

19 童・下使ひなどまでに、禄どもあまたかづけ給ふ。〈笠亡志船物語〉

① 褒美の着物を次々と着せ掛けなさる
② 任官の俸給を十分に支給なさる
③ 大宰府への伝言をあれこれとお託しになる
④ 祝儀の品々をたくさんお与えになる
⑤ お祝いの衣装を何枚も重ね着なさる

〈センター試験追試〉

20 いと久しくありて、思ひかけぬほどにおはしましたりければ、えものきこえで逃げて戸のうちにいりにけり。〈大和物語〉

① 挨拶の声も聞こえなかったので
② 挨拶の声も耳に入らないで
③ 挨拶のことばもおっしゃらないで
④ 挨拶の声も聞こえてきたので
⑤ 挨拶のことばも申し上げることができないで

〈中京大〉

21 大王、大いに悦び給ひて、みづから多くの狩人を具して、この男をしるべに召し具して行幸なりぬ。〈宇治拾遺物語〉

① 整えさせて
② 用意させて
③ 招集して
④ 伴って
⑤ 頼みにして

〈関西学院大〉

22 余は奥の一間にありて、句をねり詩をうめきゐけるが、やがてこうじにたれば、ふとん引きかうでとろとろと睡らんとするほどに、〈新花摘〉

① 良い句ができたので
② 夜も静まったので
③ くたびれたので
④ 仕事もないので
⑤ 酔いがまわったので

〈明治大〉

解答とポイント

19 ④

かづく（被く）
活用の種類によって意味が異なる。例文のように下二段活用の場合は「(ほうびや祝儀として衣服・布などを) 与える・授ける」こと。四段活用の場合は「(頭から) かぶる」「(ほうびや祝儀として衣服・布などを) いただく」こと。

20 ⑤

きこゆ（聞こゆ）
自動詞の場合は「耳に入る・聞こえる・世間で評判になる」だが、他動詞の場合は「言ふ」の謙譲語で「申し上げる」の意。「え」は副詞。打消語を伴って「…できない」という不可能の意を表す。

21 ④

ぐす（具す）
自動詞の場合は「備わる・従う」、他動詞の場合は「備える・引き連れる」。

22 ③

こうず（困ず）
「疲れる・くたびれる・困る」こと。

□ 23 御前ことごとしからで、親しき限り五六人ばかり、狩衣にてさぶらふ。〈源氏物語〉

① お供する　② さまよう　③ ございます
④ いらっしゃる　⑤ お召しになる　〈國學院大〉

□ 多義語 24 天智天皇、太子にておはしましける時、筑前の国に朝倉といへる所に、しのびて住み給ひけり。〈俊頼髄脳〉

① 訴えて　② 隠れて　③ 渡って　④ 慕って
⑤ 讃えて　〈同志社大〉

□ 25 「臨終の折は、風火のまづ去る。かるが故に、動熱して苦多かり。善根の人は地水まづ去るが故に、緩慢して苦しみなし」とこそはあんめれ。されば善根者と見えさせ給ふ。あはれに内・東宮の御使ぞ隙なき。日頃いみじうしのびさせ給へる殿ばら・御前達、声も惜しませ給はずげにいみじや。〈栄花物語〉

① 秘匿する　② 懐かしむ　③ 我慢する　④ 回想する
⑤ 慕う　〈法政大〉

□ 26 帝、ののしりあはれがりたまひて、御しほたれたまふ。〈大和物語〉

① 感動して涙をお流しなされた　② 汗でびっしょりになられた
③ 潮をお垂らしなされた　④ がっかりなされた　〈神奈川大〉

□ 27 むかし、をとこ、津の国、むばらの郡、蘆屋の里にしるよしして、いきて住みけり。〈伊勢物語〉

① 初めて知って　② 領地があって　③ 人に招かれて
④ 見物したくて　⑤ 興味を持って　〈神戸女子大〉

23 ①

さぶらふ（候ふ）

「あり」の謙譲語「お仕えする」、「行く・来」の謙譲語「参上する・伺う」、「あり」の丁寧語「ございます」の意味がある。補助動詞の場合は丁寧で、「…です」「…ます」と訳す。

24 ②

しのぶ（忍ぶ）

「こらえる・がまんする・隠す・隠れる」などの意がある。ここは「人目につかないようにする」意で、②が正解。

25 ③

例文は藤原道長薨去の場面。「このところ（道長の病気を見舞うことを）我慢されていた子息や御前たちがお泣きになる」という意で、③が正解。

26 ①

しほたる（潮垂る）

「潮水に濡れる・衣服がびっしょり濡れる・涙で袖が濡れる」の意。和歌で掛詞として用いられることが多い。

27 ②

しる（領る・知る）

「しる」は物事を理解し自分のものとすることで、国や土地が対象のとき「統治する・支配する・領有する」の意を表す。

口語訳

問 次の傍線部の口語訳として最も適当なものを選び、番号で答えよ。

□ 28 もとより歌のことは知らざりければすまひけれど、強ひてよませければ、かくなむ。 〈伊勢物語〉

① 抵抗したけれど ② 固辞したけれど
③ 論争したけれど ④ 組み合わせてみたけれど
⑤ 何もせずに座っていたけれど 〈四天王寺国際仏教大〉

□ 29 「さまざまなる筆どもかな。誰々（たれたれ）ならん」など、ことなしびに問はせ給へど、うちそばみおはするを、 〈兵部卿物語〉

① ただ寝たふりをしていらっしゃる
② ちょっと横を向いていらっしゃる
③ 近くの人と雑談していらっしゃる
④ 内心不愉快な思いでいらっしゃる
⑤ 何かに気を取られていらっしゃる 〈センター試験〉

□ 30 内へまゐりたまふとて、御車に奉りたまひければ、わが御身は乗りたまひけれど、御髪のすそは、母屋の柱のもとにぞおはしける。 〈大鏡〉

① 参上なさったので ② 差し上げなさったので
③ お呼びになったところ ④ お乗りになったところ 〈日本大〉

□ 31 高陽院（かやのゐん）の姫君と申すは、鳥羽院の御女（むすめ）、美福門院の御腹なり。この宮の御とり子にて、その御さきをたのみ給ひけるに、はかなく隠れさせ

解答とポイント

28 ②

すまふ（争ふ／辞ふ）

争ふと**辞ふ**があり、前者は「抵抗して争う」、後者は「**辞退する・断る**」意。ここは和歌の話なので後者の意。

29 ②

そばむ（側む）

「**横を向く**」こと。「（横を向いて）ひがむ・すねる」、「かたよる」の意味もある。「**うち**」は接頭語。「**ことなしび**」は「そ知らぬふりをすること」。

30 ④

たてまつる（奉る）

「与ふ」の謙譲語「さし上げる」、「着る」「**乗る**」「食ふ」の尊敬語「お召しになる」「**お乗りになる**」「召し上がる」のほか謙譲の補助動詞の用法がある。ここは「御車に」なので、④が正解。

31 ②

たのむ（頼む）

四段活用なら「**あてにする**」、下二段活

給ひける。
① 信用していらっしゃった　② あてになさっていた
③ お頼り申し上げていた　④ 期待申し上げていた
⑤ 予測なさっていた
〈十訓抄〉〈東京女子大〉

□ 32
雪の夜はかならずこむとたのめしを消えにし人や思ひ出でけむ
〈六帖詠草〉
① お願いしていた私を　② あてにさせたことを
③ たよりにしていたのに　④ 心強く思わせておいて
〈中央大〉

□ 33
「紙たまはりて、これ包みてまかりて、たうめや子どもなどに食はせん」といへば、
〈宇治拾遺物語〉
① お与えになって　② さしあげて
③ もらって　④ いただいて
〈京都産業大〉

□ 34
赤橋といふ所に、将軍、御車とどめており給ふ。上達部は上の衣なもあり。殿上人など、いと多くつかまつる。
〈増鏡〉
① 参内する　② 控えている　③ お仕えなさる
④ 正装なさっている　⑤ お仕え申し上げる
〈清泉女子大〉

□ 35
さてあらぬ時は、よくやは聞こえたまへるや。上の御心なつつみきこえたまひそ。
〈落窪物語〉
① 納得する　② 遠慮する　③ 無駄にする
④ 隠し立てをする　⑤ 知らないふりをする
〈立教大〉

用なら「あてにさせる」の意。ここは四段活用の連用形なので、②が正解。

32 ②
ここは下二段活用の連用形なので、「あてにさせる」の意。

33 ④
たまはる（賜はる・給はる）
「もらふ・受く」の謙譲語「いただく・頂戴する」。「**たうめ**」は「老女」の意。

34 ⑤
つかまつる（仕る）
「仕ふ」の謙譲語「お仕え申し上げる」、「す」の謙譲語「いたす」のほか謙譲の補助動詞の用法がある。ここは主語が「殿上人など」なので、⑤が正解。

35 ②
つつむ
「他人の目や思惑などを気づかう・遠慮する」こと。「**な…そ**」は「…するな」という意の禁止構文。

口語訳

問 次の傍線部の口語訳として最も適当なものを選び、番号で答えよ。

□36 いづれの御時にか、女御、更衣あまたさぶらひたまひける中に、いとやむごとなき際にはあらぬが、すぐれて時めきたまふありけり。〈源氏物語〉

① 格別胸がどきどきするようなことがあった。
② とりわけ、ご寵愛をこうむっておられる方があった。
③ うつくしいので興奮や期待などで胸がどきどきしたのだった。
④ ひときわ世間の評判の高い人がいた。〈聖徳大〉

□37 いみじくここちまさりて、ながめ暮らすほどに、文あり。〈蜻蛉日記〉

① 長雨に降りこめられて　② 詩を詠みながら
③ 世の行く末を思いはかりつつ　④ 物思いに沈んで
⑤ 庭などを眺めて〈同志社大〉

□38 帯しどけなき宿直姿なまめいたるに、こよなうあまれる髪の末、白きにはましてもてはやしたる、いとけざやかなり。〈源氏物語〉

① なまなましく　② 活発で　③ 目もあてられず
④ あでやかで　⑤ 乱れきって〈京都女子大〉

□39 出で立つ足元よりうち始め、ならはぬ旅の装ひいとあはれにて、やすらはるるに、〈とはずがたり〉

① 習ったことのない　② 練習しない　③ 慣れない
④ 習慣となった　⑤ いつも着慣れた〈京都女子大〉

解答とポイント

36 ②
ときめく（時めく）
「盛りになる・もてはやされる・寵愛を受ける」こと。「めく」は接尾語。「たまふ」の下に「人（方）」が省略されている。例文は『源氏物語』の冒頭。

37 ④
ながむ（眺む）
「物思いに沈みながらぼんやりと見る・物思いにふける」ようす。なお、「ながむ（詠む）」は「詩歌を吟じる」意。

38 ④
なまめく
「みずみずしく美しい・清新に見える・しっとりとして優美である」ようす。

39 ③
ならふ（慣らふ・馴らふ）
「経験を積んでよく知る・慣れる」こと、「人に慣れ親しむ・なじむ」こと。また「学習する・学ぶ」という意もある。

40 ⑤
にほふ（匂ふ）

□ 40 花に朝日のにほひたるも、松に有明の残りたらんも、〈鶉衣〉
①いい香りがただよっているのも　②うすくぼんやりとしているのも
③ほんのりとうつっているのも　④かすかにその気配がするのも
⑤美しく照り映えているのも　（駒澤大）

□ 41 日数ふるままにいとこひしう、今も立ちかへらまほしき心地するを、しひてねんじてへめぐるに、いつしか年月も重なりぬ。〈橿園文集〉
①お祈りして　②我慢して
③つまんで　④やりくりして　（早稲田大）

□ 42 船人もみな、子たかりてののしる。〈土佐日記〉
①叱りつける　②悪口を言う
③大声をあげる　④噂話(うわさばなし)をする　（京都産業大）

□ 43 悦は、近衛殿(このゑどの)に侍りて、筆法を学び奉りけり。〈観鵞百譚(かんがひゃくたん)〉
①取り入って　②警護を任されて　③気に入られて
④お仕えして　⑤期待されて　（青山学院大）

□ 44 その国の人の出でて語るやう、「ひととせごろ物にまかりたりしに、いと暑かりしかば」〈更級日記〉
①都から任地へ赴任してまいりましたときに
②久しくおいでにならなかったときに
③用事があっておうかがいしたときに
④ある所へまいりましたときに
⑤御所から出かけましたときに　（駒澤大）

「美しく照り映える・美しく輝く」こと、「よい香りがする」こと。名詞「にほひ」は「つややかな美しさ」の意。

41 ②
ねんず（念ず）
「心の中で祈る・祈念する」こと、「我慢する・こらえる」こと。入試では後者が出題されることが多い。ここも後者。

42 ③
ののしる
「大声を立てる・大声で言い騒ぐ」こと、「世間で騒がしく言い立てる・評判になる」こと。

43 ④
はべり（侍り）
「あり・をり」の謙譲語「お仕えする」、「あり・をり」の丁寧語「あります・ございます」、丁寧の補助動詞の用法がある。ここは「近衛殿に」とあるので、謙譲語で、④が正解。

44 ④
まかる（罷る）
「高貴な所から退出する」が本来の意だが、平安時代に「行く」の丁寧語「参ります」の用法が発達し、謙譲語としては「まかづ」が用いられることが多い。

口語訳

第7章　1 動詞

問 次の傍線部の口語訳として最も適当なものを選び、番号で答えよ。

□ 45 互ひに顔をまもりて言ふこともなくして居並みたるに、年ごろそのこととなくて相ひ副(そ)へる弟子あり。〈今昔物語集〉

① 表情を動かさないで　② 人目を気にして　③ 顔をみつめて　④ 顔を伏せて　〈中央大〉

□ 46 「病ひの僧にはゆるし給ふなり。売るを買ふはつみかろかなり。試みになほ魚をまゐれ」といふ。〈三宝絵〉

① 魚を献上しなさい　② 魚を買ってきなさい　③ 魚を祈りなさい　④ 魚を釣ってきなさい　⑤ 魚を召し上がってください　〈神戸学院大〉

□ 47 若き人は、苦しとてむつかるめり。なほ年経ぬるどちこそ、心かはして、睦びよかりけれ。〈源氏物語〉

① すねる　② ことわる　③ いやがる　④ 気味悪がる　⑤ 腹を立てる　〈立教大〉

□ 48 鳥のつい居たるかたを瓶(かめ)につくらせたまひて、興あるものに思して、ともすれば御酒入れて召す。〈大鏡〉

① お飲みになる　② お呼びになる　③ お持てなしする　④ 差し上げる　⑤ 世話をさせる　〈関西学院大〉

□ 49 東山(ひがしやま)の、ある宮ばらの女房に言ひかかりて、文しきりにやり、身もたびたび行きけれども、いとはしたなくもてなして、「おまへに、いとまふたがりて」など言ひて過ぎけり。〈十訓抄〉

解答とポイント

45 ③

まもる（守る）

「じっと見つめる・見守る」こと。本来「目守る」で、「目を離さずじっと見つめる」意。

46 ⑤

まゐる（参る）

「行く・来」の謙譲語「参上する」、「与ふ」の謙譲語「さし上げる」、「食ふ・飲む」の尊敬語「召し上がる」などがある。ここは「魚を」なので、⑤が正解。

47 ③

むつかる

「不快に思う・不満に思う・いやがる」こと。形容詞「むつかし」と同根の語で、「うっとうしく不快に思うさまや、わずらわしく思うさま」をいう。

48 ①

めす（召す）

「呼び寄せる・飲食する・着る・乗る」などの尊敬語。それぞれ「お呼び寄せになる・召し上がる・お召しになる・お乗りになる」と訳す。

49 ④

もてなす

① 無作法な応対をして　② 心苦しいそぶりをして
③ 下品な振る舞いをして　④ そっけない扱いをして
⑤ きまり悪いほどの歓待をして
（國學院大）

50

あまり事々しからんもいかがなど思ひわづらひて、やすらふ程に、〈中務内侍日記〉

① 心をしずめる　② 立ち止まる　③ やすむ
④ 息をひそめている　⑤ ためらう
（同志社大）

51

衣だに着ず蓑笠（みのかさ）に身をやつしてここかしこ行（おこな）ひありきける。〈春雨物語〉

① 身体を包んで　② 身柄を拘束して　③ 姿を飾って
④ 姿をみすぼらしくして　⑤ 姿がやせおとろえて
（東海大）

52

つれづれわぶる人は、如何（いか）なる心ならむ。〈徒然草〉

① たいくつを苦にする人　② たいくつを楽しむ人
③ たいくつを意に介さない人　④ たいくつを乗り越えた人
⑤ たいくつを見詰める人
（関西学院大）

問 **次の傍線部はどの動詞の代わりに用いられているか。それぞれ最も適当なものを選び、番号で答えよ。**

多義語 **53**

「あはれ、いかにし給はんずらん」と、しばしば息の下にもものせ[a]られしを思ひ出（い）づるに、かうまでもあるなりけり。人聞きつけてもの[b]したり。我はものも覚えねば、知りも知られず、〈蜻蛉日記〉

① 見る　② 言ふ　③ 聞く　④ あり　⑤ 行く　⑥ 来（く）
（椙山女学園大）

第7章　1 動詞

「**取り扱う**・振る舞う・もてはやす」こと。ここは「女房が主人公をもてなす」という文脈なので、④が正解。「**はしたなく**」は「そっけなく・無愛想に」の意。

50 ⑤

やすらふ（休らふ）

「立ち止まる・とどまる」こと、「決断がつかず躊躇（ちゅうちょ）する・**ためらう**」こと。

51 ④

やつす

「目立たないように姿を変える・**みすぼらしくする**」こと、特に「出家して僧の姿になる」こともいう。

52 ①

わぶ（侘ぶ）

「物事が思うようにならずに、がっかりしたり嘆いたりする」こと。「悲観する・**つらいと思う**・気落ちする」。

53 a＝② b＝⑥

ものす（物す）

各種の動作や存在を漠然と表す語で、「**行く・来・あり・ゐる・す**」などいろいろな動詞の代わりに用いられる。aは会話部を受けているので、②が正解、bは聞きつけた人がやって来たという意で、⑥が正解。

口語訳

2 形容詞に関するもの

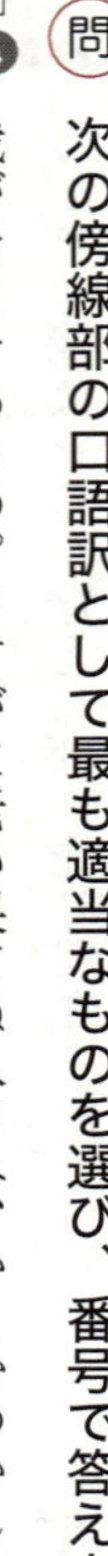

問 **次の傍線部の口語訳として最も適当なものを選び、番号で答えよ。**

□ **54** 我が身こそあらめ。さすがに老い果てぬ人さへ、かくむつかしき世にまじらはせて、とかく言はれんも<u>あいなし</u>。〈たまきはる〉

① さびしい　② じれったい　③ つまらない
④ ふさわしい　⑤ もったいない〈関西学院大〉

□ **55** この殿は、おほかた、歌のありさま知り給はぬにこそ。かかる人の撰集うけ給はりておはするは、<u>あさましき事かな</u>。〈宇治拾遺物語〉

① 驚きあきれることだ　② 見てはいられないことだ
③ 死にたくなるような気持ちだ　④ 目が覚める気分だ
⑤ 目を見張るようなできごとだ〈獨協大〉

□ **56** 姫君たちの御ありさま<u>あたらしく</u>、かかる山ふところにひきこめてはやまずもがなと思しつづけらる。〈源氏物語〉

① 初々しく　② 当世風であって　③ めずらしく
④ 心惹かれる様子で　⑤ もったいなく〈立教大〉

□ **57** <u>才のほどよりあまりぬるもあぢきなきわざと</u>、大臣もおぼし知れることとなるを、〈源氏物語〉

① 学問が身の程以上にできるのは、面白くないことだと
② 学問が生まれつきの才能に及ばないのは、努力不足だと
③ 芸事が実年齢よりもすぐれているのは、つまらないことだと

解答とポイント

54 ③

あいなし

「筋が通らない・不都合である・よくない・つまらない」。なお連用形「**あいなく**」は「むやみに・やたらに」の意味になることが多い。

55 ①

あさまし

善悪にかかわらず「思いがけない」の意。「驚きあきれる・意外だ・がっかりだ・情けない」など。

56 ⑤

あたらし（惜し／新し）

惜しと**新し**がある。前者は「惜しい・もったいない」、後者は「あたらしい」の意。通常、前者しか出題されない。

57 ①

あぢきなし

「道理に合わず、どうしようもない」感じをいう。「無益だ・くだらない・面白くない」など。**才**（ざえ）は「学問、特に漢学の素養。和歌・音楽などの才能」。

④ 芸事が生まれつきの才能に及ばないのは、技術不足だと
⑤ 芸事が身の程以上にできるのは、めったにないことだと
〈早稲田大〉

□ 58
傍（かたは）らの女房、下部（しもべ）にいたるまで、よにあへなきことに思ひて、「こは、いかなることやらむ」と騒ぎ合へり。〈西行物語〉

① あっけないこと　② どうしようもないこと
③ はらだたしいこと　④ おもしろいこと
⑤ あってはならないこと
〈明治大〉

□ 59
いまだかしこにものせられつるに、かくあやなきことの出で来ぬれば、いみじともさらなり。〈増鏡〉

① 物騒なこと　② 取るに足りないこと　③ 願ってもないこと
④ 道理に合わないこと　⑤ 前世の因縁によること
〈関西学院大〉

□ 60
七、八十になるまで、「秀歌よませ給へ」と祈らんために、かちより住吉へ月詣でしたる、いとありがたき事なり。〈無名抄〉

① すばらしい事　② 感謝すべき事
③ 堪えられない事　④ めったにない事
⑤ やりにくい事
〈東海大〉

□ 61
我さへおろかなるさまに見えたてまつりて、いとどうしろめたき御思ひの添ふべかめるをいといとほし、と思す。〈源氏物語〉

① 気の毒だ　② けしからぬ　③ かわいらしい
④ 論外だ　⑤ 立派だ
〈関西学院大〉

第7章　2 形容詞

---

58 ②

あへなし

もとの意味は「抵抗することができない」。そこから「今さらどうしようもない・張り合いがない」などの意味が生じた。

59 ④

あやなし

「道理に合わない・わけがわからない・意味がない」。類義語は「**わりなし**」。

60 ④

ありがたし（有り難し）

「めずらしい・めったにない」。後世、転じて「尊い・すぐれている」の意で用いられるようになった。

61 ①

いとほし

「見ていてつらい・気の毒だ・かわいそうだ」が基本の意。そこから幼い者や弱い者に対する「いじらしい・かわいい・いとしい」という意味が派生した。

口語訳

問 次の傍線部の口語訳として最も適当なものを選び、番号で答えよ。

□ 62 まだいはけなき御有様をも、はぐくみたてまつらせたまふべくぞ、はべめりし。〈源氏物語〉

① 子供っぽい　② 聞き分けがない　③ かわいそうな
④ 古風である　⑤ かわいげがない　〈立教大〉

□ 63 京の方のことと思せば、いぶかしうて、御前に召し出でて問はせたまふ。〈源氏物語〉

① 悲しくて　② 気掛かりで　③ つらくて
④ 寂しくて　⑤ 懐かしくて　〈神戸女子大〉

□ 64 おのおのが身もいふかひなく候ふままに、見助くるに及ばず候ふ。〈沙石集〉

① 何も言えず　② 思い切れず　③ とるにたらず
④ どうにもできず　⑤ 何もする気が出ず　〈学習院大〉

□ 65 おぼつかなく、いぶせくて過ぎゆく慰めには、姫君を、ただ明け暮れ抱き見たてまつらせたまふ。〈夜の寝覚〉

① 人恋しくて　② わけがわからず　③ 夢中になって
④ 心が晴れず　⑤ いらいらしながら　〈早稲田大〉

□ 66 「ゆゆしき身にはべれば、かくておはしますも、いまいましう、かたじけなくなむ」とのたまふ。〈源氏物語〉

① 縁起でもないさま　② おそれ多いさま　③ 恐ろしいさま

解答とポイント

62 ①

いはけなし

「子どもっぽい・あどけない」。「おとなし」の対義語で、類義語に「いときなし」「いとけなし」「をさなし」がある。

63 ②

いぶかし

「気がかりだ・知りたい・見たい」と「不審だ・疑わしい」という意がある。

64 ③

いふかひなし（言ふ甲斐無し）

「言うだけの価値がない」が基本の意。「言ってみてもしかたがない・取るに足りない・ふがいない」など。なお、「いふかひなくなる」の形で「死ぬ」の意。

65 ④

いぶせし

「（恋しさ・待ち遠しさなどのために）心が晴れない・うっとうしい」こと。

66 ①

いまいまし

「忌み慎まなければならない・縁起が悪い・不吉である」こと。**いまいましう**は連用形のウ音便。

□ 67 多義語

④ 残念であるさま　⑤ 並々でないさま

（立教大）

御髪（みぐし）は、丈（たけ）に二尺ばかりあまりて、黒ううつくしう、裾（すそ）は五重（いつへ）の扇を広げたる心地していみじ。

（木幡の時雨）

① すばらしい　② 手入れが大変だ

③ 不吉だ　④ みっともない

（早稲田大）

□ 68

われもゆく人も目も見あはせず、ただむかひゐて、涙をせきかねつつ、皆人（みな）は、「など」「念ぜさせたまへ」「いみじう忌むなり」などぞ言ふ。されば、車に乗りはてむを見むはいみじからむと思ふに、

（蜻蛉日記）

① いまいましいことだろう　② 恐れ多いことだろう

③ すばらしいことだろう　④ つらいことだろう

⑤ 不吉なことだろう

（武庫川女子大）

□ 69

思ひ定むべき世の有様にもあらざりければ、今より後も後ろめたくぞ思（おぼ）しなりぬる。

（源氏物語）

① 諦めがちに　② 気がかりに　③ 寂しく

④ 未練に　⑤ やましく

（関西学院大）

□ 70

人となして、うしろやすからむ妻などにあづけてこそ、死にも心やすからむとは思ひしか、

（蜻蛉日記）

① 見目うるわしい妻　② 後見のしっかりしている妻

③ 心に何のわだかまりもない妻　④ 何の隠しだてもしないような妻

⑤ 将来も安心していられるような妻

（椙山女学園大）

---

67 ①

いみじ

程度のはなはだしいときに用いる語で、「すばらしい・うれしい・ひどい・悲しい」などの意味がある。ここは「御髪は…黒ううつくしう」とあるように好ましい場合なので、①が正解。

68 ④

別れの場面であり、旅立つ人が車に乗り込むのを見送るときの気持ちなので、④が正解。

69 ②

うしろめたし（後ろめたし）

「後ろから見て気がかりである」ようす。「不安だ・気がかりだ」。

70 ⑤

うしろやすし

「あとあとのことが安心である」、「心配がない・不安を感じない」こと。「**うしろめたし**」の対義語。

口語訳

問 次の傍線部の口語訳として最も適当なものを選び、番号で答えよ。

□ 71 「あながちに利を求めたる御ふるまひ、うたてし」とて、尋ねゆかず。〈古今著聞集〉

① 気の毒だ　② つらい　③ 気味が悪い
④ いやだ　⑤ 申し訳ない

〈東京女子大〉

□ 72 それを見れば、三寸ばかりなる人、いとうつくしうてゐたり。〈竹取物語〉

① かわいらしく見えた　② かわいらしい様子で座っていた
③ 美しく見えた　④ 美しい様子で立っていた

〈近畿大〉

□ 73 取り上げて見れば、黄なる紙に丹（に）して濃くうるはしく書かれたり。〈更級日記〉

① かわいらしく書かれていた
② 礼儀正しく書かれていた
③ すばらしくきちんと書かれていた
④ まちがいなく書かれていた

〈駒澤大〉

□ 74 亀井のあたりに、おとなしき尼一人、女房二三人ある中に、いと若き尼の、ことにたどたどしげなるがあり。〈今物語〉

① 内気な　② 上品な　③ 年かさの
④ 徳の高い　⑤ もの静かな

〈青山学院大〉

□ 75 麻柱（あななひ）におどろおどろしく二十人の人ののぼりてはべれば、あれて寄り

解答とポイント

71 ④

うたてし

「**いやだ**・情けない・面白くない・気にくわない」などの意。副詞「**うたて**」は「いやなことに・不快に」の意。

72 ②

うつくし

愛しと**美し**があるが、平安時代では前者の「**かわいい**・愛らしい」意が大半である。**うつくしう**は連用形のウ音便。

73 ③

うるはし

整った状態を賞賛する語で、「**端正できちんとしている**」が基本。「立派だ・美しい・きれいだ」の意にも用いられる。

74 ③

おとなし（大人し）

大人のように見える、大人としての性質を持つ意が基本。「大人びている・**年配で思慮分別がある**・穏やかだ」など。

75 ⑤

おどろおどろし

まうで来ず。〈竹取物語〉

①静まりかえって　②整然として　③汚らしく
④みすぼらしく　⑤仰々しく　〈東洋大〉

□ **76**

今日思ひ出づれば、昔も心のゆるふやうにもなかりしかば、わが心のおほけなきにこそありけれ、〈蜻蛉日記〉

①幼くて無邪気である　②引っ込み思案である
③短気で無鉄砲である　④身の程知らずである　〈学習院大〉

□ **77**

かくて、久しく帰らねば、おぼつかなくて尋ねけるを、しばしはとかく言ひやりけれど、日ごろ経れば、かくれなく聞こえぬ。〈発心集〉

①しっかりしていなくて　②うまくいきそうもなくて
③気がかりで　④ふらふらとして
⑤いらいらとして　〈東京女子大〉

多義語

□ **78**

又おのが師などのわろきことをいひあらはすは、いともかしこくはあれど、それもいはざれば、世の学者その説にまどひて、長くよきをしるごなし。〈玉勝間〉

①するどいことで　②賢いことで　③めでたいことで
④すばらしいことで　⑤おそれおおいことで　〈大東文化大〉

□ **79**

同じ帝、狩いとかしこく好みたまひけり。〈大和物語〉

①非常に　②異常に　③賢明に　④上手に　〈学習院大〉

思わずはっと驚くくらい、大げさなようすを表し、場面に応じて、さまざまな意味に用いられる。「(驚くほどに) 大げさである・仰々しい」など。

76 ④

おほけなし

「身のほど知らずだ・身分に合わず不都合だ」の意。

77 ③

おぼつかなし

「はっきりしない・ぼんやりしている」がもとの意。そこから、「不安だ・心配だ・待ち遠しい」などの意にもなる。類義語は「うしろめたし」。

78 ⑤

かしこし（畏し・恐し／賢し）

「おそれ多い」の意の**畏し**・**恐し**と「すばらしい」意の**賢し**がある。後者には「(「**かしこく**」の形で) 非常に」の意もある。ここは師を批判することなので前者の意で、⑤が正解。

79 ①

ここは後者**賢し**の連用形「かしこく」の形で、①が正解。

第7章　2 形容詞

口語訳

問 次の傍線部の口語訳として最も適当なものを選び、番号で答えよ。

80 その院、昔を思ひやりて見れば、おもしろかりける所なり。〈土佐日記〉

① 懐かしい ② 愉快な ③ 変わっている
④ 滑稽な ⑤ 趣深い 〈神戸学院大〉

81 次第にいとひまさりて、かたはらいたきほどなり。〈古今著聞集〉

① 近くに寄ってくるのも嫌なほどだった
② 脇腹のあたりが痛むような感じだった
③ はたで見ていても気の毒なほどだった
④ いつでもそばにいてあげたいと思った
⑤ いくらか滑稽に感じられるほどだった 〈聖心女子大〉

82 誠に、かなしからむ親のため、妻子のためには、恥をも忘れ、盗みもしつべき事なり。〈徒然草〉

① 苦しんでいるだろう ② 心配をかけるだろう
③ 悲しく思うだろう ④ いとしく思うだろう 〈学習院大〉

83 頭つき、髪のかかりば、いとをかしげなりと見るほどに、灯消えぬ。口惜しと思ほしけれど、つひにはと思しなす。〈落窪物語〉

① 残念だ ② 切ない
③ 耐え難い ④ おぼつかない 〈日本大〉

84 八月十五夜、つねよりも明(あか)しといふなかにもくまなきに、内にも御遊びあるべかりければど、〈夜の寝覚〉

① 開け広げにしている ② 分け隔てのない

解答とポイント

80 ⑤ **おもしろし**
「趣がある・(けしきが)すばらしい・興味深い」などの意で用いられる。

81 ③ **かたはらいたし**
傍らにいる人が「痛し(見聞きするのがつらい)」と感じるのが原義。「気の毒だ・みっともない・にがにがしい」など。

82 ④ **かなし**
「いとしい・かわいい」意の**愛し**と「悲しい・あわれだ」の意の**悲し・哀し**がある。出題されるのはほとんど前者。

83 ① **くちをし**(口惜し)
期待が外れた失望の気持ちを表す。「残念だ・くやしい・つまらない・物足りない」など。

84 ④ **くまなし**(限無し)
「(光や容姿などが)くもりや影がない・暗いところがない」。

85 ⑤ **こころうし**(心憂し)

③ ぼんやり霞んでいる　④ 澄み切っている
⑤ 用意周到な 〈関西学院大〉

85 かくこの御方ののたまふこと。まろはいかに。心憂し。〈落窪物語〉
① 面倒だ　② 心優しい　③ 親切だ
④ 寂しい　⑤ いやだ 〈金城学院大〉

86 心には、ただ空を眺め給ふ御気色の、尽きせず心苦しければ、〈源氏物語〉
① 退屈だ　② 頼りない　③ 気の毒だ
④ 申し訳ない　⑤ 気詰まりだ 〈國學院大〉

87 また宰相の聞こえつることを心づきなしとおぼすにや。〈住吉物語〉
① 気にくわない　② 思いやりがない　③ 気がきかない
④ 思いもよらない　⑤ 期待はずれだ 〈神戸学院大〉

88 人々、「心にくきことかな。さらば読み給へ」とて引き広げたり。〈ねさめの記〉
① 奥ゆかしいことだね。それならお読みなさい
② 憎たらしいやつだなあ。おまえが去ったら読んでみるよ
③ 上品ぶったことを言うね。それでは読んでみなさい
④ なんとなく憎らしいことだね。とにかく読んでご覧なさい
⑤ どうも気になりますよ。もう一度読んでみてください 〈センター試験〉

89 とみにこときれざりければ、心もとなく思はれけり。〈十訓抄〉
① じれったく　② 不愉快に　③ 心外に
④ 無気味に　⑤ 不思議に 〈東京女子大〉

第7章 2 形容詞

「つらい・なげかわしい・残念だ」が原義。相手に対しては「恨めしい・ひどい」、さらに転じて「**いやだ**・いとわしい」とはっきりした嫌悪の情を表す。

86 ③

こころぐるし（心苦し）

心に苦痛を感じる意を表すが、自分に対しては「(自分の)心に苦しく思う」となり、相手に対しては「(相手が)**気の毒である**・痛々しい」となる。

87 ①

こころづきなし（心付きなし）

「心がひかれない・興味が持てない・**気にくわない**・いやだ」の意。

88 ①

こころにくし（心憎し）

奥深いものに心ひかれる気持ちを表す。「底知れない深みがあって心ひかれる・**奥ゆかしい**」などの意で用いられる。「**さらば**」は接続詞で「それならば」の意。

89 ①

こころもとなし

「**待ち遠しくもどかしい**・じれったい」さま。また「(ようすがはっきりしないで)不安だ・心もとない」という意もある。

口語訳

問 次の傍線部の口語訳として最も適当なものを選び、番号で答えよ。

□ 90 花のかたちもゆたけく、匂ひさへもこちたからぬも、あやしきまでにこそおぼゆるものなれ。〈花月草紙〉

① 仰々しくない ② 並一通りではない ③ 悪くない
④ 独特ではない ⑤ 卑しくない 〈法政大〉

□ 91 都へ入らせたまふありさま、いとことごとしくしたまはず、姫君をば田舎人とて具したまへり。〈住吉物語〉

① それほど大げさにはしなさらず
② 決して特別なことにはしなさらず
③ 全く他の人に任せることはしなさらず
④ ほとんどひけをとらないようにしなさって 〈佛教大〉

□ 92 中将殿とて御子一人ありて、さうざうしく思しけるに、ありありて稚児出でき給ひにける。〈松帆浦物語〉

① 落ち着かなく ② やかましく ③ 頼もしく
④ 嬉しく ⑤ 寂しく 〈関西学院大〉

多義語

□ 93 翁と姥と、何事をかいさかひけん、さうなく姥を追ひ出しけり。〈醒睡笑〉

① なんなく ② ならびなく
③ 考えもなく ④ そうではなく 〈大谷大〉

□ 94 仙台の大守中将何がし殿は、さうなき歌よみにておはせし。〈新花摘〉

解答とポイント

90 ①

こちたし

「言(事)痛し」の変化した形。「わずらわしい・やかましい・はなはだしい・仰々しい」などの意がある。

91 ①

ことごとし

「事が重なって大げさだ」が原義。そこから、「大げさだ・物々しい・仰々しい」の意になる。「いと」は下に打消の語を伴うと「それほど。たいして」の意。

92 ⑤

さうざうし

「(当然あるべきものがなくて)物足りない・心さびしい・つまらない」こと。「さわがしい」は近世からの用法。

93 ③

さうなし(双なし/左右なし)

意の双なしと「並ぶものがない・比類なくすばらしい」の意の左右なしがある。「ためらわない・無造作だ」の意の左右なしがある。ここは「姥を追ひ出し」なので後者。

94 ③

ここは「歌よみ」の形容なので前者の意。

□ 95
大人(うし)は今の世の人とは異にして、うち見にはさかしきかたはおくれて、心おそきさまに思はれしかど、〈賀茂翁家集乃序〉

① それほどでもない　② そばによるひとのない
③ ならぶもののない　④ 身分相応の　（上智大）

□ 96
大隅守なる人、国の政をしたためおこなひたまふあひだ、郡司のしどけなかりければ、「召しにやりていましめん」といひて、〈宇治拾遺物語〉

① 生意気な　② 才気走った　③ 気が強い
④ 快活な　⑤ 口うるさい　（同志社大）

□ 97
言に出でたらむよりもあはれに、もの心細き御けしきはしるう見えける。〈源氏物語〉

① だらしがなかったので　② ふざけ散らしていたので
③ 反対ばかりしていたので　④ 失敗ばかりしたので
⑤ いっさい協力しなかったので　（福岡大）

□ 98
波の音のみすごう聞こえて、いとど袖の上もしをれがちなるに、〈九州の道の記〉

① しるしは見えていたことだった　② はっきりと見えることだった
③ しるしとして明らかだった　④ はっきりと見えそうだった　（京都産業大）

① うるさく　② 絶え間なく　③ はっきり
④ ものさびしく　⑤ 弱々しく　（関西学院大）

「左右なし」は連用形、「双なし」は連体形で用いられることが多い。

95 ②
さかし（賢し）
「才能・知恵がありすぐれているさま」をいう。「かしこし」のような敬意は含んでいない。「賢い・すぐれている・利口ぶっている」。「大人」は賀茂真淵のこと。

96 ①
しどけなし
きちんと整っていないようす。好意的な文脈では「うちとけている」、批判的な文脈では「だらしがない」という訳になる。対義語は「うるはし」。

97 ②
しるし
「はっきりしている・著しい」の意。また、「…もしるく」の形で「…もそのとおりに」の意になる。

98 ④
すごし
ぞっとするほどの強い感じがするようすを表す。「(ぞっとするほど) 恐ろしい・寂しい」のほか、「すばらしい」場合にも用いる。

第7章　2 形容詞

口語訳

問 次の傍線部の口語訳として最も適当なものを選び、番号で答えよ。

□ 99 すさまじき物とかや言ひふるすなる、師走の月夜なれど、宮の中はみな白妙（しろたへ）に見えわたりて、木々の梢は花かと見ゆ。〈中務内侍日記〉

① 興ざめである　② 似つかわしい　③ 親しみがある
④ 不都合である　⑤ 不吉である　（佛教大）

□ 100 「なほ聞かむ」と言へば、術なくて出だす。〈梁塵秘抄口伝集〉

① 手段をかまわず謡い出す　② わけもなく謡い出す
③ 人にかまわず謡い出す　④ 謡い方もわからないのに謡い出す
⑤ どうしようもなくて謡い出す　（駒澤大）

□ 101 人の家居（いへゐ）は仮の宿りとはいひながら、つきづきしくいやしからぬこそあらまほしけれ。〈楊鴫暁筆〉

① 順序正しく　② 月ごとに　③ 次々に
④ 似つかわしく　⑤ 月並みで　（センター試験追試）

□ 102 いかでか心を得ずして、基僧（きぞう）が案に落ちて、かく云はれたるこそつたなけれ。〈今昔物語集〉

① 愚かだ　② 卑しい　③ 不運だ　④ 卑怯だ　（中央大）

□ 103 道の程も人目つつましければ、わざとやつしてぞおはしける。〈松帆浦物語〉

① 包み隠すために　② うるさいので　③ 用心して
④ 気恥ずかしいので　⑤ 慎み深くみせるために　（関西学院大）

解答とポイント

99 ①

すさまじ

物事の不調和による不快感を示す語で、「**興ざめだ**・しらけた感じだ・殺風景だ」などの意がある。

100 ⑤

術なし

「**ずち**なし」「**すべ**なし」「**じゅつ**なし」と読み、どれも「**どうにも方法がなくて困る**・どうしようもなくて苦しい」こと。

101 ④

つきづきし

「**似つかわしい**・ふさわしい・よく調和している」こと。対義語は「**つきなし**」。

102 ①

つたなし（拙し）

知恵や技能が不十分で劣っている状態をいう。「**愚かだ**・下手だ・ぶざまだ」など。**つたなけれ**は已然形。

103 ④

つつまし（慎まし）

「気がひける・**気恥ずかしい**・気づまりだ」の意。動詞「**つつむ**」（慎む）から派生した形容詞。

多義語

104 十月つごもりがたに、三夜しきりて見えぬ時あり。つれなうて、「しばしこころみるほどに」など、気色あり。〈蜻蛉日記〉

① さりげない様子で　② ぎこちない様子で
③ ままならない様子で　④ つまらない様子で　（フェリス女学院大）

105 家にさぶらへば住みさぶらふに、かくおはしませば、かたじけなくところせく思ひたまふるなり。いかがつかうまつるべき。〈今昔物語集〉

① 憂鬱に　② 恐ろしく　③ かたくなに　④ 窮屈に　（中央大）

106 六月（みなづき）十日余りにもなりぬ。暑さところせきころ、政（まつりごと）はてぬるに、ことに疎き人もさぶらはず。〈松浦宮物語〉

① やっかいである　② ぶり返す　③ 過ごしやすい
④ 和らぐ　⑤ 連日続く　（法政大）

107 女君、人なき折にて、琴いとをかしうなつかしう弾き伏したまへり。〈落窪物語〉

① 楽しそうに　② 寂しそうに
③ 心ひかれるように　④ いとおしみながら　（日本大）

108 ねたきもの。人のもとにこれよりやるも、人の返り事も、書きてやりつる後、文字一つ二つ思ひ直したる。〈枕草子〉

① 悔やまれるもの　② 眠気を誘うもの
③ がっかりするもの　④ 嫉妬したくなるもの
⑤ しゃくにさわるもの　（國學院大）

---

104 ①

つれなし

「**平然としている**・そしらぬふりをしている・冷淡だ・薄情だ」などの意。

105 ④

ところせし（所狭し）

「場所が狭くて窮屈だ」が原義で、そこから「心理的に気づまりだ」などの意が派生した。他に、「うっとうしい・やっかいだ・重々しい」などの意がある。ここは「**心理的に窮屈だ**」の意。

106 ①

ここは「暑さところせき」なので、「**やっかいだ**・うっとうしい」の意で、①が正解。

107 ③

なつかし

人や物に心がひかれ、そばに寄りたい気持ちを表す。「**心がひかれる**」が基本だが、「好ましい・いとしい」という意味にもなる。類義語は「**ゆかし**」。

108 ⑤

ねたし（妬し）

「いまいましい・**しゃくだ**・腹立たしい」こと。形容動詞は「**ねたげ（なり）**」、動詞は「**ねたむ**」あるいは「**ねたがる**」。

第7章　2 形容詞

口語訳

問　次の傍線部の口語訳として最も適当なものを選び、番号で答えよ。

□ 109 おほかたさし向かひても、なめきは、などかく言ふらむとかたはらいたし。〈枕草子〉

① よくないのは　② あらたまるのは　③ 失礼なのは
④ 聞き苦しいのは　⑤ いいかげんなのは〈二松学舎大〉

□ 110 小柴（こしば）といふものはかなくしなしたるも、同じことなれど、いとなつかしく、よしある様なり。〈山路の露〉

① かわいらしく飾ってある　② 崩れそうな様子である
③ 形ばかりしつらえてある　④ こぎれいに手入れしてある
⑤ いつのまにか枯れている〈共通テスト〉

□ 111 はかばかしき後見（うしろみ）なくて、さやうのまじらひいとなかなかならむ。〈源氏物語〉

① 愛情深い　② 計算高い　③ ひかえめな
④ あいまいな　⑤ しっかりした〈同志社大〉

□ 112 思ほえず、ふるさとにいとはしたなくてありければ、心地惑ひにけり。〈伊勢物語〉

① 不似合いな様子で　② 遠慮深いものごしで
③ ふしだらな態度で　④ 好意のある目つきで〈日本大〉

□ 113 うち棄てられて見送らむも人わろき心地したまへば、思しとまりて、つれづれにながめゐたまへり。〈源氏物語〉

① 不体裁な　② 意地悪な　③ 意気地がない
④ 覇気がない　⑤ 道理に合わない〈関西学院大〉

解答とポイント

109 ③
なめし
「**失礼だ**・無作法だ」の意。形容動詞は「**なめげ(なり)**」。「**など**」は「なぜ・どうして」の意の副詞。

110 ③
はかなし
「**頼りない**・無益だ」のほか「とりとめがない・ちょっとした」などの意もある。

111 ⑤
はかばかし
「**しっかりしている**・はっきりしている・てきぱきしている」こと。対義語は「**はかなし**」。

112 ①
はしたなし
「中途半端である・しっくりしない・**不釣り合いである**」などの意がある。

113 ①
ひとわろし（人悪し）
人から見てよくない意を表す。「外聞が悪い・**体裁が悪い**・みっともない」の意。

114
「そこにてなほ三日さぶらひたまふこと、いと便なし」などさだむるを、使ひ聞きて帰りぬ。〈蜻蛉日記〉

① 便利ではない　② 帰りの便が悪い　③ 不都合である
④ 不案内である　⑤ 手紙を出すことができない　〈福岡大〉

115
「本意なしなどばかりは思ふとも、いかに、ことにふれて我などをば、かくなめげにもてなすぞ」と、むつかりたまふと聞きて、〈大鏡〉

① 残念だ　② 悪意はない
③ 思いがけない　④ 目論んだことではない　〈学習院大〉

116
「ばばのたまひしことを、まがまがしうのたまふ」とて、伏目になりて、御衣の袖を引きまさぐりなどしつつ、まぎらはしおはす。〈源氏物語〉

① 紛らわしく　② 間違いなく　③ 縁起でもなく
④ いたずらっぽく　⑤ いまいましく　〈同志社大〉

117
まさなきこともあやしきことも、大人なるは、まのもなく言ひたるを、〈枕草子〉

① 味気ない　② 遠慮ない　③ 仕方ない
④ 所在ない　⑤ よくない　〈法政大〉

118
いたう暮れぬとて、山城国久世(くぜ)のみやけといふところにとまりぬ。いみじうむつかしけれど、夜に入りぬれば、たゞ明くるを待つ。〈蜻蛉日記〉

① 機嫌が悪いけれど　② 気味が悪いけれど
③ 進みづらいけれど　④ 病気が重いけれど
⑤ 理解しがたいけれど　〈関西学院大〉

第7章　2 形容詞

---

114 ③

びんなし（便無し）

「都合が悪い・不都合である」。「便悪(あ)し」も同義。逆に「**便良し**」は「都合がよい・具合がよい」こと。

115 ①

ほいなし（本意無し）

「不本意だ・かいがない・残念だ」の意。**ほい**（本意）は「本来の志・かねてからの望みや目的」。

116 ③

まがまがし

「縁起が悪い・不吉である」こと。類義語は「いまいまし」。

117 ⑤

まさなし

「正しくない・よろしくない・みっともない」こと。「**まのもなく**（目の面なく）」は「無遠慮に・平気で」の意。

118 ②

むつかし

「不快でうっとうしい・わずらわしい・気味が悪い」などの意がある。動詞「**むつかる**」（不快に思う）と同源の語。

口語訳

問 次の傍線部の口語訳として最も適当なものを選び、番号で答えよ。

□ 119 いとあさましくむくつけき事をも聞くわざかな。さるもののあるを見る見る、みな立ちぬらむことぞあやしきや。〈堤中納言物語〉

① 仰々しい　② 取るにたらない　③ かわいそうな
④ おそれおおい　⑤ 気味の悪い　〈東京女子大〉

□ 120 人はめざましう思ふかたもあれど、御門御覧ずるやうありて、いみじう恵みかへりみたまふ。〈松浦宮物語〉

① 頼もしく　② 気にくわなく　③ めずらしく
④ すばらしく　⑤ 見苦しく　〈中村学園大〉

□ 121 御前のをおろしたるとて、わざとめでたき冊子ども、硯の箱のふたに入れておこせたり。〈更級日記〉

① すばらしい　② はやりの
③ めずらしい　④ 縁起のよい　〈明星大〉

□ 122 女房も、縁に触れつつめやすき人々尋ね出でつつぞさぶらはせける。〈とりかへばや〉

① 心安い　② 感じのよい　③ めがねにかなう
④ 才気走った　⑤ 目端の利く　〈センター試験〉

□ 123 いつしかこのこと隠れなく、入道も伝へ聞きて、いとものしとおぼいたり。〈月のゆくへ〉

① 軽率だ　② 不快だ　③ 頼もしい
④ つまらない　⑤ おとなげない　〈同志社大〉

解答とポイント

119 ⑤

むくつけし

「不気味だ・**気味が悪い**・恐ろしい感じだ」などの意がある。

120 ②

めざまし

「目がさめるほどに意外である」意。「あきれるほどひどい・**気にくわない**」のほか、「思いのほかに立派である」の意もある。

121 ①

めでたし

動詞「**愛づ**」に形容詞「**いたし**（＝はなはだしい）」がついたもの。「すぐれている・立派である・**すばらしい**」意。

122 ②

めやすし（目安し）

「（見ていて）**感じがよい**・見苦しくない」こと。

123 ②

ものし（物し）

「**不快だ**・いやだ・目ざわりである」という意。

□ 124
御台所(みだいどころ)となりて君達(きんだち)あまた出できなむどして目出たかりけり。人の心はやさしかるべきにこそ。〈沙石集〉

① 気高くある　② 温厚である
③ 優雅である　④ 思いやりがある
（学習院大）

□ 125
この二人の僧都、ともにやむごとなき人にて、天皇、わきおぼしめすことなかりけり。〈今昔物語集〉

① 争い始めたらやめない人　② 立派な人
③ 自制心のない人
（明治大）

□ 126
この池より竜上らんずるなり、といふ札を立てけるを、行き来の者、若き老いたる、さるべき人々、ゆかしきことかなと、ささめき合ひたり。〈宇治拾遺物語〉

① 奥ゆかしいことだな　② 見たいことだな
③ なつかしいことだな　④ 困ったことだな
（明星大）

□ 127
宰相君、御猟の御ついで、おのが草廬(さうろ)にゆくりなく入らせ給へる、ありがたしともいふはさらなり。〈志濃夫廼舎家集〉

① こせつかない態度で　② 思いがけなく
③ あわただしく　④ 遠慮なく
（中央大）

□ 128
世の人に似ず、よき身にもあらねば、さのたまふ人もあらじ。〈落窪物語〉

① 美しい姿かたち　② 立派な心の持ち主
③ 学芸にすぐれた男　④ 高い身分
（西南学院大）

第7章
2 形容詞

---

124 ③
やさし
「痩(や)せるほどつらい」が原義。そこから「恥ずかしい・気がひける」、「(こちらが恥ずかしくなるほど) **優美だ**・上品だ・けなげだ」などの意味が派生した。

125 ②
やむごとなし
「そのままに捨てておけない」が原義。「**並々でない**・尊い・高貴だ」などの意がある。

126 ②
ゆかし
「行く」の形容詞化した形で、「ある対象に心が向かうさま」。「**見たい**・知りたい・聞きたい」などの意がある。

127 ②
ゆくりなし
「不意である・**思いがけない**・不用意である」の意。

128 ④
よし
「すぐれている」ことの積極的な評価を表す語。人について用いられる場合は「**身分・教養にすぐれる**」意を表す。「**あし**」の対義語。

口語訳

問 次の傍線部の口語訳として最も適当なものを選び、番号で答えよ。

多義語

□129 いはむや、この命をみな仏にたてまつりて、この功徳(くどく)をささげて、うき世をいづる種とせむとねがはむは、ゆゆしき心ざしなるべし。〈関居友〉
① 理由のある ② 忌まわしい ③ 立派な
④ あきれた ⑤ みやびな 〈同志社大〉

□130 いかなるにか今年世の中騒がしう、春よりわづらふ人々多く、道大路にもゆゆしきものども多かり。〈栄花物語〉
① 大げさに仮病を装うものが多くいる
② 病人が吐いたものがたくさんある
③ 不吉な予言がたくさん流れている
④ ひどく騒ぐものが多くいる
⑤ 病死体がたくさんある 〈清泉女子大〉

□131 海はなほいとゆゆしと思ふに、まいて海士(あま)のかづきしに入るは、憂きわざなり。〈枕草子〉
① 趣きがない ② そら恐ろしい ③ 愉快である
④ 冷たい ⑤ 心がひかれない 〈専修大〉

□132 たとひ本意とげて楽しみ栄えありとも、暫くの夢なるべし。悦びありとも、また悲しびあるべし。よしなし。〈沙石集〉
① 無益だ ② つれない ③ 縁がない ④ よこしまだ 〈学習院大〉

□133 あはれを知らず、なさけ深からぬ者なれども、らうたき姿にめでて、かしづきうやまふこと、その国のいとなみにも過ぎたり。〈唐物語〉

解答とポイント

129 ③

ゆゆし

「神聖だから触れてはならない」が原義。「不吉だ・恐ろしい・すばらしい・立派だ・はなはだしい」などの意がある。ここは「ゆゆしきこころざし」なので、「すばらしい・立派だ」の意で、③が正解。

130 ⑤

「わづらふ人々多く」とあるので、「触れてはならない不吉なものがたくさんある」の意。具体的には⑤が正解。

131 ②

筆者の「海」に対する思いで、触れてはならないものに対したときの気持ち「恐ろしい」を表す。

132 ①

よしなし

そうなるべき理由がない、いわれがないこと。「理由がない・方法がない・しかたがない・無益だ・かいがない・つまらない」など。

133 ①

らうたし

□134
前栽の草木まで心のままならず作りなせるは、見る目も苦しく、いとわびし。〈徒然草〉
① いじらしい　② 気品のある
③ かわいそうな　④ 洗練された
〈成城大〉

□135
今宵ばかりを明かす心地、堪へがたくわりなくおぼゆれど、知られて尋ねわび、かかづらひまどはむも、いと音聞き軽々しう、便なかるべし。〈夜の寝覚〉
① 切ない　② 頼りない
③ つまらない　④ みすぼらしい
〈法政大〉

□136
うへにさぶらふ御猫は、かうぶり賜ひて、命婦のおとどとて、いみじうをかしければかしづかせ給ふが、〈枕草子〉
① 非常に感動的に　② とても離れられないと
③ あまりに無理やりだと　④ どうしようもなくつらく
〈中央大〉
① 面白かったので　② 興味があったので
③ 教養があったので　④ めずらしかったので
⑤ かわいかったので
〈中京大〉

□137
「送れとこそはいはめ」と思ふも、をこがましけれどいひやる。〈堤中納言物語〉
① あつかましいが　② 気の利かないことだが
③ 腹立たしいけれど　④ ばからしいけれど
⑤ ぶしつけであるが
〈関西学院大〉

第7章　2 形容詞

134 ③
わびし（侘びし）
「つらい・やるせない・あじけない・つまらない」の意がある。形容動詞は「**わびしげ（なり）**」。

女性や子どもについて、「世話をしてやりたい、かわいらしい」の意を表す。「かわいい・愛らしい・いとしい」など。

135 ④
わりなし
「道理に合わない・無理である・強引である・どうしようもなくつらい・やむをえない・ひととおりでない」などの意がある。

136 ⑤
をかし
積極的に興味をひかれ、それを賞賛する気持ちを表すのが基本的な意味。「興味深い・面白い」のほか「情趣が感じられる・美しい・かわいい・愛らしい・立派である」などの意がある。

137 ④
をこがまし（痴がまし）
「ばかばかしい」こと。形容動詞は「**をこ（なり）**」、動詞「**をこがる**」は「ばかにする」こと。

口語訳

第7章

3 形容動詞に関するもの

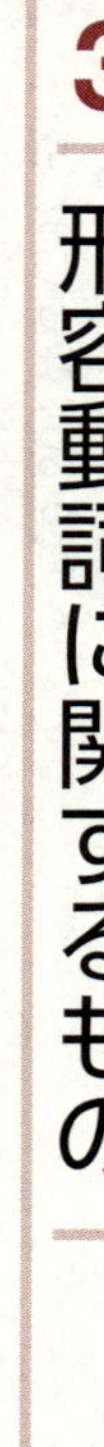

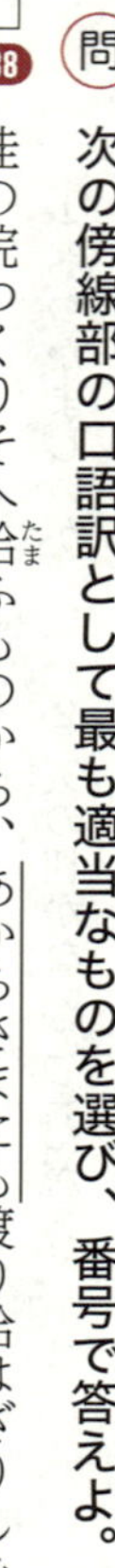

問 次の傍線部の口語訳として最も適当なものを選び、番号で答えよ。

□ 138 桂の院つくりそへ給（たま）ふものから、あからさまにも渡り給はざりしを、友待つ雪にもよほされてなむ、ゆくりなく思（おぼ）し立たすめる。〈車中雪〉

① 昼のうちも　② 一人でも　③ 少しの間も
④ 完成してからも　⑤ 紅葉の季節にも

□ 139 やまと歌の道は、ただ、まこと少なく、あだなるすさみばかりと思ふ人もやあらむ。〈十六夜日記〉

① 粋な遊びごと　② 優雅な遊びごと
③ いとわしい慰めごと　④ はかない慰めごと　〈共通テスト〉

□ 140 ただ文字一つに、あやしう、あてにもいやしうもなるは、いかなるにかあらむ。〈枕草子〉

① 粗野に　② 上品に　③ 真剣に
④ 卑屈に　⑤ 本当に　〈東洋大〉

□ 141 「おほかたの、世にもてはやされぬ事は、そのわざのよからぬがゆゑなり」とあながちにおしきはめて、言はれたりけり。〈癖物語（くせものがたり）〉

① 建前で　② 当然に　③ 強引に　④ 最初から　〈法政大〉

□ 142 その容貌の優にやさしきに見とれて、やや傍（そば）に寄り、手を取りて、〈狗張子〉

① 上品で優美である様子に　〈中央大〉

解答とポイント

138 ③
あからさまなり
「ちょっとの間だ・かりそめに」の意。打消語を伴って「少しも…ない」の意でも用いられる。

139 ④
あだなり（徒なり）
見かけばかりで中身や内容が伴わないようすを表す。「不誠実だ・はかない・むだだ」の意。対義語は「**まめなり**」。

140 ②
あてなり（貴なり）
「いやし」の対義語で、「身分が高い・高貴である」こと。また品格に対しても用いられ、「上品である」の意もある。

141 ③
あながちなり（強ちなり）
「無理やりである・強引である・はなはだしい」などの意。また打消語を伴い「必ずしも…ない」の意でも用いられる。

142 ①
いうなり（優なり）

② 他(ほか)より際だって美しい様子に
③ 優雅でほっそりしている様子に
④ 凛(りん)としていて品位がある様子に
⑤ 穏やかで慈愛に満ちている様子に
〈センター試験〉

143 門は固くさして、おぼろけにて逃ぐべきやうなし。〈宇治拾遺物語〉
① ぼんやりしていると　② いい加減なことでは
③ 暗闇の中から　④ 相手をごまかして
〈明治学院大〉

144 ことさら「宮の御乳母子(めのとご)なり」とて、人もおろかならず思ふさまなり。〈兵部卿物語〉
① 賢明な人だと思っている様子だ
② 言うまでもないと思っている様子だ
③ いいかげんに思っている様子だ
④ 並一通りでなく思っている様子だ
⑤ 理由もなく思っている様子だ
〈センター試験〉

145 君、聞こしめして笑はせ給ひて、ことなる沙汰(さた)なくてやみにけり。〈十訓抄〉
① 違った　② 成就する　③ 特別な　④ むごい
〈名城大〉

146 さらなり、皆聞きたることなり。いと不便なることにこそはべるなれ。〈大鏡〉
① 言うまでもない　② とんでもない　③ みっともない
④ 造作もない　⑤ しかたがない
〈東京女子大〉

「すぐれている・上品で美しい・優雅である」の意。やさしは「(こちらが恥ずかしくなるほど)優美だ」の意。

143 ②
おぼろけなり
「ひととおりである・普通である」の意。多くは下に打消や反語の表現を伴う。本文は「ひととおりでは逃げられない」という意。

144 ④
おろかなり(疎かなり)
「おろそかだ・いいかげんだ・並一通りだ・未熟だ」の意。ここは打消の「ず」を伴って「並一通りでない」の意。

145 ③
ことなり(異なり)
「普通と違っている・特別である」ようす。「沙汰」は「処置」の意。

146 ①
さらなり(更なり)
「言へば」「言ふも」が省略された形で「もちろんである・言うまでもない」。また、「言へば」「言ふも」を受けて「いまさらという感じがする」。

口語訳

第7章　3 形容動詞

問　次の傍線部の口語訳として最も適当なものを選び、番号で答えよ。

147 倉の戸をさして立ち帰りぬるほどに、とばかりありてこの倉すゞろにゆさゆさとゆるぐ。〈宇治拾遺物語〉

① 思いがけず　② 素早く　③ 激しく
④ 不思議にも　⑤ ゆっくりと　〈関西学院大〉

148 「百物語すればおそろしき事ありと言ふ。いざせん」と、せちに話すに、はや九十九におよぶ。〈御伽物語〉

① ひたすらに　② ぬけめなく　③ 楽しげに
④ すこしずつ　⑤ ただちに　〈立教大〉

149 つれづれ慰みぬべき物語やさぶらふと尋ね参らせ給へりけるに、〈無名草子〉

① 徒然草に気ばらしだといっている物語は何でしょうか。
② 退屈しのぎをさせるという物語をお探しですか。
③ 連れの者の気をまぎらわせたりする物語とか、本当ですか。
④ 単調な生活を忘れさせるような物語がございますか。〈東海大〉

150 この頼もし人と思ひつる宿守さへ、とみのこととて京へのぼりにしかば、すべて知る人もなし。〈なぐさみ草〉

① 先に決まっていた予定があるので　② 都見物に出かけるので
③ 遺産相続に関する相談があるので　④ 火急の用事があるので
⑤ 跡目選びの問題があるので　〈明治大〉

解答とポイント

147 ①

すずろなり（漫ろなり）

理由や目的もないのに、自然に何かをしたり、ある状態になったりすることをいう。「わけもない・思いがけない・つまらない」の意。

148 ①

せちなり（切なり）

漢語の「**切**」が日本語化したもので、思いが強く、心に一途に思うようすを表す。「いちずである・ひたすらである」の意。

149 ④

つれづれなり（徒然なり）

「することがなく単調な状態が続いて退屈なこと・所在ないこと・寂しく物思いに沈むこと」。**慰む**は「気分を晴らす・なごませる」。**さぶらふ**は「あり」の丁寧語で「ございます」の意。

150 ④

とみなり（頓なり）

「急なこと・にわかであること」。本文のように助詞「の」を伴って「**とみの**」の形で連体修飾語として、また連用形「**とみに**」の形で副詞的に用いることが多い。

□ 151 この奉りたまへるものは、なほざりにてできたるものにても侍らず。〈発心集〉

①手間をかけて　②座ったままで　③いい加減に　④そっけなく　（大妻女子大）

□ 152 たえて、「その人の家」とも言はざりければ、ねむごろにも尋ね問はで、さて、なま疑ひてぞ時々もの言ひ遣りける。〈平中物語〉

①おざなりにも　②気遣いしても　③仲睦まじくも　④熱心にも　⑤不思議にも　（関西学院大）

□ 153 世の物語しめじめとしておはするけはひ、をさなしと人のあなづりきこゆるこそ悪しけれと、恥づかしげに見ゆ。〈紫式部日記〉

①立派に　②悩ましく　③照れくさく　④みっともなく　⑤恥ずかしそうに　（福岡大）

□ 154 ともすれば衣の裾にまつはれ、寄り臥し、睦るるを、まめやかにうつくしと思ふ。〈源氏物語〉

①忠実に　②本当に　③詳細に　④普通に　⑤特別に　（福岡大）

□ 155 急ぎ寄りて見れば、むげに弱くなりて、たのもしげもなし。〈今昔物語集〉

①思いのほか　②急に　③次第に　④ひどく　⑤わずかに　（駒澤大）

第7章　3 形容動詞

151 ③

なほざりなり

何もしないでそのままにしておく意。特別に心にとめないようす。「本気でない・いいかげんだ」の意。

152 ④

ねんごろなり（懇ろなり）

まごころをこめるようすを表す。「熱心だ・丁寧だ・親しい」などの意がある。「ねむごろなり」とも書く。

153 ①

恥づかしげなり

「ほかから気恥ずかしいと思われるほど立派ですぐれているようす」。形容詞「恥づかし」も同義。

154 ②

まめやかなり

「まじめだ・本気だ・本格的だ」の意。同義語の「まめなり」より多用されている。

155 ④

むげなり（無下なり）

「それより下はない・最低だ」が基本の意。連用形「むげに」の形で副詞的に「むやみに・ひどく」の意で用いられることが多い。

口語訳

第7章

4 名詞に関するもの

問 次の傍線部の口語訳として最も適当なものを選び、番号で答えよ。

□156 「いかにせん、いかにせん」とあから目もせず、つと添ひつつ嘆くよりほかのことなし。〈うなゐ松〉
① よそ見もしないで　② 泣きはらすこともなく
③ 一睡もしないで　④ 注視することもなく
⑤ 周りの目も気にしないで〈センター試験〉

□157 夜とともに姫君達に遊びせさせ参らせて、〈乳母の草紙〉
① 遊芸や娯楽　② 観光や遊覧
③ 詩歌や管弦　④ 談笑や団欒〈神奈川大〉

□158 あるじなどし、人々もの食ひて、騒がしきこと静まりて、なま夕暮れになりにけり。〈平中物語〉
① 饗応　② 居住　③ 差配　④ 主人　⑤ 紹介〈関西学院大〉

□159 いさましくうれしきいそぎにてあらんだに、それにさはるべきことかは。〈讃岐典侍日記〉
① 熱心　② 周到　③ 精勤　④ 急用　⑤ 準備〈神戸学院大〉

□160 いかがせむとて、内にまゐりて、御鷹のうせたるよし奏し給ふ時に、帝、ものものたまはせず。〈大和物語〉
① 宮中　② 役所　③ 故郷　④ 神宮　⑤ 家の中〈福岡大〉

解答とポイント

156 ①
あからめ
「ふと目をそらすこと・**よそ見**」。「他の異性に心を移すこと・浮気」の意もある。

157 ③
あそび（遊び）
特に「**詩歌**・**管弦**（**絃**）・舞などの楽しみ」をいう場合が多い。

158 ①
あるじ
主と**饗**（**饗応**）があり、前者は「その家の主人」の意、後者は「**客をもてなすこと**」をいう。例文は後者。なお「**あるじまうけ**」も「もてなし」の意。

159 ⑤
いそぎ（急ぎ）
動詞「急ぐ」の連用形の名詞化。「**準備**・用意」の意。「急用」という意味もあるが、この文脈には合わない。

160 ①
うち（内・内裏）
内側・中心のこと。「**宮中**・内裏・天皇」

161　御髪のかからせたまへるなど、絵にかきたるをこそ、かかる事は見しに、うつつにはまだ知らぬを、夢の心地ぞする。〈枕草子〉

①確実　②正気　③現実　④過去　⑤詳細　（関西学院大）

162　大事なる人の愁へをも、その衣を着て、知らぬやんごとなき所にも参りて申させければ、必ず成りけり。〈宇治拾遺物語〉

①一揆　②訴訟　③飢饉　④葬儀　（西南学院大）

多義語

163　数ならぬ人の並びきこゆべきおぼえにもあらぬを、さすがに、立ち出でて、人もめざましと思す事やあらむ。〈源氏物語〉

①世評　②自信　③信頼　④寵愛　（西南学院大）

164　篳篥(ひちりき)など優にふきて世おぼえも侍りけるが、所領相論(しょりょうさうろん)の事ありて叔父を殺してけり。〈古今著聞集〉

①処世術　②記憶　③評判　④寵愛　⑤知名度　（佛教大）

165　その家の娘のいみじくかしづきけるが、かたちなどいとをかしかりけるを、〈古来風躰抄〉

①様子　②挙動　③容貌　④心ばえ　⑤形態　（青山学院大）

第7章　4名詞

161　③

うつつ（現）

対義語「夢」に対して、「現に生きている状態、**現実**」の意。夢をみている意識が不確かなのに対して「正気」という意味もある。

162　②

うれへ（愁へ・憂へ）

うれふは「不平や嘆き・苦しみを他人に訴える」が原義。**うれへ**は「**訴え**・嘆願・悲哀・心配」などの意。

163　④　164　③

おぼえ（覚え）

「目上の人にかわいがられること・**寵愛**(ちょうあい)・世間の評判」などの意がある。「世おぼえ」とあるので、「**世間の評判**・人望」の意。

165　③

かたち（形・容貌）

「顔かたち・**容貌**・容姿」が基本の意。「外形・物事の状態」の意もある。

の意。「内裏」と表記されていても「**うち**」と読むことが多い。

口語訳

問 次の傍線部の口語訳として最も適当なものを選び、番号で答えよ。

□ 166 多義語
折節、九月十三夜の、まことに名ある月ながら、隈なき影に、きやうだい、庭にいでてあそびけるが、〈曾我物語〉
①満月 ②一面の闇 ③月食 ④兄弟の影 ⑤月の光 〈福岡大〉

□ 167
親の御かげにてのみこそは、おのづから過ごし給ひけめ、今は片時も、よも跡とめ給はじと、〈浜松中納言物語〉
①庇護 ②護衛 ③報恩 ④孝養 ⑤奉仕 〈立教大〉

□ 168
入道殿の御孫の姫君も、参り給ふべき聞こえあれど、さしもやはと、押し立ち給ふ。〈増鏡〉
①命令 ②噂 ③希望 ④約束 ⑤嘘 〈同志社大〉

□ 169
上は、隈なうおはしまして、采女(うねめ)がきはまでも、かたちをかしきをば御覧じすぐさず。〈風に紅葉〉
①器量 ②身分 ③最期 ④遠縁 ⑤才能 〈同志社大〉

□ 170 多義語
あやしの薦(こも)ひきまはしたる中に、人あるけしきして、前に異やうなるものさし出だして、食ひ物のはしはし受け集めて置きたるありけり。〈閑居友〉
①けはい ②きざし ③顔色 ④意向 ⑤おぼえ

□ 171
「よき御男ぞいで来む」とあはするに、この女、けしきいとよし。〈金城学院大〉

解答とポイント

166 ⑤
かげ（影／陰）
影は「光・姿・かたち」の意。**陰**は「光の当たらない部分」のほか「恩恵・庇護(ひご)・おかげ」の意がある。ここは「隈なき影」とあるので、「暗いところがない月の光」の意で⑤が正解。

167 ①
「親の御かげにて…過ごし」とあるので、「庇護」の意で、①が正解。

168 ②
きこえ
「うわさ・評判」の意。

169 ②
きは（際）
「身分・程度」の意。

170 ①
けしき（気色）
視覚でとらえた物や人のようすを表す。「ようす・そぶり」のほか「機嫌・意向」などの意がある。ここは「人あるけしきして」とあるので、①が正解。

171 ②
ここは、「けしきいとよし」とあるので、「機嫌」の意で、②が正解。

□ 172
いと眠(ねぶ)たげなる御けしきにもてなさせたまひて、ものも仰せられねば、もし聞こし召さぬにやとて、また、御けしきたまはれど、うち眠らせたまひて、なほ御いらへなし。〈大鏡〉
① お指図をなさったが　② ご指示をもらおうとしたが
③ ご様子をうかがいなさるが　④ 起こすような様子をなさったが　〈中央大〉

□ 173
そのほどのありさまはしも、いとあはれにこころざしあるやうに見えけり。〈伊勢物語〉
① 非常に美しい　② 大変機嫌がいい
③ とても元気になる　④ 非常に豊かである　〈中央大〉

□ 174
一条院は、御心ばへも、御能(のう)もすぐれておはしましけるうへに、しかるべきにや侍りけむ、上達部、殿上人、道々の博士、たけき武士まで、世にありがたき人のみ多く侍りけるころになむおはしましける。〈今鏡〉
① 愛情　② 金銭　③ 下心　④ 配慮　⑤ 理由　〈國學院大〉
① 覚悟　② 性格　③ 愛情　④ 気力　⑤ 評判　〈立教大〉

□ 175
月に心を澄まして雲に入りけむも、ことわりとぞおぼえ侍る。〈無名草子〉
① むりなこと　② 覚悟のこと　③ この世の定め
④ もっともなこと　⑤ あり得ない心　〈駒澤大〉

---

172 ②
ここは「ものも仰せられねば」を受けており、「**たまはる**」が「いただく・頂戴する」という意味なので、「意向」の意で、②が正解。

173 ①
こころざし
心がある方向に向かっていくこと。「愛情・誠意・贈り物」の意。

174 ②
こころばへ（心ばへ）
心がすっと動くことをいう。「心遣い・性格・風情・趣向」などの意で用いられる。「**かたち**」「**ざえ**」と並んで人物評価のポイントになる語である。

175 ④
ことわり（理）
「道理・筋道・理由」の意。形容動詞としても用いられ、「当然だ・もっともだ」の意になる。

口語訳

問 **次の傍線部の口語訳として最も適当なものを選び、番号で答えよ。**

176 はかばかしき御後見（うしろみ）のとりたてたる、おはせざりければ、才なども深くもえ習ひたまはず。〈源氏物語〉

① 芸術　② 学問　③ 政治　④ 処世術　⑤ 有職故実 〈立教大〉

177 朝成の中納言と一条摂政と同じ折の殿上人にて、品のほどこそ、一条殿に等しからねど、身の才（ざえ）、人おぼえ、やむごとなき人なりければ、〈大鏡〉

① 品性　② 身分　③ 家柄　④ 権力 〈学習院大〉

178 あらぬ恋路の病なれば、さらにその験もなかりけり。〈ささやき竹〉

① 前兆　② 原因　③ 自信　④ 方法　⑤ 効果 〈立教大〉

179 壬生忠岑（みぶのただみね）、御（おほむ）ともにあり。御階（みはし）のもとに、松ともしながらひざまづきて、御消息（せうそこ）申す。〈大和物語〉

① お手紙をお書きになる　② ごあいさつを申し上げる
③ 近況をお知らせする　④ お尋ねなさる 〈中央大〉

180 行成（ゆきなり）大納言の御夢に、重家の消息とて、「世をそむきなむ」といふことのたまへりけるを、御堂（みだう）の大臣の御許（おんもと）におはしあひて、「かかる夢こそ見侍りつれ」と語り聞こえ給ひければ、〈今鏡〉

① 会話　② 遺書　③ 手紙　④ 風聞　⑤ 安否 〈法政大〉

解答とポイント

176 ②

ざえ（才）

「漢学を中心とする学問や学識」。また「音楽などの芸術の才能」もいう。

177 ③

しな（品）

本来は地形を表す語で、高低の差をいう語。転じて、社会的序列を表すようになった。「身分・家柄・品格」など。ここは、朝成と一条殿の比較で、「かつて同時代の殿上人で…一身の学芸も世間の人望もともにすぐれた人物」とあるので、「家柄」を指す。

178 ⑤

しるし（験／標／印／証／徴）

験は「神仏の御利益・効果・ききめ」、**標**・**印**は「目じるし」、**証**は「証拠・あかし」、**徴**は「徴候・きざし」をいう。

179 ②

せうそこ（消息）

本来は安否の意。そこから、安否を尋ねる「手紙・伝言」また「訪問・来意を告げること」などの意になった。ここは「ひざまづきて、御消息申す」とあるので、「訪問の挨拶」の意で②が正解。

181 兵部卿の宮、右大将などは、ただ人にても、こともなき人にこそあめれ。〈宇津保物語〉

① 将来出世することが望めない人　② 実直でうわべをかざらない人
③ 四位以下で六位以上の人　④ 正式の妻をめとっていない人
⑤ 帝や皇族でない臣下　（関西大）

182 時人、いみじきをこのためしにいひけるを、〈十訓抄〉

① 例　② 手本　③ 試み　④ 結果　（名城大）

多義語 183 この男、また、はかなきもののaたよりにて、雲居よりもはるかに見ゆる人ありけり。もの言ひつくべきたよりなかりければ、いかなるたよりして、気色見せむと思ひて、からうして、bたよりをたづねて、もの言ひ始めてけり。〈平中物語〉

① 依頼　② 縁故　③ 機会　④ 手紙　⑤ 便利　（國學院大）

184 いかなりし契りにて、かくもの思ふらん。〈しのびね〉

① 約束　② 宿縁　③ 事情　④ 契約　⑤ 理由　（同志社大）

185 その夜、南の風吹きて、浪いと高し。つとめて、その家の女の子ども出でて、浮き海松の浪によせられたる拾ひて、家の内に持て来ぬ。〈伊勢物語〉

① 一生懸命に　② 努力して　③ 夜更けに　④ 翌早朝　（拓殖大）

第7章　4 名詞

---

180 ③ ここは「重家の**手紙**」の意で、③が正解。

181 ⑤ **ただびと**（徒人・直人）
皇族に対して「**臣下**（**人臣**）」、公卿に対して「一般の貴族」、「（神や仏に対して）普通の人間・凡人」などの意。

182 ① **ためし**（例）
「以前にあった事柄・**前例**」。「**時人**」は「当時の人々」の意。

183 a＝③　b＝② **たより**（頼り・便り）
「よりどころ・**縁故**・手段・**機会**」などの意がある。aは「ふとした機会」、bは「縁故を探して」の意。例文には「たより」が四箇所あるが、二度目は「縁故」、三度目は「手段・方法」の意。

184 ② **ちぎり**（契り）
「約束」の中でも、特に「前世からの因縁・**宿縁**」の意で出題される。

185 ④ **つとめて**
「早朝・朝早く」のほかに「（何か出来事のあった）**翌朝**」という意もあるので、文脈から判断する。

口語訳

問 次の傍線部の口語訳として最も適当なものを選び、番号で答えよ。

□ 186 宗貞の法師、この紙のうらに、墨つぼの墨してかきてやるは、手を見ればば小町なりけりとしりてなり。〈春雨物語〉

① 歌を詠む手法 ② 小町に仕えている使いの者 ③ 歌の技量
④ 歌の筆跡 ⑤ 巧みな誘い方 〈佛教大〉

□ 187 下野（しもつけ）の国に男女すみわたりけり。としごろすみけるほどに、男、妻まうけて心かはりはてて、この家にありけるものどもを、今の妻のがりかきはらひもて運び行く。〈大和物語〉

① 年をとって ② 最近になって ③ 年が明けても
④ 長年にわたって ⑤ 婚期になっても 〈福岡大〉

□ 188 この馬飼情ある者にて、馬をば捨てて、先（まづ）、その犬二つをいたくたたきしほどに、狐はからきめをみて逃げつ。〈三野日記〉

① 心の繊細な者 ② 心の優しい者 ③ 志のある者
④ 情熱あふれる者 ⑤ 気性が激しい者 〈関西学院大〉

□ 189 大夫公のもとに行きてこそ、わがひがことを思ふか、人のあしく難じたまふか、ことをば切らめと思ひて、〈無名抄〉

① ひねくれたこと ② 間違ったこと ③ 不道徳なこと
④ 妥当なこと ⑤ 善良なこと 〈立教大〉

□ 190 仮の庵も、やや、ふるさととなりて、軒に朽葉ふかく、土居（つちゐ）に苔むせり。〈方丈記〉

解答とポイント

186 ④
て（手）
「技量・手段・筆跡・書風・文字・演奏法・配下・手傷」などの意がある。

187 ④
としごろ（年ごろ）
「これまでの何年かの間・長年の間」の意。

188 ②
なさけ（情け）
人一般に対する「やさしい心」「思いやり」が基本の意で、「人情・恋情・風流心」などと訳す。ここは、「やさしい心」の意。

189 ②
ひがこと（僻事）
「事実と違っていること・間違い・道理に合わないこと」。

190 ④
ふるさと（古里）

①思い出の地　②別れの地　③生まれ育った地
④なじみの地　⑤縁もゆかりもない地
〈関西学院大〉

191 「ゆゆしき大事かな」と思へども、ほど経べき事ならねば、やがて走り入りぬ。〈今物語〉

①時間　②空間　③程度　④身分　⑤技量
〈立教大〉

192 「この月はさりとも」と宮人も待ちきこえ、内裏にもさる御心まうけどもあり。〈源氏物語〉

①心くばり　②心づもり　③心のこり
④心ぼそさ　⑤心みだれ　⑥心もよう
〈國學院大〉

193 このわたりのうかれめども、あまたまゐりてさぶらふなかに、声おもしろく、よしあるものは侍りや。〈大和物語〉

①容姿が美しいもの　②機転がきくもの　③話の上手なもの
④楽器が弾けるもの　⑤品格のあるもの
〈立教大〉

194 さて御わざの夜、雪の降りければ、「野辺までに心ひとつは通へども我がみゆきとは知らずやあるらむ」と詠ませ給へりけむも、いとこそめでたけれ。〈無名草子〉

①出家　②退出　③葬送　④門出
〈上智大〉

以前の暮らしの中心地をいう。「古都・**なじみのある土地**・実家」などと訳す。

191 ①

ほど（程）

さまざまな事柄に対して程度や範囲をいう語で、時間的には「間・時分・**時間**」、空間的には「距離・長さ・広さ」、人事では「身分・年齢」などの意がある。

192 ②

まうけ（設け）

「**準備**・**用意**」の意。動詞「**まうく**」も「準備する・用意する」こと。

193 ⑤

よし（由）

「**物事の拠り所**」の意を表す。「由緒・方法・風情・事情」など、場面に応じて訳し分ける。ここは「品格」しか該当するものがない。

194 ③

わざ（業）

人の行為・事柄を表す。重要なのは、法会や追善供養など「**仏事**」の意味である。

口語訳

第7章

5 副詞に関するもの

問 次の傍線部の口語訳として最も適当なものを選び、番号で答えよ。

□195 上の御局といへるところを過ぎけるに、女房たちあまた居こぼれて、〈俊頼髄脳〉

① はなやかに　② にぎやかに　③ たくさん
④ いつものように　⑤ ひどく　〈神奈川大〉

□196 まろが桜は咲きにけり。いかで久しく散らさじ。木のめぐりに帳(ちやう)を立てて、帷子(かたびら)を上げずは、風もえ吹き寄らじ。〈源氏物語〉

① なぜいつまでも散らさないのだろう
② なんでいつも咲いていないのだろう
③ どうすれば散らさずにいられようか
④ どうにか咲かせ続けられるだろうか
⑤ なんとかして長く散らさずにいよう　〈聖心女子大〉

□197 いつしか参り来むとてしつるほどに、かうわりなかめればなむ。〈落窪物語〉

① 早く　② きっと　③ いつの日か　④ いつものように　〈國學院大〉

□198 五月雨はいとど眺め暮らし給ふよりほかのことなくさうざうしきに、〈源氏物語〉

① じっと　② 長い間　③ ひき続き

解答とポイント

195 ③
あまた
「数多く・たくさん」。「**ここら**」「**そこら**」も同じ意味の副詞。

196 ⑤
いかで
「どうして」の意で疑問・反語の意を表す用法と、「何とかして」の意で願望を表す用法がある。疑問・反語は「**けむ**」「**らむ**」など、願望は「**まほし**」など意志・願望に関わる語と呼応する。「**む**」「**べし**」の場合は文脈から判断する。ここは打消意志の助動詞「**じ**」と呼応しているので願望の意になる。

197 ①
いつしか
「いつの間にか」と「早く」の意がある。「**む**」「**なむ**」のように意志や願望の語が用いられると「早く」の意になる。

198 ④
いとど
程度がさらにはなはだしくなるさま。「ま

④ ますます　⑤ まったく　〈國學院大〉

199
見しほどに入りたまひしかば、ふともえ起きあがらで差し挟みしを、忘れにけり。〈源氏物語〉
① 不意に起き上がってみたけれど
② さっと起き上がることもできず
③ たしかに起き上がりようもなく
④ はやくも起き上がることもなく
⑤ なるほど起き上がれるようだが
〈東京女子大〉

200
人々おのがじし、はかなき物どもなど里に払ひやりつつ、乱れ散るべし。〈源氏物語〉
① 生まれつき　② 自分勝手に　③ 自然と
④ めいめい　⑤ 仲間同士
〈関西学院大〉

多義語

201
殿のうちにては、おのづから聞く人もはべらむ。大極殿(だいごくでん)へわたらせたまへ。〈今鏡〉
① 自分から　② たまたま　③ きっと　④ 隠れて
⑤ ひそかに
〈成蹊大〉

202
秦兼久(はたのかねひさ)行き向ひて、「おのづから歌などや入る」と思ひてうかがひけるに、〈宇治拾遺物語〉
① ひとりでに　② たまたま　③ もしかしたら
④ かろうじて
〈日本大〉

すます・いっそう・その上」など。

199 ②

え

下に打消語を伴って「…できない」という不可能を表す。例文は打消の助詞「で」と呼応している。

200 ④

おのがじし

「それぞれ・めいめい・思い思いに」の意。

201 ②

おのづから（自ら）

「自然に」「偶然に・たまたま」のほかに、仮定や疑問の表現を伴って「もしかして」という意がある。ここは偶発的に事が起こる意で、②が正解。

202 ③

ここは疑問の意（「や入る」）に続いており、③が正解。

口語訳

問 次の傍線部の口語訳として最も適当なものを選び、番号で答えよ。

□ 203 この殿は、おほかた、歌のありさま知り給はぬにこそ。〈宇治拾遺物語〉

① 大部分　② 世間一般　③ 従来通り　④ 少しも 〈共立女子大〉

□ 204 今夜、ことさらむ。文やりて、返り事かたみに見て、劣り勝り定めむ。〈十訓抄〉

① お互いに　② 肩越しに　③ 十分に

④ 隅々まで　⑤ 丁寧に 〈関西学院大〉

□ 205 「この川の水を飲みぬればふたたび妻にあはずと申すなり。かまへて飲み給ふな」と仰せけり。〈日光山縁起〉

① いい加減な心がまえでお飲みになってはいけません

② 疑いをもったままでお飲みになってはいけません

③ おからだにさわるほどお飲みになってはいけません

④ なりふりかまわずにお飲みになってはいけません

⑤ どんなことがあってもお飲みになってはいけません 〈センター試験〉

□ 206 うらやましくおぼえ給ひしも、げに今ぞ思し召し知られて、程なく明けぬるも悲しくおぼえ給へど、出で給ふ。〈あきぎり〉

① かなり　② やっと　③ 逆に

④ なんとなく　⑤ なるほど 〈立教大〉

□ 207 見る者ここら集まりて、悲しみ憐れまずといふ事なし。〈礦石集〉

① あちこち　② たくさん　③ こちらに　④ このあたり 〈龍谷大〉

解答とポイント

203 ④ **おほかた**

「一般に・だいたい」という意と、打消語を伴って「少しも・まったく」という意がある。

204 ① **かたみに**（互に）

「互いに・かわるがわる」の意。

205 ⑤ **かまへて**

「心がけて・気をつけて」の意。禁止・打消表現を伴って「決して」、意志表現を伴って「必ず・きっと」の意もある。

206 ⑤ **げに**

他人の意見などに同調する意を表す。「本当に・なるほど」。

207 ② **ここら**

「たくさん・はなはだしく・たいそう」の意。

□ **208** 都を出でし事は、如月の二十日あまりになりしかども、さすがならはぬ道なれば、心はすすめども、はかも行かで、〈とはずがたり〉

①やはり　②とりあえず　③すぐれて
④もっとも　⑤そのうえ　（京都女子大）

□ **209** 大事を思ひ立たむ人は、去りがたく心にかからむ事の本意を遂げずして、さながら捨つべきなり。〈徒然草〉

①もとのまま　②まるで　③そうではあるが
④そうでなくとも　⑤そっくりそのまま　（福岡大）

□ **210** 御車寄せておりたまふを、さらに古里とおぼえずうとましううたておぼさるれば、とみにもおりたまはず。〈源氏物語〉

①なぜか　②やはり　③そのうえ
④まったく　⑤あらためて　（國學院大）

□ **211** 布施を多く取りたまひたれば、いとうれしくて、すなはち母のもとへあひ具してわたりたまへり。〈発心集〉

①すぐに　②そのうち　③そのために　④そこで　（明星大）

□ **212** 申すにつけてははばかり候へども、せめて問はせたまへば告げたてまつるなり。〈しみのすみか物語〉

①勇敢に　②無理に　③少しでも
④理詰めで　⑤恨みがましく　（同志社大）

---

208 ①

さすが

それはそれとして一応認めるが、「そうはいってもやはり・それでもやはり」の意。

209 ⑤

さながら

「そのままの状態で・ことごとく・すっかり」などの意。また、下に打消語を伴って「全然・まったく」の意になる。

210 

さらに

下に打消語を伴って「まったく・決して・どうしても」の意。

211 

すなはち（即ち・則ち）

副詞で用いられるときは「すぐに・即座に」の意。また、接続詞で用いられるときは「言い換えれば・つまり・そこで」などの意。

212 ②

せめて

動詞「せむ」の連用形が副詞化した語。「しいて・無理に・非常に・熱中して・身にしみて」などの意がある。

口語訳

第7章　5 副詞

問 次の傍線部の口語訳として最も適当なものを選び、番号で答えよ。

□ 213 それに、まめならむ男どもをゐてまかりて、あぐらを結ひあげて、窺はせんに、そこらの燕、子産まざらむやは。〈竹取物語〉

① たくさん　② ある程度　③ その辺
④ 特別　⑤ わずか　（拓殖大）

□ 214 その後、つゆ物をきこしめさで、ただ夜昼涙に浮きてのみおはしませば、帥殿（そちどの）も中納言殿もいみじき大事に思し嘆きたり。〈栄花物語〉

① あまり話をお聞きにならなくて
② 水もお飲みにならなくて
③ ほとんどお声が聞けなくて
④ 全く食事を召し上がらなくて　（龍谷大）

□ 215 小童（こわらは）一人、供に具して、とかく歩きけるが、涼まむとて、その淵の傍らの木陰に居（ゐ）にけり。〈宇治拾遺物語〉

① あちらこちらに　② 威厳を持って　③ いやいやながら
④ ただなんとなく　⑤ よろめきつつ　（駒澤大）

□ 216 「今宵かのもの、教へたてまつらむ」と申しければ、いぶかりて、「とくとく」とのたまひけるを、〈今鏡〉

① 静かに静かに　② どうぞどうぞ　③ はやくはやく
④ きっときっと　⑤ もう少しもう少し　（成蹊大）

□ 217 この男、馬からおりて、とばかり立てりけるに、車、人来ぬと見て、牛かけさせていきけり。〈平中物語〉

解答とポイント

213 ①

そこら

数量・程度の多くはなはだしいさま。「そんなにたくさん・それほど多く・それほどひどく」などの意。

214 ④

つゆ

下の打消の語と呼応して「少しも・まったく・全然」の意。ここは打消の助詞「で」と呼応している。「**きこしめす**」は「食ふ・飲む」の尊敬語。

215 ①

とかく

相対する二つのものを表す。「あれこれと・何やかやと・いろいろと」などの意。

216 ③

とく（疾く）

形容詞「疾し」の連用形が副詞化したもの。「早く・さっそく・急いで」の意。

217 ④

とばかり

①少し離れて　②隠れて　③動かずに
④しばらく　⑤戸だけを
〈武蔵大〉

□ 218 冷泉院の御母后うせたまひてこそ、なかなかこよなくおぼえ劣りたまへりとは聞こえたまひしか。
〈大鏡〉

①かえって　②ずいぶん　③意外にも　④中途半端で
〈日本大〉

□ 219 貞永の百首、眺望五首とあり。ことごとく遠き心あり。遠近ともに詠むならば、近き心、五首の内になど交らではあるべき。
〈東野州聞書〉

①どうしてもまじっていなければならぬ。
②どうしてまじらないことがあるだろうか。
③どうしてもまじらなければならなくもない。
④どうしてまじるはずはないといえるのか。
⑤どうしてもまじったりしてはいけない。
〈早稲田大〉

□ 220 阿闍梨、なべての人も読まぬ経、いみじう罪も救ひ給ふを書き出だして、
〈成尋阿闍梨母集〉

①昔の人　②特別な人　③高貴な人
④普通の人　⑤優れた人
〈立教大〉

□ 221 やうやう夜ふくるほどに風にはかに吹きて、常の気色にあらず。
〈発心集〉

①少々　②しだいに
③こころなしか　④やっとのことで
〈学習院大〉

第7章　5 副詞

218 ①

なかなか

「なまじっか」あるいは「(なまじっか…より)かえって・むしろ」の意。

「少しの間・しばらく」の意。類語に「**さばかり**」(その程度)、「**かばかり**」(この程度)がある。

219 ②

など

「どうして」の意で疑問・反語を表す副詞で、文末を連体形で結ぶ。係助詞「か」を伴った「**などか**」も同じ意味・用法。ここは「べき」と呼応して反語の意。

220 ④

なべて

「普通・一般に・一面に」の意味がある。

221 ②

やうやう

「**漸く**」からの変化。時間の経過とともに物事が徐々に進行するようす。「しだいに・だんだん・ようやく」の意。

口語訳

問 次の傍線部の口語訳として最も適当なものを選び、番号で答えよ。

多義語

□222 羽も長くなるさまなれば、飛びてや行かむと思ひて、やがてこれを捕りて養ひけるとぞ。〈折々草〉

①すぐさま　②しだいに
③しばらくしてから　④そっくりそのまま

□223 今宵は御とぎして、やがてかくて居明かさむ。月もめづらし。〈無名草子〉〈白百合女子大〉

①すぐに夜が明けてしまうことだろう
②そのうちまたお経を聞いて夜を明かそう
③そのままお経を朝まで読んでいなさい
④このままお話して朝まで起きていよう

□224 夕暮れのほどなれば、やをら葦垣（あしがき）の隙（ひま）より、格子（かうし）などの見ゆるをのぞき給へば、〈小夜衣〉〈中央大〉

①急いで　②静かに　③かろうじて
④まじまじと　⑤そのまま

□225 まがまがしく、尼にならむとのたまふなる、まことか。ゆめゆめ、しかなおぼしそ。〈多武峰少将物語〉〈センター試験〉

①ひょっとしたら　②気の迷いで
③決して　④ぼうっとして

□226 さても、老いはて、死にはての面立たしさは、おのれにまさる人よにあらじ。〈落窪物語〉〈中央大〉

①この上なく　②まさか　③未だかつて

解答とポイント

222 ①
やがて
「**すぐに**・直ちに」と「**そのまま**・引き続いて」という意がある。ここは「飛びてや行かむと思ひて」とあるので、①が正解。

223 ④
ここは、「御とぎして…居明かさむ」とあるので、④が正解。「**御とぎ**」は「貴人や主君に仕えて話し相手などをすること」。

224 ②
やをら
「そっと・**静かに**・おもむろに」の意味がある。同義語に「**やはら**」がある。

225 ③
ゆめゆめ
副詞「**ゆめ**（努）」を重ねて強めた語。多く下に禁止・打消の表現を伴って「**決して**・絶対に・少しも」の意。

226 ④
よに
よに（世に）は「実に・非常に」、下に打消表現を伴って「**決して**・少しも」の意。

④ 決して　⑤ ほとんど　（立教大）

227 勲功の賞にあづからせ給ふほどの首は、よも一つも候はじ。（平治物語）

① ほかには一つもございません
② すでに一つもございません
③ やはり一つもございませんでしょう
④ この世には一つもございますまい
⑤ まさか一つもございますまい
（センター試験追試）

228 宇治殿、かの庵室にむかひ給ひて、よもすがら御物語ありけり。（古今著聞集）

① 世間の　② 一晩中　③ 一日中
④ 夜更けから　⑤ よもやまの
（清泉女子大）

229 中納言は内裏にもをさをさ参りたまはず、歩きもしたまはず、（宇津保物語）

① 決して　② ほとんど　③ 急に
④ 忙しく　⑤ ゆっくり
（成蹊大）

問 次の傍線部の意味として最も適当なものを選び、番号で答えよ。

230 御調度などばかりなむ、わざとうるはしくて多かりける。（源氏物語）

① 特に目立っているさま　② 意図的であるさま
③ 几帳面であるさま　④ 嫌みな感じがするさま
⑤ よく気がつくさま
（立教大）

---

227 ⑤

ここは「じ」を伴っている。

よも

多く打消推量の助動詞「じ」を伴って「まさか・決して・絶対に」の意。

228 ②

よもすがら（夜もすがら）

「夜通し・一晩中」の意。「夜すがら」ともいう。

229 ②

をさをさ

下に打消語を伴って「ほとんど・容易には・なかなか」の意。

230 ①

わざと

「わざわざ・格別に・特に」の意。連体修飾語となる「**わざとの**」は「本格的な・正式な」の意。

口語訳

第7章

6 連体詞・感動詞・連語に関するもの

問 次の傍線部の口語訳として最も適当なものを選び、番号で答えよ。

□ 231 あかなくに雁の常世を立ち別れ花のみやこに道やまどはむ 〈源氏物語〉

① いつまでも心に飽きないはずなのに
② まだ夜があけるかあけないかのころに
③ まだ心ゆくまで語り合わないうちに
④ まだあなたのとがめも晴れないうちに
⑤ いつまでも心が晴れるはずがないのに 〈青山学院大〉

□ 232 左衛門(さゑもん)の督(かみ)、「あなかしこ、このわたりに、若紫やさぶらふ」と、うかがひたまふ。 〈紫式部日記〉

① おや、なんとご立派な　② 恐れ入りますが
③ ご案内ください　④ しっ、静かに
⑤ まあ、なんて賢いこと 〈関西学院大〉

□ 233 忍びて笑へば、「あなかま、あなかま」と、手かき給ふ。 〈狭衣物語〉

① 仲間におなり　② 静かにしなさい
③ とんでもない　④ もっと大声で
⑤ かまわずに 〈センター試験〉

□ 234 袂も袖も濡れ果てて罷り下り候ひぬと語りければ、十郎聞きもあへず声を合はせて泣きにけり。 〈曾我物語〉

① 聞き入れてくれずに　② 聞こえないように

解答とポイント

231 ③

あかなくに（飽かなくに）

「なお飽きたりないのに・**まだ満足していないのに**」の意。動詞「飽く」の未然形＋打消の助動詞「ず」の古い未然形＋準体助詞「く」＋助詞「に」の連語。

232 ②

あなかしこ

「ああ、恐れ多い」の意だが、呼びかけの言葉として「**恐れ入りますが**」の意でも用いられる。また、下に禁止表現を伴って、「決して（…するな）」という副詞的用法もある。

233 ②

あなかま

「かま」は形容詞「**かまし**」の語幹あるいは「**かまびすし**」の略といわれ、人の話を制するときの語。「やかましい・**静かに**」の意。「あなかま」の尊敬表現に「**あなかまたまへ**」がある。

234 

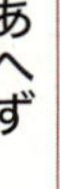

…あへず

③ 聞くやいなや　④ 聞き終わらないうちに
⑤ 聞くかと思いきや　〈甲南大〉

□ 235 よろづのこと、ありしにもあらず変はりゆく世にこそあめれ。〈源氏物語〉
① 安心な日々　② 以前の状況　③ 念願の通り
④ 豊かな生活　⑤ 理想的な姿　〈國學院大〉

□ 236 ほととぎす、ありつる垣根のにや、同じ声にうち鳴く。〈源氏物語〉
① よく見る　② 今もある　③ 昔あった　④ さきほどの　〈フェリス女学院大〉

□ 237 うしろよりは、敵(かたき)、さだめて攻め来たるらん。前は山の大衆(だいしゅ)、支へたり。いかがはせん。〈平治物語〉
① どうにかしなければならない　② どうしたらよいだろうか
③ どのようにしてくれるだろうか　④ どのようにでもなるだろう
⑤ どうにかさせよう　〈センター試験追試〉

□ 238 片時見たてまつらでは、いかでか過ぐさむとすらむ、とつつみあへず。〈源氏物語〉
① なんとか過ごせるだろう　② とても過ごすことはできない
③ なんとしても過ごすべきだ　④ なんとなく過ごせそうにもない
⑤ とにかく過ごさなければならない　〈立教大〉

「最後まで…できない」の意。動詞「敢ふ」の未然形＋打消の助動詞「ず」の連語。

235 ②
ありし
「かつての・以前の」の意の連体詞。ここは下に「こと」などの体言が省略されている。

236 ④
ありつる
「さっきの・先ほどの」の意の連体詞。「ありし」はかなり以前、「ありつる」はついさっき起こったことを表す。

237 ②
いかがはせむ
「どうしたらよいだろう」という疑問で用いられる場合と、「どうにもならない・しかたがない」という反語で用いられる場合がある。

238 ②
いかでか（いかでかは）
副詞「いかで」と同様、「どういうわけで」と疑問を表す場合、「どうして（…か、いや、…でない）」と反語を表す場合、「どうにかして」と願望を表す場合がある。例文は反語の意。

口語訳

問 次の傍線部の口語訳として最も適当なものを選び、番号で答えよ。

239 いざたまへ、今宵(こよひ)ばかり。人も見ぬ所あり。心のどかにものなども聞こえむ。〈和泉式部日記〉

① さあいらっしゃい　② すぐにくださいませ
③ さてどうしましょうか　④ ちょっとお待ちください
⑤ なにとぞお許しください　〈國學院大〉

240 あひ思はで離れぬる人をとどめかねわが身は今ぞ消え果てぬめると書きて、そこにいたづらになりにけり。〈伊勢物語〉

① 死んでしまった　② 無駄に終わってしまった
③ 泣いてしまった　④ 倒れ込んでしまった　〈拓殖大〉

241 才は極めてめでたけれど、みめはいとしもなし。〈古本説話集〉

① 他人の目を気にする風もない　② 他人の評価は高くない
③ 容貌はたいしたこともない　④ 先を見通す力は物足りない　〈近畿大〉

242 ましていつを果てとてか、めぐりあふべき限りだになく、雲の浪、煙の浪、幾重(いくへ)とも知らぬ境に、世を尽くし給ふべき御さまども、口惜しといふもおろかなり。〈増鏡〉

① 嘆かわしいなどと思うのも恐れ多い
② 嘆かわしいなどというのも全くひどい
③ 不愉快だなどというだけでは不十分である
④ 残念だなどと思うのもばかげている

解答とポイント

239 ①

いざたまへ（いざ給へ）

同行などを勧誘するときに発する語。「さあ、いらっしゃい」と訳す。「いざさせ給へ」は「いざ給へ」の敬意を強めた言い方で「さあ、おいでくださいませ」と訳す。

240 ①

いたづらになる

「だめになる・無用のものになる・死ぬ」。ほかに「**はかなくなる**」「**みまかる**」「**むなしくなる**」なども「死ぬ」意。

241 ③

いとしもなし

「たいしたことはない」の意。副詞「いと」＋副助詞「しも」＋形容詞「なし」。「いと」は打消語を伴うと「それほど（たいして）…ない」の意になる。

242 ⑤

いふもおろかなり

「いくら言っても言い尽くせない・言うまでもない」の意。**口惜し**は「残念だ・感心できない・物足りない」などの意。

□ 243
⑤ 残念だという言葉では言い表わせない
とあるを見る心地、いへばさらなり。
① いうのももっともである　② いうべきことである
③ いわずもがなのことであった　④ 今さらいうまでもない
〈更級日記〉
（桜美林大）

□ 244
御直衣にえならぬ御衣、出だし袿にしたまへる、あらまほしう見ゆ。
① 言葉にならないほど素晴らしい　② 二つとないほど珍しい
③ 筆舌に尽くしがたいほどひどい　④ 艶やかというにはほど遠い
⑤ 絵にも描けないほど極彩色の
〈和泉式部日記〉
（武庫川女子大）

□ 245
裂けたる中より、えもいはずめでたき地蔵の御かほ見えたまふ。
① 口もきけないくらい　② なんともいえないくらい
③ 絵にかけないくらい　④ たとえようもないくらい
〈宇治拾遺物語〉
（上武大）

□ 246
我が心ばへはおのづから音にも聞くらむ。
① うわさに聞いている　② 声の調子でわかる　③ 納得がいく
④ 少しは理解できる　⑤ 聞き入れる気になる
〈今昔物語集〉
（中村学園大）

□ 247
黒戸に主殿司来て、「かうてさぶらふ」と言へば、
① お元気ですか　② ごめんください
③ 持って参りました　④ 買って参りました
⑤ こちらに来て下さい　⑥ これこれこういう訳であります
〈枕草子〉
（立教大）

243 ④
いへばさらなり
「口に出して言えばいまさらめいておかしい・あらためて言うまでもない」という意。「言ふもさらなり」とも言う。

244 ①
えならず
「なんとも言えないほどすばらしい・ひととおりでなくすぐれている」という意。副詞「え」＋断定の助動詞「なり」の未然形＋打消の助動詞「ず」の連語。

245 ②
えもいはず（えも言はず）
「（程度がはなはだしく）言葉で言い表せない・言うに言われない」という意。

246 ①
おとにきく（音に聞く）
「人づてに聞く・うわさに聞く・評判が高い」という意。

247 ②
かうてさぶらふ
「こうして控えております」の意で面会を請うあいさつの言葉。「ごめんください」の意。

口語訳

第7章
6 連体詞・感動詞・連語

問 **次の傍線部の口語訳として最も適当なものを選び、番号で答えよ。**

□ 248 心の愚かなるをも知らず、芸の拙き(つたな)をも知らず、数ならぬをも知らず、年の老いぬるをも知らず、病の冒す(をか)をも知らず、〈徒然草〉

① とるにたらぬ身　② 残り少ない余命
③ わずかな経済力　④ ありふれた才能 〈日本大〉

□ 249 「秀歌よませ給へ」と祈らんために、かちより住吉へ月詣でしたる、いとありがたきことなり。〈無名抄〉

① 歩いて　② すすんで　③ われがちに　④ 連れ立って 〈日本大〉

□ 250 「こたみは、みな世に許り(ゆ)たる古き道の者どもなり。宮内卿はまだしかるべけれども、けしうはあらずと見ゆめればなむ。かまへて、朕(まろ)が面(おもて)起すばかり、よき歌つかうまつれ」とおほせらるるに、〈増鏡〉

① 気負いはない　② 気高さはない　③ 容姿は悪くない
④ 劣ってはいない 〈西南学院大〉

□ 251 今は昔、播磨守為家といふ人あり。それが内、させる事もなき侍あり。〈宇治拾遺物語〉

① 命令をきく事のない　② 決まった用事のない
③ さほどの家柄でもない　④ 従順という程でもない
⑤ たいしたこともない 〈早稲田大〉

□ 252 髪いとながく、額いとよくかかりて、色白くきたなげなくて、「さてもありぬべき下仕へなどにてもありぬべし」など、人びとあはれがる

解答とポイント

248 ① **数ならず**
「取るに足りない・物の数ではない」こと。ここは下に「身」「こと」などの体言が省略されている。

249 ① **かちより**（徒歩より）
「徒歩で・歩いて」の意。「徒歩から」も同じ意味。「より」「から」は手段・方法を表す格助詞。

250 ④ **けしうはあらず**
「悪くない・まあまあだ」の意。ここは「よき歌つかうまつれ」とあるように歌才についての評価なので、④が正解。

251 ⑤ **させる**（然せる）
「たいした・これといった」という意の連体詞。下に打消の表現を伴う。一語の連体詞だが、文法問題でもよく問われる。

252 ③ **さてもありぬべし**

に、

① このような美しい召使がいてほしいものだ
② それ相応な召使でも使っていそうだ
③ それ相当な召使としても勤まるだろう
④ このまま宮仕えでもすべきであろう
⑤ 理想的な女房としてやっていけるだろう

〈更級日記〉

〈福岡大〉

253 さはれ、「来たるべからず」とはのたまひしかども、詣でむ。

〈今昔物語集〉

① どうなっているのだろう　② ああ待ち遠しいことよ
③ もうどうなってもよい　④ もっともなことなので
⑤ やはりよく考えると

〈駒澤大〉

254 北の方、さまを変へたまひて、「後の世をだに」と行なひたまふ中にも、ただこの姫君の御ことを明け暮れ思(おぼ)しつつ、

〈あきぎり〉

① 身をお清めになって　② 別の住まいにお移りになって
③ 部屋の模様替えをなさって　④ 出家して尼姿におなりになって
⑤ 悲しみのためにおやせになって

〈駒澤大〉

255 さて、十日ばかりありて、この雀ども来たれば、喜びて、まづ口に物やくはへたると見るに、ひさごの種一つづつみな落として去ぬ。されぱよとうれしくて、取りて、三つ所にいそぎ植ゑてけり。

〈宇治拾遺物語〉

① それみたことか　② そうだったのだ　③ お願いだ
④ やはりね　⑤ そうだったらね

〈武蔵大〉

「それでまあやっていけそうだ・相当な程度といえる」という意。副詞「さても」＋動詞「あり」の連用形＋強意の助動詞「ぬ」の終止形＋推量の助動詞「べし」の連語。

253 ③

さはれ

「どうにでもなれ・もうどうなってもよい」の意の感動詞。「さはあれ」が変化した語。

254 ④

さまをかふ

「髪を切って僧の姿になる」こと。「**かたちをかふ**」も同じ意。ここは「北の方」なので「尼姿」になる。

255 ④

されぱよ

「思った通りだ・案の定」の意。「**さればこそ**」も同じ意。ここは「やはり思った通りだ」の意の④が正解。

第7章　6 連体詞・感動詞・連語

口語訳

問 次の傍線部の口語訳として最も適当なものを選び、番号で答えよ。

□ 256 人々鬼の間にあつまりゐて、何となき物語しけるに、台盤所には、内侍共さらぬ女房たちも候ひけり。〈古今著聞集〉

① さけられない　② 何事もないかのような　③ それ以外の　④ ごく当然の

□ 257 いづちともなくさすらひ歩き侍りし程に、さるべきにやありけむ、この花の色々をよすがにて、野中にとまり住みて、おのづから多くの年を送り、〈発心集〉

① きちんとした所であったのでしょうか　② 俗世を去るべきであったのでしょうか　③ 格好の場所であったのでしょうか　④ こうなる運命であったのでしょうか

〈法政大〉

□ 258 まして出家なんどせられなんうへは、子細にや及ぶべきとぞ宣ひける。〈平家物語〉

① 安心だ　② 往生は確かだ　③ 詳しく調べよう　④ さがさなくてもよい　⑤ 問題はない

〈亜細亜大〉

□ 259 「いかなることを聞こしめしたるにかあらむ」などいひければ、「なでふことにもあらじ。まもりかしづきたてまつりたまへば」といひければ、〈平中物語〉

① たいしたことは何も言うまい　② 別に何ということでもあるまい

〈学習院大〉

解答とポイント

256 ③ **さらぬ**

「そうでない・そのほかの」という意。「さ(然)あらぬ」が変化した語。

257 ④ **さるべきにやありけむ**

「そうなる運命だったのであろうか」という意。さるべきは「しかるべき・適当な・そうなる運命の・立派な」の意。

258 ⑤ **しさいにやおよぶ**(子細にや及ぶ)

「とやかく言えるものではない・文句を言う必要がない・言うまでもない」という意。「子細に及ばず」と同じ意。

259 ② **なでふ**

「何という・何ほどの」の意の連体詞。否定・反語の意を表すことが多い。ここは下に打消推量の「じ」を伴って「何ということでもないだろう」の意。「なでふことかあらむ」も同じ意。

□260 住みはてぬ世にみにくき姿を待ちえて、何かはせむ。〈徒然草〉

① 何故するのだろう　② 何かはしようと思う
③ 何になるというのだろうか　④ 何やかやとしてみたい
⑤ 皆するだろう〈神戸女学院大〉

□261 年のほど十五六ばかりなる姫君のなのめならず美しき、女房たち四五人して濡らさじと立ち隠す。〈しぐれ〉

① きわだって美しい姫君　② 初々しくて美しい姫君
③ 目立たないが美しい姫君　④ 一見したところ美しい姫君
⑤ 評判にたがわず美しい姫君〈センター試験〉

□262 さまざまのお祈りはじまりて、なべてならぬ法ども行はるれど、〈方丈記〉

① してはならない　② 残るところのない
③ 並べてはいけない　④ 軽んじてはならない
⑤ なみなみではない〈関西学院大〉

□263 事にふれて心細く悲しけれど、人やりならぬ道なれば、いきうしとてとどまるべきにもあらで、何となく急ぎ立ちぬ。〈十六夜日記〉

① 人を派遣できないので　② 道の状態が悪いので
③ 自分で思い立った旅だから　④ 断ることのできない旅だから〈学習院女子大〉

260　③

なにかはせむ

反語を表し、「どうしようというのか（いやどうにもならない）」という意。「住みはてぬ世」は「住み通すことのできない世（この世）」の意。

261　①

なのめならず

程度のはなはだしい意を表す。「なみなみでない・格別だ」。形容動詞「なのめ（なり）」は「平凡なようす・普通だ」の意。

262　⑤

なべてならず

「普通でない・格別だ」の意。「なべて」は副詞で「すべて・普通」の意。

263　③

ひとやりならず（人遣りならず）

「他のせいではなく、自分の心からする」こと。「ひとやり」は「人遣り」と書き、「他から強いられてする」意。

口語訳

第7章
6 連体詞・感動詞・連語

問 次の傍線部の口語訳として最も適当なものを選び、番号で答えよ。

□ 264 むかし男ありけり。わらはより仕うまつりける君、みぐしおろしたまうてけり。〈伊勢物語〉

①黒髪を切って、尼になられた
②玉串を神前から下ろして、神主の職をお止めになった
③大切な櫛をお下げ渡しになった
④御髪を切って出家なさってしまった〈中央大〉

□ 265 玉淵はいとらうありて、歌などよくよみき。〈大和物語〉

①熟練していて ②忠実であって ③苦労していて
④分別があって ⑤自立していて〈立教大〉

□ 266 野分だちて風の音あららかに、窓打つ雨ももの恐ろしう聞こゆる宵の紛れに、例のいと忍びて紛れ入りたまへり。〈狭衣物語〉

①世のしきたりどおりに ②前で述べたとおりに
③世間でよくあるように ④いつものように〈跡見学園女子大〉

□ 267 車をさし寄せて、ただ乗せに乗せたまへば、我にもあらで乗りぬ。〈和泉式部日記〉

①みずから率先して ②とんでもないと思いながら
③高ぶる心を抑えて ④無我夢中の状態で
⑤見苦しいことと感じながら〈武蔵大〉

解答とポイント

264 ④
みぐしおろす（御髪おろす）
「（貴人が）**髪をそって出家する**」こと。前述の「さまをかふ」のほか「**世を捨つ**（**背く・離る**）」なども同じ意。

265 ①
らうあり（労あり）
「**熟練している**・才知にたけている」こと。「労」は「苦労。（苦労を積んだ結果）物事に熟練していること」。

266 ④
れいの（例の）
用言を修飾して「**いつものように**」、体言を修飾して「いつもの。先述の」の意。前者の用法が多い。なお**例ならず**は「いつものようでない。病気である」の意。

267 ④
われにもあらず
「自分で自分がわからない・**我を忘れた状態でいる**・呆然（ぼうぜん）自失している」こと。

口語訳

第8章 古文常識に関する問題

＊私立大学入試の古文問題では、「古文単語」や「古典文法」以外にも、知識としてよく問われるジャンルがいくつかあります。

＊「漢字の読み」、時刻・方位・月の満ち欠けなどの「古文常識」、修辞法を中心とした「和歌・俳諧の知識」など、どれも知っていれば確実に得点に結びつくものばかりです。

＊演習問題に取り組みながら、入試頻出のポイントを確認していきましょう。

第8章

1 漢字の読みに関するもの

問 次の漢字の古語における読み方として適当なものを選べ。

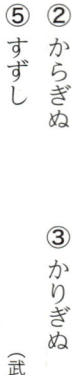

□1 直衣 ①ちょくし ②からぎぬ ③かりぎぬ ④のうし ⑤すずし （武庫川女子大）

□2 狩衣 ①かりい ②かりいい ③かりぎぬ ④かりぎ （拓殖大）

□3 直垂 ①かりぎぬ ②うすぎぬ ③のうし ④ひたたれ ⑤ひとえぎぬ （成蹊大）

□4 指貫 ①さしぬき ②ゆびぬき ③しかん ④さしつらぬき ⑤しぬき （法政大）

□5 蔀 ①かうし ②きちやう ③しとみ ④つまど ⑤とばり （関西学院大）

□6 蔵人 ①ぞうにん ②くらびと ③なんど ④くろうど ⑤とねり （愛知大）

□7 御簾 ①おんれん ②みすだれ ③おんす ④みす ⑤みれん （法政大）

□8 内裏 ①うちどの ②けいだい ③ないり ④だいり （中央学院大）

□9 宿直 ①うどねり ②しゆくちよく ③すくぢき ④とのゐ ⑤ひたやど （関西学院大）

解答とポイント

1 ④ **直衣**は天皇・上流階級の平常服のこと。烏帽子・指貫とともに着用する。

2 ③ **狩衣**は公家（くげ）が鷹狩りの時に着た衣服。平安中期には日常の衣服となった。

3 ④ **直垂**は衣服の名。庶民の平服だったが、後に武士の礼服として用いられた。

4 ① **指貫**は袴（はかま）の一種。もと狩猟用であったが平安時代には平常服となった。

5 ③ **蔀**は日よけなどのために、格子の片面に板を張った戸。**半蔀**（はじとみ）・**小蔀**（こじとみ）も頻出。

6 ④ **蔵人**は天皇のそば近く仕える令外（りょうげ）の官の一つ。六位でも昇殿が許された。

7 ④ **御簾**は室内や室外との隔てに用いるすだれ（簾）の尊敬語。

8 ④ **内裏**は天皇の住む御殿。皇居。禁裏。または天皇のこと。「うち」とも読む。

9 ④ **宿直**は宮中・役所などに泊まり込み、警備などをすること。宿直（しゅくちょく）。

問　次の漢字の古語における読み方を現代かなづかいで答えよ。

- 10 □ 前栽（立教大他）
- 12 □ 透垣（法政大他）
- 14 □ 遣水（東海大他）
- 16 □ 才（明治大他）
- 18 □ 女御（佛教大他）
- 20 □ 局（日本大他）
- 22 □ 朝臣（東京学芸大他）
- 24 □ 単衣（関西学院大他）
- 26 □ 長押（宮崎大他）
- 28 □ 舎人（西南学院大他）
- 30 □ 五十日（京都産業大他）
- 32 □ 烏帽子（学習院大他）
- 34 □ 節会（立教大他）
- 36 □ 小舎人（亜細亜大他）
- 38 □ 気色（福岡教育大他）
- 40 □ 君達（同志社大他）
- 42 □ 廂（福岡女子大他）
- 44 □ 脇息（二松学舎大他）
- 46 □ 僧都（東京学芸大他）
- 48 □ 宿世（福岡教育大他）

- 11 □ 几帳（学習院大他）
- 13 □ 大臣（東洋大他）
- 15 □ 上達部（立教大他）
- 17 □ 御衣（南山大他）
- 19 □ 乳母（大分大他）
- 21 □ 殿上人（熊本県立大他）
- 23 □ 御息所（立命館大他）
- 25 □ 物忌（福岡女子大他）
- 27 □ 簀子（法政大他）
- 29 □ 春宮（関西学院大他）
- 31 □ 築地（大分大他）
- 33 □ 遣戸（山口大他）
- 35 □ 小袿（滋賀大他）
- 37 □ 物怪（立命館大他）
- 39 □ 下衆（東京学芸大他）
- 41 □ 去年（愛知県立大他）
- 43 □ 齢（福岡教育大他）
- 45 □ 懸想（学習院大他）
- 47 □ 唐土（佐賀大他）
- 49 □ 随身（日本大他）

- 10 せんざい
- 12 すいがい（すいがき）
- 14 やりみず
- 15 かんだちめ（かんだちべ）
- 16 ざえ
- 18 にょうご
- 20 つぼね
- 22 あそん（あそみ）
- 24 ひとえ（ひとえぎぬ）
- 25 ものいみ
- 26 なげし
- 28 とねり
- 30 いか
- 32 えぼし
- 34 せちえ
- 36 こどねり
- 38 けしき
- 40 きんだち
- 42 ひさし
- 44 きょうそく
- 46 そうず
- 48 すくせ

★40は「公達」とも書く。

- 11 きちょう
- 13 おとど
- 17 おんぞ
- 19 めのと
- 21 てんじょうびと
- 23 みやす（ん）どころ
- 27 すのこ
- 29 とうぐう
- 31 ついじ
- 33 やりど
- 35 こうちき（こうちぎ）
- 37 もののけ
- 39 げす
- 41 こぞ
- 43 よわい
- 45 けそう
- 47 もろこし
- 49 ずいじん

2 古文常識に関するもの

問 次のそれぞれに答えよ。

□ **50** 陰暦一月の異称として最も適当なものを選べ。
① 葉月 ② 霜月 ③ 長月 ④ 卯月 ⑤ 睦月 （武庫川女子大）

□ **51** 陰暦七月の異称として最も適当なものを選べ。
① 葉月 ② 睦月 ③ 文月 ④ 卯月 ⑤ 長月 （法政大）

□ **52** 陰暦九月の異称として最も適当なものを選べ。
① 葉月 ② 文月 ③ 長月 ④ 水無月 ⑤ 卯月 （明治大）

□ **53** 傍線部は何の「節句」か。次の中から選べ。
かくて九月になりぬ。九日、御節句参らせなどして、十日あまりにもなりぬ。 〈讃岐典侍日記〉
① 人日 ② 端午 ③ 重陽 ④ 七夕 ⑤ 上巳 （日本大）

□ **54** 二月の季節はいつか。次の中から選べ。
① 初冬 ② 仲冬 ③ 晩冬
④ 初春 ⑤ 仲春 ⑥ 晩春 （福岡大）

□ **55** 島根県の出雲大社に全国の神々が集まるとされるのは旧暦の何月か。
① 九月 ② 十月 ③ 十一月
④ 十二月 ⑤ 一月 ⑥ 二月 （立正大）

□ **56** 「十月朔日」について、朔日の意味を次から選べ。

解答とポイント

50 ⑤ **51** ③ **52** ③

月の異名

睦月（一月）、如月（二月）、弥生（三月）……春
卯月（四月）、皐月（五月）、水無月（六月）……夏
文月（七月）、葉月（八月）、長月（九月）……秋
神無月（十月）、霜月（十一月）、師走（十二月）……冬

月の呼称は読み書きともに頻出。

53 ③

五節句（五節供）

人日（一月七日）、**上巳**（三月三日）、**端午**（五月五日）、**七夕**（七月七日）、**重陽**（九月九日）の五つ。

54 ⑤

季節

陰暦では一・二・三月が春。それぞれを初春（孟春）・**仲春**・晩春（季春）という。夏・秋・冬も同じように呼ぶ。

55 ②

神無月（かんなづき）

「かんなづき（神無月）」は「神の月」の意ともいわれる。近世以後、出雲地方では「神あり月」とも呼ぶようになった。

56 ①

朔日（ついたち）

① 一日　② 十日　③ 十五日　④ 二十日　⑤ 三十日　（名城大）

□ **57** 「神無月かみのゆみはりのころ」の意味として最適なものを選べ。
① 九月上旬　② 十月七日頃　③ 十月二十三日頃
④ 十一月初旬　⑤ 十一月下旬　（青山学院大）

□ **58** 「いざよいの月」は陰暦何日の夜の月のことか。
① 十日　② 十五日　③ 三日　④ 二十日　⑤ 十六日　（専修大）

□ **59** 次の傍線部の月の呼称を選べ。
十七日の夜は、小野の宿といふところにとどまる。月出でて、山の峰に立ちつづきたる松の木の間、けぢめ見えて、いとおもしろし。〈十六夜日記〉
① 望月　② 寝待ち月　③ 三日月
④ 居待ち月　⑤ 立ち待ち月　（龍谷大）

□ **60** 「夕月夜」の意味として最も適当なものを選べ。
① 月の沈みそうな夕方　② 月の出そうな夕方
③ 夕方出ている月　（日本大）

□ **61** 「入りあひの鐘」の意味として最適なものを選べ。
① 日没につく鐘　② 夜半につく鐘　③ 未明につく鐘
④ 暁につく鐘　⑤ 夜明けにつく鐘　（青山学院大）

月の第一日。「**晦日**（つごもり）」は月の末日のこと。それぞれ「月立」「月ごもり」からの変化といわれる。

57 ②
ゆみはり
上弦・下弦の月。陰暦七、八日ごろの上弦の月を「かみのゆみはり」（「かみ」は月の前半の意）という。

58 ⑤
いざよひ（十六夜）
毎月十六日ごろの月のこと。

59 ⑤
立ち待ち月（たちまちづき）
立ち待ち月＝十七日ごろの月
居待ち月＝十八日ごろの月
寝待ち月＝十九日ごろの月
宵闇（よひやみ）の月＝十六日～二十日ごろの月
満月を過ぎると月の出る時刻が次第に遅くなることによる。

60 ③
夕月夜（ゆふづくよ・ゆふづきよ）
夕方に出ている月。陰暦の各月の初め数日間に出る月。歌語として「暁闇（あかときやみ）」「小倉（をぐら）」にかかる枕詞としても用いられる。

61 ①
入りあひ（入相）
「日が沈むころ。夕暮れ時」の意。

口語訳

問 次のそれぞれに答えよ。

□ 62 「有明けの月」の意味として正しいものを選べ。
① 夜になって空に出ている月
② 夜がふけて出てくる月
③ 夜が明けてもまだ空に残っている月
④ 夜が明けようとする時に空に出ている月 （金城学院大）

□ 63 「巳(み)の時」の意味として最も適当なものを次の中から選べ。
① 午前六時前後　② 午前八時前後
③ 午前十時前後　④ 正午前後 （日本女子大）

□ 64 「未申の時」とは現在の何時頃か。
① 午前十時　② 正午　③ 午後三時
④ 午後六時　⑤ 午後九時 （京都外国語大）

□ 65 「四更」の意味として正しいものを選べ。
① 午前四時頃　② 午前二時頃　③ 午前零時頃
④ 午後十時頃　⑤ 午後八時頃 （福岡大）

□ 66 「辰巳」はどちらの方角か。
① 東　② 西　③ 南　④ 北
⑤ 東北　⑥ 西北　⑦ 東南　⑧ 西南 （武庫川女子大）

□ 67 「乾」はどの方角にあたるか。
① 北東　② 南東　③ 南　④ 南西　⑤ 北西 （専修大）

□ 68 鬼門はどちらの方角か。

解答とポイント

62 ③
有明けの月
陰暦二十日すぎに、月が空に残ったままで夜が明けるころ見える月。

63 ③
時刻
午前零時頃を「子(ね)の刻」（前後二時間とする説と、零時〜二時の二時間とする説がある）として、丑(うし)（二時）、寅(とら)（四時）、卯(う)（六時）のように十二支を配当する。

64 ③
未申（ひつじさる）
未（午後二時頃）と申（午後四時頃）の間。

65 ②
更（かう）
日暮れから夜明けまでを五等分して**更**と称する場合がある。「初更」は午後八時頃、「五更」は午前四時頃。

66 ⑦
方角
北を「子(ね)」として十二支を配当する。東北（北東）は「丑(うし)」と「寅(とら)」の間なので「丑寅(うしとら)」、東南は同じように**辰巳(たつみ)**。

67 ⑤
乾（いぬゐ）
丑寅に「艮」、辰巳に「巽」、未申に「坤」、戌亥(いぬゐ)に「**乾**」の字をあてることがある。

68 ①
鬼門（きもん）

①東北　②東南　③西北　④西南　（姫路獨協大）

□ 69 「讃岐の国」は現在のどこにあたるか。
①岡山県　②徳島県　③島根県
④香川県　⑤兵庫県　（青山学院大）

□ 70 「下野の国」は何県にあたるか。
①群馬県　②埼玉県　③茨城県　④栃木県　（日本大）

□ 71 殿上人の中で、三位以上の特に上位の者を何というか。
①雲上人　②公達　③上臈　④上達部　（明治大）

□ 72 「仙洞」とはどこか。次の中から選び番号で答えよ。
①女院の居所　②天皇の御所　③後宮　④上皇の御所　（日本大）

□ 73 「東宮」の意味として最適なものを次の中から選べ。
①若い親王　②皇太子　③東の小さな社
④土地の名　⑤女性の名　（中京大）

□ 74 「除目」の意味として正しいものを次の中から一つ選べ。
①涙をぬぐうこと　②季節の変わり目
③任官の儀式　④落胆すること
⑤辞職の願い状　（成蹊大）

□ 75 次のうち「十干」でないものはどれか。
①乙　②子　③丙　④丁　⑤甲　（専修大）

□ 76 「天竺」はどこの国の古称か。　（福岡大）

陰陽道で悪鬼の出入りする所として忌み嫌う方角。東北のこと。

69 ④
旧国名
岡山県は「美作・備前・備中」、**徳島県**は「阿波」、**島根県**は「出雲・石見・隠岐」、**兵庫県**は「播磨・但馬・丹波・摂津」。

70 ④
群馬県は「上野」、**埼玉県**は「武蔵」、**茨城県**は「常陸・下総」。

71 ④
上達部（かんだちめ・かんだちべ）
公卿の別称。大臣・大納言・中納言・参議その他三位以上の者。

72 ④
仙洞（せんとう）
上皇の御所または上皇のこと。

73 ②
東宮（とうぐう）
「皇太子」または「皇太子の住む宮殿」のこと。「**春宮**」とも書く。

74 ③
除目（ぢもく）
大臣以外の官職を任命する儀式。
県召し（春）国司など地方官を任命
司召し（秋）中央官を任命

75 ②
十干（じっかん）
「甲・乙・丙・丁・戊・己・庚・辛・壬・癸」。ものの順序を示す。

76 **インド**
天竺はインドの古称。

第8章

3 和歌・俳諧の知識に関するもの

問 次のそれぞれに該当するものを選べ。

□ 77 次の中から俳諧に関する語を一つ選べ。

① 枕詞　② 本歌取り　③ 切れ字　④ 掛詞　⑤ 縁語　〈高千穂大〉

□ 78 「季語」の意味として最も正しいものを選べ。

① 古文で季節感をあらわすために、特に定められたことば。
② 散文で季節感をあらわすために、特に定められたことば。
③ 俳句などで季節感をあらわすために、特に定められたことば。
④ 詩で季節感をあらわすために、用いられることばの約束事。〈亜細亜大〉

問 次の季のある語（季語）の季節はいつか。それぞれあとから選べ。

□ 79 a よもぎ　b 卯月　c ほととぎす　d 清水　〈関西大〉

□ 80 a 萩　b 虫　c 朧月夜　d 蛍　〈神奈川大〉

□ 81 a 天の川　b 霞　c 小春日和　d 五月雨　〈中部大〉

① 新年　② 春　③ 夏　④ 秋　⑤ 冬

問 次のそれぞれに答えよ。

□ 82 空欄に入る枕詞として最も適当なものを選べ。

その年もはやうち暮れて、［　］春にもなりゆけば、〈阿仏東下り〉

① たらちねの　② ぬばたまの　③ ひさかたの

解答とポイント

77 ③

切れ字
発句の独立性や、意味・内容が切れることを示す語。「や・かな・けり」が代表的な切れ字。

78 ③

季語
連歌・連句・俳句で四季それぞれの季節感を表すために句に詠み込む語。「季ことば・季題」ともいう。

79 a=② b=③ c=③ d=③

80 a=④ b=④ c=② d=③

81 a=④ b=② c=⑤ d=③

季語と季節

82 ⑤

枕詞（まくらことば）
ある特定の語を導き出し、際立たせる定型表現。①は「母」、②は「黒・夜」、③は「天(あめ)・光」、④は「大和」などにかかる枕詞。⑤は「年」などにもかかる。

④ しきしまの　⑤ あらたまの　〈同志社大〉

□ **83** **次の和歌に用いられている修辞として最適なものを選べ。**

海人(あま)の刈る藻に住む虫のわれからと音(ね)をこそなかめ世をば恨みじ　〈古今和歌集〉

① 枕詞　② 序詞　③ 見立て　④ 折句　〈神奈川大〉

□ **84** **次の歌の傍線部に用いられた掛詞を、二つの意味がわかるように記せ。**

a 山里は冬ぞさびしさまさりける人目も草もかれぬと思へば　〈古今和歌集〉〈青山学院大〉

b わがやどのまつはしるしもなかりけり杉むらならば訪ね来なまし　〈今昔物語集〉〈中央大〉

c 白雪の世にふるかひはなけれども思ひ消えなむ事ぞ悲しき　〈住吉物語〉〈清泉女子大〉

d あけやらでまだ夜は深き雪のうちにふみ見る道は跡やなからん　〈弁内侍日記〉〈京都女子大〉

□ **85** **次の和歌は何句切れか、正しいものを選べ。**

くちをしや雲居隠れに棲(す)むたつも思ふ人には見えけるものを　〈無名抄〉

① 初句切れ　② 二句切れ　③ 三句切れ

④ 四句切れ　⑤ 句切れなし　〈清泉女子大〉

□ **86** **次の和歌に用いられている縁語を三つ指摘せよ。**

青柳のみどりのいとをくりおきて夏へて秋ははたおりぞなく　〈古今著聞集〉〈島根大〉

---

83 ②

序詞（じょことば）

ある語を導き出す前置きの表現で、導き出す語との関係は一回的、即興的。「海人の～虫の」は「われから」を導く序詞。

84

a かれ＝枯れ・離れ

b まつ＝松・待つ

c ふる＝降る・経る

d ふみ＝文・踏み

掛詞（かけことば）

同音異義を利用した修辞技巧で、一つの言葉に複数の意味を持たせたもの。掛詞の多くは「自然」に関する意味（地名を含む）と「人事」に関する意味が掛けられている。

85 ①

句切れ

和歌の中での意味のまとまり。最後まで切れないものは「句切れなし」という。この歌は「くちをしや」で意味が切れる。

86 いと・くり・へ・はたおり（以上のうち三つ）

縁語（えんご）

関連の深い語をあわせ用いることで、表現効果を高める技巧。この歌では「糸(いと)」「繰(く)り」「綜(へ)」（糸をまとめる意）「機織(はたお)り」が縁語の関係になる。

口語訳

問　次のそれぞれに答えよ。

□ **87** 「歌枕」の意味として最も正しいものを選べ。

① 和歌の枕詞　② 古歌に詠まれた名所
③ 和歌の上の句の部分　④ 俳句の季語
⑤ 和歌の詞書

（関東学院大）

□ **88** 字余りはどの句にあるか。その部分を抜き出せ。

熟田津に　船乗りせむと　月待てば　潮もかなひぬ　今は漕ぎ出でな

（帝京大）

□ **89** 次の和歌に詠み込まれていることばとして適当なものは何か。

あさみどりかひある春にあひぬればかすみならねどたちのぼりけり

〈大和物語〉

① 鳥飼　② 朝　③ 愛　④ 太刀

（神奈川大）

□ **90** 折句の技法で詠まれた歌を、次の中から一つ選べ。

① いつはとは時はわかねど秋の夜ぞ物思ふ事の限りなりける
② 憂き事を思ひつらねて雁がねの鳴きこそわたれ秋の夜な夜な
③ おく山に紅葉踏み分け鳴く鹿の声聞くときぞ秋は悲しき
④ 小倉山峰立ち鳴らし鳴く鹿の経にけむ秋を知る人ぞなき
⑤ 竜田姫手向くる神のあればこそ秋の木の葉の幣(ぬさ)と散るらめ

（明治大）

□ **91** 次の和歌の傍線部の修辞法として最も適当なものを選べ。

君に人なれなならひそ奥山に入りての後もわびしかりける

〈今鏡〉

解答とポイント

87 ②

歌枕（うたまくら）

古歌に詠まれた名所。例えば、吉野山には「霞・桜」、白河の関には「都・卯の花・雪」、隅田川には「都鳥」などのイメージが託される。

88 今は漕ぎ出でな

字余り

和歌・俳句などの定型詩で定めの音数より多いこと。少ない場合は「字足らず」。

89 ①

物名（もののな）・**隠し題**

和歌などで物の名前を他の語に通わせて詠み込んだもの。ここでは「あさみどりかひ」に「鳥飼」が詠み込まれている。

90 ④

折句（おりく）

物の名前や地名などを、各句の初めに一文字ずつ分けて詠んだもの。④は「をぐらやま　みねたちならし　なくしかの　へにけむあきを　しるひとぞなき」で、「をみなへし（女郎花）」が詠み込まれている。

91 ③

連体形終止法

詠嘆・驚きの気持ちや余情を込めて、連体形で文を終止することをいう。会話文・

□ 92 次の用語の中から、万葉集に当てはまる特徴をA、古今集に当てはまる特徴をB、どちらにも当てはまらないものをCとせよ。

① 係り結び　② 倒置法　③ 連体形終止法
④ 連用形中止法　⑤ 已然形終止法 （立教大）
① 五七調　② 本歌取り　③ ますらをぶり
④ たをやめぶり　⑤ 枕詞の多用　⑥ 掛詞の多用
⑦ 幽玄　⑧ みやび （上智大）

□ 93 和歌の説明として正しいものは○を、そうでないものは×をつけよ。

かぐや姫、あやしがりて見れば、鉢の中に文あり。ひろげて見れば、

A 海山の道に心をつくしはてないしのはちの涙ながれき

かぐや姫、光やあると見るに、蛍ばかりの光だになし。

B 置く露の光をだにもやどさまし小倉の山にて何もとめけむ

とて、返しいだす。（石作皇子は）鉢を門に捨てて、この歌の返しをす。

C 白山（しら）にあへば光の失（う）するかとはちを捨てても頼まるるかな

とよみて、入れたり。 〈竹取物語〉

① Aの和歌には「石の鉢」「血の涙」などの語が詠み込まれている
② Bの和歌の「置く露」は、Aの和歌の「涙」を受けた表現である
③ Cの和歌の「白山」は、Bの和歌の「小倉の山」と同じ山である
④ Bの和歌は枕詞が使用され、Cの和歌は掛詞が使用されている （九州産業大）

和歌での「けり」の用法は過去ではなく詠嘆になることが多い。

92 ①＝A　②＝C　③＝A　④＝B　⑤＝A
⑥＝B　⑦＝C　⑧＝B

万葉集と古今和歌集の特徴

②**本歌取り**（ほんかどり）（古歌の語句・発想を取り入れて作歌する技法）と⑦**幽玄**（余情を伴う感動）は新古今和歌集に当てはまる特徴。

93 ①＝○　②＝○　③＝×　④＝×

和歌の鑑賞

Aは、「筑紫」と「尽くし」、「果てない」と「泣い」、「泣いし」と「石」、「鉢」と「血（の涙）」のように、掛詞を重ねて「石の鉢」「血の涙」を詠んだ物名歌。①は正解。Bの「だに」は副助詞、「まし」は反実仮想の助動詞。上の句は「（もしこの鉢が本物なら）せめて流したという涙の露ほどの光だけでもあればよいのに」の意。②は正解。Bの「小倉山」は『万葉集』にも詠まれる大和の山。「小暗し」と掛けられ、「白山」と対になっている。白山は加賀国の歌枕。③は誤り。Cの「はち」は「鉢」と「恥」の掛詞だが、Bの和歌に枕詞はない。④も誤り。

第8章　3 和歌・俳諧の知識

口語訳

問　**次のそれぞれに答えよ。**

94 **和歌について説明した文章の空欄を補え。なお、Aは二字の語句、Bは一字の語句、Cは和歌の修辞の名称を答え、Dは適する解釈を答えよ。**

嘆きつつみを早き瀬のそことだに知らず迷はんあとぞ悲しき　〈うたたね〉

「嘆き」には「投木」が掛けられ、「みを」は「澪」と「A」、「そこ」は「其処」と「B」が掛けられている。また、「投木」「澪」「瀬」「B」は C の関係にある。「あと」はここでは「死後」の意であり、この和歌全体の意味は、「失恋の苦しみに嘆きながら A 流れの早い川瀬の B に沈めたとしても、D」となる。　〈高知大〉

95 **有季（ありすゑ）の歌「かみな月…」について、あてはまるものを二つ選べ。**

古今集巻第十八に、「貞観の御時、万葉集はいつばかりつくれるぞと問はせ給ひければ、よみてたてまつりける　文屋の有季

かみな月時雨ふりおけるならの葉の名におふ宮のふることぞこれ」

と見えたり。　〈国歌八論〉

① 「かみな月」は「時雨」にかかる枕詞である。
② 「かみな月　時雨ふりおける」は「なら」を導く序である。
③ 「なら」は「楢」と「奈良」、「葉」は「木の葉」と「時代」、「ふる」は「降る」と「古」の掛詞である。
④ 「これ」とは「万葉集」のことである。
⑤ この歌には係り結びが用いられている。　〈上智大〉

解答とポイント

94 A **身を**　B **底**　C **縁語**
D （例）**そこがどことさえわからずに、死後も私の魂は迷うであろうと思うと、ほんとうに悲しいことだ。**

「みを早き瀬」は「身を投ずる早瀬」、副助詞「だに」は類推の意で、「そことだに知らず」は「そこがどことさえわからず」。助動詞「ん」は仮定。「あと」は「自分の死後の魂」の意。「ぞ悲しき」は「ぞ＋連体形」の係り結びになっている。

95 **②・④**　詞書きに「清和天皇の御代、『万葉集はいつ頃に撰集したのか』とおたずねになったので、お詠み申し上げた（歌）」とある。歌の大意は、「十月の時雨が降りかかる『楢の葉』という名を持つ『奈良』の都の時代の古い撰集でございます、これは」。「これ」とは「万葉集」のことである。「かみな月」は枕詞ではない。「楢」と「奈良」は掛詞だが、「葉」「ふる」は掛詞ではない。「ぞ」は断定の終助詞で、係り結びはない。「かみな月時雨ふりおける」が「なら」を導く序詞になっている。したがって②と④が正解。

口語訳

第9章 古典文法に関する問題

＊大学入試の古文問題では、用言・助動詞・助詞・敬語など古典文法の知識を問う設問が多く出題されています。

＊演習問題に取り組みながら、入試頻出の文法事項と「識別」などの典型的な出題内容を確認していきましょう。

＊章末「古典文法のまとめ」には最重要の「紛らわしい語の識別」と「敬語の識別」の解法をチャートで示しました。活用してください。

ウォームアップ

第9章 古典文法に関する問題

［用言の活用］

1 傍線部の活用の種類として最も適当なものをそれぞれ選べ。

百年、千年を経(a)て見れども、
いみじくあはれなるものはあれ(b)。
末の世にとどまるばかりのふしを書きとどむ(c)べき、とはおぼゆる。
いまだ宮仕へもせ(d)で里にはべりける折、
と友達ども思はる」などこそ見え(e)てはべれ。〈無名草子〉

① マ行四段活用　② ラ行四段活用　③ カ行上一段活用
④ マ行下二段活用　⑤ ハ行下二段活用　⑥ ヤ行下二段活用
⑦ サ行変格活用　⑧ ラ行変格活用　〈東洋大〉

2 空欄には「つらい」という意味の「からし」が入る。文脈にあうように適当な形に活用させよ。

この度まかり外(はづ)れなば、いみじう［　］べきことにてなむ侍るべきを、この度、申させ給はで侍りなむや。〈大鏡〉〈学習院大〉

［助動詞の活用・意味］

3 空欄部に助動詞「き」を適当に活用させよ。

物忌(ものいみ)の由(よし)を申し候ひ［A］を、物忌といふ事やはある。たしかに参

解答とポイント

1 a=⑤　b=⑧　c=④　d=⑦　e=⑥

活用を覚えておきたいもの
上一段活用　「見る」「似る」「射る」「着る」
下一段活用　「蹴る」
カ行変格活用　「来」および「来」の複合動詞
サ行変格活用　「す」「おはす」
ナ行変格活用　「死ぬ」「往(い)ぬ（去ぬ）」
ラ行変格活用　「あり」「をり」「はべり」「いますがり」

2 からかる

「べし」は終止形接続の助動詞だが、ラ変型活用語の場合は連体形に接続する。形容詞はラ変型活用語なので、カリ活用の連体形を答える。

Check! 用言は、単独での出題は少ないが、助動詞の接続とセットで出題されることが多い。活用の種類および、それぞれの活用形をしっかり覚えよう。

3 A=し　B=しか　C=き

助動詞「き」の活用

基本形	未然形	連用形	終止形	連体形	已然形	命令形
き	（せ）	○	き	し	しか	○

Warm up

るべき由仰せ候ひ［B］ば、参り候ひに［C］。〈宇治拾遺物語〉（中央大）

4 **傍線部の助動詞の意味を後から選べ。**

「おりね[a]」としひてのたまへば、あさましきやうにておりぬ。「あやしのありきや。人いかに思はむ[b]」と思ふ。〈和泉式部日記〉

①意志　②打消　③完了　④推量　⑤断定（國學院大）

［助詞の用法・係り結び］

5 **傍線部の文法的説明として最も適当なものを一つ選べ。**

西京の[傍線]そこそこなる家に、色濃く咲きたる木の、様体うつくしきがはべりしを、掘り取りしかば、〈大鏡〉

①主格　②連体修飾格　③同格　④比喩（日本大）

6 **空欄の中に入る語として最も適当なものを一つ選べ。**

今はその心を思ひとどまりて［　］はべれ。〈松屋叢話〉

①か　②ぞ　③なむ　④や　⑤こそ（青山学院大）

［敬語の種類・働き］

7 **傍線部の敬語の種類として最も適当なものをそれぞれ選べ。**

それは何ばかりの物にもあらず。さながら捨て給ふ[a]がよし。いまだ寝させたるままにて、起こしさぶらは[b]ず。〈近世畸人伝〉

①尊敬語　②謙譲語　③丁寧語（京都女子大）

---

4 a＝③　b＝④

「ね」は「ず」の已然形と「ぬ」の命令形がある。「む」や「べし」は複数の意味がある。ここは「人」という三人称が主語になっている。

> **Check!** 助動詞は、活用・接続・意味が出題される。古典文法の中心は助動詞なのでしっかり覚えよう。

5 ②

用法の識別が出題されるのは、「が」「の」「に」「なむ」などである。

6 ⑤

係り結びの法則

ぞ・なむ・や・か→**連体形**　こそ→**已然形**

> **Check!** 助詞は、係り結びがよく出題される。解釈に関わる助詞も多い。主な助詞の用法を覚えよう。

7 a＝①　b＝③

たまふ　1「与ふ」の尊敬語／2尊敬の補助動詞（四段活用）／3謙譲の補助動詞（下二段活用）

さぶらふ　1「仕ふ」の謙譲語／2「あり」の丁寧語／3丁寧の補助動詞

> **Check!** 敬語は「たまふ」「奉る」の識別がよく出題される。主語や人間関係を読み取る手がかりとなるので、主な敬語の種類と働きを覚えよう。

第9章　ウォームアップ

口語訳

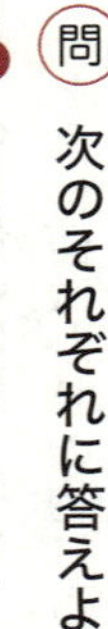

第9章

1 用言に関するもの

問 次のそれぞれに答えよ。

1 **傍線部の動詞の終止形を答えよ。**

a その器に足らず侍れば、

b 障子を引き開けおはして、

〈十訓抄〉（國學院大）

2 **傍線部の動詞の終止形をひらがなで答えよ。**

a 世の中に絶えて桜の咲かざらば春の心はのどけからまし

b 千代経たる松にはあれどいにしへの声の寒さは変らざりけり

〈土佐日記〉（関西学院大）

3 **動詞「死ぬ」の活用を次の中から選べ。**

① 四段　② 下一段　③ 下二段　④ ラ変　⑤ ナ変

（愛知大）

問 **傍線部の動詞の活用の種類として正しいものをそれぞれ選べ。**

4 世界のをのこ、あてなるもいやしきも、いかでこのかぐや姫を得てしがな、見てしがなと、おとに聞き、めでて惑ふ。

〈竹取物語〉

① 下一段　② 下二段　③ 四段　④ 上一段

（近畿大）

5 身をも人をも頼まざれば、是なるときは喜び、非なるときは恨みず。

〈徒然草〉

① 四段活用　② 上一段活用　③ 上二段活用　④ 変格活用

（広島経済大）

解答とポイント

終止形（基本形）

1 a＝**足る**　b＝**引き開く**

aはラ行**四段活用**動詞の未然形。

bはカ行**下二段活用**動詞の連用形。

2 a＝**たゆ**　b＝**ふ**

aはヤ行**下二段活用**動詞の連用形。

bはハ行**下二段活用**動詞の連用形。

活用の種類

3 **⑤**

ナ行変格活用は「死ぬ」「往ぬ（去ぬ）」の二つ。

4 **②**

「得」はア行**下二段活用**の動詞。例文は連用形で「え」と読む。

5 **③**

「恨む」はマ行**上二段活用**の動詞。例文は下に「ず」があるので未然形。

□ **6** 石山にをととし<u>まうで</u>[a]たりしに、<u>いぬる</u>[b]五日の夜の夢に、御そでに月と日とを受けたまひて、おとどかどといふ文字をふと<u>書きつくれ</u>[c]ば、この同じことの<u>見ゆる</u>[d]なり。　〈蜻蛉日記〉

①四段活用　②上一段活用　③上二段活用
④下一段活用　⑤下二段活用　⑥変格活用　〈東北学院大〉

□ **7** しばしかためて、ひやうど<u>射</u>たり。　〈平家物語〉

①ア行下一段活用　②タ行下二段活用　③ヤ行上一段活用
④ラ行四段活用　⑤ラ行変格活用　⑥ワ行上二段活用　〈駒澤大〉

問　次のそれぞれに答えよ。

□ **8** **傍線部の動詞の活用の種類を答えよ。**

a　巣には脚をのみ<u>据ゑ</u>て立ち居たり。
b　後は、少し<u>怖ぢ</u>てや、我は巣の上なる枝にをりて、　〈折々草〉〈白百合女子大〉

□ **9** **傍線部の終止形（ひらがなで表記すること）と活用の種類を答えよ。**

a　またうちとけて<u>寝</u>べき心地もせず。
b　あはれ<u>老い</u>にけるかな。　〈閑田文草〉〈福井大〉

□ **10** **活用の種類が他の三つと異なる動詞を含むものはどれか。**

①射けり　②着たりける　③見えず　④ゐたる　〈神奈川大〉

---

6 a=⑤　b=⑥　c=⑤　d=⑤

a「**まうづ**」はダ行**下二段活用**の動詞。例文は連用形。
b「**いぬ**」は**ナ行変格活用**の動詞。例文は連体形。
c「**書きつく**」はカ行**下二段活用**の動詞。例文は已然形。
d「**見ゆ**」はヤ行**下二段活用**の動詞。例文は連体形。

7 ③

「**射る**」はヤ行**上一段活用**の動詞。例文は連用形。

8 a=ワ行下二段活用
b=ダ行上二段活用

例文はa、bともに連用形。

9 a=ぬ　ナ行下二段活用
b=おゆ　ヤ行上二段活用

例文はaは終止形、bは連用形

10 ③

①はヤ行**上一段動詞**「**射る**」の連用形、②はカ行**上一段動詞**「**着る**」の連用形、④はワ行**上一段動詞**「**居る・率る**」の連用形。③はヤ行**下二段動詞**「**見ゆ**」の未然形。

口語訳

問　次のそれぞれに答えよ。

□ **11** 空欄には、動詞「覚ゆ」が入る。それぞれ適当な形に活用させよ。

a　物語のゆかしさも［　］ずなりぬ。

b　つづきの見まほしく［　］ど、人かたらひなどもえせず。

c　いみじく心もとなく、ゆかしく［　］ままに、

〈更級日記〉（愛知大）

□ **12** 空欄に形容詞「めでたし」を適切な形に活用させよ。

a　三輪・初瀬かけて詣でける帰さに、［　］枝どもあまたに、

b　持たる枝を見れば、さしも［　］し紅葉の多く散り失せにけるを、

〈兼好諸国物語〉（琉球大）

□ **13** 傍線部の各語をそれぞれ活用形によって二つに分類するとどのようになるか。その組み合わせとしてもっとも適当なものを選べ。

財宝は、なけれ[a]ども、さすがに空倉はあまたありけり。
いかがはせ[b]んと思ふもかなしく、
仏僧を供養し奉ることも時にこそよれ[c]、
空倉に入りて求めんとすれ[d]ば、倉ごとにその戸つまりてあかず。
欲情のままに福を求め[e]ば、今生（こんじやう）に求め得たる大利のなきのみにあらず、

〈夢中問答集〉

①［ad］と［bce］　②［ae］と［bcd］
③［abe］と［cd］　④［acd］と［be］
⑤［abde］と［c］　⑥［acde］と［b］

〈センター試験〉

解答とポイント

接続と活用

11　a＝覚え　b＝覚ゆれ　c＝覚ゆる

「覚ゆ」はヤ行下二段活用。aは助動詞「ず」に続くので未然形、bは助詞「ど」に続くので已然形、cは「まま」という名詞に続くので連体形にする。

12　a＝めでたき　b＝めでたかり

aは名詞に続くので連体形、bは助動詞「き」に続くので連用形にする。下に助動詞が続くときはカリ活用を用いることが多い。

13　④

aは「ども」がつくので已然形、「なけれ」は形容詞で終止形は「なし」。

bは「ん」がつくので未然形、「せ」はサ変動詞「す」。

cは「こそ」の結びなので已然形。

dとeは「ば」がついているので未然形か已然形。動詞の活用から判断する。

d「すれ」はサ変動詞「す」の已然形。e「求め」はマ行下二段活用の動詞「求む」の未然形。

14 傍線部の音便形の原活用形を記せ。

a　さやうの遊び者は人の召しに従うてこそ参るべけれ。

b　年もまだ幼うてさぶらふを、〈平家物語〉（久留米大）

15 傍線部の活用形について、該当するものをそれぞれ選べ。

行く末も頼もしかるべきに、河となりて流るるかと思ひ、〈とはずがたり〉

「心ちのわびしき」とて、げにながらふる世のならひ、〈建礼門院右京大夫集〉

①未然形　②連用形　③終止形
④連体形　⑤已然形　⑥命令形（亜細亜大）

問 傍線部の活用の種類と文中での活用形を答えよ。

16
a　せみのつばさに似たり。
b　その深き理（ことわり）を述ぶるに、僧都いまだ知らざること多し。〈伽婢子〉（二松学舎大）

17
a　清涼殿の御前のむめの木のかれたりしかば、
b　なにがしぬしの蔵人にていますがりし時、〈大鏡〉（南山大）

18
a　太刀を乞ひければ、
b　季札（きさつ）、かへり来たりて、〈宝物集〉（福岡教育大）

19
a　院に八月十五夜せられけるに、「参りたまへ」とありければ、
b　「せめて今宵はな参りたまひそ」ととどめけり。〈大和物語〉（琉球大）

---

14 a＝従ひ　b＝幼く

音便
aはハ行四段活用「従ふ」の連用形のウ音便。bは形容詞「幼し」の連用形のウ音便。

15 a＝④　b＝④　c＝④　d＝④

活用形
aは形容詞「頼もし」の連体形。bはラ行下二段活用の動詞「流る」の連体形。cは形容詞「わびし」の連体形。dはハ行下二段活用の動詞「ながらふ」の連体形。

16 a＝ナ行上一段活用・連用形
b＝バ行下二段活用・連体形
a＝似る、b＝述ぶ

17 a＝ラ行下二段活用・連用形
b＝ラ行変格活用・連用形
ラ行変格活用は「あり」「をり」「はべり」「いまそ（す）がり」の四つ。

18 a＝ハ行四段活用・連用形
b＝カ行変格活用・連用形
カ行変格活用は「来」および複合動詞。

19 a＝サ行変格活用・未然形
b＝マ行下二段活用・連用形
サ行変格活用は「す」「おはす」および複合動詞。

第9章　1 用言

口語訳

第9章

2 助動詞に関するもの

問 次のそれぞれに答えよ。

□ 20 傍線部「し」の終止形は何か。最も適当なものを選べ。

忠岑、和泉大将藤原定国の随身たりし時、〈百人一首一夕話〉

①き ②し ③す ④せ（学習院大）

□ 21 傍線部の助動詞を終止形に直せ。

a これほどに心地よくつめ伏せたることこそ候はね。

b 御感（ぎよかん）はかぶり候ひなまし。〈古今著聞集〉（山梨大）

□ 22 傍線部の終止形と文中での活用形を答えよ。

知れる人はあがめ尊び、知らざる人も賞（め）で思ふことは、〈かざし抄〉（熊本県立大）

□ 23 空欄には、助動詞「き」が入る。それぞれ正しい形に活用させよ。

「姉にてあり（a）者こそただ一人はべり（b）。さらば上りもせん」とて、出で立ちけり。〈閑居友〉（東京女子大）

□ 24 空欄には、助動詞「ぬ」が入る。それぞれ適切な活用形に直せ。なお二箇所ある空欄cには、それぞれ同じものが入る。

いとかたはなり。身もほろび（a）ん。思ふには忍ぶることぞ負け（b）ける逢（あ）ふにしかへばさもあらばあれ身もいたづらになり（c）べければ、つひにほろび（c）べしとて、〈伊勢物語〉（神戸大）

解答とポイント

20 ① 終止形（基本形）
「し」は助動詞「き」の連体形。

21 a＝ず b＝ぬ
aは打消の助動詞「ず」の已然形。bは完了の助動詞「ぬ」の未然形。

22 ず・連体形
「ず」は未然形接続の助動詞。

23 a＝し b＝しか 活用
aは名詞「者」に続くので連体形。bは「こそ＋已然形」の係り結び。

24 a＝な b＝に c＝ぬ
aは助動詞「ん」に続くので未然形にする。bは助動詞「けり」に続くので連用形にする。cは助動詞「べし」に続くので終止形にする。

25 a＝べき b＝べく c＝べかり
aは「なむ＋連体形」の係り結び。bは動詞に続くので連用形。cも助動詞「けり」に続くので連用形にする。「べし」は

25 **空欄には、助動詞「べし」が入る。それぞれ適切な活用形に直せ。**

今日なむ、かく思すことある人は、禊（みそぎ）したまふ（ a ）。

雨の脚、当たる所徹（とほ）りぬ（ b ）はらめき落つ。

波に引かれて入りぬ（ c ）けり。 〈源氏物語〉（熊本県立大）

問 26 **枠内の助動詞をそれぞれ適する活用形に改めよ。**

「神のみそぎに」と言へa［り］杉のみ栄えて、
はるばると見渡しb［たり］ほど、千里（ちさと）の浜とも言ひつべし。
このことわりよく身に知らc［る］侍れば、
うらやましとは、この貝の殻をや言ふd［べし］む。 〈筑紫道記〉（静岡大）

27 一門集まりて行きa［つ］けり。
「おのおの御恩をかぶりたりとこそ、存じ候はb［むず］」と言ふに、 〈沙石集〉（学習院大）

28 ほととしくうちはめa［つ］べし。
鏡を入れてかつ見b［つ］かな 〈土佐日記〉（名城大）

問 29 **傍線部の文法上の意味として最も適切なものをそれぞれ選べ。**

a 扇をはらはらと使ひ鳴らして聞き知らせければ、
b 松殿の思はせ給ひける女房、離（か）れ離（が）れになり給ひてのち、
c 我ながらあらぬかとのみたどりわび、
d 身ながらも、なかなかうとましかりぬべければ、 〈今物語〉

① 自発　② 尊敬　③ 可能　④ 打消
⑤ 推量　⑥ 使役　⑦ 強意　⑧ 断定 （琉球大）

形容詞型に活用し、本活用とカリ活用があるが、下に助動詞が続くときは主としてカリ活用が用いられ、それ以外は本活用が用いられる。

26 a＝る　b＝たる　c＝れ　d＝べから
aは「杉」、bは「ほど」という名詞に続くので、いずれも連体形にする。cは「侍り」に続くので連用形にする。dは「む」に続くので未然形にする。

27 a＝て　b＝むずれ
aは「けり」に続くので連用形にする。bは「こそ＋已然形」の係り結び。

28 a＝つ　b＝つる
aは「べし」に続くので終止形、bは「かな」に続くので連体形にする。

29 a＝⑥　b＝②　c＝④　d＝⑦

意味
a＝下に尊敬の語がないので「使役」。

b＝下に「給ふ」があり、文脈からも「尊敬」の意。

c＝未然形に接続しているので「打消」の助動詞「ず」。

d＝連用形に接続しているので助動詞「ぬ」。ここは下に「べし」があるので、「強意」。

口語訳

問 **傍線部の文法上の意味として最も適当なものをそれぞれ選べ。**

□ 30
a わろ歌とも申しつべき歌なるを、おなじ程の歌と、さだめられたり。
b さりとて、やはとて、人まねに申すなめり。
c 人よりはよく知れり、人よりはよく詠めるぞ、と思へる。〈俊頼髄脳〉

① 反実仮想　② 過去　③ 伝聞　④ 完了　⑤ 強意
⑥ 断定　⑦ 打消推量　⑧ 当然　⑨ 可能　⑩ 比況　（法政大）

□ 31 いとどあかぬ所なく光り添ひたまふぞ、げに見るかひあめる。〈うたたね草紙〉

① 伝聞　② 断定　③ 完了　④ 推定　⑤ 自発　（立教大）

□ 32 いづれの所に、いかなる苦を受けてか嘆くらむと、悲しく覚えて、彼女の後世（ごせ）をとぶらひ侍らむと思ひて、田などの侍りしをもみなふり捨てて、かくまかりなりし後には、念仏すべて怠りなく侍り。（中略）こまごまと後の世をとぶらふ情けをかけざるに、この僧の思ひ入れて勧めけむ、げにありがたく覚えて侍り。〈撰集抄〉

① 推量　② 意志　③ 適当　④ 仮定　⑤ 現在推量
⑥ 原因推量　⑦ 過去推量　⑧ 過去の伝聞・婉曲　（立教大）

問 **次のそれぞれに答えよ。**

□ 33 **傍線部から助動詞〈助動詞の一部であるものを除く〉を三つ選べ。**

解答とポイント

30 a＝⑤　b＝⑥　c＝④

「なめり」

a＝下に「べし」があるので「強意」。
b＝「なるめり」の撥音便の「ん」の無表記。「なり」は「断定」。
c＝「詠め」が已然形（命令形）なので、完了・存続の助動詞「り」の連体形。

31 ④

「めり」

視覚に基づく推定あるいは婉曲の意。

32 a＝⑤　b＝②　c＝⑧

「らむ」・「む」・「けむ」

aは⑤か⑥だが、「いづれの所に…嘆くらむ」という文脈から「現在推量」、bは①～④が候補になるが、主語が一人称であり、文脈から「意志」、cは⑦、⑧が候補になるが、「勧めけむ」の下に名詞が省略されており、文脈からも「過去の伝聞・婉曲」の意。

33 ②・③・⑤

「けれ」の識別

① 習はす人あらばいとよくしつべけれど、たれかは教へむ。
② 六つ七つばかりにておはしけるに習はし置い給ひけるままに
③ いとをかしげにひねり縫ひ給ひければ、
④ 侮(あなづ)りやすくて、いとわびしければ、うち泣きて縫ふままに、
⑤ 世の中にいかであらじと思へどもかなはぬものは憂き身なりけり
⑥ げに、いたはり給ふことめでたければ、

〈落窪物語〉（早稲田大）

□ **34**

傍線部a、bと文法上の意味が最も近いものをそれぞれ選べ。

なほ参らせて候はせ[a]んと定めて、二十七といふ春、初めて参る。一日ばかり籠りゐたりしほどに、御持仏堂へ出でさせ[b]おはしまして、召ししかば、参りぬ。

〈たまきはる〉

① 世の中にたえて桜のなかりせば春の心はのどけからまし
② 「我に恥見すること。いかでこれが報いせん」と思ひなりて、
③ 白河院おりゐさせ給ひてのち、金葉集かさねて俊頼朝臣に仰せて撰ばせ給ふにこそ、初め奏したりけるに、
④ 宮はいとやすらかに、いま少し大人びさせ給へる御けしきの、紅の御衣にひかりあはせ給へる、たぐひはいかでかと見えさせ給ふ。
⑤ 「いたく暮れ侍りぬ」と申せば、ながめさして立ち給ふに、雁鳴きて渡る。

〈関西学院大〉

---

②、③、⑤が助動詞「**けり**」で、②は連体形、③は已然形、⑤は終止形。
①助動詞「べし」の已然形「べけれ」の一部
④形容詞「わびし」の已然形「わびしけれ」の一部
⑥形容詞「めでたし」の已然形「めでたけれ」の一部

ほかに、「花咲けれど」のようなカ行四段動詞の已然形＋助動詞「り」の已然形、助動詞「まじ」「まほし」の已然形「まじけれ」「まほしけれ」などが出題されることがある。

34 a＝③　b＝④

「せ」「させ」の識別

aは助動詞「す」の未然形、下に尊敬の補助動詞がないので使役の意。bは助動詞「**さす**」の連用形、下に尊敬の補助動詞「おはします」を伴い、文脈からも尊敬の意。①過去の助動詞「き」の未然形、②サ変動詞「す」の未然形、⑤動作を途中でやめる意の接尾語「**さす**」の連用形。③、④はいずれも尊敬の補助動詞「給ふ」を伴うが、③は「～に撰ばせ」という文脈なので使役、④が尊敬の意。

口語訳

問　次のそれぞれに答えよ。

□ 35 **傍線部「な」と文法的に同じものをすべて選べ。**

なほ聞こえしやうに、法師にやなりなまし。〈栄花物語〉

① あなゆゆし。かかることなのたまひそ。

② ただ今はただ夢を見たらんやうにのみおぼされて、過ぐしたまふ。

③ 起き臥しの契りは絶えてつきせねば枕を浮くる涙なりけり

④ みな焼けにし後、去年（こぞ）今年のほどにしつめさせたまへるもいみじう多かりし、

⑤ 里に出でなば、とり出でつつ見て慰めむとおぼされけり。〈早稲田大〉

□ 36 **傍線部「なる」と文法的意味・用法が同じものを、次の中から選べ。**

蟷螂（たうらう）の験くらべといふなる事こそ、興ある事にてあるなれ。〈文机談〉

① 天の原ふりさけ見れば春日なる三笠の山に出でし月かも

② ただ物をのみ見むとするなるべし

③ 十三になる年、上らむとて、九月三日門出して

④ 物語の多く候ふなる、ある限り見せたまへ

⑤ 心細げなる有様、いかで過ごすらむといと心苦し〈同志社大〉

□ 37 **傍線部「に」と同じ用法のものを二つ選べ。**

やがて仁和寺なる所に籠りゐにけり。〈十訓抄〉

① 冬ながら空より花の散りくるは雲のあなたは春にやあるらむ

② 帰りける人来れりと聞きしかばほとほとしにき君かと思ひて

③ 何時しかと待つらむ妹（いも）に玉づさの言だに告げず往にし君かも

解答とポイント

35 ④・⑤

「な」の識別

例文の「な」は完了の助動詞「ぬ」の未然形。①は副詞。「な…そ」の形で禁止の意を表す。②は比況の助動詞「やうなり」の連用形「やうに」の一部。③は打消の助動詞「ず」の已然形。④、⑤が完了の助動詞「ぬ」で、④は連用形、⑤は未然形。

36 ④

「なり」の識別

助動詞「なり」には断定と推定があり、前者は体言および連体形に、後者は終止形（ラ変型には連体形）に接続する。終止形・連体形が同形の動詞についた場合は、文脈から判断する。例文のように、うわさや音が想定される場面では推定となる。①・②は断定、③は四段動詞「なる」の連体形、⑤は形容動詞「心細げなり」の連体形の一部。

37 ④・⑤

「に」の識別

例文の「に」は完了の助動詞「ぬ」の連用形。連用形に接続する。①は断定の助動詞「なり」の連用形。体言・連体形に接続し、下に「あり（候ふ）」を伴うことが多い。②、③はナ変動詞の連用形の一部。

④ 唐衣着つつなれにし妻しあればはるばる来ぬる旅をしぞ思ふ

⑤ 名にめでて折れるばかりぞ女郎花われ落ちにきと人にかたるな

〈早稲田大〉

□ **38** **傍線部「ぬ」と同じ意味・用法のものを一つ選べ。**

契りといふものは、目に見えぬわざなれば、さりともいまあはれと思しいでなむ。〈木幡の時雨〉

① いまは参りつき給ひぬと

② いひおくこともなくて止みぬるものにこそ

③ 人知れぬ御袖のしづくせきかねて

④ 明けぬれば、起きいで給ひて

⑤ 御枕もうきぬばかりなれば

〈センター試験〉

□ **39** **傍線部「ね」と意味的に同じものとして最も適当なものを選べ。**

「住吉の神の導き給ふままに、はや、舟出して、この浦を去りね」とのたまはす。〈源氏物語〉

① 声もせねば、いぎたなくねたるなめりと思ひて、

② これに物ぬぎて取らせざらむ者は座より立ちね。

③ 御前にもおほとのごもり、人々みなねぬるのち、

④ ことあたらしく申すに及ばねど、なほいとめでたきものなり。

⑤ かの親王よりほかに、また言の葉をかはすべき人こそ世におぼえね。

〈九州産業大〉

---

②は倒置法になっており、「し(死)にき」で言い切る。④、⑤はいずれも連用形に接続しており、完了の助動詞。

38 ③

「ぬ」の識別

例文は上接する動詞「見ゆ」が下二段活用なので、接続では識別できない（未然形と連用形が同形）が、体言に続くので、打消の助動詞「ず」の連体形。①は引用の「と」に続くので完了の助動詞「ぬ」の終止形。②は完了の助動詞「ぬ」の連体形「ぬる」の一部。④は完了の助動詞「ぬ」の已然形「ぬれ」の一部。⑤は連用形に接続しているので完了の助動詞「ぬ」の終止形。

39 ②

「ね」の識別

「ね」には打消の助動詞「ず」の已然形と完了の助動詞「ぬ」の命令形があるが、前者は未然形接続、後者は連用形接続である。例文の「ね」は「ぬ」の命令形。①・④・⑤は「ず」の已然形。⑤は「こそ＋已然形」の係り結びである。③はナ行下二段動詞「寝(ぬ)」の連用形。

口語訳

問

次のそれぞれに答えよ。

□ 40 傍線部と文法的に最も近いものをそれぞれ一つずつ選べ。

大衆を催（もよほ）してうちとどめ、「別当をも払ふべし[a]」などまでののしりて、「この事によりて、いかなる重科（ぢうくわ）にも行はるれば、我が身張本（ちやうぼん）に出（い）づべし[b]」とぞいひける。〈沙石集〉

① 頼朝が首をはねて、わが墓の前にかくべし。

② ゆく蛍雲の上までいぬべくは秋風吹くと雁（かり）に告げこせ

③ 潮満ちぬ、風も吹きぬべし。

④ ほととぎす鳴くべき時に近づきにけり。

⑤ 毎度ただ得失なく、この一矢に定むべしと思へ。（中央大）

□ 41 傍線部の「む」と同じ意味のものはどれか。

心おそく詠み出だす人は、すみやかに詠まむとするもかなはず。〈俊頼髄脳〉

① 忍びてはまゐりたまひなむや

② 思はむ子を法師になしたらむこそ、心苦しけれ

③ をかしからむ所のあきたらむもがな

④ かならず尋ねとぶらはむ（日本大）

□ 42 傍線部の「らむ」と同じ意味のものはどれか。

ここにもの思はしき人の、月日を隔てたまへらむほどを思しやるに、

解答とポイント

40 a＝① b＝⑤

「べし」の識別

①命令、②可能、③推量、④当然、⑤意志。aは「ののしりて」とあるので、命令（あるいは適当）の意で、①が正解。bは「我が身」とあるので、意志の意で、⑤が正解。

「べし」は「む」と同じく**人称を手がかりに意味を判断する。**可能は打消語を伴うことが多く、当然は「はずの」と訳せる場合で主に連体形で用いられる。しかし、「当然」「適当」「命令」の判別は難しい場合が多い。

41 ④

「む」の識別

「む」は「推量」「意志」「適当・勧誘」「仮定・婉曲」の意味がある。文中の連体形は「仮定・婉曲」が多い。その他は人称を手がかりに文脈から判断する。例文は「詠もう」という「意志」の意。①は「勧誘」、②は「仮定」、③は「婉曲」の意である。

42 ③

「らむ」の識別

例文の「らむ」は助動詞「り」の未然形「ら」＋助動詞「む」。四段動詞の已然形

いといみじうあはれに心苦し。〈源氏物語〉

①思はむ子を法師になしたらむこそ、心苦しけれ。
②罪や得らむと思ひながら、またうれし。
③生けらむほどは武に誇らず。
④おのづから御目離るるをりも侍りつらむ。〈日本大〉

□ 43
傍線部の「れ」と同じ意味のものはどれか。

今はむかし、ある大名きはめて良き名馬をもとめて、「我が一大事の先途（せんど）見るべき物はこの馬なり」とて秘蔵せられ、馬の飼料（かひれう）とて、米・豆潤沢（じゆんたく）にあてがはれしに、〈浮世物語〉

①涙のこぼるるに、目も見えず、物も言はれず。
②筆をとれば物書かれ、楽器をとれば音をたてんと思ふ。
③このあひだに、仕はれむとてつきて来るわらはあり。
④四条大納言撰ばれたる物を道風書かん事、時代やたがひ侍らん。
⑤野辺近く家居しせれば鶯の鳴くなる声は朝な朝な聞く〈同志社大〉

□ 44
傍線部の「られ」と文法的に同じ働きを示すものはどれか。

そののちいく程なくして、此まけ侍、思ひかけぬ事にてとらへられて人屋に居にけり。〈宇治拾遺物語〉

①をとこはた寝られざりければ
②ありがたきもの。舅にほめらるる婿
③かく経ども集めらると聞き給ひて
④住みなれて故里、限りなく思ひ出でらる〈阪南大〉

（または命令形）に接続する。①は助動詞「たり」の未然形「たら」の一部＋助動詞「む」。②と④は現在推量の助動詞「らむ」。助動詞「らむ」は終止形（ラ変型には連体形）に接続する。

43 ④

「れ」の識別

例文は助動詞「る」の連用形。「る」は未然形接続の助動詞。「自発」「可能」「受身」「尊敬」の意がある。意味の識別は前後の文脈から判断する。例文は主語が「ある大名」で「秘蔵せられ…あてがはれ…」とあるので「尊敬」の意。①は「可能」、②は「自発」、③は「受身」、④は「尊敬」の意。⑤は完了の助動詞「り」の已然形。

44 ②

「らる」の識別

例文は助動詞「らる」の連用形。意味は「受身」。「らる」の意味は「る」と同じ。①から④まですべて助動詞「らる」だが、①は「可能」、③は「尊敬」、④は「自発」の意。

第9章　2 助動詞

口語訳

第9章

3 助詞・係り結びに関するもの

問 次のそれぞれに該当するものを選べ。

□ 45 次の傍線部のうち、品詞の異なるものを一つ選べ。

① この大納言殿、無心のこと一度ぞのたまへるや。
② 初めて入内（じゅだい）したまふに、洞院のぼりにおはしませば、
③ よその人人も、「益なくものたまふかな」と聞きたまふ。
④ なくなりぬる身にこそとこそおぼえしか
⑤ 人がらしよろづによくなりたまひぬれば、

〈大鏡〉

〈福島大〉

□ 46 傍線部の品詞の説明として適切なものをそれぞれ選べ。

豊前の大君（a）といふ人ありけり。

その国の守に（b）ぞなさるらん。

「かくなるべし」と言ふ人のならで（c）、不慮に、

〈宇治拾遺物語〉

① 格助詞　② 係助詞　③ 副助詞
④ 接続助詞　⑤ 終助詞

〈中央大〉

□ 47 傍線部「の」と同じ用法のものはどれか。

非参議の四位どもの、世のおぼえ口惜しからず、もとの根ざしいやしからぬ、やすらかに身をもてなしふるまひたる、いとかはらかなりや。

〈源氏物語〉

① 日の暮るるほど、例の集まりぬ

解答とポイント

45 ④
①「や」は**間投助詞**。調子を整えたり、詠嘆・強意・呼びかけなどを表す。②「ば」は**接続助詞**。ここは已然形に接続しており、順接の確定条件。③「かな」は詠嘆の意を表す**終助詞**。④「しか」は過去の助動詞「き」の已然形。⑤「し」は強意の**副助詞**。

46 a＝① b＝② c＝④
a「と」は**格助詞**。「一緒に動作をする者」「変化の結果」「引用」などの意を表す。

b「ぞ」は**強意**の**係助詞**。

c未然形に接続する「で」は**打消**の**接続助詞**。

47 ③

「の」の識別

格助詞「の」の用法には「主格を示す」「連体修飾格を示す」「同格を示す」「体言に準ずる」「比喩を示す」がある。例文は「で」に置き換えられ、**同格**を示す「の」。①は**比喩**を示し「のように」の意。②は**主**

② 雪の降りたるは言ふべきにあらず
③ 若き女のいと清げなる出で来たり
④ まことにかばかりのは見えざりつ
⑤ 香をかげば昔の人の袖の香ぞする　〈早稲田大〉

48 **傍線部の「より」と同じ意味に用いられているものはどれか。**

朔日の日夕さりぞ参りつきて、陣入るより昔おもひいでられて、かきぞくらさるる。〈讃岐典侍日記〉

① 海づらよりは少し入りたる国分寺といふ寺を
② 前より行く水をば、初瀬川といふなりけり
③ また時の間の煙ともなりなむとぞ、うち見るより思はるる
④ ひと夫の馬より行くに、己夫しかちより行けば、見るごとにねのみし泣かゆ
⑤ 吾よりも貧しき人の父母は飢ゑ寒からむ　〈広島修道大〉

49 **次のうち「して」が手段・方法を表すものを一つ選べ。**

① これやこの大和にしては我が恋ふる紀路にありといふ名に負ふ背の山　〈万葉集〉
② 松の炭して岩に書き付け侍りと、いつぞや聞えたまふ　〈奥の細道〉
③ してそれは、どのやうなものぞ　〈今源氏六十帖〉
④ 三十あまりにして、更にわが心と一つの庵を結ぶ　〈方丈記〉
⑤ 夜長うしてねぶることなければ　〈蜻蛉日記〉〈専修大〉

格を示し「が」の意。④は体言に準じ「のもの」の意。⑤は連体修飾格を示し「の」の意。「同格」は「体言＋の…連体形」の形をとるので、「の」の下の連体形（「いやしからぬ」「清げなる」）に着目する。

48 ③

「より」の識別

格助詞「より」の用法には「場所・時間の起点を示す」「通過点を示す」「手段を示す」「比較の基準を示す」「即時」「限定」がある。例文は「…やいなや（とすぐに）」という意であり、これを「即時」と呼ぶ。①は「から」の意で「場所の起点」、②は「を通って」の意で「通過点」、④は「（徒歩）で」の意で「手段」、⑤は「と比べて」の意で「比較の基準」を示す。

49 ②

「して」の識別

「して」には格助詞・接続助詞・連語（サ変動詞「す」の連用形＋接続助詞「て」）・接続詞などがある。格助詞「して」には「手段」「一緒に動作をする者」「使役の対象」の意がある。①は「にあって（にいて）」の意。上代語で連語とみる説・接続助詞とみる説などあるが「手段」の意ではない。③は接続詞、④は連語の「して」、⑤は接続助詞。

口語訳

問 次のそれぞれに該当するものを選べ。

□ 50 傍線部「ば」と異なる用法の「ば」を一つ選べ。

「木にこれ結ひつけて持てまゐれ」と言はせたまひしかば、あるやうこそはとて、持てまゐりてさぶらひしを、〈大鏡〉

① 清涼殿の御前の梅の木の枯れたりしかば、求めさせたまひしに、

② 「きむぢ求めよ」とのたまひしかば、一京まかり歩きしかども、

③ 勅なればいともかしこし

④ うぐひすの宿はと問はばいかが答へむ

〈中央大〉

□ 51 傍線部「とも」の意味用法に最も近いものを選べ。

この人のけしき、いまは逃ぐとも、よも逃がさじとおぼえければ、〈宇治拾遺物語〉

① これかれ酒なにとも追ひきて、磯におりゐて別れがたきことをいふ。

② もし海辺にて詠ままましかば、波たちさへて入れずもあらなむとも詠みてましや。

③ かくさしこめてありとも、かの国の人こば、みなあきなんとす。

④ 御門の召しての給はんこと、かしこしとも思はずといひて、

⑤ 遊女三人、いづくよりともなく出で来たり。

〈佛教大〉

□ 52 傍線部「ながら」と同じ用法のものを一つ選べ。

西の陣より殿上の畳ながらかき出でて出でぬれば、人々も見ずなりぬ。

解答とポイント

50 ④

「ば」の識別

接続助詞「ば」は未然形に接続して「順接の仮定条件（もし…ならば）」を、已然形に接続して「順接の確定条件」を示す。例文は助動詞「き」の已然形に接続、①、②も同じ。③は「なり」の已然形に接続、④は「問ふ」の未然形に接続。

51 ③

「とも」の識別

例文の「とも」は接続助詞。終止形（ただし形容詞型活用語には連用形）に接続し、「…としても」という逆接の仮定条件を示す。①は「なにと」で一語。「など」の意で副助詞「など」の原形。②・④・⑤は格助詞「と」と係助詞「も」の連語。体言や終止した文・句を受ける。「も」を除いても文意が通じる。

52 ④

「ながら」の識別

「ながら」は接続助詞。「二つの動作の並行（…ながら）」、逆接の確定条件（…け

① 冬ながら空より花の散りくるは雲のあなたは春にやあるらむ　〈宇治拾遺物語〉
② 身はいやしながら、母なむ宮なりける。
③ しづ心なく面影に恋しければ、あやしの心やと、われながらおぼさる。
④ 露ながら折りてかざさむ菊の花老いせぬ秋の久しかるべく

〈鹿児島大〉

□ **53** **傍線部「で」と同じ用法のものを一つ選べ。**

聞きにくくもあらで、いとかしこく聞こゆ。　〈源氏物語〉

① 奏聞しけれども、御遊の折節で聞こし召しも入れられず
② ひとへに女房のさまでぞましましける
③ 誰もみなあのやうでこそありたけれ
④ もののあはれも知らで、おのれし酒をくらひつれば

〈明治大〉

□ **54** **傍線部の「ばかり」と同じ意味に用いられているものはどれか。**

今宵ばかりの出で立ち、ものさはがしくて、かくとだに聞こえあへず、　〈十六夜日記〉

① 庵なども浮きぬばかりに雨降りなどすれば
② 子の刻ばかりに舞姫の家より火出で来て
③ ひなの長き住まひは今年ばかりにて
④ 夕顔といふ名ばかりをかしきはなし
⑤ 与一、そのころはいまだ二十ばかりにて

〈神戸学院大〉

れども）のほかに、例文のように、体言・副詞について「…のままで」の意になる場合がある。①、②は逆接の確定条件、③は「われながら」が副詞化し「自分でも」の意。④は「露がついたまま」の意。

53 ④

「で」の識別

「で」には**格助詞・接続助詞**などがある。格助詞「で」は格助詞「にて」の変化したもので、体言・連体形に接続し、意味・用法とも「にて」と同じ。接続助詞「で」は未然形に接続し、打消の意を表す。例文は接続助詞の「で」で「…ないで」の意。①・②・③ともに格助詞。接続が手がかりになる。

54 ③

「ばかり」の識別

副助詞「ばかり」には「程度（ほど）」を示すものと「限定（だけ・ばかり）」を示すものがある。例文は「今夜限りの出発」の意で「限定」を示す「ばかり」。①・②・④・⑤はいずれも「ぐらい」の意で「程度」を示すもの。

第9章　3 助詞・係り結び

口語訳

問 次のそれぞれに該当するものを選べ。

□ 55 傍線部の「だに」と同じ意味に用いられているものはどれか。

かかるよき人だに、さるふるまひのあんなれば、なにかはくるしからんとやうに思ふ心こそつきもすべけれ。〈源氏物語玉の小櫛〉

① 忘れ貝拾ひしもせじ白珠を恋ふるをだにも形見と思はん
② 恋ひ恋ひて逢へる時だにうつくしき言(こと)つくしてよ長く思はば
③ 吹く風を鳴きて恨みよ鶯は我やは花に手だにふれたる
④ 花の色は霞にこめて見せずとも香をだに盗め春の山風 〈日本大〉

□ 56 傍線部「し」と同じ意味を持つものを一つ選べ。

名にしおふ花の白川わたるには 〈今物語〉

① 昨日こそ早苗とりしかいつの間に稲葉そよぎて秋風の吹く
② ほのぼのと明石の浦の朝霧に島隠れ行く船をしぞ思ふ
③ わが庵は都のたつみしかぞ住む世をうぢ山と人はいふなり
④ 白露の色はひとつをいかにして秋の木の葉をちぢに染むらん
⑤ 春がすみかすみていにし雁がねは今ぞ鳴くなる秋霧の上に 〈法政大〉

□ 57 傍線部「こそ」と同じ意味用法のものを次の中から一つ選べ。

声だかに人よぶ声のしければ、「何事ぞ」ときけば、「地蔵こそ」と、高くこの家の前にていふなれば、 〈宇治拾遺物語〉

① もろこしが原に、やまとなでしこしも咲きけむこそ。
② 中垣こそあれ、ひとつ家のやうなれば、

解答とポイント

55 ③

「だに」の識別

副助詞「だに」は奈良時代には「最小限の限定を示す用法（せめて…だけでも）」が中心で、平安時代になって「類推（…（で）さえ）」の用法もでてきた。最小限の限定を示す用法の時には、下に意志・命令・願望・仮定などを表す語がくる場合が多い。例文は「類推」の意。

56 ②

「し」の識別

例文の「し」は強意の副助詞。「し」を除いても文意が変わらない。①は過去の助動詞「き」の已然形「しか」の一部。「こそ＋已然形」の係り結びになっている。③は副詞「しか」の一部。④はサ変動詞「す」の連用形の「し」。⑤は過去の助動詞「き」の連体形。

57 ③

「こそ」の識別

「こそ」は強意を示し、已然形で文を結ぶ（係り結びの法則）係助詞のほかに、「呼びかけのこそ」と呼ばれるものがある。人の呼称に「こそ」がつき、「…よ」という呼びかけの意で用いられる場合で例文がそれに該当する。この場合は係助詞で

③「北殿こそ、聞き給ふや」など言ひかはすも聞こゆ。

④とびのゐたらんは、何かは苦しかるべき。この殿のみ心、さばかりにこそ。〈長崎大〉

□ 58

傍線部の助詞「に」の中で一つだけ種類の異なるものを選べ。

①洞院（とうゐん）の左大将の出（い）だされたりける絵に、源氏の優婆塞（うばそく）の宮の御娘、少し真木柱に居隠れて琵琶（びは）を調べ給ひしに、

②まことの色を見てだにも世は皆夢の中のうつつとこそ思ひ捨つることなるに、こはそも何事のあだし心ぞや。

③一村雨の過ぐるほどの笠（かさ）宿りに立ち寄るべき心地にもおぼしめさず。

④せめて御心をやる方もやと、御車に召されて、賀茂（かも）の糺（ただす）の宮へ詣（まう）でさせ給ひ、

⑤年久しく住み荒したる宿のものさびしげなるに、撥音気高く、青海（せいがい）波（は）をぞ調べたる。〈太平記〉

〈センター試験追試〉

□ 59

傍線部の「なん」と同じ意味に用いられているものはどれか。

なき名さへ早くながるる吉野川岩うつ波のいはでやまなん〈吉野拾遺〉

①龍田川紅葉乱れて流るめり渡らば錦なかや絶えなん

②願はくは花のもとにて春死なんそのきさらぎの望月のころ

③寄する波うちも寄せなんわが恋ふる人忘れ貝おりて拾はん

④夜昼御前にさぶらひて、わづかになんはかなきふみなども習ひはべりし〈日本大〉

はなく**接尾語**になる。

58 ②

「に」の識別

助詞「に」には**格助詞**と**接続助詞**があり、格助詞は体言・連体形に接続し、接続助詞は連体形に接続する。したがって体言に接続する①・③・④は格助詞。上が活用語の場合、格助詞は連体形の下に体言を補える。接続助詞は「…のに」「…から」などの意で下に続き、連体形の下に体言が補えない。⑤は「宿の」の「の」が同格で、「さびしげなる」の下に「宿」という体言を補うことができる。②は「…であるのに」という逆接で下に続く。

59 ③

「なむ（なん）」の識別

「なむ（なん）」には**係助詞・終助詞・強意（完了）の助動詞「ぬ」の未然形＋推量の助動詞「む」**などがある。例文の「なん（なむ）」は終助詞で未然形に接続し、「他に対する願望（…てほしい）」の意を表す。①は助動詞「な」＋助動詞「む（ん）」。上に係助詞「や」があるため、結びは連体形でなければならず、この「む（ん）」は連体形ということになる。②は「死な＋ん」、④は係助詞。

口語訳

問 次のそれぞれに答えよ。

□ 60 他の四つの「て」と品詞が異なるものを一つ選べ。

① それが妻を二人持ちて、家を並べてなむ住ませける。
② 本の妻はその国の人にてなむありける。
③ 本の妻心うしと思ひてぞ過ぐしける。
④ 男、これを聞きていみじくあはれと思ひて、
⑤ 今の妻の志失せにければ京に送りてけり。

〈今昔物語集〉（九州産業大）

□ 61 傍線部「ばや」と同じ用法のものを一つ選べ。

御心のうちにぞ、いとあさましく、かへすがへす、とりかへばやと思されける。

〈とりかへばや物語〉

① 心あてに折らばや折らむ初霜の置きまどはせる白菊の花
② 思ひつつ寝ればや人の見えつらむ夢と知りせば覚めざらましを
③ 梅の花誰が袖ふれしにほひぞと春や昔の月に問はばや
④ 夕されば蛍よりけに燃ゆれどもひかり見ねばや人のつれなき
⑤ なれゆくはうき世なればや須磨の海人の塩焼き衣まどほなるらん

（神戸学院大）

問 （　）内の語を適切に活用させよ。

□ 62 粟田口といふ所よりぞ、車は返し（つ）。

〈十六夜日記〉（滋賀県立大）

□ 63 かくてしばしも生きてありぬべかんめりとなむ（おぼゆ）。

〈枕草子〉（釧路公立大）

解答とポイント

60 ⑤

「て」の識別

「て」には接続助詞と完了の助動詞「つ」の未然形・連用形がある。いずれも連用形に接続するが、接続助詞「て」は原則として下に助動詞はつかない。⑤のように助動詞を伴い、「てけり」「てき」「てむ」などの場合は助動詞である。

61 ③

「ばや」の識別

「ばや」には自己の希望の終助詞と接続助詞「ば」＋係助詞「や」がある。例文は終助詞「ばや」。未然形に接続し、原則として文末にあって自己の希望（…たい）を表す。②、④、⑤は「已然形＋ばや」なので、接続助詞「ば」＋係助詞「や」で確定条件（…ので）を伴う疑問・反語の意。①は未然形に接続するが、接続助詞「ば」＋係助詞「や」で仮定条件（もし…ならば）を伴う疑問・反語の意。

係り結び

62 つる

ぞ＋連体形

ぞ＋連体形の係り結び。「つ」は下二段型活用の助動詞。

64 父に会ひ奉らむたのみこそ、嬉しく（候ふ）。〈曾我物語〉（富山大）

65 かくてうち捨てては、さすがにいとほしうこそさぶらひぬ（べし）。〈狭衣物語〉（学習院大）

問 次の空欄に最も適当な語をそれぞれ選べ。

66 いかなる事にか［　］。
①侍らむ　②侍らめ　③侍り　④侍りけり　⑤侍れ
〈源平盛衰記〉（青山学院大）

67 忠盛、よしなくや思はれ［　］、ただすごしてけり。
①ず　②けむ　③けり　④たし　⑤つ
〈十訓抄〉（昭和女子大）

68 薬玉に解きかへてぞ捨つ［　］。
①めり　②める　③たり　④たる　⑤たれ
〈枕草子〉（成蹊大）

69 あれは、歌詠む者とこそ［　］。とく、ゆるしやれ。
①聞く　②聞け　③聞きし　④聞きけり　⑤聞かね
〈俊頼髄脳〉（法政大）

70 にくき歌なれど、このをりは、言ひつべかりけりとなむ思ふを。おほかた見つけでは、しばしもえこそ和(な)ぐ［　］。〈枕草子〉
①べし　②べけれ　③まじ　④まじけれ
（岐阜聖徳学園大）

---

63 **おぼゆる**
なむ＋連体形
なむ＋連体形の係り結び。「おぼゆ」は下二段活用の動詞。

64 **候へ**
こそ＋已然形
こそ＋已然形の係り結び。「候ふ」は四段活用の動詞。

65 **べけれ**　こそ＋已然形の係り結び。「べし」は形容詞型活用の助動詞。

66 **①**
か＋連体形
か＋連体形の係り結び。

67 **②**
や＋連体形
や＋連体形の係り結び。「や」「か」の係り結びは**疑問・反語**の意を表すので、解釈問題でよく出題される。

68 **②**　ぞ＋連体形の係り結び。②・④が連体形だが、終止形に接続するのは②。

69 **②**　こそ＋已然形の係り結び。已然形は②・⑤だが、打消だと文脈に合わない。

70 **④**　こそ＋已然形の係り結び。已然形は②・④でともに終止形接続だが、ここは副詞「え」があるので「**え＋打消**」で**打消推量**が入る。係り結びは接続や活用を手がかりにするのが基本だが、文脈や他の文法要因で判断する場合もある。

第9章　3 助詞・係り結び

口語訳

第9章

4 敬語に関するもの

問 次の傍線部の中で、敬語の意味を持つ語を一つ選べ。

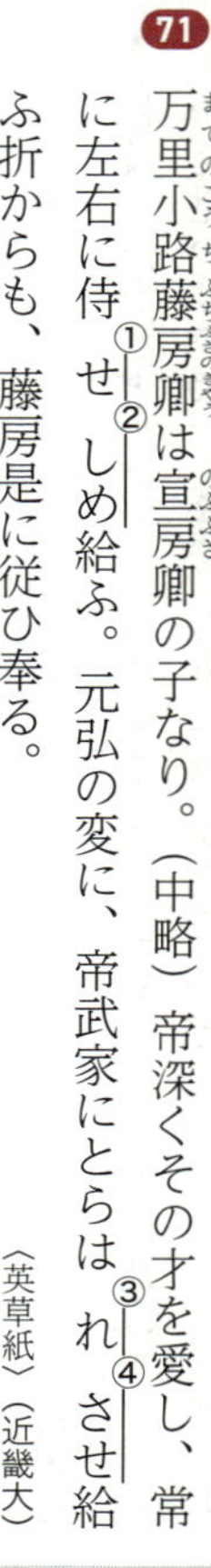

□ 71 万里小路藤房卿（までのこうぢふぢふさのきやう）は宣房卿（のぶふさ）の子なり。（中略）帝深くその才を愛し、常に左右に侍①せ②しめ給ふ。元弘の変に、帝武家にとらは③れ④させ給ふ折からも、藤房是に従ひ奉る。〈英草紙〉（近畿大）

問 次の傍線部の敬語の説明として正しいものをそれぞれ選べ。

□ 72 a 宣ひける　b 武者千騎と思しめされ候はずや〈平家物語〉

①尊敬語　②謙譲語　③丁寧語（佛教大）

□ 73 a かれが欲しがるものを賜へば、

b さまざまに恐ろしげなる虫どもをとり集めて奉る。

c 人々逃げ去りきて、笑ひいれば、しかしかと聞こゆ。〈堤中納言物語〉

①尊敬　②謙譲　③丁寧　④敬意を含まない（愛知大）

□ 74 かまへて、朕（まろ）が面（おもて）起すばかり、よき歌つかうまつれ。〈増鏡〉

①尊敬の本動詞　②謙譲の本動詞　③丁寧の補助動詞　④丁寧の本動詞　⑤謙譲の補助動詞（西南学院大）

□ 75 a 上臈だつ人一人二人御前に候ひて、

b 心もゆかず貶（おとし）めらるるとまねぶ人の侍れば、〈八重葎〉

①尊敬語　②丁寧語　③謙譲語（共立女子大）

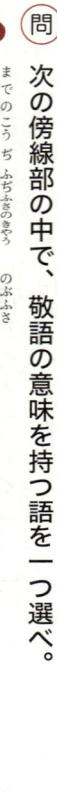

解答とポイント

71 ④

「させ（しめ）給ふ」

④は尊敬の助動詞だが、②は「〜させる」意で使役の助動詞。①は動詞「侍す（じ）」の一部。③は受身の助動詞。

72 a＝①　b＝①

「のたまふ」（宣ふ）

「言ふ」の尊敬語「おっしゃる」の意。「思しめす」は「思ふ」の尊敬語。

73 a＝①　b＝②　c＝②

「たまふ」（給ふ・賜ふ）

aは「与ふ」の尊敬語。bの「奉る（たてまつ）」は「与ふ」の謙譲語、cの「聞こゆ」は「言ふ」の謙譲語。

74 ②

「つかうまつる」（仕うまつる）

「仕ふ」の謙譲語「お仕え申し上げる」、「す」の謙譲語「いたす」、謙譲の補助動詞の用法がある。ここは「す」の謙譲語で、「（歌を）詠み申し上げる」意。

75 a＝③　b＝②

「はべり」（侍り）・「さぶらふ」（候ふ）

「仕ふ」の謙譲語「おそばにお仕えする」・

76

a　ゆかりある女房を知りたることはべりしを、尋ねゆきて、〈とはずがたり〉

b　日暮し御所にさぶらひつるが、

①尊敬語　②謙譲語　③丁寧語〈神戸女学院大〉

77

傍線部「候ふ」と文法的に異なるものを、次の中から一つ選べ。

前の右大将、使者を立て給ひて、「聞こえ候ふ木の下を見候はばや」とのたまひつかはされたりけれども、〈平家物語〉

①乗り損じ候ふあひだ　②遣はして候ふ　③のぼせ候はん

④昨日も候ひしものを　⑤惜しむにては候はず〈神戸学院大〉

78

傍線部「たまひ」と同じ用法のものを次の中から一つ選べ。

弱き御心地にも、東宮の御ことを、かへすがへす聞こえさせたまひて、〈源氏物語〉

①をさをさはばかりあるまじうなむ見たまふる

②朝廷の御後見をせさせむ、と思ひたまへしなり

③その心違へさせたまふな〈立教大〉

79

傍線部について、尊敬語を①、謙譲語を②として、それぞれ答えよ。

a　故殿おはしまさましかば、と思ひたまへらるること多くこそ。

b　二十七、八のほどにものしたまへば、いとよくととのひて、

c　いかでいにしへ思しおきてしに違へずもがなと思ひゐたまへり。

d　安からず思ひたまへられしはや」とて、

e　過ぎにける齢を思ひたまへ出づれば、〈源氏物語〉〈立教大〉

76　a＝③　b＝②

aは丁寧の動詞。bは「御所に」なので謙譲の動詞。

「伺候する」、「ございます」、「あり・をり」の丁寧語「ござります」、丁寧の補助動詞の用法がある。動詞の場合は文脈から判断する。aは「御前に」なので謙譲の動詞。bは「人の」なので丁寧の動詞。

77　④

「仕ふ」の謙譲語「おそばにお仕えする・伺候する」、「あり・をり」の丁寧語、丁寧の補助動詞の用法がある。例文は丁寧の補助動詞で、①・②・③・⑤も丁寧の補助動詞。

78　③

「たまふ」（給ふ）

例文の「たまふ」は四段活用なので尊敬の補助動詞。①「たまふる」は下二段活用の連体形、②は下接する「し」が助動詞「き」の連体形なので「たまへ」は連用形であり、下二段活用である。

79　a＝②　b＝①　c＝①　d＝②　e＝②

「たまへ」が已然形（命令形）なら尊敬語、未然形・連用形なら謙譲語。a、dは下接語が「らる」なので未然形、eも下接語が動詞なので連用形。cは下接語が「り」なので已然形（命令形）。bは「ば」は文脈から判断する。

口語訳

問 80 多義語

次の傍線部の敬語の説明として正しいものをそれぞれ選べ。

保元のためしにや、院の上都の外に移したてまつる(a)べしと聞こゆれば、女院宮々、所々におぼしまどふ事さらなり。(中略)七月六日いらせたまふ。本院は隠岐の国におはしますべければ、(中略)信実の朝臣召して御姿うつしかかせらる。七条院へたてまつらせ(b)給はんとなり。かくて同じ十三日に御船にたてまつりて(c)、はるかなる浪路をしのぎおはします御心地、この世の同じ御身とも思されずいみじ。〈増鏡〉

①使役の助動詞　②尊敬の動詞　③尊敬の補助動詞
④謙譲の動詞　⑤謙譲の補助動詞　⑥丁寧の補助動詞〈神戸女子大〉

問 81

a　壺なる御薬たてまつれ。
b　いみじく静かに公に御文たてまつりたまふ。〈竹取物語〉

①尊敬　②謙譲　③丁寧〈拓殖大〉

問 82 多義語

次のそれぞれに答えよ。

傍線部と同じ意味を表すものをそれぞれ選べ。

「大姫御前の、紅は奉りたる(a)」と語りければ、皮籠(かはご)負ほせたる馬ども百疋づつ、二人して奉り(b)たり。〈宇治拾遺物語〉

①九月二十日の頃、ある人に誘はれ奉りて
②(帝が)御輿に奉りてのちに
③なんぢが持ちて侍るかぐや姫奉れ
④さぶらふ人々、みな手をわかちて、求め奉れども

解答とポイント

「たてまつる」(奉る)

80

a=⑤　b=④　c=②

「飲む・食ふ・着る・乗る」の尊敬語、「与ふ」「遣(や)る」の謙譲語、謙譲の補助動詞の用法がある。動詞の場合は文脈から意味を判断する。

aは補助動詞なので謙譲語。

bは「御姿うつしかかせらる」を受けているので「与ふ」の謙譲語。

cは「御船に」なので「乗る」の尊敬語。

81

a=①　b=②

aは「御薬」なので「飲む」の尊敬語。

bは「御文」なので「与ふ・遣る」の謙譲語。

82

a=⑤　b=③

aは「着る」の尊敬語で「お召しになる」意。「紅」は「紅色の一重襲(ひとへがさね)」。

bは「与ふ」の謙譲語で「さし上げる」意。

①、④は謙譲の補助動詞。②は「御輿(みこし)」とあるので「乗る」の尊敬語。

⑤ 御袴着(はかまぎ)のこと、一の宮の奉りしに劣らず
〈関西学院大〉

83

傍線部の口語訳として最も適当なものを選べ。

大臣の君に同じかざしをまゐり給ふ。
〈源氏物語〉

① 召し上がり　② お受け取り　③ 差し上げ
④ お仕え申し
〈西南学院大〉

84

傍線部は、この場合どのような行為か。最も適切なものを選べ。

暮れゆくままに、物も見えず吹き迷はして、いとむくつけければ、御かうしなど参りぬるに、うしろめたくいみじと花の上を思し嘆く。
〈源氏物語〉

① うかがう　② 参上する　③ 持参する
④ 上げる　⑤ 下げる
〈愛知学院大〉

85 多義語

傍線部の説明として最も適当なものを選べ。

この琴のしらべを聞きつけ給ひて、御このかみの右の大臣に聞こえ[a]給ふ。「この北山に、かぎりなく響きのぼる物の音なん聞こゆ。琴のこゑと聞こゆれ[b]ど、おほくの物の音あはせたるこゑにて、内裏にさぶらふ『梅檀風(せたかぜ)』のひとつ族なるべし。」（中略）かれは大将におはすれば、胡簶(やなぐひ)おひたれば、けだものもさりきこゆ[c]。
〈うつほ物語〉

① aは謙譲の動詞、cは謙譲の補助動詞
② aは謙譲の補助動詞、cは尊敬の補助動詞
③ aは尊敬の動詞、bは謙譲の補助動詞
④ bは尊敬の補助動詞、cは謙譲の動詞
⑤ bは謙譲の動詞、cは尊敬の補助動詞
〈椙山女学園大〉

---

83 ③

「まゐる」（参る）

「行く・来」の謙譲語「参上する」、「与ふ」の謙譲語「さし上げる」、「す」の謙譲語「いたす」、「食ふ・飲む」の尊敬語「召し上がる」の意味がある。文脈から意味を判断する。下に尊敬の補助動詞「たまふ」がある時は謙譲語である。

84 ⑤

「御格子参る」（みかうしまゐる）

「格子をお上げ（お下げ）する」こと。ここは「暮れゆく」とあるので、⑤が正解。

85 ①

「きこゆ」（聞こゆ）

「言ふ」の謙譲語「申し上げる」、謙譲の補助動詞のほかに、一般動詞として「聞こえる・世間に知られる・理解できる」などの意味がある。

a 「言ふ」の謙譲語
b 「聞こえる」意の一般動詞
c 謙譲の補助動詞

口語訳

問 次のそれぞれに答えよ。

86 傍線部「聞こえさす」と同じ種類の敬語を一つ選べ。

病になりておぼえければ、「せちに聞こえさすべきことなむある」といひたりければ、〈大和物語〉

① いますがり ② みそなはす ③ 思ほす ④ きこしめす ⑤ うけたまはる （専修大）

87 傍線部のような敬語の使われ方を何と呼ぶか。

大堰に季縄の少将住みける頃、帝、のたまひける。「花おもしろくなりなば、必ず御覧ぜむ」とありけるを、〈大和物語〉

① 受手尊敬 ② 最高尊敬 ③ 丁寧表現 ④ 謙譲表現 ⑤ 自敬表現 （國學院大）

88 傍線部「奏す」は誰に対して奏したのか。

かぐや姫を、え戦ひ止めず成りぬる事、こまごまと奏す。〈竹取物語〉

① 竹取の翁 ② 大臣 ③ 上達部 ④ 天皇 （甲南女子大）

89 動作等の主体に対する敬意を含まない語を一つ選べ。

① 宸筆 ② 叡慮 ③ 供奉 ④ 行幸 ⑤ 崩御 （同志社女子大）

90 傍線部は誰から誰に対する敬意か。それぞれ正しいものを一つ選べ。

今は昔、紫式部、上東門院に歌読み優の者にてaさぶらふに、大斎院より春つ方、つれづれにbさぶらふに、さりぬべき物語やさぶらふとたづね申させ給ひければ、御草子ども取り出ださせ給ひて、いづれをかまゐらすべきなど、選り出ださせ給ふに、紫式部、みな目馴れて

解答とポイント

86 ⑤ 「聞こえさす」

「言ふ」の謙譲語「申し上げる」の意。「いますがり」は「あり」の尊敬語、「みそなはす」は「見る」の尊敬語、「思ほす」は「思ふ」の尊敬語。

87 ⑤ 自敬表現（自尊敬語）

天皇などが、自分の行為に尊敬表現を用いたり、相手の自分に対する行為に謙譲表現を用いたりすること。

88 ④ 絶対敬語

「奏す」は「言ふ」の謙譲語だが、絶対敬語と呼ばれ、「天皇・上皇に対して申し上げる」場合に用いる。

89 ③ 名詞の敬語

①宸筆は「天皇の直筆」、②叡慮は「天皇や上皇のお考え」、④行幸は「天皇が外出をなさること」、⑤崩御は「天皇、皇后、上皇などが亡くなること」でいずれも尊敬語で名詞の絶対敬語。③供奉は「行幸などの時にお供をすること」。

90 a＝① b＝③ c＝④

敬意の主体と対象

c さぶらふに、新しくつくりて参らせさせ給へかしと申しければ、さらばつくれかしと仰せられければ、源氏はつくりて参らせたりけるとぞ。

〈古本説話集〉

① 作者から上東門院　② 上東門院から大斎院
③ 大斎院から上東門院　④ 紫式部から上東門院

〈奈良大〉

□ **91**

次の文章は、都から遠方に流された光源氏を描く『源氏物語』須磨の巻の一節である。傍線部の敬語の複合形式について、それぞれ敬意の対象となっている人物二人が誰なのか答えよ。

京を別れし時、心苦しかりし人々の御ありさまなどいと恋しく、南殿の桜盛りになりぬらん、一年の花の宴に、院の御気色、内裏の上のいときよらになまめいて、わが作れる句を誦(ずん)じたまひしも、思ひ出できこえたまふ。

（源氏）いつとなく大宮人の恋しきに桜かざししけふも来にけり

いとつれづれなるに、大殿の三位中将は、今は宰相になりて、人柄のいとよければ、時世のおぼえ重くてものしたまへど、世の中あはれにあぢきなく、もののをりごとに恋しくおぼえたまへば、事の聞こえありて罪に当るともいかがはせむと思しなして、にはかに参うでたまふ。うち見るより、めづらしううれしきにも、ひとつ涙ぞこぼれける。

［注］院（桐壺院）　内裏の上（朱雀帝）　大殿の三位中将（もとの頭中将）

〈源氏物語〉

〈熊本県立大〉

敬意の主体
地の文の場合は**書き手**（作者）
会話文の場合は**話し手**
敬意の対象
尊敬語は**動作主**（主語）
謙譲語は**動作の受け手**
丁寧語は**話の聞き手**
aは「**あり・をり**」の謙譲語。
b、cは丁寧の補助動詞。

91
きこえ＝**内裏の上**
たまふ＝**光源氏**
参うで＝**光源氏**
たまふ＝**大殿の三位中将**

二方面に対する敬語
一つの動作について、話し手（書き手）が、動作主と動作の受け手の両者に同時に敬意を表現すること。
「きこえ」「参うで」という謙譲語は動作の受け手に、「たまふ」という尊敬語は動作主に敬意を表している。

第9章　4 敬語

口語訳

5 文法を用いた解釈に関するもの

問 傍線部の口語訳として適当なものを選べ。

□ 92 来ざらましかば、口惜しう思さましと、心苦し。〈源氏物語〉

① 来なかったらがっかりなさっただろう
② 来なくなったら残念にお思いになるだろう
③ 来なくなったらがっかりするだろうか
④ 来られなくなったら落胆するにちがいない
⑤ 来てくれなかったら残念に思っただろう
（成蹊大）

□ 93 心憂きものは世なりけり。いかにせまし。〈堤中納言物語〉

① どうしたらよいのだろう。
② どのようにしてもいいのだ。
③ どれほどの狭さであろうか。
④ どんな夫がいいのだろう。
⑤ どんなに狭いことか。
（関西学院大）

□ 94 めづらしさのあまり、うちこぞりて買ひなんと思へども、その村の掟(おきて)ただしくして破りがたし。〈花月草紙〉

① みなそろって買ってほしい
② みなそろって買うはずだ
③ もっとたくさん買うはずだ
④ もっとたくさん買いたい
⑤ 競い合って買いたい
（センター試験）

□ 95 入らせたまはぬさきに雪降らなむ。この御前の有様、いかにをかしからむ。〈紫式部日記〉

解答とポイント

92 ①

「Aましかば Bまし」

「まし」は反実仮想の助動詞。「Aましかば(ませば・せば) Bまし」で「A(した)ならばB(した)だろうに」という意。

93 ①

助動詞「まし」

「まし」には、疑問の副詞または係助詞「や」とともに用いて、「…ようかしら」のように、迷ったりためらったりする気持ちを表す用法がある。

94 ②

「連用形＋なむ」

「買ひ」が連用形なので「なん」は強意（完了）の助動詞「ぬ」の未然形＋推量の助動詞「む」。「きっと…だろう」の意になる。「こぞる」は現代語と同じで「みんな連れ立つ」意。

95 ②

「未然形＋なむ」

「降ら」は四段動詞「降る」の未然形なの

□ 96

① 雪が降るかも知れない　② 雪が降ってほしい
③ 雪が降るはずはない　④ 雪が降ると困る
〈神奈川大〉

□ 97

池めいて窪（くぼ）まり、水つける所あり。ほとりに松もありき。〈土佐日記〉

① 松も確かにあった　② 松もあったと聞いている
③ 松もあったはずだ　④ 松もあったことだなあ
〈京都産業大〉

□ 98

「もの一言をだに言はむ。さてもはた、見けりとこそは、思はれめ」とて、〈平中物語〉

① さらに何か一言を言わせてください
② 今ごろ何か一言を言っているだろう
③ かつて何か一言だけ言ったことがあった
④ そのうち何か一言を言うことがあるだろう
⑤ せめて何か一言だけでも言ってやろう
〈武蔵大〉

姉なる人子生みてなくなりぬ。よそのことだにをさなくよりいみじくあはれと思ひわたるに、ましていはむ方なくあはれかなしとおもひなげかる。〈更級日記〉

① よその事だから子供のころから大変あわれと思ってきたが
② よその事ではないので、幼いころから非常に関心が強かったが
③ 人がいなくなることはよその事でも小さいころから非常に悲しいと思ってきたのに
④ 人が亡くなるということはよその事でさえも幼いころから非常に悲しいと思ってきたのに
〈久留米大〉

で、「なむ」は他への願望を示す終助詞。「…てほしい」の意。

96 ①

「き」と「けり」

助動詞「き」は**直接に体験した過去**を表し、「けり」は**間接に伝聞した過去**を表す。②は伝聞、④は詠嘆の訳。

97 ⑤

副助詞「だに」

「だに」は副助詞。「最小限の限定」の用法の場合は、下に**意志・命令・願望・仮定**などの表現を、「類推」の用法の場合は、下に**打消**の表現を伴うことが多い。ここは意志の助動詞「む」を伴っており、⑤が正解。

98 ④

「AだにB、ましてC」

ここでの「だに」は「AだにB、ましてC」という形で用いられており、「類推」の用法の典型的な例。「**AでさえBである。ましてCはB以上である**」という意味になる。

第9章　5 文法を用いた解釈

口語訳

問 傍線部の口語訳として適当なものを選べ。

□ 99 心憂き宿世ありて、この人にさへおくれて、いかなるさまにはふれまどふべきにかあらむ。〈源氏物語〉

①この人にまで裏切られて ②この人にまで先立たれて
③この人にまで見限られて ④せめてこの人だけは裏切らずに
⑤せめてこの人の最期だけは見届けて 〈國學院大〉

□ 100 「行くべきところもがな。つらくなりはてぬさきに、離れなむ」と思ふ。〈堤中納言物語〉

①行くことの出来るところが自分にはないなあ
②行くことの出来るところがあればいいのに
③行かなければならないところがあるようだ
④行かなければならないところがあるが今はどうでもいい 〈神戸親和女子大〉

□ 101 露ふかくおく山里のもみぢ葉にかよへる袖の色を見せばや 〈紫式部集〉

①見せてほしいものです ②見せてほしくはありません
③見せたいものです ④見せたくはありません 〈南山大〉

□ 102 この桃、わが園に移し植ゑて、種をも取りてしがな。〈唐物語〉

①取ってしまえばよいのに ②取りたいものだ
③取ってしまったことよ ④よく取ったものだった
⑤取ってしまいなさい 〈関西学院大〉

□ 103 御答(いら)へなども、おほどかなるものからいはけなからずうち聞こえさせ

解答とポイント

99 ②
副助詞「さへ」
副助詞「さへ」は添加の意を表し、「…までも」と訳す。「おくる」は「先立たれる・取り残される」意。

100 ②
終助詞「もがな」
「もがな」は終助詞。体言・助詞・連用形などに接続し、存在や状態の願望を表す。「…があってほしい・…であったらなあ」の意。

101 ③
終助詞「ばや」
「ばや」は終助詞。未然形に接続し、自己の希望を表す。「…たい」の意。

102 ②
終助詞「てしがな」
「てしがな」は終助詞。連用形に接続し、自己の希望を表す。「…たい・…たいものだ」の意。

103 ③
接続助詞「ものから」

たまふを、うつくしく思ひきこえさせたまふ。〈源氏物語〉

① おっとりとしているので　② おっとりとしている上に
③ おっとりとしているけれど　④ おっとりとしているならば
⑤ おっとりとしてはおらず〈立教大〉

□ **104** 「人もこそ聞け」と思ふ思ふ行けば、いたう夜(よ)ふけにければ、知る人もなし。〈和泉式部日記〉

① みんなも聞きなさい　② 誰かが聞いたら困る
③ 誰かに聞いてほしい　④ たぶん誰かが聞くだろう
⑤ みんなが聞いても構わない〈國學院大〉

□ **105** 「いまさらに、なおほとのごもりおはしましそ」とて、ぬべきものともおぼいたらぬを、〈枕草子〉

① おやすみした方がよいでしょう　② おやすみになるのですか
③ おやすみなさいますな　④ おやすみください〈近畿大〉

□ **106** 空さむみ花にまがへてちる雪に　と、わななくわななく書きとらせて、いかに思ふらんとわびし。〈枕草子〉

① 空が寒いから　② 空が寒いのに
③ 空が暗くなりかけて　④ 何となく侘しく感じて〈拓殖大〉

□ **107** そこの法師のがり、間どもなく人やる。〈平中物語〉

① 法師のもとへ　② 法師の寺へ　③ 法師の隠れ家へ
④ 法師の仲間へ　⑤ 法師の弟子へ〈法政大〉

「ものから」は接続助詞。連体形に接続して逆接の確定条件を表し、「…のに・…けれども」の意。「ものの」「ものを」「もののゆゑ」も同じ意の接続助詞。

104 ②

「もこそ（もぞ）」

係助詞「も」に係助詞「こそ」「ぞ」がついて、「もこそ…」「もぞ…」の形で用いられると、「…と困る」「…たら大変だ」のように、困った事態の予測・懸念などを示す。同じ例に「雨もぞ降る」（徒然草）などがある。

105 ③

「な…そ」

「な…そ」は「…しないでくれ」という禁止の意を表す構文。「おほとのごもる」は「寝(ぬ)」の尊敬語。

106 ①

「(…を)…み」

形容詞の語幹に接尾語「み」がついて、原因・理由を表す。「…ので」の意。「山を高み」（山が高いので）のように「体言＋を＋形容詞語幹＋み」の形になることが多い。

107 ①

「…がり」

「…がり」は接尾語。人を表す体言について「…の所へ・…のもとへ」の意。

第9章　5 文法を用いた解釈

口語訳

問 傍線部の口語訳として適当なものを選べ。

108 いかに厳しくとも、我は高足駄（たかあしだ）はきて通りてむ。〈古今著聞集〉
①番所の前を通ったことがある ②番所の前を通りたくない
③番所の前は通れないだろう ④番所の前を通れるだろうか
⑤番所の前を通ってみせよう 〈専修大〉

109 三日といふに京に着きぬべけれど、いたう暮れぬとて、山城国久世（くぜ）のみやけといふところにとまりぬ。〈蜻蛉日記〉
①京に着いたらいいのだけれど ②京に着くことができたけれど
③京に着くはずであったけれど ④京には着かないようだけれど
⑤京には着かなかっただろうが 〈関西学院大〉

110 驚きて、「いとをかしきことかな。詠みてむやは。詠みつべくは、はや言へかし。」と言ふ。〈土佐日記〉
①詠んでもよいのだろうか。 ②うまく詠めるのだろうか。
③詠んだことがあるだろうか。 ④本当に詠みたいのだろうか。 〈学習院大〉

111 もし、さて、やがて死なんことも難かるべき身かは。〈発心集〉
①いずれ死ぬかもしれない ②こんなことで死ぬはずはない
③このまま死ぬかもしれない ④このまま死ぬことはないはずだ
⑤この程度のことで死ぬはずはない 〈白百合女子大〉

112 やがてそのをりの空のけしきも、月も花も、心にそめらるるにこそあべかめれ。〈更級日記〉

解答とポイント

108 ⑤

「…てむ」

助動詞「つ」の未然形＋助動詞「む」。「つ」は強意。ここは「む」が意志の意なので、「きっと…してしまおう」になり、⑤が正解。

109 ③

「…ぬべし」

助動詞「ぬ」の終止形＋助動詞「べし」。「ぬ」は強意で「きっと…だろう（はずだ）」の意。「べし」はここは当然の意。「ど」は逆接の確定条件を表す接続助詞。

110 ②

「…てむや（は）」

「てむや（は）」は助動詞「つ」の未然形＋助動詞「む」の終止形＋係助詞「や（は）」の文末用法で、「…てくれないか」という同意を求め勧誘する意と、「…できるだろうか（いやできないだろう）」という反語の意がある。ここは後者。

111 ③

「…かは」

係助詞「かは」の文末用法。文末用法は反語の意に限られる。直訳すると「このまま死ぬこともあり得ない身だろうか。

①心に染み込むことはあるまい
②心に染むというほどのこともない
③心に深く刻みつけられてしまったのだ
④心に強く印象づけられるもののようだ
（日本大）

□ 113
「俣野五郎景尚」と名乗るや遅き、押し並べて馬の間へ落ち重なる。

〈源平盛衰記〉
①名乗るやいなや
②名乗るよりはずっと早く
③名乗るのが遅かったので
④名乗るのが遅かったのだろうか
⑤名乗りよりは後になって
（青山学院大）

□ 114
「さらば物の具投げよ」といはせもはてず、持ちたる甲を、若大衆の中へ、からとぞ投げたりける。

〈平治物語〉
①終わりまで言わせないで
②なかなか言い終わらないで
③すっかり言わせておいて
④おっしゃるまでもなく
⑤言うのでしかたなく
（センター試験追試）

□ 115
呼びわづらひて、笛をいとをかしく吹きすまして、過ぎぬなり。

〈更級日記〉
①強引に呼び出して
②それでもなお呼び続けて
③呼びすぎてのどが枯れて
④それ以上呼ぶことができなくて
（共立女子大）

---

112 ④
いやそんなことはない」になる。


「…あべかめり」

動詞「あり」の連体形＋推量の助動詞「べし」の連体形＋推定の助動詞「めり」。「あるべかるめり」の撥音便「あんべかんめり」の「ん」の無表記。「あるに違いなさそうだ・ありそうに思われる」という意。

113 ①
「…や遅き」

「…や遅き」の形で「…を待ちかねて」「…するが早いか」の意味を表す。他に「車より降り給ふや遅き」（落窪物語）、「家に行き着くやおそき」（十訓抄）などの例がある。

114 ①
「…はつ」

はつは「…し終わる・完全に…する」という意の補助動詞。「も」を介して打消を伴い、いはせもはてずで「終わりまで言わせないで」の意になる。

115 ④
「…わづらふ」

わづらふは「…しかねる・…できない・…するのに苦しむ」という意の補助動詞。

第9章
5 文法を用いた解釈

口語訳

第9章

6 古文の空所補充に関するもの

問 次の［　］に入る語として最も適当なものをそれぞれ選べ。

□116 心疾く歌を詠める人は、なかなかに久しく思へば、あしう詠まるるなり。心［　］詠み出だす人は、すみやかに詠まむとするもかなはず。ただ、もとの心ばへにしたがひて詠み出だすべきなり。〈俊頼髄脳〉

① うつくしく　② 多く　③ よく　④ 遅く　⑤ ゆかしく

□117 時に両陣の犬ども、一、二百疋（ひき）づつ放し合はせたれば、入りちがへ追ひ合ひ、上になり下になり、くひ合ふ声、天を響かし地を動かす。これを見て、［　］は、「あなおもしろや。ただ戦場に勝負を決するに異ならず」と感じ、智ある人はこれを聞きても、「あないまいまし。ひとへにこれ郊原に屍（かばね）を争ふに似たり」とぞ悲しみにける。〈太平記〉（中央大）

① 心なき者　② 若き者　③ 飼ふ者　④ 斐（あや）ある者　⑤ 輿に乗る者

□118 殿のうしろに寄りて、さと（灰を）いかけたまふほど、人のやや見あふるほどもなう、あさましきに、（殿は）あきれてものしたまふ。さるこまかなる灰の、目鼻にも入りて、おぼほれてものもおぼえず。払ひ捨てたまへど、立ち満ちたれば、御衣ども脱ぎたまひつ。うつし心にてかくしたまふぞと思はば、またかへり見すべくもあらずあさましけ（立命館大）

解答とポイント

対義・対比に関するもの

116 ④

「心疾く歌を詠める人」
＝久しく思へば、あしう詠まるる
⇔
「心［遅く］詠み出だす人」
＝すみやかに詠まむとするもかなはず

「心疾く歌を詠める人」は「すばやい発想で歌を詠む人」、「心遅く詠み出だす人」は「ゆっくり想を練って詠み始める人」。

117 ①

［心なき者］＝「あなおもしろや。ただ戦場に勝負を決するに異ならず」
⇔
智ある人＝「あないまいまし。ひとへにこれ郊原に屍を争ふに似たり」

「智ある人（思慮のある人）」の対義語は「心なき者（分別のない者）」。

118 ②

「うつし心」＝あさまし
⇔
「御物の怪」＝［いとほしう］見たてまつる

れど、例の御物の怪の、人にうとませむとする事と、御前なる人々も［　］見たてまつる。〈源氏物語〉

① あさましう　② いとほしう　③ うとましう
④ なごりなう　⑤ つれなう

（早稲田大）

119

雪かき暮らしたる日、思ひ出でなき古里の空さへ、閉ぢたる心地して、（中の君は）さすがに心細ければ、端(はし)近くゐざり出でて、白き御衣どもあまた、［　］色々ならむよりもをかしく、なつかしげに着なしたまひて、ながめ暮らしたまふ。〈夜の寝覚〉

① さらさら　② つらつら　③ なかなか
④ やうやう　⑤ ゆめゆめ

（中京大）

120

柏原(かしはら)といふ所を立ちて、美濃国関山(みののくにせきやま)にもかかりぬ。谷川(たにかわ)霧の底に音づれ、山風松の梢に時雨(しぐれ)わたりて、日影も見えぬ木の下道(したみち)、あはれに心細し。越えはてぬれば、不破(ふは)の関屋なり。茅屋(かやや)の板庇(いたびさし)、年経にけりと見ゆるにも、後京極摂政殿(ごきやうごくせつしやうどの)の、「荒れにし後はただ秋の風」と詠ませ給へる歌、思ひ出でられて、この上は風情(ふぜい)もまはりがたければ、いやしき言の葉を残さんも［　］おぼえて、ここをば空しく打ち過ぎぬ。〈東関紀行〉

① あはれに　② なかなかに　③ やんごとなく
④ らうらうじく　⑤ つきづきしく

（早稲田大）

「うつし心（正気）」でこのようなことをするのなら「あさまし（あきれる）」けれど、「物の怪」のしわざなので「いとほしう（気の毒に）」思い申し上げる、という意。

119 ③

「白き御衣どもあまた」＝をかし
⇔
「色々ならむ（御衣）」

「**なかなか**」は「AよりもかえってB」という、比較の文脈で用いられる。ここは「白き御衣どもあまた」の方が「色々ならむ（色とりどりの着物）」よりもかえって「をかし（趣がある）」という意。

120 ②

後京極摂政殿の～詠ませ給へる歌
⇔
「いやしき言の葉」

「かえってしない方がましだ」という意の形容動詞「**なかなかなり**」を用いた比較。後京極摂政殿の秀歌が思い出されて、「いやしき言の葉（つまらない歌）」を残すことはかえってよくないと思った、という意。

口語訳

問　次の［　　］に入る語として最も適当なものをそれぞれ選べ。

□ **121** （中将は）女君にも「老人の憎むなるべしな。ことわりなりや。頼もしげなりし法(のり)の師をひき違えて、かくものはかなき身のほどなれば。音無しの里尋ね出でたらば、いざ給へよ。わづらはしき人のさすがあれば、しばし人に知らせじと思ふほどに、かくおぼつかなく［　　］ものにおぼしたるもことわりなり。」〈狭衣物語〉

① まめなる　② あだなる　③ うるはしき　④ らうがはしき　（明治大）

□ **122** 「昔、呉起といふ者有り。母没して喪に臨まず。嗟(かな)しいかな、この徒輩(ともがら)。その心、禽(とり)にだにも［　　］」と賦(ふ)せり。〈井沢蟠龍『広益俗説弁』〉

① しかず　② おはず　③ ならず　④ いはず　⑤ やまず　（青山学院大）

□ **123** 五月十日余日の程、日ごろ降りつる五月雨の晴間待ち出で、夕日きはやかにさし出でたまふもめづらしきに、ほととぎすさへ伴ひ顔に語らふも、死出の山路の友と思へば、耳とまりて、

をちかへり語らふならばほととぎす死出の山路の［　　］ともなれ　〈無名草子〉

① かたみ　② こころ　③ きざし　④ かたり　⑤ しるべ　（早稲田大）

解答とポイント

同義・同内容に関するもの

121 ②

「頼もしげなりし法の師」
⇔
「かくものはかなき身のほど」
＝
「かくおぼつかなく［あだなる］もの」

「ものはかなし（何となく頼りない）」の言い換え。「おぼつかなし」は「心もとない。不安だ」、「あだなり」は「はかない。不誠実だ」の意。

122 ①

「呉起　母没して喪に臨まず。」
＝　↑「嗟しいかな」
「（呉起の）心、禽にだにも［しかず］」

「母没して喪に臨まず」を、筆者は「嗟しいかな」と評している。「その（＝呉起の）心は、鳥獣にさえも及ばない」という意。

123 ⑤

ほととぎす＝「死出の山路の友」
＝
ほととぎす＝「死出の山路の［しるべ］」

「ほととぎす」は「死出の田長(たをさ)」とも呼ばれ、冥土へ通う鳥とも言われた。「しるべ」は「手びき・導き」の意。

□ 124

昔、漢の李夫人、甘泉殿の病の床に臥して、はかなくなり給ひしを、武帝悲しみに堪へかねて、反魂香を焼かれしに、李夫人の面影、煙の中に幽かに見えたりしを、似絵に書かせて御覧ぜられしかども、「物言はず、笑はず、人を愁殺せしむ」と武帝の歎き給ひなむも、げに理と思ひ知らせ給ふ。我ながら、はかなの心迷ひかな。誠の色を見てだにも、世は皆夢の中の現とこそ思ひ捨つる事なるに、こはそも何のあだし心ぞや。遍昭僧正の歌を貫之が、『歌の様は得たれども、実少なし。絵に書ける女を見て、□心を動かすが如し』と言ひし、その類ひにもなりぬる物かな。

〈太平記〉

① さかしらに　② いたづらに
③ もろともに　④ それがしに

（龍谷大）

□ 125

（道隆は）祭のかへさ御覧ずとて、小一条大将・閑院大将と一つ御車にて、紫野に出でさせたまひぬ。烏のつい居たるかたを瓶につくらせ給ひて、興あるものに思して、ともすれば御酒入れて召す。今日もそれにてまゐらする、もてはやされ給ふほどに、やうやう過ぎさせ給ひて後は、御車の後・前の簾皆あげて、三所ながら御髻はなちておはしましけるは、いとこそ□けれ。おほかたこの大将殿たちのまゐり給へる、世の常にて出で給ふをば、いと本意なく口惜しきことに思し召したりけり。

〈大鏡〉

① ゆかしかり　② あわたたしかり
③ いとほしかり　④ みぐるしかり

（学習院女子大）

124 ②

「はかなの心迷ひ」
「あだし心」
＝
「いたづらに心を動かすが如し」

「はかなの心迷ひ（むなしい心迷い）」、「あだし心（浮ついて変わりやすい心）」を「いたづらに心を動かす（むなしく心を動かす）が如し」と言い換えている。「さかしら」は「おせっかい。差し出た振る舞い」。

125 ④

「（御酒）過ぎさせ給ひて後」
「御髻はなちておはしましける」
＝
いとこそみぐるしかりけれ。

空所は、深酒をした道隆が、車の前後の簾（すだれ）を巻き上げ、冠を脱いで、髻まる見えの素頭でいるようすを評した語なので「みぐるし」が入る。「髻はなつ」は、かぶり物をかぶらずあらわにすること。裸頭といって、無作法なこととされた。

第9章 6 古文の空所補充

口語訳

問 次の□に入る語として最も適当なものをそれぞれ選べ。

126 つれづれなる折、昔の人の文見出でたるは、ただその折の心地して、いみじくうれしくこそおぼゆれ。まして亡き人などの書きたるものなど見るは、いみじくあはれに、年月の多く積もりたるも、ただ今筆うち濡らして書きたるやうなるこそ、返す返すめでたけれ。何事もただ差し向かひたるほどの情ばかりにてこそ侍るに、これはただ昔ながら□変はることなきも、いとめでたきことなり。〈無名草子〉

① をさをさ　② つゆ　③ いかが
④ など　⑤ おのづから　（名城大）

127 大慈大悲の深き色は八染の岡の木々に染めても、なほたとへとするに及ばざるにや。現世なほ頼みあり、□出離解脱の方便いと頼もしかるべし。〈竹むきが記〉

① されども　② いはんや　③ くはへて
④ いふなれば　⑤ それはそれ　（青山学院大）

128 みづから怠ると思ひたまふることはべらねど、さるべき身の罪にてかくあさましき目を見はべれば、いかで家路もまからで、今宵のうちに身を失ふわざを□。〈栄花物語〉

① せざりけむ　② したりける　③ してしがな
④ せざるべし　⑤ させまほし　（関西学院大）

解答とポイント

文法に関するもの

126 ②
何事も＝さし向かひたるほどの情ばかり
⇔
これ＝「昔ながらつゆ変はることなき」

「これ（文）」は、「少しも変わることがない」ので「すばらしい」と言っている。「**つゆ＋打消語**」の構文。「をさをさ」も打消語を伴うが、「ほとんど〜ない」という意なので文意に合わない。

127 ②
現世　＝「頼みあり」
↓
出離解脱の方便＝「頼もしかるべし」

「現世」はなお頼りとするものがある。まして「出離解脱の方便」はなおさら頼もしいに違いない、という意。「**AなほB、いはんやC**」（AはBである。ましてCはなおさらだ）という構文である。

128 ③
「あさましき目を見はべれば」
↓
「身を失ふわざをしてしがな」

「嘆かわしい目にあいましたので」「身を

□ 129

この女ども、男の供なりける人に、たれぞと問ひければ、その人なりとぞ答へけるに、この女ども、音にのみ聞きつるを、いざ、呼びするて、ものいはむ、いかがあると聞かむとて、おなじうは、この庭の月をかしきをも［　］といひければ、この男、なにのよきこととて、もろともに入りにけり。

〈平中物語〉

① 興じたり　② 見せむ　③ 聞くらむ
④ 言ひけり　⑤ 覚えけむ

（早稲田大）

□ 130

などかしこからぬ。汝がいふ所、まことに愚かなり。すみやかに走り［　］。一つも用ゆべからず。

〈宇治拾遺物語〉

① 帰らばや　② 帰らず　③ 帰りけり
④ 帰れり　⑤ 帰りね

（早稲田大）

□ 131

かくて冬にもなりしかば、弁慶思ひけるは、人の重宝は千揃へて持つに、奥州の秀衡は名馬千匹、筑紫の菊池が鎧千領、松浦（まつら）の大夫は胡籙（やなぐひ）千腰、弓千張、かやうに重宝を揃へて持つなるに、弁慶は代はりなければ買ひても持たず、人を知らねば付属せられず、詮（せん）ずるところ弁慶夜に入りて、京中に佇みて、人の持ちたらんずる太刀千振取りて重宝にせ［　］と思ひ、人の太刀を取り歩く。

〈義経記〉

① ざれ　② しか　③ ばや　④ らる　⑤ り

（関西学院大）

129 ②

隠すことに［したい］という意。ここは「いかで～てしがな」（なんとかして～たい）という構文。

この女ども＝「ものいはむ…聞かむ…
　　　　　　おなじうは…［見せむ］」
この男　　＝「なにのよきこととて」

女たちが「話をしよう…話を聞こう…同じことなら月の眺めが趣深いのも［見せよう］」と言ったので、男は「なんと都合のよいことだ」と思って一緒に入っていった、の意。**意志の助動詞**が入る。

130 ⑤

「汝がいふ所、まことに愚かなり」
↓「すみやかに走り［帰りね］」
「一つも用ゆべからず」

「愚か」で「用ゆべからず」だから、「すぐに走り［去れ］」と言う。**命令形**が入る。

131 ③

「人の重宝は千揃へて持つ」
↓
「太刀千振取りて重宝にせ［ばや］」

宝は千揃えて持つものだから、太刀を千振奪い取って重宝にすることにし［たい］と思った、という意。**願望の助詞**が入る。

第9章　6 古文の空所補充

口語訳

7 品詞の説明に関するもの

問 傍線部の品詞として適当なものをそれぞれ選べ。

□ 132 物語に書きてあるところ(a)あんなりと聞くに、契りけむ昔の今日の(b)ゆかしさに天の川波うち出でつるかなただ今ゆくへなく飛びうせ(c)なばいかが思ふべき。 〈更級日記〉

① 動詞　② 形容詞　③ 形容動詞　④ 助動詞
⑤ 助詞　⑥ 名詞 〈共立女子大〉

□ 133 「言は(a)んずる」「里へ出でんずる」など言へば、(b)やがていとわろし。(中略)作り人さへ(c)いとほしけれ。 〈枕草子〉

① 感動詞　② 接続詞　③ 連体詞　④ 動詞　⑤ 形容詞
⑥ 形容動詞　⑦ 副詞　⑧ 助動詞　⑨ 助詞 〈法政大〉

問 傍線部を単語に分けるとどのようになるか。最も適当なものを選び、番号で答えよ。

□ 134 「誰とか<u>たづぬべからむ</u>」と思ひわづらひたまふに、 〈しのびね〉

① たづ／ぬ／べから／む　② たづ／ぬ／べか／らむ
③ たづぬ／べか／らむ　④ たづぬ／べから／む 〈神奈川大〉

□ 135 五月の雨晴れず、いとど笠宿りも<u>わづらはしけれど</u>、都に参りぬれば、 〈松浦宮物語〉

① わづらはし／けれど　② わづらはしけれ／ど

解答とポイント

品詞

132 a＝① b＝⑥ c＝④
a「あん」はラ変動詞「あり」の連体形の撥音便。c「な」は完了の助動詞「ぬ」の未然形。

133 a＝⑧ b＝⑦ c＝⑤
a「んずる」は推量の助動詞「むず(んず)」の連体形。c「いとほしけれ」は形容詞「いとほし」の已然形。

単語

134 ④
「たづぬ」は下二段動詞の終止形、「べから」は助動詞「べし」の未然形、「む」は助動詞「む」の連体形。「べからむ」はここでは可能の推量で「…ことができるだろう」の意。「か＋連体形」の係り結びで疑問になっている。

135 ②
「わづらはしけれ」は形容詞「わづらはし」の已然形、「ど」は逆接の接続助詞。

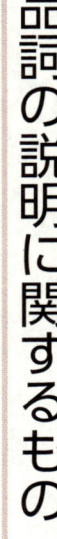

③ わづらは／しけれど　④ わづらはし／けれ／ど
⑤ わづらは／し／けれど
〈駒澤大〉

□ 136
これにこそありけれと、かのいひたりし人ぞをかしき。〈枕草子〉
① か・の・いひ・たり・し・人　② かの・いひ・たりし・人
③ か・の・いひたり・し・人　④ かの・いひたり・し・人
⑤ か・の・いひ・たりし・人
〈松山大〉

□ 137
ただ今はただ夢を見たらんやうにのみ思されて、過ぐしたまふ。〈栄花物語〉
① 見・た・らん・やうに・のみ　② 見・たら・ん・やうに・のみ
③ 見・たらん・やう・に・のみ　④ 見た・らん・やう・に・のみ
⑤ 見た・らん・やうに・のみ
〈武庫川女子大〉

□ 138
見もわかず過ぎにけるかなおしなべて軒のあやめのひましなければ〈狭衣物語〉
① ひま・し・なけ・れ・ば　② ひま・し・な・けれ・ば
③ ひま・しな・けれ・ば　④ ひま・しなけれ・ば
⑤ ひま・し・なけれ・ば　⑥ ひま・し・なければ
〈早稲田大〉

□ 139
これやこのあまの羽衣むべしこそ君がみけしとたてまつりけれ〈伊勢物語〉
① む・べし・こそ　② む・べし・こ・そ
③ むべ・し・こそ　④ むべ・し・こ・そ
⑤ むべし・こそ　⑥ むべし・こ・そ
〈明治学院大〉

---

136 ①
「か」は代名詞で「あれ・あちら」の意。「の」は格助詞、「いひ」は動詞「言ふ」の連用形、「たり」は助動詞「たり」の連用形、「し」は助動詞「き」の連体形。

137 ②
「見」は上一段動詞の連用形、「たら」は助動詞「たり」の未然形、「ん」は助動詞「む(ん)」の連体形、「やうに」は助動詞「やうなり」の連用形、「のみ」は副助詞。

138 ⑤
「し」は副助詞。強意を示す副助詞「し」は除いても文意が変わらない。「なけれ」は形容詞「なし」の已然形。

139 ③
「むべ(うべ)」は肯定するときに用いる副詞。「し」は強意の副助詞。「むべしこそ」で連語として「いかにも・なるほど」の意。①にしないように注意。

第9章　7 品詞の説明

口語訳

問 **傍線部の文法的説明として最も適当なものを選び、番号で答えよ。**

□ 140 山深く入りにし人も尋ぬれどなほあまぐものよそにこそなれ 〈蜻蛉日記〉

① 動詞＋完了の助動詞＋過去（回想）の助動詞
② 動詞＋格を表す助詞＋過去（回想）の助動詞
③ 動詞＋完了の助動詞＋サ行変格活用の動詞
④ 動詞＋格を表す助詞＋強調の助詞 （中央大）

□ 141 その人都へかへりて後、政うるはしくしのばしかりければ、 〈今鏡〉

① 形容詞＋助動詞＋助動詞＋助詞
② 形容詞＋助動詞＋助詞＋助詞
③ 形容詞＋助動詞＋助詞
④ 形容詞＋助詞＋助動詞＋助詞
⑤ 形容詞＋助詞＋助詞 （早稲田大）

□ 142 「さよふけてねざめざりせば」など書きて、 〈更級日記〉

① 動詞＋助動詞＋助詞＋助詞
② 動詞＋助動詞＋動詞＋助動詞
③ 動詞＋助動詞＋助動詞＋助詞
④ 動詞＋助動詞＋動詞＋助詞
⑤ 名詞＋助動詞＋助動詞＋助詞 （愛知大）

□ 143 いまはかぎりなめり 〈堤中納言物語〉

① 断定の助動詞「なり」の終止形＋推量の助動詞「めり」
② 断定の助動詞「なり」の連体形＋推量の助動詞「めり」

解答とポイント

文法的説明（選択式）

140 ①

「し」は過去の助動詞「き」の連体形。「き」は連用形接続なので「に」は連用形（完了の助動詞「ぬ」）。「ぬ」も連用形接続なので「入り」は連用形。品詞分解は下から考えていくとわかりやすい。

141 ③

「ば」は接続助詞、「けれ」は過去の助動詞「けり」の已然形なので、「しのばしかり」は一語の形容詞。「したわしい・忘れがたい」意の「しのばし（偲ばし）」の連用形。

142 ③

「せば」

「ねざめ」は下二段動詞の未然形、「ざり」は打消の助動詞「ず」の連用形、「せ」は過去の助動詞「き」の未然形、「ば」は接続助詞。「ねざめ」という名詞もあるが、「ず」に続いているのでここは動詞。

143 ②

「なめり」

断定の助動詞「なり」の連体形「なる」に推定の助動詞「めり」が接続した「なるめり」の撥音便「なんめり」の「ん」の無表記。「ななり」も同じで、断定の助動詞「なり」の連体形「なる」に推定の助動

③ 完了の助動詞「ぬ」の未然形＋推量の助動詞「む」の已然形＋完了の助動詞「り」
④ 完了の助動詞「ぬ」の未然形＋推量の助動詞「めり」
⑤ 強意の助動詞「なむ」の已然形＋完了の助動詞「り」（愛知学院大）

144 誠にうすもののかぜに破れやすからん事をいふにやあらむ。〈笈の小文〉
① 格助詞＋係助詞＋動詞＋完了の助動詞＋推量の助動詞
② 格助詞＋係助詞＋動詞＋推量の助動詞
③ 断定の助動詞＋係助詞＋動詞＋完了の助動詞＋推量の助動詞
④ 断定の助動詞＋係助詞＋動詞＋推量の助動詞（法政大）

145 主に重くいましめられむずらむ。〈今鏡〉
① 動詞＋助動詞＋助動詞＋助動詞
② 動詞＋助動詞＋助動詞＋助動詞
③ 動詞＋助動詞＋助動詞＋助動詞＋助動詞
④ 動詞＋助動詞＋助動詞＋助詞＋助動詞（亜細亜大）

146 げに、あぢきなき世に心のゆくわざをしてこそ、過ぐし侍りなまほしけれ。〈源氏物語〉
① 動詞＋補助動詞＋助動詞＋助動詞＋助動詞
② 動詞＋補助動詞＋助動詞＋助動詞
③ 動詞＋補助動詞＋助詞＋助動詞＋助動詞
④ 動詞＋補助動詞＋助詞＋形容詞
⑤ 動詞＋補助動詞＋形容詞＋助動詞（早稲田大）

詞「なり」が接続した「なるなり」の撥音便の「ん」の無表記。

144 ④
「にやあらむ」

「に」は断定の助動詞「なり」の連用形、「や」は疑問・反語の係助詞、「あら」は動詞「あり」の未然形、「む」は推量の助動詞。

145 ②
「むずらむ」

動詞「いましむ」の未然形「いましめ」＋助動詞「らる」の未然形（受身）「られ」＋助動詞「むず」の終止形（推量）＋助動詞「らむ」の終止形（現在推量）。

146 ②
「まほしけれ」

「まほしけれ」からさかのぼって考える。助動詞「けり」は連用形接続なので、「まほし」と「けれ」に分けられず、「まほしけれ」で一語（「まほし」の已然形）。「まほし」は未然形接続なので、「な」は助動詞「ぬ」の未然形。「過ぐし」は四段動詞「過ぐす」の連用形、「侍り」は丁寧の補助動詞「侍り」の連用形。

第9章　7 品詞の説明

口語訳

問 傍線部の文法的説明として最も適当なものを選び、番号で答えよ。

147 頼信がかばかり仰せかけむには、え投げではあらじ。〈今昔物語集〉

① 名詞＋動詞＋助動詞＋助詞＋動詞＋助動詞
② 副詞＋動詞＋助動詞＋助詞＋動詞＋助詞
③ 副詞＋動詞＋助詞＋助詞＋動詞＋助動詞
④ 名詞＋動詞＋助詞＋助詞＋動詞＋助詞 〈京都外国語大〉

148 まゐりて書かれなばよかりぬべかりけるを、〈大鏡〉

① 形容詞「よし」の未然形＋助動詞「ず」の連体形＋助動詞「べし」の連用形＋助動詞「けり」の連体形
② 動詞「よかる」の連用形＋助動詞「ず」の連体形＋助動詞「べし」の未然形＋助動詞「けり」の連体形
③ 形容詞「よし」の連用形＋助動詞「ぬ」の終止形＋助動詞「べし」の連用形＋助動詞「けり」の連体形
④ 動詞「よかる」の未然形＋助動詞「ぬ」の終止形＋助動詞「べし」の未然形＋助動詞「けり」の連体形 〈中央大〉

149 なよよかなる狩衣にて、御骨の御壺持ち参らせて参れるを、思ひの外にもと見る人思へり。〈増鏡〉

① 謙譲の補助動詞「参る」未然形＋使役の助動詞「す」連用形＋助詞「て」＋尊敬の動詞「参れる」連体形
② 謙譲の補助動詞「参らす」連用形＋助詞「て」＋謙譲の動詞「参る」已然形＋完了の助動詞「り」連体形

解答とポイント

147 ③

「え…じ」

「じ」は打消推量の助動詞。副詞「え」と呼応して不可能の推量の意を表す。「あら」はラ変動詞「あり」の未然形。「は」は係助詞、「で」は接続助詞、「投げ」は下二段動詞「投ぐ」の未然形。

148 ③

「よかりぬべし」

「けり」は連用形接続の助動詞なので「べかり」は連用形。「べし」は終止形接続の助動詞なので「ぬ」は終止形。「ぬ」は連用形接続の助動詞なので「よかり」は形容詞「よし」の連用形。

149 ②

「参れる」

「参らす」は謙譲の補助動詞。「参る」は「来」の謙譲語。「る」は完了の助動詞「り」の連体形。「お持ちして参上したのを」という意になる。

設問としては「る」の識別だけで正解を

③ 謙譲の補助動詞「参らす」連用形＋助詞「て」＋謙譲の動詞「参る」未然形＋可能の助動詞「る」終止形

④ 謙譲の動詞「参る」連用形＋使役の助動詞「す」連用形＋助詞「て」＋謙譲の動詞「参れる」終止形

⑤ 謙譲の動詞「参らす」連用形＋助詞「て」＋謙譲の補助動詞「参る」未然形＋尊敬の助動詞「る」終止形

（同志社大）

問　傍線部を単語に分けて品詞を示し、それぞれ文法的に説明せよ。

□ 150　為家卿は、家官こそめでたかりしかども、御室（おむろ）の五十首などにも、

〈ささめごと〉（愛知教育大）

□ 151　なほ立ちかへり、ありつる方を御覧ぜらるれば、

〈中務内侍日記〉（県立広島大）

□ 152　鳥飼（とりかひ）といふ題を、みな人々によませたまひにけり。

〈大和物語〉（京都教育大）

□ 153　召しもつかはれ候はば、別の奉公には、余党その数おほく候ふを、一々にからめさせまゐらせん。

〈古今著聞集〉（神戸大）

選べる。接続助詞「を」は連体形に接続する、あるいは「参る」は四段動詞なので「参れ」は已然形（命令形）である、のどちらからでも、「る」が「り」の連体形であることがわかる。

文法的説明（記述式）

150　**めでたかり**＝形容詞「めでたし」の連用形／**しか**＝過去の助動詞「き」の已然形／**ども**＝接続助詞

しか＋ども

151　**御覧ぜ**＝サ変動詞「御覧ず」の未然形／**らるれ**＝尊敬の助動詞「らる」の已然形／**ば**＝接続助詞

御覧ぜ＋らる

152　**よま**＝四段動詞「よむ」の未然形／**せ**＝使役の助動詞「す」の連用形／**たまひ**＝尊敬の補助動詞「たまふ」の連用形／**に**＝完了の助動詞「ぬ」の連用形／**けり**＝過去の助動詞「けり」の終止形

せ＋たまふ

153　**からめ**＝下二段動詞「からむ」の未然形／**させ**＝使役の助動詞「さす」の連用形／**まゐらせ**＝謙譲の補助動詞「まゐらす」の未然形／**ん**＝意志の助動詞「む（ん）」の終止形

させ＋まゐらす

口語訳

古典文法のまとめ

入試で識別が問われる文法事項のうち、特に重要なものについて、その識別法をチャートで示した。番号順に識別するとよい。

Ⅰ 紛らわしい語の識別

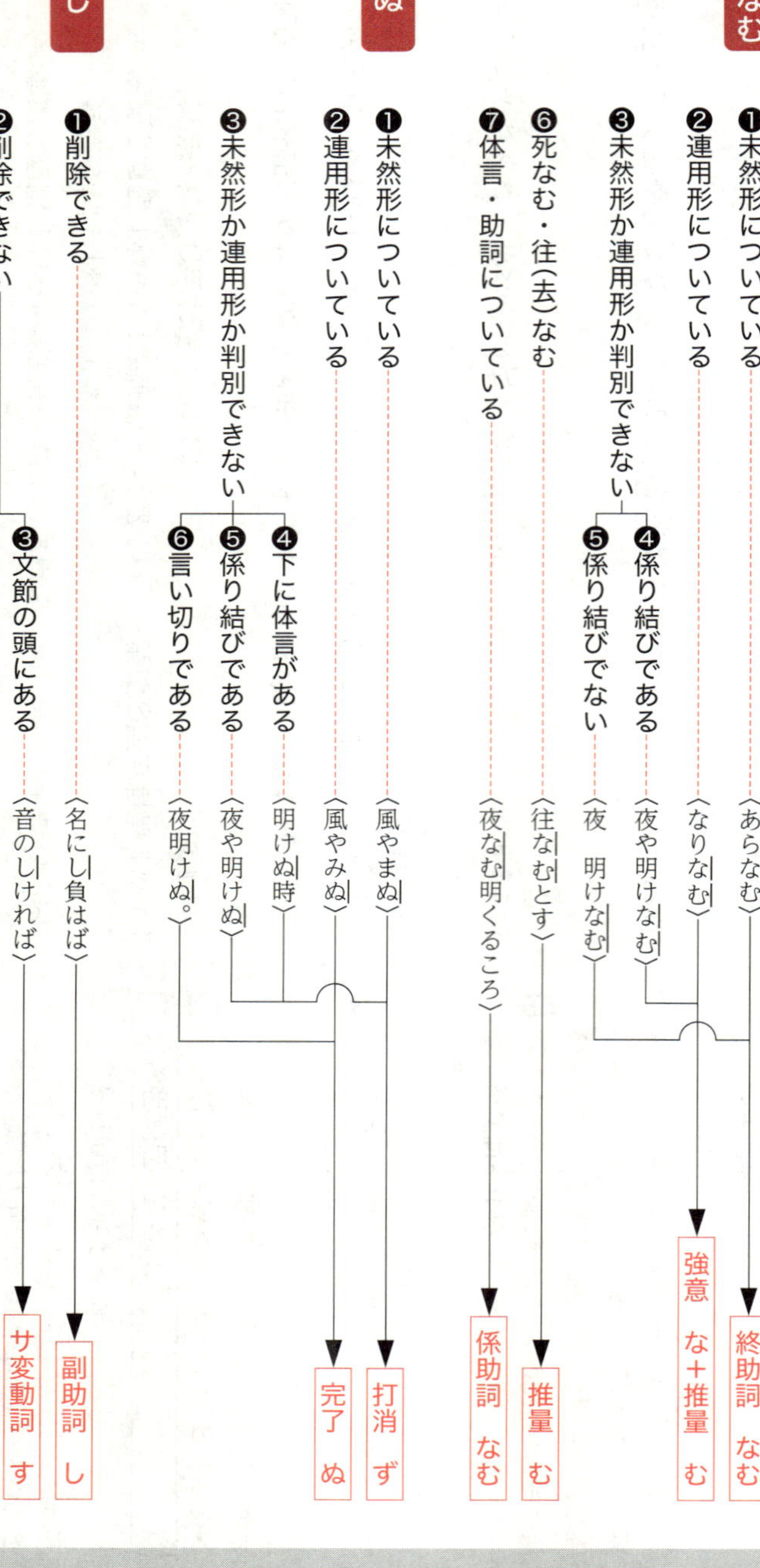

なり

- ❶「…になる」の意味になる ―〈灰がちになりて〉→ **動詞 なる**
- ❷「…な」と言い換えられる ―〈あはれなり〉→ **形容動詞の一部**
- ❸「あなり」に類するもの（ラ変・四段）―〈御娘あなり〉→ **推定 なり**
- ❹終止形についている ―〈聞こゆなり〉→ **推定 なり**
- ❺活用しない語・連体形についている ―〈聞こゆるなり〉→ **断定 なり**

に

- ❶連用形についている（下に「き・けり・たり・けむ」がついている）―〈過ぎにけり〉→ **完了 ぬ**
- ❷連体形についている
  - ❸「…（こと・もの・とき）に」の意味である ―〈見るにこそ〉→ **格助詞 に**
  - ❹「…ところ」「…ので」の意味である ―〈行きたるに〉→ **接続助詞 に**
- ❺体言についている
  - ❻「…である」の意味である ―〈この国の人にもあらず〉→ **断定 なり**
  - ❼❻以外 ―〈片田舎に住みけり〉→ **格助詞 に**
- ❽上に「いと」（たいへん）をつけられる ―〈いと静かに〉→ **形容動詞の一部**

Ⅱ 敬語の識別

給ふ

- ❶上に動詞がある → 〈子となり給ふべき人なめり〉 → 補助動詞　尊敬
- ❷上に動詞がない → 〈若菜給ふ〉 → 動詞　尊敬（与ふ）
- ❸会話や手紙の中
- ❹「思ふ・見る・聞く・知る」についている
- ❺下二段活用である
  - （❸❹❺）→ 〈思ひ給ふるさまを〉 → 補助動詞　謙譲

奉る（たてまつる）

- ❶上に動詞がある → 〈拝み奉り〉 → 補助動詞　謙譲
- ❷上に動詞がない
  - ❸飲・食・着・乗の意味 → 〈御薬奉れ〉 → 動詞　尊敬
  - ❹❸以外の意味 → 〈何をか奉らむ〉 → 動詞　謙譲（与ふ）

参る

- ❶飲・食の意味 → 〈物など参る〉 → 動詞　尊敬
- ❷❶以外の意味 → 〈忍びて参りけるを〉 → 動詞　謙譲

侍り（はべり）・候ふ（さぶらふ）

- ❶そばに貴人がいる → 〈ねぶたきを念じて候ふに〉 → 動詞　謙譲（仕ふ）
- ❷❶以外の意味 → 〈いかなる所にかこの木は候ひけむ〉 → 動詞　丁寧（あり）
- ❸動詞についている → 〈果たし侍りぬ〉 → 補助動詞　丁寧

第10章

漢文に関する問題

＊漢文は大学入試国語の中で基本知識が最も得点に結びつきやすい分野です。演習問題に取り組みながら、入試問題に頻出する基本句形と重要語を一つ一つ着実に押さえていきましょう。

第10章 ウォームアップ

漢文に関する問題

【返り点の役割】

1 「千声万声了む時無し」と書き下すように返り点を打った場合、最も適当なものを選べ。

千声万声無了時　〈白居易の詩〉

① 千声万声無㆑了㆑時　② 千声万声無㆓㆑了時㆒
③ 千声万声無㆓了時㆒　④ 千声万声無㆘了時㆖
⑤ 千声万声無㆘了㆑時㆖　〈早稲田大〉

2 「燕の相（しょう）に国書を遺（おく）る者有り」と読むように、返り点をつけよ。

有遺燕相国書者。　〈韓非子〉〈学習院大〉

【再読文字の読みと意味】

3 傍線部の読み方として最も適当なものを選べ。

援戈将撃之　〈韓非子〉

① ほことしやうをひきてこれをうつ
② ほこをひきはたこれをうたん
③ ほこをひきまさにこれをうたんとす
④ ほこをひきもつてこれをうつ
⑤ ほこをひきてほとんどこれをうつ　〈法政大〉

解答とポイント

1 ③

千声万声無㆓了時㆒

1 2 3 4 7 5 6

読む順は右の通り。6→7は一・二点を用いる。

2 有㆘遺㆓燕相国書㆒者㆖。

7 5 1 2 3 4 6

6→7は4→5をはさんで戻るので、上・下点を用いる。

> **Check!** レ点、一・二点、上・下点など、返り点の働きは漢文学習の基本なので、確実なものにしよう。

3 ③

（援キ㆑戈ヲ将ニ㆑撃タント㆑之ヲ）

未	いまダ〜ず	まだ〜しない
将・且	まさニ〜ントす	（今にも）〜しようとする
当	まさニ〜ベシ	当然〜すべきだ
応	まさニ〜ベシ	きっと〜だろう
宜	よろシク〜ベシ	〜するのがよい
須	すべかラク〜ベシ	ぜひ〜する必要がある
猶・由	なホ〜ごとシ	ちょうど〜と同じだ
盍・蓋	なんゾ〜ざル	どうして〜しないのか

> **Check!** 再読文字は頻出。読みと意味を覚えよう。

Warm up

【主な句形の読みと意味】

4 傍線部の意味として最も適当なものを選べ。

豈待レ言哉。〈呂氏春秋〉

①なぜ言うのを待たねばならないのか。
②言うまでもないことである。
③言葉を待つことができる。
④言わないではいられない。

〈福井県立大〉

5 傍線部の意味として最も適当なものを選べ。

豈不レ痛哉。〈晋書〉

①どうして痛ましいことがあろうか
②痛ましくないわけではない
③何とも痛ましいことではないか
④痛ましくないのはなぜか

〈南山大〉

【重要語の読みと意味】

6 傍線部の漢字の読みとして最も適当なものをそれぞれ選べ。

1 嘗病レ疫危甚。〈陸游「老学庵筆記」〉

①かつて ②にはかに ③つひに ④たまたま ⑤ほとんど

2 斯女不レ可レ得已。〈列女伝〉

①のみ ②すでにす ③はなはだし ④おのれなり ⑤かな

〈國學院大〉

---

4 ②

豈〜哉

「あニ〜［セ］ンや」と読み、「どうして〜か、いや〜ない」と訳す**反語形**だけに用いられる形。

ここは「あにいふ（げん）をまたんや」と読み、「どうして言うのを待つ必要があるか、いやない」と訳す。文意は「言うまでもない」になる。

5 ③

豈不〜哉

「あニ〜ずや」と読み、「なんと〜ではないか」と訳す**詠嘆形**。

ここは「あにいたましからずや」と読み、「なんと痛ましいことではないか」と訳す。

Check! 句形は、部分否定や反語しかないものなど、確実なものを中心に、主な句形の読みと意味を覚えていこう。

6 1＝① 2＝①

嘗「かつテ」「なム」と読む。

ここは副詞として後の述語を修飾しているので、「かつテ」と読む。

已「すでニ」「のみ」「やム」と読む。

ここは文末に用いられており、「〜だけだ」の意なので、「のみ」と読む。

Check! 漢字の読みは必須。大きな得点源になるので、頻出する重要語の読みと意味を覚えよう。

第10章 ウォームアップ

口語訳

1 訓読の基礎に関するもの

問 次のそれぞれに答えよ。

□ **1** 訓読と口語訳を参考にして、次の傍線部の返り点の付け方として最も適当なものを選べ。

且為二一日歓一　慰此窮年悲　〈蘇軾「別歳」〉

此の窮年の悲しみを慰めん（この暮れゆく年の悲しみをいやそう）

① 慰レ此窮年レ悲　② 慰二此窮年一レ悲
③ 慰下此二窮年一悲上　④ 慰レ此二窮年悲一
⑤ 慰二此窮年悲一　（センター試験）

□ **2** 訓読を参考にして、次の傍線部の返り点の付け方として最も適当なものを選べ。

君曰ハク、「吾（われ）不知原三日而不可得下也、以テ与二大夫一期スト。」　〈淮南子〉

吾原の三日にして下すを得べからざるを知らざるなり

① 吾不レ知レ原三日而不レ可レ得レ下也
② 吾不レ知二原三日而不一レ可レ得レ下也
③ 吾不レ知三原三日而不レ可二得下一也
④ 吾不レ知下原三日而不上レ可二得下一也
⑤ 吾不レ知三原三日而不二可レ得下一也
（センター試験）

解答とポイント

1 ⑤

返り点（一・二点）

読む漢字の順に番号をふると次のようになる。

慰 此 窮 年 悲
5 1 2 3 4

1から4までは漢字の語順通りで、4悲から5慰に返ることになる。二字以上を隔てて返る場合は一・二点を用いる。

2 ②

返り点（レ点）

「下すを得べからざる」は
不 可 得 下
4 3 2 1
の順に読むのでレ点を用いる。「ざるを知ら」は字を隔てて返るので一・二点を用いる。その際、レ点と一点を複合した返り点を用いることになる。「**而**」はここでは読まない。このように訓読の際に読まない字を**置き字**という。「而」は前後を接続する役割があり、傍線部では**順接**の意を表している。

□ **3** **訓読を参考にして、次の傍線部の返り点の付け方として最も適当なものを選べ。**

鄭人有薪於野者、〈列子〉

野に薪とる者有り、

① 有リ薪トルレ於レ野ニ者二、　② 有リ四薪トル二於野ニ一者三、

③ 有リレ薪トル二於野ニ一者、　④ 有リ下薪トル二於野ニ一者上、〈東海大〉

□ **4** **次の文は「其の真を失ふを笑ふ所以なり。」と読む。これに従って返り点を付けよ（送り仮名は不要）。**

所以笑其失真。〈図画見聞誌〉〈法政大〉

□ **5** **傍線部は「善いところで息めておかなければ」という意味である。この意味に沿った返り点として最も適当なものを選べ。**

不以善息、少焉気衰力倦、〈史記〉

① 不二以善息一　② 不レ以レ善レ息

③ 不二以レ善息一　④ 不レ以二善息一

⑤ 不二以善レ息〈早稲田大〉

□ **6** **次の傍線部の書き下し文として最も適切なものを選べ。**

桓公読書於堂上。〈荘子〉

① 桓公　読書　堂上に於いてす　② 桓公　書を読みて堂上にあり

③ 桓公　書を読みて堂に上る　④ 桓公　書を堂上に読む〈南山大〉

---

3 ④

返り点（上・下点）

「野に薪とる」は「於」をはさんで訓読するので一・二点を用いる。「者有り」は一・二点をはさんで訓読するので、上・下点を用いる。「於」は置き字で、**対象・場所**などを表す。

4 所三-以笑二其失レ真。

熟語に返る場合

熟語に返るときは、熟語の間に「-」を入れてその左側に返り点を書く。「**所以**」は「**ゆゑん**」と読み、「理由・わけ・手段」の意。

5 ③

以レテA ヲB

「**Aをもって B**」と読む。「善を以て息む」で「善いときに息める」の意。

6 ④

A D二 B ヲ 於 C一

「A BをCにDす」と読む。目的語（B）と補語（C）が併用される場合に最も多く見られる形である。「於」はここでは場所を示している。

第10章　1 訓読の基礎

口語訳

問 次のそれぞれに答えよ。

7 次の傍線部の書き下し文として最も適切なものを選べ。

自レ古及レ今、未之嘗聞。〈漢書〉

① いまだこれをかつてきかず　② いまだこれをかつてせずときく
③ いまだかつてきくことあり　④ いまだかつてこれをきく
⑤ いまだこれあることをきかず〈獨協大〉

8 次の傍線部の返り点のつけ方として最も適切なものを選べ。

歴二覧史籍所一レ記、未有高於此山者也。〈富士山記〉

① 未レ有レ高レ於レ此山者也。
② 未レ有二高於此山一者也。
③ 未レ有二高レ於レ此山一者也。
④ 未レ有三高於二此山一者也。
⑤ 未レ有下高二於此山一者上也。〈早稲田大〉

9 次の傍線部の書き下し文と解釈の組み合わせとして最も適当なものを選べ。

留メテ二伯牙ヲ一曰ハク、「子居リテ習ヘレ之ニ、吾将迎之。」〈初潭集〉

① 吾、之を将迎せんと　私が彼を送迎するつもりだ、と。
② 吾、将(ひき)ゐて之を迎へんと　私が彼を連れて出迎えよう、と。
③ 吾、将(もつ)て之を迎へんと　私がこうして彼を出迎えよう、と。

解答とポイント

7 ①

未ダ二…一

「**いまダ…ず**」と読み「まだ…しない」という意味の**再読文字**。一度目は返り点を無視して副詞的に読み、二度目は返り点に従って助動詞や動詞として読む。

8 ⑤

未は**再読文字**。「未有…也」で、「**いまダ…あラざルなり**」と読む。「**於**」はここでは**比較**を表しており、「高於此山」は「此の山より高し（き）」と読む。したがって、「未だ此の山より高き者有らざるなり。」と読めるものを探す。

9 ④

将ニ二…一ント

「**まさニ…ントす**」と読み、「（今にも）…しようとする」「…するつもりだ」という意味の**再読文字**。会話文の終わりなので、「と」で結んでいる。書き下し文のときは「と」を括弧の外に出して、「…迎へんとす。」と。のように書く。

④ 吾、将に之を迎へんとすと　私が彼を迎えるつもりだ、と。
⑤ 吾、将た之を迎へんと　私がまた彼を迎えようか、と。

（センター試験追試）

□ **10** **次の傍線部の意味として最も適当なものを選べ。**

食且ニレ尽キント、挙ゲテレ族ヲ愁嘆ス。　〈澠水燕談録〉

① 食糧の補給がしばらく途絶えたために
② 食糧はまだまだ十分あるはずだと思い
③ 食糧でさえ極めてとぼしい事態なので
④ 食糧がいよいよ無くなりそうになって
⑤ 食糧がもしも絶たれてしまったならば

（センター試験）

□ **11** **傍線部の書き下し文として最も適当なものを選べ。**

法当如此。　〈容斎随筆〉

① ここにゆきてあたる　② まさにここにゆくべし
③ かくのごときにあたる　④ あたることかくのごとし
⑤ まさにかくのごとくなるべし

（早稲田大）

□ **12** **傍線部について、a書き下し文として最も適当なものを選び、bかつそれを現代語訳せよ。**

此ノ福人間得応難　〈山陽遺稿〉

① 得ること難きに応ず　② 難きに応ふるを得たり
③ 応じ難きを得たり　④ 得ること応に難かるべし
⑤ 応に得ること難かるべし

（尾道市立大）

---

10 ④

且ニ…ントス

「まさニ…ントす」と読み、「（今にも）…しようとする」「…するつもりだ」という意味の**再読文字**。「将」と同じ用法である。傍線部は「食且に尽きんとす」と読み、「食糧が今にも無くなりそうだ」の意。

11 ⑤

当ニ…ベシ

「まさニ…ベシ」と読み、「当然…すべきだ」「きっと…だろう」という意味の**再読文字**。「**如此**」は「かくのごとし」と読み、「このようである」の意。

12 a＝④
b＝手に入れるのはきっと難しいだろう

応ニ…ベシ

「まさニ…ベシ」と読み、「きっと…だろう」「当然…すべきだ」という意味の**再読文字**。「**人間**」は「じんかん」と読み、「人の世・俗世間」のこと。

第10章　1 訓読の基礎

口語訳

問　次のそれぞれに答えよ。

□ **13** 傍線部の書き下し文として最も適当なものを選べ。

須自家置一副。〈雪濤諧史〉

①須らく自家に一副を置かんとす　②自家に一副を置くを須む
③須らく自家に一副を置くのみ　④自家に一副を置き須ゐん
⑤須らく自家に一副を置くべし
（中京大）

□ **14** 次の傍線部の意味として最も適当なものを選べ。

救ニ彼塗炭一者、則宜下以ニ百姓心一為上心。〈魏書〉

①農民の心をくみ取り、収穫物を盗賊から守らなければならない
②農民と共に働くことで、農民の苦労を実感しなければならない
③民衆の心を自分自身の心として、民衆のためを考えるのがよい
④衣食にも事欠く民衆を思い、盗みを厳しく取り締まるのがよい
（國學院大）

□ **15** 次の傍線部を書き下し文にせよ（現代仮名遣いでよい）。

然レドモ猶防川。〈春秋左伝〉
（高崎経済大）

□ **16** 次の傍線部の口語訳として最も適当なものを選べ。

或謂レ経ニ曰ク、盍ゾ以レ疾ヲ辞セ一。〈十八史略〉

①どうしてはやく別れを告げて出発しないのかと
②はやく別れを告げて出発しなければならないと

解答とポイント

13 ⑤

須ラク…ベシ

「すべかラク…ベシ」と読み、「ぜひ…する必要がある」「…が必要だ」という意味の**再読文字**。

14 ③

宜シク…ベシ

「よろシク…ベシ」と読み、「…するのがよい」「…するのが適当だ」という意味の**再読文字**。「以レA為レB」は「AをBとする（Bと思う）」の意。「**百姓**」は「ひゃくせい」と読み「人民・民衆」のこと。

15 猶ほ（お）川を防ぐがごとし。

猶ホ…ごとシ

「なホ…ごとシ」と読み、「ちょうど…と同じだ」「あたかも…のようだ」という意味の**再読文字**。「由」にも同じ用法がある。

16 ④

盍ゾ…ざル

「なんゾ…ざル」と読み、「どうして…しないのか、すればよい」という意味の**再読文字**。「**蓋**」「**何不**」も同じ意味に用いる。

③ 病気によって辞めるのはどうしてなのかと
④ どうして病気だと言って辞退しないのかと

（國學院大）

17 傍線部の意味として最も適切なものを選べ。

況ンヤ事之多端ナル、有リ下可キ二得テ而知ル一者上矣。

〈論語古義〉

① 知っておいてよいものがある。
② 手に入れて知る必要なものがある。
③ 知らなければならないものがある。
④ 知ることのできるものがある。

（上智大）

18 傍線部につけるべき返り点を記せ。

明明トシテ如キモレ月ノ　何レノ時カ可ケンレ掇ル
憂従中来　不レ可カラ二断絶ス一

〈曹操「短歌行」〉

（早稲田大）

19 傍線部の書き下し文として最も適当なものを選べ。

不難師於老馬与蟻。

〈韓非子〉

① かたからずしてらうばとありとをしとす
② らうばとありとをしとするをかたしとせず
③ かたからずしてらうばとありとをしとせんや
④ らうばとありとをしとするをかたしとせざらんや
⑤ らうばをしとしてありにくみするをかたしとせず

（関西大）

---

17 ④

返読文字

送り仮名に関係なく下から返って読まれる字を**返読文字**という。特に「**有・無・多・少・難・易**」の六文字は「**述語＋主語**」の構文になる。「**可**」も「ベシ」と読み、可能・許可・命令の意を示す返読文字。ここは「可得…」なので可能の意。

18 憂従レ中来

従リ

「より」と読み、起点の意を示す**返読文字**。傍線部は「憂ひ中より来たる」と読む。「自」「由」も同じ用法がある。

19 ②

与（與）

「と」と読み、並列の意を示す**返読文字**。「蟻と」の「と」がそれに当たる。**A与レB**で「AトBと」と読む。なお、ここの「不難」は「難からず」と訓読することが多い。

第10章　1 訓読の基礎

口語訳

第10章

2 句形に関するもの

問 次のそれぞれに答えよ。

□ 20 次の傍線部の書き下し文として最も適当なものを選べ。

淵曰、吾豈忍告。汝慎勿出口。〈十八史略〉

① なんぢ つつんで くちより いだす なかれと。
② なんぢ つつしめば いづるに くち なしと。
③ なんぢ つつしむこと なくんば くちより いださんと。
④ なんぢ くちより いだすを つつしむ なかれと。
⑤ なんぢ くちを つつしみて いだす なかれと。〈國學院大〉

□ 21 次の傍線部の書き下し文として最も適切なものを選べ。

未嘗干之、不可謂上無其人。〈与于襄陽書〉

① 上に其の人無しと謂ふべからず。
② 上に其の人と無く謂ふべからず。
③ 上に其の人無くんば謂ふべからず。
④ 上に謂ふべからずして其の人無し。
⑤ 上に謂ふべからずんば其の人無きや。
⑥ 上に謂ひて其の人を無からしむべからず。〈早稲田大〉

□ 22 次の傍線部の書き下し文として最も適当なものを選べ。

虞・芮争田、不能決。〈十八史略〉

① 決する能はず ② 決するを能くせず

解答とポイント

20 ①

勿(毋)…

「…なカレ」と読み、「…してはいけない」という禁止の意を表す。

21 ①

不可…

「…べカラず」と読む。「…できない」という不可能の意、「…してはいけない」という禁止の意を表す。「謂」は多く「謂日(いヒテいハク)」あるいは補語を伴って「…ヲ…ト謂フ」の形で用いられる。ここは後者の「…ヲ」が省略された形。「…と謂ふべからず」と読み、「…と言ってはならない」という禁止の意。

22 ①

不能…

「…[コト]あたハず」と読み、「…でき

③ 能はずして決す　④ 能くは決せず　（学習院大）

23 次の傍線部は「あへてたっときをもっておごらず」と訓読する。返り点のつけ方として最も適当なものを選べ。

堯ノ二女不敢以貴驕。　〈史記〉

① 不㆔敢以㆓貴驕㆒
② 不㆑敢以㆓貴驕㆒
③ 不㆑敢以㆑貴驕
④ 不㆓敢以㆑貴驕㆒
⑤ 不㆓敢以㆑貴㆑驕

（早稲田大）

24 次の傍線部の口語訳として最も適切なものを選べ。

家貧不常得油。　〈蒙求〉

① 家が貧しいため、いつも燈火の油を手に入れることができなかった。
② 家はいつも貧しいわけではなく、燈火の油が買えることもあった。
③ 家は貧しくなく、いつも燈火の油を手に入れることができた。
④ 家が貧しくて、ときどき燈火の油を買えないことがあった。

（学習院大）

25 次の傍線部の書き下し文として最も適当なものを選べ。

毀（そし）ル㆑我ヲ之人ハ、不必問也。　〈呻吟語〉

① かならずとはざらんや　② かならずやとふことなからん
③ かならずしもとはざるなり　④ かならずとはざるべからず
⑤ かならずとはざるべし

（東海大）

ない」という**不可能**の意を表す。

23 ④

不㆓敢（あヘテ）…㆒

「あヘテ…ず」と読み、「無理に（しいて）…しようとしない」という意。「決して…しない」という強い否定を表すこともある。「**不肯**」も同じ意味。

24 ④

不㆓常（つねニハ）…㆒

「つねニハ…ず」と読み、「いつも…とは限らない」という**部分否定**。部分否定は「**否定語＋副詞**」の語順で、限定された内容を否定する。

25 ③

不㆓必（かならズシモ）…㆒

「かならズシモ…ず」と読み、「必ずしも…とは限らない」という**部分否定**。

第10章　2 句形

口語訳

問　次のそれぞれに答えよ。

26 次の傍線部の書き下し文として最も適当なものを選べ。

而慕之者未必能及、　〈讒書〉

① かならずおよぶあたはず、
② かならずしもおよぶあたはず、
③ かならずしもいまだおよぶあたはず、
④ いまだかならずしもおよぶあたはず、
⑤ いまだかならずおよぶあたはず、　〈龍谷大〉

27 次の傍線部を口語訳せよ。

今両虎共闘、其勢不倶生。　〈史記〉〈愛知県立大〉

28 次の傍線部の口語訳として最も適当なものを選べ。

若為物所撃者。更不復蘇。　〈唐語林〉

① 二回しか生き返らなかった。
② 今度もまた生き返らなかった。
③ 二度と生き返らなかった。
④ 二度目では更生しなかった。
⑤ 今度はもう生き返らなかった。　〈センター試験追試〉

29 次の傍線部の書き下し文として最も適当なものを選べ。

必不敢撃我。　〈史記〉

① かならずあへてせずしてわれをうたん。
② かならずわれをうつをあへてせざらん。
③ かならずしもあへてわれをうたざらん。

解答とポイント

26 ④

未ダ必ズシモ…

「いまダかならズシモ…ず」と読み、「必ずしも…するとは限らない」という**部分否定**。

27 両方ともは生き延びることはできないであろう。

不倶ニハ…

「ともニハ…ず」と読み、「両方ともは…しない」という**部分否定**。

28 ③

不復タ…

「まタ…ず」と読む。一般には「二度と…しない」「もはや、もう…しない」という**否定の強調**を表す。ただし、過去に同じことがあったとわかる場合は「(一度は…したが)二度とは…ない」という**部分否定**が成立する用例もある。ここは否定の強調。

29 ④

必ズ不…

「かならズ…ず」と読み、「絶対…しない」という**全部否定**(全否定)。全部否定は「**副詞＋否定語**」の語順で、全面的な否定を

④ かならずあへてわれをうたざらん。
⑤ かならずしもわれをあへてうたざらん。

（大東文化大）

30 傍線部の解釈として最も適切なものを選べ。

邕(よう)具(つぶさ)ニ以(テ)告(グルモ)、莫不憮然。

〈『後漢書』蔡邕列伝〉

① 一度はいぶかしいことだと思った。
② ぼんやりしていぶかしく思わなかった。
③ いぶかしくないなどと思ってはならない。
④ 無礼にもいぶかしいことだと思った。
⑤ いぶかしく思わない者はいなかった。

（法政大）

31 次の傍線部の口語訳として最も適当なものを選べ。

懇求(スルコト)甚(ダ)力(つとメ)、度(はかル)レ不(ルヲ)レ可(カラ)レ不(ル)レ与(ヘ)。

〈春渚紀聞〉

① 与えないこともないというように
② 与えないわけにはいかないように
③ 決して与えてはならないように
④ 全く与えるつもりはないように
⑤ 与えたくてしかたがないように

（センター試験追試）

32 次の傍線部の書き下し文として最も適当なものを一つ選べ。

偶(たまたま)有(リ)二名酒一、無夕不飲。

〈陶淵明「飲酒」〉

① 夕(ゆうべ)無くんば飲まず。
② 夕無く飲まざるや。
③ 夕として飲まざる無し。
④ 夕として飲まずんば無し。
⑤ 夕として飲むざる無きや。

（中京大）

表す。「常不二…一」「倶不二…一」なども同じ。部分否定と全部否定の語順及び送り仮名の違いに注意すること。

30 ⑤

莫(シ)(無)レ不(ル［ハ］)二…一

「…ざル［ハ］なシ」と読む**二重否定**。「…しないもの はない（みな…する）」という**強い肯定**を表す。「**非**レ**不**二…一」（…ざルニあらズ）、「**無**(**莫**)レ**非**二…一」（…ニあらザルハなシ）なども同じ用法。

31 ②

不レ可(カラ)レ不(ル)二…一

「…ざルべカラず」と読み、「…しなければならない（…しないわけにはいかない）」という**二重否定**。**強い義務**を表す。

32 ③

無(シ)二A不(トシテ…ルハ)一B

「AとしてBざルハなシ」と読み、「どんなAでもBしないものはない」という**二重否定**。

第10章　2 句形

口語訳

問　次のそれぞれに答えよ。

33 次の傍線部をひらがなのみで書き下し文にせよ。

則チ不レ能レ不レ争。

〈荀子〉（岩手大）

34 次の傍線部をすべてひらがなで書き下し文にせよ。

乳母ノ所ハレ言フ、未嘗不聴。

〈史記〉（香川大）

35 次の傍線部の口語訳として最も適当なものを選べ。

聖人ノ所レ不ルレ知ラ、未ダ二必ズシモ不ンバアラ一レ為サ二愚人ノ所トレ知ル也。

〈劉孟涂集〉

① 聖人の知恵の及んでいる所には、愚人の知恵が反映されている。
② 聖人の知らないことは、もちろん愚人も知るはずがない。
③ 聖人の知らないことでも、愚人が知っている場合がある。
④ 聖人の関知しないことを、逆に愚人は必ず気にしている。
⑤ 聖人の知恵の及ばない所でこそ、愚人の知恵が生きる。

（センター試験）

36 次の傍線部の意味として最も適当なものを選べ。

何ゾ追フ者之衆キャ。

〈列子〉

① どのように追いかける者が多いのか。
② どうして追いかける者が多すぎることがあろうか。

解答とポイント

33 **あらそはざるあたはず。**

不レ能ハレ不ル二…一

「…ざルあたハず」と読み、「…せずにはいられない」という**二重否定**。

34 **いまだかつてきかずんばあらず。**

未ダ三嘗テ不ンバアラ二…一

「いまダかつテ…ずンバアラず」と読み、「今まで…しなかったことはない」という**二重否定**。「いつでも…した」という**強調**を表す。

35 **③**

未ダ三必ズシモ不ンバアラ二…一

「いまダかならズシモ…ずンバアラず」と読み、「必ずしも…しないとは限らない」という**二重否定**。「…する場合もある」という**可能性**を表す。

36 **③**

何ヲ[カ]… ／ 何ゾ…

「なにヲ[カ]…」と読んで「何を…か」と**事柄**を問い、「なんゾ…」と読んで「どうして…か」と**理由**を問う副詞（疑問詞）。一般に**疑問形**のときは**連体形**で結び、**反**

③ どうして追いかける者がそんなに多いのか。
④ 何を追いかける者が一番多かったか。
⑤ どうして追いかけることがそんなにしばしばなのか。
（松山大）

□ **37** **次の傍線部の口語訳として最も適当なものを選べ。**

査明シ責究ス。亦何盗賊足レ慮乎。
〈陳慶門「仕学一貫録」〉

① 盗賊のことなど心配するまでもない。
② 盗賊の逃走を未然に防ぐべきである。
③ どんな盗賊も追い詰めるべきである。
④ 共犯者の意図など探るには及ばない。
⑤ 盗んだものが何かは問題にならない。
（中央大）

□ **38** **次の傍線部の読みとして最も適切なものを選べ。**

其ノ母曰ハク、「今蛇安在ルト。」
〈新書〉

① あんとして　② あんじて　③ いづれか
④ いづくんぞ　⑤ いづくにか
（皇學館大）

□ **39** **次の傍線部の書き下し文として最も適当なものを選べ。**

子ハ非ズレ魚ニ、安知魚之楽。
〈荘子〉

① いづくにかうをのたのしみをしるや。
② うをのたのしみをしるはやすし。
③ あにうをのたのしみをしらん。
④ いづくんぞうをのたのしみをしらん。
⑤ やすんじてうをのたのしみをしりぬ。
（同志社女子大）

語形のときは「未然形＋ン」で結ぶ。傍線部は文末が「衆き（や）」と連体形なので疑問である。

37 ①
送り仮名がないときは、文脈から疑問か反語かを判断する。傍線部は「なんゾ～ニたランや」と読み、「どうして～するに値しようか」という意の**反語形**。「慮る」は「心配する」意。

38 ⑤

> **安クニカ…／安クンゾ…**

「いづクニ［カ］」と読んで「どこに…か」と**場所**を問い、「いづクンゾ」と読んで「どうして…か」と**理由**を問う疑問詞。例文は蛇のいる場所を問う**疑問形**。

39 ④
「魚之楽」なので場所を尋ねていないことはわかる。「安知ニ…ー」は「いづクンゾ…ヲしラン（ヤ）」と読み、「どうして…知ることができようか（いや、知ることはできない）」という反語形。このように**答えが明らかなのにあえて疑問の形をとるもの**は**反語形**である。

第10章　2 句形

口語訳

問 次のそれぞれに答えよ。

□40 次の傍線部の口語訳として最も適当なものを選べ。

父曰ク、孰喚汝来。〈子不語〉

① もうお前の番になったのか
② お前はどこに行っていたのか
③ 誰がお前を呼んだのか
④ こんなところに来ると叱られるぞ

□41 次の傍線部の口語訳として最も適当なものを選べ。

汝平日極メテ喜ブ下入リ二茶社一ニ食中らフヲ蜜果上ヲ。今日胡為乎爾。〈夜譚随録〉

① お前の口にあわないようだ。
② お前は腹いっぱいのようだ。
③ 何かおかしな感じがしないか。
④ 何をしようというのか。
⑤ どうしてそうなのか。

（早稲田大）

□42 傍線部の意味として最も適当なものを選べ。

上怪シミレ之ヲ、問ヒテ曰ク、「彼何為者。」〈史記〉

① 彼らはいったいいかなる者たちだ。
② 彼らはなぜ皇太子に従っているのだ。
③ 彼らはいつどこからやって来たのだ。
④ 彼らは何の目的でここに呼ばれたのだ。
⑤ 彼らはなぜあのような格好をしているのだ。

（早稲田大）

（南山大）

解答とポイント

40 ③

孰カ(誰)…

「たれカ」は「だれが…か」と人物を問う疑問詞。傍線部は「孰か汝を喚びて来たらしむる」と読む**疑問形**。

41 ⑤

何(胡)為レゾ…

「なんすレゾ…」と読み、「どうして…か」と原因・理由を問う疑問詞。文脈から疑問か反語かを判断する。傍線部は「胡為れぞ爾(しか)るか」と読む**疑問形**。

42 ①

何為ル者ゾ

「なんすルものゾ」と読み、「どういう人か。どんな身分・職業の人か」と詰問または質問する疑問詞。

□ 43 次の傍線部の口語訳として最も適当なものを選べ。

公曰、「何以知レ之。」〈列女伝〉

① それがわかるはずがあるだろうか。
② そのことがいつわかったのか。
③ 何としてもそれを知りたいのか。
④ どうしてそれがわかるのか。
⑤ 誰がそれを教えてくれたのか。

〈センター試験〉

□ 44 次の傍線部の口語訳として最も適当なものを選べ。

主笑曰、「此所レ用翠羽幾何。」〈楊文公談苑〉

① これを作るのに必要な翠羽はとても多い。
② これを作るのに必要な翠羽はいくらでもある。
③ これを作るにはある程度の翠羽を必要とする。
④ これに使われた翠羽はたかが知れている。
⑤ これに使われた翠羽はどれくらいか分からない。

〈センター試験追試〉

□ 45 次の傍線部の口語訳として最も適切なものを選べ。

寡人甚好レ士。以二斉国一無レ士何也。〈公孫竜子〉

① 斉国に士がいないのはどうしてか。
② 斉国には士がいなくては、どうしようもない。
③ 斉国には士がいないが、どうしたらよいか。
④ 斉国に士がいないのは、しかたがないか。
⑤ 斉国は士を軽んじる国だと思われているか。

〈立教大〉

---

43 ④

何ヲ以テ［カ］…

「なにヲもつテ［カ］…」と読み、「どのようにして…か」「どうして…か」と**手段・方法**や**原因・理由**を問う疑問詞。傍線部は文末が「知る」なので**疑問形**。

44 ④

幾何

「いくばく」と読む疑問詞。文末にくるときは「ゾ」を送る。疑問の場合は「どれくらいか」と**分量**を問い、反語の場合は「どれくらいか、いやいくらもない。」という意になる。疑問・反語同形なので文脈から判断する。傍線部は**反語形**。

45 ①

…ハ何ゾ也

「…ハなんゾや」と読み、「…はどうしてか」と**原因・理由**を問う疑問詞。傍線部は「斉国を以て士無きは何ぞや。」と訓読する。**疑問形**のみに用いられる。

第10章　2 句形

口語訳

問　次のそれぞれに答えよ。

46 次の傍線部の口語訳として最も適当なものを選べ。

揮曰、何如我。　〈世説新語〉

① どうして私なのだ　② 私と比べてどうだね

③ 私に似ているかね　④ 私はどうしたらよいのだ　〈南山大〉

47 次の傍線部の口語訳として最も適切なものを選べ。

寡人願守而必存、攻而必得、戦而必勝。

則吾為レ此奈何。　〈新書〉

① このことを始めてよいでしょうか。

② このことをどちらにしましょうか。

③ このことをなぜ始めるのでしょうか。

④ このことをどうすればよいでしょうか。

⑤ このことをどこで始めればよいでしょうか。　〈中央大〉

48 次の傍線部の書き下し文として最も適当なものを選べ。

済聊問レ叔、好騎乗不。　〈世説新語〉

① 騎乗を好まざるか（と）

② 騎乗を好むにはあらざるか（と）

③ 騎乗を好むや不や（と）

④ 好んで騎乗を不むか（と）　〈南山大〉

解答とポイント

46 ②

何如

「いかん」と読み、「どのようであるか」と状態を問う疑問詞。傍線部は「我に何如」と読む。**疑問形**のみに用いられる。

47 ④

…奈何（如何）

「…いかん［セン］」と読み、「…はどうしようか」と**手段・方法**を問う疑問詞。**疑問・反語**ともに用いられる。「如何」が目的語を取る場合は「**如レA何**」の形になり、「Aを如何せん」と訓読する。

48 ③

…不（否）

「…ヤいなヤ」と読み、「…かどうか」と**肯定か否定か**を問う。**疑問形**のみに用いられる。

49 次の傍線部の口語訳として最も適切なものを選べ。

懿（い）告ゲテレ人ニ曰ク、「食少ク事煩ハシ、其レ能ク久シカラン乎ト。」　〈十八史略〉

① どうして長生きできようか。いやできまい。
② なぜ元気でいられるのだろうか。
③ いずれ機略が尽きるであろう。
④ 勢いをいつまで持続できるだろうか。　〈学習院大〉

50 次の傍線部の口語訳として最も適当なものを選べ。

予以（お）謂（もへ）ラク、秦ノ雉（きじ）ハ、陳宝也、豈常雉乎。　〈蘇軾「重編東坡先生外集」〉

［注］陳宝（童子が変身した雉を指す）

① きっといつもの雉だろう
② どうして普通の雉であろうか
③ おそらくいつも雉がいるのだろう
④ なんともありふれた雉ではないか
⑤ なぜ普通の雉なのだろう　〈共通テスト追試〉

51 次の傍線部の口語訳として最も適当なものを選べ。

百獣ノ見テレ我ヲ而敢ヘテ不ランレ走ラ乎（や）。　〈戦国策〉

① 敢然と競わぬはずがない
② 逃げ出さないでおられようか
③ 無理に疾走するかどうか
④（身が竦（すく）んでしまって）逃げることなどできるかどうか　〈南山大〉

---

49 ①

…乎

文末に用いる疑問の助字。「**乎**」「**也**」「**邪**」「**耶**」「**哉**」などがある。**疑問**の場合は「…か」「…や」と読み、**反語**の場合は「…（ン）や」と読む。いずれの場合も書き下し文ではひらがなに直す。傍線部は「能く久しからんや」と訓読する**反語形**。

50 ②

豈（あニ）…乎（哉）

「あニ…ンや」と読み、「どうして…か、いや…ない」という**反語**の意を表す。原則として反語形だけに用いられる形だが、「あニ…か」と読んで、「…だろうか」と疑問・推測の意味を表すこともある。

51 ②

敢（あヘテ）不（ラン）…乎

「あへテ…ざランや」と読み、「どうして…しないだろうか、いやきっと…する」という**反語**の意を表す。**反語形**だけに用いられる形だが、否定形の「不敢」と紛らわしいので注意する。

第10章 2 句形

口語訳

問 次のそれぞれに答えよ。

□ **52** 次の傍線部の意味として最も適当なものを選べ。

帝曰ハク、吾将ニ顕ニ行ハント天誅ヲ。何密之有。 〈鉏雨亭随筆〉

① どうしても緻密に行う必要があるのか。
② これには何か秘密があるのだ。
③ 密かに行うことなどありはしない。
④ 何時まで秘密を保っておくべきか。
⑤ どの部分を精密にする必要があるか。

〈福岡女子大〉

□ **53** 傍線部を「独り内に心に愧ぢざらんや」と読むには、どのように返り点をつければよいか。

縦ヒ無キモ大ナル咎、独不内愧於心。 〈旧唐書〉

〈福岡女子大〉

□ **54** 傍線部の口語訳として最も適切なものを選べ。

胡ゾ不ル仆シテ牆ヲ而使メ之ヲシテ通ゼ。 〈呻吟語〉

① 塀を倒して通行できるようにすることなどできまい。
② 塀を倒さないままで通行できるようにしたらいいではないか。
③ 塀を倒して、通行できないようにしたらいいではないか。
④ 塀を倒さないままで通行できるようにすることなどできまい。
⑤ 塀を倒して、通行できるようにしたらいいではないか。

〈立教大〉

解答とポイント

52 ③

何ノ［カ］…之有ラン

「なんノ…［カ］これあラン」と読み、「どうして…あろうか、ありはしない」という**反語**の意を表す。**反語形**だけに用いられる形である。

53 独不三内愧二於心一。

独リ…ン乎

「ひとリ…ンや」と読み、「どうして…か、いや…ない」という**反語**の意を表す。**反語形**だけに用いられる形。

54 ⑤

何ゾ(胡)不ル二…一

「なんゾ…ざル」と読み、「どうして…しないのか、すればよい」という**反語**の意を表す。**反語形**だけに用いられる形。

55 ③

何ゾ必ズシモ…ン［ヤ］

「なんゾかならズシモ…ン［ヤ］」と読み、

□ **55** **次の傍線部の書き下し文として最も適切なものを選べ。**

吾本（もと）乗ジテレ興ニ而行キ、興尽キテ而返ル。<u>何必見戴。</u>　〈世説新語〉

①何か必ず戴へ見んや　②何を必ず戴に見せんや
③何ぞ必ずしも戴を見んや　④何に必ずしも戴と見せんや

（学習院大）

□ **56** **次の傍線部の口語訳として最も適切なものを選べ。**

雖（いへどモ）レ欲（ほつスト）レ為（たラント）ニ孤（こ）犢（とく）一、<u>其可得乎。</u>　〈荘子〉

①そんなことをしてはいけない
②そんなことなどできるわけがない
③そんなことなどどうでもよい
④それこそ自分が望んだことである
⑤それこそ相手の思うつぼである

（早稲田大）

□ **57** **次の傍線部を現代語訳せよ。**

諺ニ云ハク、「瞞（あざむキ）レ心ヲ昧（くらマスト）レ己レヲ。」<u>有レ味哉、其言レ之矣。</u>　〈呻吟語〉

（大分大）

□ **58** **傍線部を口語訳せよ。**

其ノ不（ルコト）ニ相知ラ一、<u>豈ニ不レ悲シカラ哉。</u>　〈呂氏春秋〉

（明治大）

「どうして…する必要があろうか、いや必要はない」という**反語**の意を表す。**反語形**だけに用いられる形。「**何不ニ…一**」が行うように勧めるのに対して、「何必…」は行わないように勧める。

56

②

> **可（ケン）ニ…一乎**

「…べケンや」と読み、「…できようか、いや…できない」という**不可能**の意味を表す。「**得ニ…一乎**」も「…ヲえンや」と読み、「…できようか、いや…できない」の意味になる。いずれも**反語形**特有の形である。

57

趣が深いなあ、この言葉は。

> **…哉**

「…かな」と読み、文末に詠嘆の助字を用いる**詠嘆形**。「…だなあ」「…なことよ」と訳す。傍線部は「B哉A（ヤ）」の形で「BだなあAは」という**倒置表現**。

58

何と悲しいことではないか。

> **豈ニ不ニ…一（ナラ）哉**

「あニ…［ナラ］ずや」と読み、「なんと…ではないか」という意の**詠嘆形**。

第10章　2 句形

口語訳

問 次のそれぞれに答えよ。

□ **59** 次の傍線部の口語訳として最も適当なものを選べ。

自称勝父、不亦過乎。〈書譜〉

① なんとまあ、ひどい勘違いだ
② 決して間違ってはいない
③ 無視してもよいのだろうか
④ 通り過ぎてはいけない
⑤ そんなに優秀なのか

〈法政大〉

□ **60** 次の傍線部の書き下し文として最も適切なものを選べ。

寡人曩不レ知レ子、今知矣。願子勉為寡人治之。〈韓非子〉

① 願はくは、子、勉をして人を寡なくし之を治むべし
② 子を願ふに、勉に寡人の為に之を治めんとす
③ 願はくは、勉めて子を寡なくし人の為に之きて治めんことを
④ 子勉、寡人と為りて之を治むることを願ふか
⑤ 願はくは、子、勉めて寡人の為に之を治めよ

〈法政大〉

□ **61** 次の傍線部の口語訳として最も適切なものを選べ。

或謂二恵子一曰、「荘子来、欲二代レ子相一。」〈荘子〉

① あなたを宰相の代わりにしようとしています。
② あなたに代わって宰相になろうとしています。
③ あなたに代わる宰相を探そうとしています。
④ あなたに宰相を代えてもらおうとしています。

〈國學院大〉

□ **62** 次の文の書き下し文として最も適当なものを選べ。

解答とポイント

59 ①

不二亦…一乎

「また…〔ナラ〕ずや」と読み、「なんと…ではないか」という意の**詠嘆形**。

60 ⑤

願ハクハ…〔セヨ〕／願ハクハ…〔セン〕

「ねがハクハ…〔セヨ〕」と読み、「どうか…してください」という意の**願望形**。文末を「…〔セ〕ン」と読むと、「どうか…させてください」という**希望**になる。傍線部は「どうかあなたは一生懸命私のためにこの地（鄴）を治めてください」という意。

61 ②

欲二…一

「…ントほつス」と読み、「…を望む」という**願望**、「…したいと思う」という**意志**を表す**願望形**。

62 ⑤

使(令)二A ヲシテB一

善治国者使士気不沮。

① くにをさむるをよくするものはしきをつかひてくじかず
② くにをよくをさむるものはしきにくじかれざらんとす
③ くにをさむるものはしきをしてくじかざらしむによし
④ よろしくくにをさむるものしきにくじかれざらしむべし
⑤ よくくにをさむるものはしきをしてくじかざらしむ

〈続骫骳説〉〈早稲田大〉

□ **63** **次の傍線部の解釈として最も適当なものを選べ。**

胡子度㆓鼠之不㆑能㆑去也、於㆑是、命㆓童子㆒取㆓狸奴㆒置㆓臥内㆒。

〈胡祭酒集〉

［注］狸奴（猫の別称）　臥内（寝室）

① 童子が胡子の猫を受け取って、寝室の中へ閉じ込めた。
② 童子が胡子の猫をけしかけて、寝室の鼠を捕まえさせた。
③ 胡子が童子に指示して、寝室の中で猫を捕まえさせた。
④ 胡子が童子の猫をけしかけて、寝室の鼠を捕まえさせた。
⑤ 胡子が童子に指示して、飼っていた猫を寝室に移させた。

〈センター試験〉

□ **64** **次の傍線部の書き下し文として最も適当なものを選べ。**

及㆑ンデ久シク未見用。

〈曝書亭集〉

① みけんはもちふ　② もちゐるはみず
③ いまだもちゐるをみず　④ いまだみざるをもちふ
⑤ いまだもちゐられず

〈創価大〉

「AヲシテBしム」と読み、「AにBさせる」という意味の**使役形**。後半は「士気をして沮かざらしむ」と読む。「善…」は「よク〜す」などと読み「上手に…する」の意。使役の助字には「**使**」「**令**」「**教**」「**遣**」がある。「使」は「Aを使って」、「令」は「Aに命令して」のようにニュアンスの違いがある。

63 ⑤

命㆑ジテ A㆓ニ B㆒シム

「Aニめいジテ Bシム」と読み、「Aに命じてBさせる」という意味の**使役形**。傍線部は「童子に命じて狸奴を取り臥内に置かしむ」と訓読する。「命」の代わりに「**説**」「**召**」を用い、「Aニ説キテBシム」（Aを説得してBさせる）、「Aヲ召シテBシム」（Aを呼んでBさせる）という用法もある。

64 ⑤

見（被）㆓…㆒（るらル）

受身の助字を用いる**受身形**。直前に読む動詞が四段・ラ変の未然形のときは「…る」、それ以外の動詞の未然形のときは「…らル」と読む。意味は「…される」。受身の助字には「**見**」「**被**」「**所**」「**為**」がある。

口語訳

問

□ **65** **次のそれぞれに答えよ。**

返り点のつけ方と書き下し文の組み合わせとして最も適当なものを選べ。

有蛇螫殺人、為冥(めい)官(くわん)所追議、法当死。 〈西畬瑣録〉

① 有レ蛇螫殺レ人、為三冥官所二追議一、法当レ死。
蛇有りて螫(か)みて人を殺し、冥官の追議する所と為(な)り、法は死に当たる

② 有レ蛇螫殺レ人、為二冥官所追議一、法当レ死。
蛇有りて螫みて人を殺さんとし、冥官の所に追議を為すは、死に当たるに法(のっと)る

③ 有レ蛇螫殺人、為二冥官一所二追議一、法当レ死。
蛇有りて螫まれ殺されし人、冥官と為りて追議する所は、死に当たるに法る

④ 有二蛇螫一殺人、為三冥官所二追議一、法レ当レ死。
蛇の螫むこと有らば殺す人、冥官の追議する所の為(ため)に、死に当たるに法る

⑤ 有レ蛇螫殺人、為冥官所二追議一、法当レ死。
蛇有りて螫まれ殺されし人、為に冥官の追議する所にして、法は死に当たる

（センター試験）

□ **66** **次の文の口語訳として最も適当なものを選べ。**

苟近レ我、我当レ図レ之。 〈阮元「揅経室集」〉

解答とポイント

65 ①

為(ル)二A(ノ)所(ト)一B(スル)

「AノB[スル]ところトなル」と読み、「AにBされる」という意味の**受身形**。傍線部は「蛇がいて噛(か)んで人を殺し、冥界の裁判官に生前の罪を裁かれ、法では死罪に相当した」という意味だが、「冥官の追議する所と為る」という受身に着目して選択肢を検討するだけで正解を選ぶことができる。

66 ⑤

苟(クモ)…(バ) ／ 苟(クモ)…(トモ)

順接のときは「いやしクモ…バ」と読み

①どうか私に近づいてきて、私がおまえの絵を描けるようにしてほしい。
②ようやく私に近づいてきたのだから、私はおまえの絵を描くべきだろう。
③ようやく私に近づいてきたのだが、どうしておまえを絵に描けるだろうか。
④もし私に近づいてくれたとしても、どうしておまえを絵に描けただろうか。
⑤もしも私に近づいてくれたならば、必ずおまえを絵に描いてやろう。

（共通テスト）

67 傍線部の口語訳として最も適切なものを選べ。

雖湯・禹之察、不能過也。〈論衡〉

①湯王や禹王のような賢者の明察があって、ようやくそれを超えることができる。
②湯王や禹王のような賢者の明察でも、それを超えることはできないほどである。
③湯王や禹王のような賢者の明察であると称しても、それは過言ではないといえる。
④湯王や禹王のような賢者の明察に比べれば、その程度の知では足りないというべきである。
⑤湯王や禹王のような賢者の明察であるとしても、他人の心を読みとるには一定以上の条件が必要だ。

（関西大）

「もし…ならば」、**逆接**のときは「**いやしクモ…トモ**」と読み「たとえ…としても」の意の**仮定形**。順接か逆接かは文脈から判断する。問題文は後半で再読文字「**当**」が用いられており、「まさニ…ベシ」と読んで、「必ず…しよう」の意。仮定形を踏まえ、後半部を正しく解釈しているのは⑤だけである。

67 ②

雖二**…**一（…トモ）

「**…トいへどモ**」と読む逆接の接続詞を用いた**仮定形**。仮定条件のときは「たとえ…としても」、確定条件のときは「…ではあるが」の意。ここは仮定条件で、「湯・禹の察と雖も、過ぐる能はざるなり」と読み、「たとえ湯・禹の察であっても…」の意。なお、「湯・禹」は賢王として知られた殷の湯王と夏の禹王を指す。

第10章　2 句形

口語訳

問　次のそれぞれに答えよ。

□ 68 次の傍線部の口語訳として最も適切なものを選べ。

有レ説ラバ則チ可、無説則死。　〈荘子〉

① おまえがどう言おうと人はすぐに死んでしまうのだ
② おまえが言うまでもなく聖人は死んでしまった
③ 申し開きをしようと命はないぞ
④ 申し開きができなければ命はないぞ　（南山大）

□ 69 次の傍線部の口語訳として最も適切なものを選べ。

臣等少わかクシテ無レク父、非レ兄不レ得レ至ニ今日一。　〈玉光剣気集〉

① 兄がいないのに今日まで生きてこられた、
② 兄がいなければ今日の我々はなかった、
③ 兄でなければ今日ここにやって来なかった、
④ 兄を非難して今日ここには来なかった、　（日本大）

□ 70 口語訳として最も適切なものを選べ。

是不唯画、庶しょ事じ衆しゅう技ぎ皆爾ゑ也。　〈冢田大峯『随意録』〉

① ただ画のみは例外にするとしても、多くの事柄や技芸についてまで例外とするのはよろしくないのである。
② これは画だけに当てはまる問題であって、雑多な事柄や民衆的な技芸にはすべて通用しないのである。

解答とポイント

68 ④

A［レ］バ則チB

「A［レ］バすなはチB」と読み「Aならば B」という意味の**仮定形**。一般に「…レバ則チ」となることが多いので「**レバ則そく**」と呼ばれる。

69 ②

非ズンバレA不レB

「Aあらズンバ Bず」と読み、「Aがなければ Bない」という意味の**仮定形**。「**不**(**無**)レ**A不**レ**B**」も同じ用法で、「Aしなければ（Aがなければ）Bしない」という意味になる。

70 ④

不ニ唯ダニ…ノミナラ一

「ただニ…ノミナラず」と読み、「ただ…だけではない」という意味の**累加形**。限定された内容を否定した上で、「ただ…だけでなく、…なのである」と累加する内容が続くことが多い。ここも、「是は唯だに画のみならず、庶事衆技も皆爾しかるなり」と読み、「画」だけでなく「庶事衆技」

③ ただ画だけには当てはまらないとしても、雑多な事柄や民衆的な技芸にはすべて通用する問題なのである。

④ このことはただ画のみに言える問題ではなく、多くの事柄や技芸においてもすべてその通りなのである。

⑤ ただ画のみに適用させるかどうかの是非は、多くの事柄に関わる大衆的な技術にすべて拠っているのである。

〈成蹊大〉

□ **71** **次の傍線部の読みとして最も適切なものを選べ。**

非独哭死、又哭生離者。

〈説苑〉

① ひとりにあらずしてこくしてし

② ひとりこくしてしするのみにあらず

③ ひとりしをこくするのみにあらず

④ ひとりにあらずしてしをこくし

⑤ ひとりこくするのみにあらずしてし

〈立教大〉

□ **72** **次の傍線部はどういうことを言っているのか。最も適当なものを選べ。**

由是観之、不遇世者衆矣。何独丘也哉。

〈荀子〉

[注] 丘（孔子の名。ここでは自称）

① 世に認められないのは、私だけではない。

② 世に認められるかどうかは、私のことだけで考えない。

③ 世に認められないなかに、私のような者はいない。

④ 世に認められなくても、私は私以外の何者でもない。

〈上智大〉

も同じであると述べている。

71 ③

非ズ二独リ…ノミ一

「ひとり…ノミニあらズ」と読み、「ただ…だけではなく」という意味の**累加形**。限定された内容を否定した上で、「ただ…だけでなく、…なのである」と累加する内容が続くことが多い。ここも「ただ死んだ者のために泣き叫ぶだけでなく、また生き別れになる者のために泣き叫ぶのである」という意味になる。

72 ①

何ゾ独リ…也ノミナラン哉

「なんゾひとり…ノミナランや」と読み、「どうしてただ…だけであろうか、いや…だけではない」という意味の**累加形**。「**何独…**」も同じ用法。ここは「何ぞ独り丘のみならんや」と読み、「どうしてただ私だけだろうか。いや私だけではない」という意味になる。

口語訳

問　次のそれぞれに答えよ。

□ **73** **次の傍線部の書き下し文として最も適切なものを選べ。**

望ムニ二山頭ヲ一有リレ桃。共ニ取ツテ食ラフニレ之ヲ、如覚少健。　〈蒙求〉

① 覚えて少しく健なるが如し
② 少しく健なるを覚ゆるが如し
③ 覚ゆるが如くに少しく健なり
④ 少しく健なるが如く覚ゆるなり

（学習院大）

□ **74** **傍線部の意味として最も適切なものを選べ。**

自リレ為タリシ二布衣一至ルマデ二宰相一、廉倹如シレ一ノ。　〈宋史〉

［注］布衣（官位のない人。庶民）

① 変わらない　② 及ばない　③ 戻らない
④ 迷わない　⑤ 避けられない

（センター試験追試）

□ **75** **次の傍線部の書き下し文として最も適当なものを選べ。**

若シ然ラバ、速亡愈ニ於久生一。　〈列子〉

① 速き亡（のが）れは久しき生を愈（い）やす。
② 速き亡（ほろ）びは久しき生に愈（い）やさる。
③ 速やかに亡（ほろ）ぶるは久しく生くるに愈（まさ）る。
④ 速やかに亡（のが）るるも久しく生くるは愈（まさ）る。
⑤ 速やかに亡（ほろ）ぶるより久しく生くるは愈（まさ）る。

（センター試験）

解答とポイント

73 ②

> 如(若)シ二…一ノ／ガ

「…ノ／ガごとシ」と読み、「…のようなものだ」という意味の**比況形**。比況形とは、あるものの動作・状態をほかのものにたとえる句形。「**似**二…一」（…に似たり）も同じ用法である。

74 ①

「一のごとし」は直訳すると「一のようだ」。「廉倹」は清廉・倹約の意。

75 ③

> A ハ C ニ 於 B ヨリ(モ)／ニ

「AハBヨリ［モ］／ニC」と読み、「AはBよりもCである」という意味の**比較形**。ここは「早死にする（速やかに亡ぶる）ことはいつまでも長生きすることにまさっている」という意。「**於**」は場所や比較の対象を示し、通常は下の語に「ニ」「ヨリ」などの送りがながつく。

76 次の傍線部の意味として最も適当なものを選べ。

幸臣諫メテ曰ク、「人所レ憂者莫レ急ニ乎死一、己所レ重莫レ過ニ乎生一。」〈列子〉

① 人は心配のあまり死に急いではならない。
② 人には死を心配するものは一人もいない。
③ 人の心配するものの中で、最も切実なのが死だ。
④ 人は心配のあまり死に急ぐことはないのだ。

〈熊本県立大〉

77 次の傍線部の返り点の付け方とその読みとして最も適当なものを選べ。

法士自知芸不如楊也。〈衡盧精舎蔵稿〉

① 法士自レ知レ芸不レ如レ楊也
法士芸を知りてより楊のごとくならざるなり
② 法士自知ニ芸不一レ如レ楊也
法士自ら芸の楊に如かざるを知るなり
③ 法士自知レ芸不レ如レ楊也
法士自ら芸を知ること楊のごとくならざるなり
④ 法士自知ニ芸不レ如楊一也
法士自ら芸の如かざるは楊なるを知らんや
⑤ 法士自レ知芸不一レ如レ楊也
法士芸の楊のごとくならざるを知るによらんや

〈センター試験〉

---

76 ③

莫(シ)レA(ナル)(ハ)ニ乎B(ヨリ)一

「BヨリA［ナル］ハなシ」と読み、「BよりAなものはない」という意味の**比較形**。傍線部は「人の憂ふる所は死より急なるは莫く」と読み、「人が恐れるものの中で、死よりも切実なものはなく」という意味になる。

77 ②

A(ハ)不レ如(カ)レB(ニ)

「AハBニしカず」と読み、「AはBに及ばない」という意味の**比較形**。Aにあたるのが「(法士の)芸」、Bにあたるのが「楊(の芸)」である。傍線部は「法士は自らの技量が楊に及ばないことを自覚していた」という意。

第10章　2 句形

口語訳

問 次のそれぞれに答えよ。

□ **78** **次の傍線部の口語訳として最も適当なものを選べ。**

則チ相君自謂莫己若矣。〈却掃編〉

① 自分に逆らう者はいないと思う
② 自己中心的な考えだったと思う
③ 自分と並ぶ権力者はいないと思う
④ 自分と同様の意見しかないと思う
⑤ 自分より優れた者はいないと思う

□ **79** **次の傍線部の口語訳として最も適当なものを選べ。**（早稲田大）

武帝謂ヒテ曰ク、卿孰与父清。〈蒙求〉

① そなたはそなたの父のように清濁あわせ呑む大らかさを持っておるか。
② そなたの父は人民を感化する清貧な生き方について何か教えたのか。
③ そなたのその清らかな性格はそなたの父から受け継いだものなのか。
④ そなたの父の時代よりも今の方が清純な者は世の中に増えているのか。
⑤ そなたとそなたの父とでは清廉の度あいはどちらが上であろうか。

（法政大）

解答とポイント

78 ⑤

> 莫シレ若クハ（如）レBニ

「Bニしクハなシ」と読み、「Bに及ぶものはない（Bがいちばんよい）」という**比較形**。この文では「莫B如」の語順になっている。傍線部は「自ら己に若くは莫し」と読む。

79 ⑤

> Aハ孰二若レゾBニ一

「AハBニいづレゾ」と読み、「AとBではどちらがよいか」という意味の**選択形**。AとBを対等に比較しているようだが、暗にBの方がよいと主張していることが多い。傍線部は「卿は父の清なるに孰与れぞ」と読む。なお、「**与二其A一孰二若B一**」は「そノAセンよりハBスルニいづレゾ」と読み、「AするよりはBする方がよいのではないか」とBを選択する。「孰若」は「**孰与**」とも表記する。

80 次の傍線部をすべてひらがなで書き下し文にせよ（現代仮名遣いでもよい）。

雖（モ）レ然（リト）、寧為（ストモ）レ此（ヲ）勿（カレ）レ為（スコト）レ彼（ヲ）。〈古文真宝後集〉〈大阪市立大〉

81 次の文の書き下し文として最も適当なものを選べ。

飛鳥尚然兮況於貞良　〈烈女伝〉

① 飛鳥すら　尚ほ　然り　況んや　貞良に於いてをや
② 飛鳥は　尚ほ　然らん　況んや　貞良に於けるや
③ 飛鳥も　尚ほ　然せん　貞良に況ふればなり
④ 飛鳥を　尚はくは　然せん　況して　貞良に於いてせん
⑤ 飛鳥に　尚はくは　然り　況して　貞良を於いてせんや

〈國學院大〉

82 次の文の口語訳として最も適当なものを選べ。

況（ンヤ）欲（スル）三深（ク）造（いたラント）二道徳（ニ）一者（ヲ）邪。〈曾鞏「墨池記」〉

① ましてつきつめて道徳を理解しようとする者がいるのだろうか
② まして道徳を体得できない者はなおさらであろう
③ それでもやはり道徳を根付かせたい者がいるであろう
④ ましてしっかりと道徳を身に付けたい者はなおさらであろう
⑤ それでも道徳を普及させたい者はなおさらではないか

〈共通テスト〉

---

80 **むしろこれをなすともかれをなすことなかれ。**

> 寧（ロ）A（トモ）、勿（カレ）レB［コト］

「**むしろAトモ、B［コト］なカレ**」と読み、「Aしてもよいが、Bしてはいけない」という意味の**選択形**。

81 **①**

> A尚（スラ）（且）（ホ）（ツ）B、況（ンヤ）C（ヲ）乎

「**Aスラなホ（かツ）B、いはンヤCヲや**」と読み、「Aでさえ Bだ、ましてCはなおさら（B）だ」という**抑揚形**。

82 **④**

問題文は「**況んや**深く道徳に造らんと欲する者**をや**」と読み、直訳すると「まして深く道徳に到達しようとする者はなおさらだ」になる。

第10章　2 句形

口語訳

3 語彙・知識・漢詩に関するもの

問 次の傍線部の漢字の読みとして最も適当なものをそれぞれ選べ。

□ 83 因謂ヒテ二新人ニ一曰ハク、王愛ス二子ノ美ヲ一矣。〈戦国策〉

①すなはち　②ゆゑに　③しかして　④よりて

□ 84 蓋善ミスルモ三其ノ遇フヲ二桓公ニ一、惜シム二其ノ不ルヲレ能ハ二以テ王タラシムル一也。〈國學院大〉〈新序〉

①もし　②けだし　③なんぞ　④すべからく　⑤おもへらく

□ 85 樵(せう)隠倶在ルモレ山ニ　由来事ハ不レ同ジカラ〈國學院大〉〈文選〉

①たまたま　②つぶさに　③すでに　④そぞろに　⑤ともに

□ 86 其ノ家具説クレ之ヲ。〈センター試験〉〈捜神記〉

①あからさまに　②ねんごろに　③つぶさに　④すべて　⑤つまびらかに

□ 87 昔年過(よぎ)リレ洛ニ、見二李(り)公(こう)柬(かん)子(し)ニ一。〈清泉女子大〉〈東坡志林〉

①あらはる　②まみゆ　③しめす　④みる　⑤さとる

□ 88 此ハ是レ我ガ昔所ノレ置キシ李栽ナル耳。〈法政大〉〈抱朴子〉

①なり　②かな　③か　④のみ〈國學院大〉

解答とポイント

83 ④　「因」には「基づく」意の動詞「よル」と接続詞「よリテ」がある。ここは順接の接続詞で「そこで・それだから」の意。

84 ②　「蓋」は「けだシ」「なんゾ」「なんゾ…ざル」「おほフ」などと読む。「けだシ」は「思うに・そもそも」の意。

85 ⑤　「倶」は「ともニ」と読み、「一緒に・すべて」の意。「ともニ」と読む漢字には、ほかに「与・同」がある。

86 ③　「具」は「つぶサニ」「ととのフ」「そなフ」と読む。「つぶサニ」は「詳しく」の意。

87 ②　「見」は「まみユ」「る(らル)」「あらはル」と読む。「まみユ」は目上の人に「お目にかかる」の意。

88 ④　「耳」は「のみ」と読み、「～だけだ」「～なのだ」の意。「のみ」と読む字には、ほかに「爾・已・而已・而已矣」などがある。

□ 89 自二子之行(さりシ)一、晋ニ無ク二寧歳一、民ニ無シ二成君一。〈国語〉

①みづから　②おのづから　③また　④より　⑤のみ　〈國學院大〉

□ 90 斉侯妻(めあハシテ)レ之ニ、甚善(ミス)焉。〈国語〉

①なほ　②なんぞ　③しばしば　④はなはだ　⑤ことごとく　〈國學院大〉

□ 91 韓・魏聞(キテ)レ之ヲ必(ズ)尽重(シゼン)レ王ヲ。〈史記〉

①なほ　②つひに　③おほいに　④なかりせば　⑤ことごとく　〈國學院大〉

□ 92 小父数往来(シタレバ)吉音汝毎ニ聆(きキシナラン)〈王安石「寄呉氏女子」〉

①かぞへて　②しばしば　③せめて　④まれに　〈南山大〉

□ 93 遂於(イテ)二樹下一仰(ギテ)取(ラントス)レ葉ヲ。〈笑林〉

①とげて　②はたして　③ついに　④よりて　⑤すなわち　〈清泉女子大〉

□ 94 会反(かへリ)、以(テ)レ状ヲ対(へ)、卒免(ル)。〈世説新語〉

①つひに　②たちまちに　③やうやく　④のみなるを　⑤なんぢを　⑥まさに　⑦しかるを　〈明治大〉

□ 95 公曰(ハク)、何(ヲカ)夢(ミルト)。対曰(ハク)、夢ニ見(ル)レ竈ヲ、為(レ)見(ユルガ)レ公ニ也(ト)。〈韓非子〉

①むかひて　②たいして　③あたりて　④こたへて　⑤あらがひて　〈法政大〉

---

89 ④
「自」は「より」「みづから」「おのづから」と読む。場所の起点を表す「より」には、「自・従・由」がある。

90 ④
「甚」は「はなはダ」（副詞）と読んで「非常に」、「はなはダシ」（形容詞）と読んで「はなはだしい・ひどい」の意。

91 ⑤
「尽」は「つク」「つクス」「ことごとク」と読む。「ことごとク」と読む字には、ほかに「悉」がある。

92 ②
「数」は「しばしば」という読み以外はほぼ出題されない。「しばしば」と読む字には、ほかに「屢」がある。

93 ③
「遂」は「とグ」「つひニ」と読む。「つひニ」と読む字には「遂・竟・終・卒」などがある。「遂」は「その結果」の意。

94 ①
「卒」は「つひニ」「にはかニ」「をハル」「そつ」（兵士の意）と読む。「つひニ」と読む「卒」は「最後に」の意。

95 ④
「対」は「こたフ」「たいス」と読む。「こたフ」は主に目上の者に答える場合に用いられ、「対曰」で「こたヘテいハク」と読む。

第10章　3 語彙・知識・漢詩　口語訳

問 次の傍線部の漢字の読みとして最も適当なものをそれぞれ選べ。

□ 96 魯公留メテ予ヲ便坐シテ而見エシムニ之。 〈老学庵筆記〉

①かりに ②しひて ③あへて

④たちどころに ⑤すなはち 〈國學院大〉

□ 97 助惜シミ之ヲ、欲スレ持チ帰ラント。乃掘リテ取ルモ之ヲ、 〈抱朴子〉

①たちまち ②すでに ③すなはち ④ただちに 〈國學院大〉

□ 98 各おのおの守リ要路ヲ、遇ヘバ盗ニ輒擒フ。 〈陳慶門「仕学一貫録」〉

①ややもすれば ②すなはち ③よく

④かつて ⑤ついに 〈中央大〉

□ 99 禁中適有リ公事。不レ得レ留マルヲ。 〈賓退録〉

①いよいよ ②つらつら ③たまたま ④おのおの 〈國學院大〉

□ 100 凡有ルト季孫与ハ無キ季孫、於イテ我ニ孰レカ利ナル。 〈韓非子〉

①ただ ②およそ ③すなはち ④おもへらく 〈國學院大〉

□ 101 是レ愈疑ハシメテ天下ヲ、而モ何ゾ慰メン秦之心ヲ哉。 〈史記〉

①はた ②けだし ③あるいは

④いよいよ ⑤すなはち 〈國學院大〉

□ 102 隋ずいノ田でん・陽やう与鄭てい法はふ士し倶ニ以テ能クスルヲ画ヲ名アリ。 〈衡盧精舎蔵稿〉

①あづかりて ②より ③くみして

④と ⑤あたへて 〈センター試験〉

解答とポイント

96 ⑤ 「便」は「すなはチ」と読み、「すぐに・そのまま」の意。「すなはチ」と読む字には「乃・則・即・便・輒」などがあるが、「即」は「便」に近い。「則」は「～すればそのときには」の意。

97 ③ 「乃」は「すなはチ」と読み、「そこで・ところが・なんとまあ」などの意がある。心理的屈折や抵抗感がある場合の接続を示すことが多い。

98 ② 「輒」は「すなはチ」と読み「そのたびごとに」の意。

99 ③ 「適」は「ゆク」「かなフ」「まさニ」「たまたま」などと読む。「たまたま」と読む字には、ほかに「偶・会」がある。

100 ② 「凡」は「およソ」と読み、「総じて。一般に」の意。

101 ④ 「愈」は「いよいよ」と読み、「ますます」の意。「凡」「愈」は参考書ではあまり扱われないが入試ではよく出題される。

102 ④ 「与」は「あづカル」「あたフ」「くみス」「ためニ」「と」「ともニ」「よりハ」「か」と読む。

問　次の傍線部の漢字の読みをそれぞれ答えよ。

□ 103 府主所**悪**不過鷺穢耳。〈夷堅志〉（立命館大）

□ 104 吾**固**欲伐之。〈夷堅志〉（立命館大）

□ 105 **忽**於春日患噎証。〈北東園筆録〉（佐賀大）

□ 106 嗟**爾**遠方人　辛苦誰具知〈大復集〉（新潟大）

□ 107 晋車胤、**字**武子、南平人。〈蒙求〉（学習院大）

□ 108 **如**得灌園以就食、何幸。〈日記故事〉（熊本大）

□ 109 明晨**縦**往、安得前銀尚在。〈在園雑志〉（東北大）

□ 110 鍾毓・鍾会、**少**有令誉。〈世説新語〉（弘前大）

□ 111 部追之、与亮戦、**中**伏弩而死。〈十八史略〉（宮崎大）

□ 112 **夫**欲得之君、不可説以利。〈戦国策〉（立命館大）

---

103 **にくむ**　「悪」は「にくム」「いづクンゾ」「いづクニカ」「あシ」と読む。

104 **もとより**　「固」は「かたシ」「もとヨリ」「まことニ」と読む。「もとヨリ」と読む字には、ほかに「故」などがある。

105 **たちまち**　「忽」は「たちまチ」と読み、「にわかに・突然」の意。

106 **なんぢ**　「爾」は「なんぢ」あるいは「のみ」と読む。

107 **あざな(は)**　「字」は、成人した男子が実名のほかにつける別名。他人が敬って呼ぶときに用いられた。

108 **も(し)**　「如」は「ごとシ」「しク」「もシ」「ゆク」と読む。「ゆク」以外は「若」と共通し、同じように用いられる。

109 **たとひ**　「縦」は「たとヒ～トモ」で逆接の仮定条件を表す。ほかに「ほしいままニス」と読み、「勝手にする」意を表す。

110 **わか(くして)**　「少」は「すくナシ」より「わかシ」が多く出題される。

111 **あた(りて)**　「中」は「命中」すること。「的中」「中毒」なども同じ意。

112 **それ**　「夫」は文を書き起こす語で、「そもそも・いったい」などと訳す。

口語訳

問 次の傍線部の漢字の読みとして最も適当なものをそれぞれ選べ。

□ 113 窃(ひそカニ)聞ク太子為(レ)人仁孝、 〈史記〉

① ひととなせば　② ひとををさむるに　③ ひとのために
④ ひとたりて　⑤ ひととなり (早稲田大)

□ 114 猶(ホ)庶幾勠(あはセ)(二)力ヲ上国(じやうこくニ)(一)、流(シ)(二)恵ヲ下民ニ(一)、建(テ)(二)永世之業ヲ(一)、留(とど)(メンコトヲ)(二)金石之功ヲ(一)。 〈与楊徳祖書〉

[注] 上国（都に近い国）　金石之功（永遠不滅の功績）

① いくばくぞ　② こひねがはくは　③ ことごとく　④ いかで (南山大)

□ 115 於是相(ヒ)訴(うつたフ)。 〈捜神記〉

① かくのごとく　② このゆえに　③ これをもって
④ これにおいて　⑤ ここにおいて (愛知大)

□ 116 桓公曰(ク)、以(テ)告(ゲヨト)(二)仲父ニ(一)。若是者三(タビス)。 〈新序〉

① もしこの　② これにしく　③ わかきこの
④ なんぢのこの　⑤ かくのごとき (國學院大)

問 次の傍線部の意味として最も適切なものをそれぞれ選べ。

□ 117 臣以為、求(ムルニ)(レ)賢(ヲ)有(リ)(レ)術、弁(ズルニ)(レ)賢(ヲ)有(リ)(レ)方。 〈白氏文集〉

① 考えるに　② 同情するに　③ 行うに
④ 目撃するに　⑤ 命ずるに (共通テスト)

解答とポイント

113 ⑤ 「**為人**」は「ひとトなり」と読み、「人柄・性質」の意。なお「人の為にす」と読む場合もある。

114 ② 「**庶幾**」は「こひねがハクハ」と読んで「どうか…してください」という願望を表し、「ちかシ」と読んで「近い・ほとんど同じである」の意を表す。

115 ⑤ 「**於是**」は「ここニおイテ」と読み、「そこで・こうして」の意。「**以是**」は「これヲもつテ」と読み、「このことによって・このことから」の意。

116 ⑤ 「**若是**」は「かクノごとシ」と読み、「この通りである」の意。「**如是**」も同じ。

117 ① 「**以為**」は「おもヘラク」と読み、「〜と思う」「思うことには〜と」の意。「以て〜と為す」と読む場合もある。

□ 118
是以不敢顧也。
①今回だけは　②しかしながら　③これよりのちは　④そういうわけで　⑤この場所においては
〈説苑〉（センター試験追試）

□ 119
何則、夫用兵之法、有所謂常、有所謂変。
①どれほどかといえば　②どちらにせよ　③何になるかといえば　④何となく　⑤なぜかといえば
〈淮海集〉（センター試験）

□ 120
未嘗須臾離此也。
①些細な相違　②少ない回数　③わずかな時間　④短い距離　⑤すばやい動作
〈宋史〉（センター試験追試）

□ 121
元祐初、起知登州、未幾以礼部員外郎召。
［注］元祐（年号）　知（知事となる）　礼部員外郎（官職の名）
①突然に　②思いがけず　③おもむろに　④たえず　⑤まもなく
〈西畬瑣録〉（センター試験）

□ 122
三五夜中新月色　二千里外故人心
〈白居易「八月十五日夜、禁中独直、対月憶元九」〉
①すでに亡くなった知人　②故事に登場する人物　③古くからの友人　④ゆえあって左遷された人
（早稲田大）

□ 123
人馬多斃於路、百姓苦之。
①民衆　②旅人　③皇帝　④商人　⑤罪人
〈詩林広記〉（共通テスト）

---

118 ④
「是以」は「ここヲもつテ」と読み、「こういうわけで・それで」の意。

119 ⑤
「何則」は「なんトナレバすなはチ」と読み、「どういうわけかといえば・なぜならば」の意。

120 ③
「須臾」は「しゆゆ」と読み、「しばらく・少しの間・暫時」の意。大学入試では「わずかな時間」の意で問われることが多い。

121 ⑤
「未幾」は「いまダいくばくナラず」と読み、「まだいくらもたたない」「まもなく」の意。**「幾」**は「いくばく」と読んで「どれくらい」の意を表し、「こひねがフ」と読んで願望の意を表す。

122 ③
「故人」は「旧友・親友」の意。日本語の「死んだ人」の意とは異なる。「十五夜の出たばかりの月を見ていると、二千里のかなたにいる旧友のことが思われてならない」の意。

123 ①
「百姓」は「ひやくせい」と読み、「庶民・民衆」の意。類義語は「布衣」。

問 次のそれぞれに答えよ。

124 次は何歳のことか。それぞれ適当なものを選べ。

a 不惑 (神戸学院大)
b 知命 (早稲田大)
c 耳順 (神奈川大)

① 三十歳 ② 四十歳 ③ 五十歳
④ 六十歳 ⑤ 七十歳

125 「四書」に該当するものを次の中からすべて選べ。 (上智大)

① 詩経 ② 孟子 ③ 荀子 ④ 大学
⑤ 春秋 ⑥ 礼記 ⑦ 中庸 ⑧ 荘子

126 儒家の経典として知られる「五経」に属するものを選べ。 (二松学舎大)

① 詩経 ② 論語 ③ 孝経 ④ 老子 ⑤ 荀子

127 荘子に思想的に最も近い人物を、次の中から一人選べ。 (学習院大)

① 孔子 ② 荀子 ③ 孫子 ④ 墨子 ⑤ 老子

128 次の語句のもとになった書名をそれぞれ選べ。 (九州大)

a 人の性は悪なり。その善なるものは偽なり。
b 人の性の善なるは猶お水の下(ひく)きに就くがごとし。
c 無為を為せば則ち治まらざるは無し。
d 彼を知り己を知れば百戦殆(あや)うからず。

① 孫子 ② 孟子 ③ 荀子 ④ 老子

129 『史記』の作者を答えよ。 (神戸大)

解答とポイント

124 a=② b=③ c=④
十五歳を「志学(しがく)」、三十歳を「而立(じりつ)」、四十歳を「不惑(ふわく)」、五十歳を「知命(ちめい)」、六十歳を「耳順(じじゅん)」、七十歳を「従心(じゅうしん)」という。いずれも『論語』為政編による。

125 ②・④・⑦
『大学』『中庸』『論語』『孟子』の四つを四書と呼ぶ。

126 ①
『詩経』『書経』『易経』『春秋』『礼記』の五つを五経と呼ぶ。

127 ⑤
老子は荘子と同じ道家の思想家。孔子と荀子は儒家、孫子は兵家、墨子は墨家の思想家。

128 a=③ b=② c=④ d=①
孟子は仁義を主張し、人間の本性は善であるという「性善説」を唱えた。それに対して荀子は「性悪説」を唱え、礼(社会的規範)の重要性を主張した。老子は作為を捨てた自然のままに生きる無為自然を主張した。『孫子』は孫武の兵法書。

129 司馬遷 『史記』は上古から漢の武帝の時代までの通史。

130 次の中で「唐宋八大家」に含まれない人物を一人選べ。

① 韓愈　② 白楽天　③ 柳宗元　④ 欧陽脩　⑤ 蘇軾

（愛知大）

131 次の詩の形式と押韻の説明として最も適当なものを選べ。

長安回望繡成堆
山頂千門次第開
一騎紅塵妃子笑
無人知是茘枝来

〈杜牧「華清宮」〉

① 形式は七言律詩であり、「開」「来」で押韻している。
② 形式は七言律詩であり、「堆」「開」「来」で押韻している。
③ 形式は七言律詩であり、「堆」「開」「笑」「来」で押韻している。
④ 形式は七言絶句であり、「開」「来」で押韻している。
⑤ 形式は七言絶句であり、「堆」「開」「来」で押韻している。
⑥ 形式は七言絶句であり、「堆」「開」「笑」「来」で押韻している。

（共通テスト）

132 空欄に入る語とその読み方として最も適当なものを選べ。

欲下丹青筆　先拈宝鏡端
已驚顔索寞　漸覚鬢凋残
涙眼描将易　愁腸写出［　］
恐君渾忘却　時展画図看

〈雲渓友議〉

① 痛　いたし　② 難　かたし　③ 哀　かなし
④ 寂　さびし　⑤ 辛　つらし　⑥ 安　やすし

（センター試験追試）

---

130 ②

唐の**韓愈**、**柳宗元**、宋の**欧陽脩**、**蘇洵**、**蘇軾**、**蘇轍**、**曾鞏**、**王安石**の八人。いずれも古文によって名を得た文章家。

131 ⑤

絶句は四句（四行）、**律詩**は八句（八行）から成る。五言、七言は一句の字数。**楽府**は民間に流布していた歌謡の歌詞。一句の字数が不規則なものが多い。**排律**は律詩の対句が増減し、六句また十句以上になるもの。漢詩では一定の句末に同じ響きの字を配置する。それを「**韻を踏む**」または「**押韻する**」という。通常、五言詩では偶数句末、七言詩では第一句末と偶数句末に押韻がある。

132 ②

形式上は五言律詩である。偶数句末に押韻があるので、「端（タン）」「残（ザン）」「看（カン）」と同韻の字が入ることになる。次に律詩は、第三句と第四句、第五句と第六句がそれぞれ**対句**になるので、第五句末の「易」と対義になる語が入ることになる。

口語訳

漢文句形のまとめ

※演習問題に登場する句形の中から主要なものを取り上げ、読みと基本的な訳し方、学習上の留意点を示した（＊は演習問題に登場しないが入試対策として押さえておくべき句形）。『頻出ランキングチェックブック』で取り上げたものは、句形の上の数字を赤にした。

	句形	読み	訳し方	問題	留意点
否定形	①非ズ二―一ニ	―ニあらズ	―ではない	＊	▽①は下にくる体言を否定する。
	②勿カレ二―（スル）［コト］一	―（スル）［コト］なカレ	―してはいけない	20	▽②は禁止を表す。「無・莫・毋」も同様に用いられる。
	③不レ可カラ二―（ス）一	―（ス）べカラず	―できない・―してはいけない	21	▽③は不可能か禁止か、文脈によって訳し分ける。
	④不レ能ハ二―（スル）［コト］一	―（スル）［コト］あたハず	（能力や事情によって）―できない	22	
	⑤不二敢ヘテ―（セ）一	あへテ―（セ）ず	無理に―しようとしない	23	▽⑤は書き下し文で頻出の形。
	〈全部否定〉				
	⑥必ズ不二―（セ）一	かならズ―（セ）ず	必ず―しない	29	▽全部否定と部分否定は似た形なので注意する。⑥は㉕「不必―（かならズシモ―（セ）ず）」の形になると、「必ずしも―するとは限らない」の意の部分否定となる。
	〈部分否定〉				
	⑦未ダ二必ズシモ―（セ）一	いまダかならズシモ―（セ）ず	必ずしも―するとは限らない	26	
	⑧不二常ニハ―（セ）一	つねニハ―（セ）ず	いつも―するとは限らない	24	
	⑨不二復タ―（セ）一	まタ―（セ）ず	二度と―しない・もはや、もう―しない	28	
	〈二重否定〉				
	⑩莫シレ不ル［ハ］二―（セ）一	―（セ）ざル［ハ］なシ	―しないもの（こと）はない	30	▽⑩は「不」を「ざル」と読む点に注意。「不」の代わりに「非（あらザル）」を用いる形もある。
	⑪未ダ三嘗テ不ンバアラ二―（セ）一	いまダかつテ―（セ）ずンバアラず	今まで―しなかったことはない	34	▽⑪は「不」から「未」に返って読む際に、「ずンバアラず」と読む点に注意する。
	⑫不レ可カラレ不ル二―（セ）一	―（セ）ざルベカラず	―しなければならない	31	
	⑬無シ二Aトシテ不ルハ一レB（セ）	AトシテB（セ）ざルハなシ	どんなAでもBしないものはない	32	
	⑭何ゾ―（スル）	なんゾ―（スル）	どうして―か	36	▽⑭は理由を問う形。

分類	句形	読み	意味	番号	注
疑問形	⑮安—(スル)	いづクニ[カ]—(スル)	どこに—か	38	▽⑯は原因・理由(どうして)か手段・方法(どのようにして)か、文脈によって訳し分ける。
	⑯何以—(スル)	なにヲもつテ[カ]—(スル)	どのようにして—か・どうして—か	43	
	⑰何為—(スル)	なんすレゾ—(スル)	どうして—か	41	▽「何如」は状態を、⑱「如何(奈何)」は手段・方法を問う疑問文に用いられることが多い。
	⑱—如何(セン)	—いかん[セン]	—はどうしようか	47	
	⑲孰—(スル)	たれカ—(スル)	だれが—か	40	
反語形	⑳何—(セ)ン[ヤ]	なんゾ—(セ)ン[ヤ]	どうして—だろうか、いや—ない	37	▽反語形の文末は原則として未然形+ン(ヤ)となる。
	㉑安—(セ)ン[ヤ]	いづクンゾ—(セ)ン[ヤ]	どうして—だろうか、いや—ない	39	▽「安」は理由に関する疑問・反語の場合は「いづクンゾ」、場所に関する疑問・反語の場合は「いづクニカ」と読む。
	㉒—乎	—(セ)ンや	—か、いや—ない	49	
	㉓何必—(セ)ン[ヤ]	なんゾかならズシモ—(セ)ン[ヤ]	どうして—する必要があろうか、いや必要はない	55	
	㉔豈—(セ)ン哉	あニ—(セ)ンや	どうして—だろうか、いや—ない	50	▽㉔は入試頻出の形。
	㉕敢不二—(セ)一乎	あヘテ—(セ)ざランや	どうして—しないだろうか、いやきっと—する	51	▽㉕は否定形の⑤と混同しないように注意する。
	㉖何不二—(セ)一	なんゾ—(セ)ざル	どうして—しないのか、すればよい	54	▽㉖は再読文字「盍」と同じ働きをする。
詠嘆形	㉗—哉	—かな・—や	—だなあ	57	▽「かな」と読み、詠嘆を表す字には「夫・乎・与・也・矣」などがある。
	㉘豈不二—(ナラ)一哉	あニ—(ナラ)ずや	なんと—ではないか	58	
	㉙不二亦—(ナラ)一乎	また—(ナラ)ずや	なんと—ではないか	59	
使役形	㉚使三AヲシテB(セ)二	AヲシテB(セ)しム	AにBさせる	62	▽㉚・㉛は書き下し文で頻出の句形。「ヲシテ」の読みに注意。「教・遣」も用いられる。
	㉛令三AヲシテB(セ)二	AヲシテB(セ)しム	AにBさせる	*	
	㉜命レAニB(セ)シム	Aニ命ジテB(セ)シム	Aに命じてBさせる	63	

第10章 漢文句形のまとめ

	句形	読み	訳し方	問題	留意点
受身形	㉝ 為(ル)A(ノ)所(ト)B(スル)	AノB(スル)ところトなル	AにBされる	65	▽㉝の書き下し文ではAの送り仮名の「ノ」に注意する。
	㉞ 見(る/らル)―(セ)	―(セ)る・―(セ)らル	―される	64	▽㉞は「被・為・所」も用いられる。
	㉟ A(セ)ラル於B(ニ)	BニA(セ)ラル	BにAされる	*	
仮定形	㊱ 如(シ)―(バ)	もシ―バ	もしも―ならば	108	▽「もシ」と読む字には「若・即・向使」などがある。
	㊲ 苟(クモ)―(バ)	いやしクモ―バ	もしも―ならば	66	▽㊳の「雖」は仮定(たとえ―としても)だけでなく、確定(―ではあるが)の場合もあるので、文脈に即した訳を選ぶ。
	㊳ 雖(モ)―(ト)	―トいへどモ	たとえ―としても・―ではあるが	67	
	㊴ A(スレ)バ則(チ)B	A(スレ)バすなはチB	AならばB	68	
	㊵ 非(ズンバ)A(ニ)不B(セ)	AニあらズンバB(セ)ず	AでなければBはない	69	
限定形	㊶ 唯(ダ)―(ノミ)	ただ―ノミ	ただ―だけだ	*	▽「のみ」と読む字には「爾・已・而已・而已矣」などがある。
	㊷ 独(リ)―(ノミ)	ひとリ―ノミ	ただ―だけだ	*	▽㊶・㊷・㊸は強調・断定の意味でも用いられる。
	㊸ ―耳	―のみ	―だけだ	88	
累加形	㊹ 不唯(ダニ)―(ノミナラ)	ただニ―ノミナラず	ただ―だけではない	70	▽㊹・㊺は書き下し文での出題が多い。
	㊺ 非(ズ)独(リ)―(ノミニ)	ひとリ―ノミニあらズ	ただ―だけではない	71	▽㊻「何独」の代わりに「豈唯(あニただニ)」も用いられる。
	㊻ 何(ゾ)独(リ)―(ノミナランヤ)	なんゾひとリ―ノミナランヤ	どうしてただ―だけであろうか(いや―だけではない)	72	
比況・比較形	㊼ A(ハ)不如(カ)B(ニ)	AハBニしカず	AはBに及ばない	77	▽㊼の「しカず」の読みは頻出。
	㊽ A(ハ)C於B(ヨリ[モ]/ニ)	AハBヨリ［モ］C／AハBニC	AはBよりもCである	75	▽㊽は置き字「於」の下にくる字の送り仮名「ヨリ[モ]」に注意。「乎・于」を用いる形もある。
	㊾ 莫(シ)若(クハ)B(ニ)	Bニしクハなシ	Bに及ぶもの(こと)はない	78	
	㊿ 如(シ)―(ノ/(スル)ガ)	―ノごとシ・―(スル)ガごとシ	―のようだ・―のようなものだ	73 74	

分類	句形	読み	意味	番号	注意
選択形	㉛ 寧(ロ) A(ス)トモ、無(カレ) B(スル)[コト]	むしロA(ス)トモ、B(スル)[コト]なカレ	Aしてもよいが、Bしてはいけない	80	▽㉛はAとBを比較して前者を選択する形。
	㉜ A(ハ) 孰若(レゾ) B(ニ)	AハBニいヅレゾ	AとBではどちらがよいか	79	▽㉜は「孰与」も用いられる。
抑揚形	㉝ A(ハ) B。(而)(ルヲ) 況(ンヤ) C(ヲ) 乎	AはB。(しかルヲ)いはンヤCヲや	AはBだ。ましてCの場合はなおさら(B)だ	＊	▽文末を「ヲや」と読むことに注意する。
	㉞ A(スラ) 尚(ホ) B。(而)(ルヲ) 況(ンヤ) C(ヲ) 乎	AスラなホB。(しかルヲ)いはンヤCヲや	AでさえBだ。ましてCはなおさら(B)だ	81	▽㉞は「尚」の代わりに「且(かツ)・猶(なホ)」も用いられる。
願望形	㉟ 願(ハクハ)―(セヨ)	ねがハクハ―(セヨ)	どうか―してください	60	▽文末の読みに注意。相手に対する要望を表す場合は命令形、自分の願望(希望)を表す場合は未然形＋ンと読む。
	㊱ 願(ハクハ)―(セ)ン	ねがハクハ―(セ)ン	どうか―させてください	＊	
	㊲ 請(フ)―(セヨ)	こフ―(セヨ)	どうか―してください	＊	
	㊳ 請(フ)―(セ)ン[コトヲ]	こフ―(セ)ン[コトヲ]	どうか―させてください	＊	
	㊴ 欲(ス)―(セ)ント	―(セ)ントほつス	―を望む・―したいと思う	61	
再読文字	㊵ 未(ダ)―(セ)	いまダ―(セ)ず	まだ―しない	7/8	▽入試では読みが問われることが多い。各字の読みと訳し方を正確に覚えておくこと。▽再読文字には、上の字のほかに「由」(読み・訳し方は「猶」と同じ)と「盍」(なんゾ―(セ)ざル／どうして―しないのか)がある。
	㊶ 将(ニ)―(セ)ント	まさニ―(セ)ントす	(今にも)―しようとする・―するつもりだ	9	
	㊷ 且(ニ)―(セ)ント	まさニ―(セ)ントす	(今にも)―しようとする・―するつもりだ	10	
	㊸ 当(ニ)―(ス)	まさニ―(ス)べシ	当然―すべきだ・きっと―だろう	11	
	㊹ 応(ニ)―(ス)	まさニ―(ス)べシ	きっと―だろう・当然―すべきだ	12	
	㊺ 宜(シク)―(ス)	よろシク―(ス)べシ	―するのがよい	14	
	㊻ 須(ラク)―(ス)	すべかラク―(ス)べシ	ぜひ―する必要がある	13	
	㊼ 猶(ホ)―ノ／(スル)ガ(シ)	なホ―ノごとシ・なホ―(スル)ガごとシ	ちょうど―と同じだ・―のようだ	15	

索引

※原則として、設問とその解答にあたる語句・事項を五十音順に掲げた。
※**太字**は『頻出ランキングチェックブック』掲載の漢字・語句・項目。

漢字

チェックポイント
▼漢字の読み・意味・形を正確に把握する。
▼熟語の意味を正確に把握する。
▼漢字の音・訓読みを押さえる。

【あ行】

【か行】

［た行］

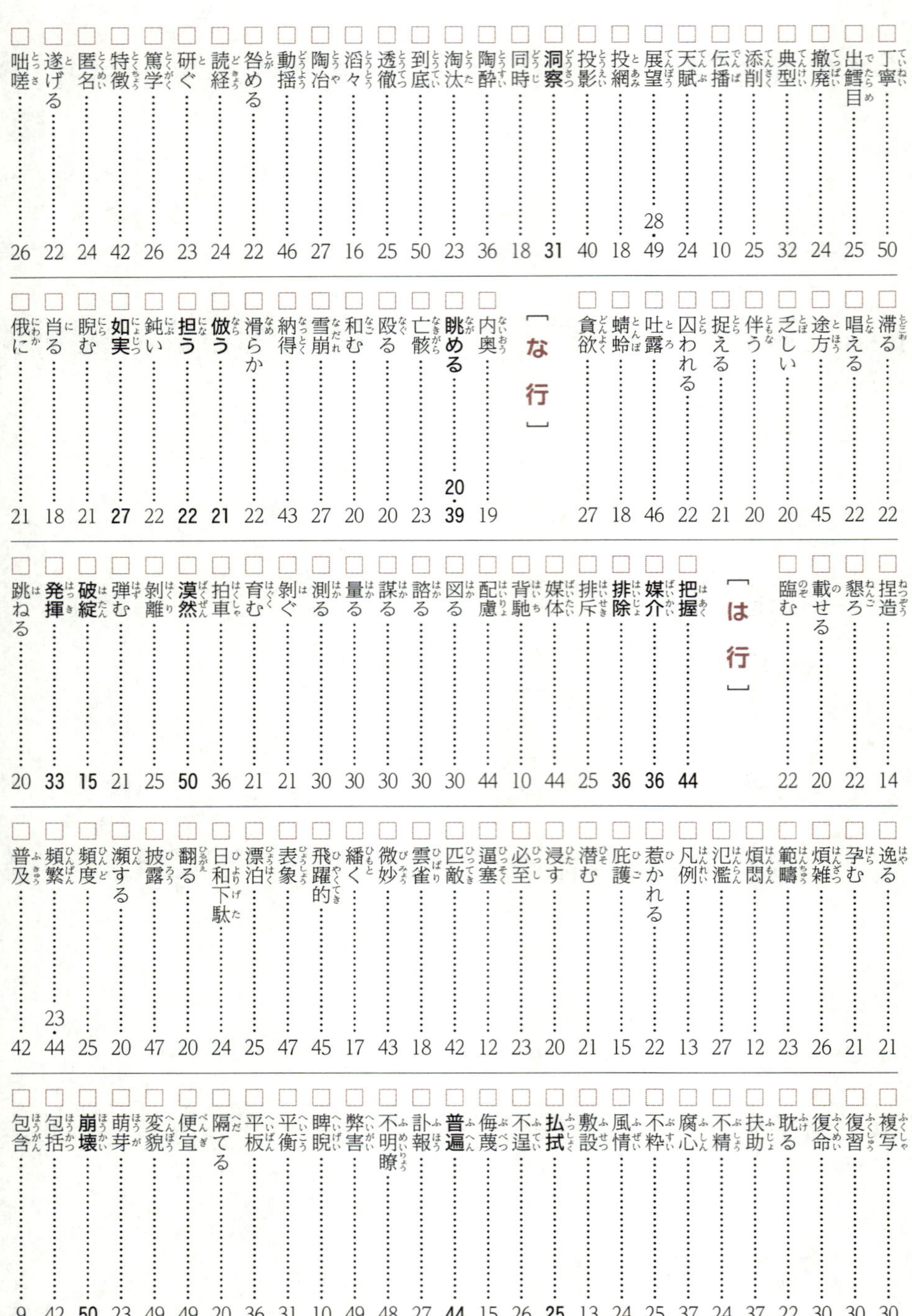

［な行］

［は行］

［ま行］

［や行］

［ら行］

［わ行］

熟語・慣用表現 口語文法

チェックポイント

▼熟語・慣用表現の意味を正確に把握する。

▼熟語・慣用表現は読みも押さえる。

▼慣用表現は表現の構造・比喩等の意味も押さえる。

▼対義語や類義語はセットで確認する。

【あ 行】

【た行】

文学史

チェックポイント

▼各作品(作者)の作者(作品)・成立時期・内容を把握する。

▼各時代の代表作品(作者)を中心として、同時代、同ジャンルの作品(作者)名、成立順を押さえる。

▼各時代の代表作品(作者)を基準として、その前後の作品(作家)名と成立を押さえる。

【さ行】

【た行】

【な　行】

【は　行】

【ま　行】

古文

チェックポイント

- ▼古文単語は品詞・意味を正確に把握する。
- ▼古文単語は複数の意味をもつ語が多い。文脈上の意味を把握する。
- ▼古文常識語は読み・意味を正確に把握する。
- ▼古典文法は語の意味・用法を正確に把握する。
- ▼識別は識別の根拠を正確に把握する。

＊古語については歴史的仮名遣いで表記した。

【か 行】

［や 行］

［ら 行］

［わ 行］

漢文

チェックポイント
▼句形の読みと意味を正確に把握する。
▼句形の読みに沿って返り点を付けられるようにしておく。
▼語彙の読みを把握する。

*句形・語彙の読みは下に示した。

［あ 行］

初　版第１刷発行　2009年１月１日
初　版第13刷発行　2012年３月20日
改訂増補版第２版第１刷発行　2012年10月１日
改訂増補版第２版第７刷発行　2015年２月１日
三訂版第３版第１刷発行　2015年９月１日
三訂版第３版第６刷発行　2018年４月１日
四訂版初　版第１刷発行　2018年10月１日
四訂版初　版第11刷発行　2024年１月１日
五訂版初　版第１刷発行　2024年10月１日

大学入試
国語頻出問題
1200 五訂版

編著者　有座 俊史

発行者　前田 道彦

発行所　株式会社 いいずな書店
〒110-0016
東京都台東区台東1-32-8　清鷹ビル 4F
TEL　03-5826-4370
振替　00150-4-281286
ホームページ https://www.iizuna-shoten.com

印刷・製本　株式会社 ウイル・コーポレーション

ISBN978-4-86460-941-8 C7081

乱丁・落丁本はお取替えいたします。
本書の内容を無断で複写・複製することを禁じます。

◆装丁／ゲンタチエデザイン株式会社
◆組版／株式会社コーヤマ

■文語動詞活用表（別表）

種類	行	例語	語幹	未然形	連用形	終止形	連体形	已然形	命令形
四段	カ行	飽く	あ	か	き	く	く	け	け
	ガ行	漕ぐ	こ	が	ぎ	ぐ	ぐ	げ	げ
	サ行	召す	め	さ	し	す	す	せ	せ
	タ行	待つ	ま	た	ち	つ	つ	て	て
	ハ行	逢ふ	あ	は	ひ	ふ	ふ	へ	へ
	バ行	飛ぶ	と	ば	び	ぶ	ぶ	べ	べ
	マ行	読む	よ	ま	み	む	む	め	め
	ラ行	足る	た	ら	り	る	る	れ	れ
上二段	カ行	起く	お	き	き	く	くる	くれ	きよ
	ガ行	過ぐ	す	ぎ	ぎ	ぐ	ぐる	ぐれ	ぎよ
	タ行	落つ	お	ち	ち	つ	つる	つれ	ちよ
	ダ行	恥づ	は	ぢ	ぢ	づ	づる	づれ	ぢよ
	ハ行	恋ふ	こ	ひ	ひ	ふ	ふる	ふれ	ひよ
	バ行	侘ぶ	わ	び	び	ぶ	ぶる	ぶれ	びよ
	マ行	恨む	うら	み	み	む	むる	むれ	みよ
	ヤ行	老ゆ	お	い	い	ゆ	ゆる	ゆれ	いよ
	ラ行	古る	ふ	り	り	る	るる	るれ	りよ
下二段	ア行	得	〔う〕	え	え	う	うる	うれ	えよ
	カ行	受く	う	け	け	く	くる	くれ	けよ
	ガ行	逃ぐ	に	げ	げ	ぐ	ぐる	ぐれ	げよ
	サ行	失す	う	せ	せ	す	する	すれ	せよ
	ザ行	混ず	ま	ぜ	ぜ	ず	ずる	ずれ	ぜよ
	タ行	捨つ	す	て	て	つ	つる	つれ	てよ
	ダ行	出づ	い	で	で	づ	づる	づれ	でよ
	ナ行	寝	〔ぬ〕	ね	ね	ぬ	ぬる	ぬれ	ねよ
	ハ行	経	〔ふ〕	へ	へ	ふ	ふる	ふれ	へよ
	バ行	食ぶ	た	べ	べ	ぶ	ぶる	ぶれ	べよ
	マ行	眺む	なが	め	め	む	むる	むれ	めよ
	ヤ行	見ゆ	み	え	え	ゆ	ゆる	ゆれ	えよ
	ラ行	枯る	か	れ	れ	る	るる	るれ	れよ
	ワ行	飢う	う	ゑ	ゑ	う	うる	うれ	ゑよ

種類	行	例語	語幹	未然形	連用形	終止形	連体形	已然形	命令形
上一段	カ行	着る	〔き〕	き	き	きる	きる	きれ	きよ
	ナ行	似る	〔に〕	に	に	にる	にる	にれ	によ
	ハ行	干る	〔ひ〕	ひ	ひ	ひる	ひる	ひれ	ひよ
	マ行	見る	〔み〕	み	み	みる	みる	みれ	みよ
	ヤ行	射る	〔い〕	い	い	いる	いる	いれ	いよ
	ワ行	居る	〔ゐ〕	ゐ	ゐ	ゐる	ゐる	ゐれ	ゐよ
下一段	カ行	蹴る	〔け〕	け	け	ける	ける	けれ	けよ
カ変	カ行	来	〔く〕	こ	き	く	くる	くれ	こ こよ
サ変	サ行	おはす	おは	せ	し	す	する	すれ	せよ
ナ変	ナ行	往ぬ	い	な	に	ぬ	ぬる	ぬれ	ね
ラ変	ラ行	居り	を	ら	り	り	る	れ	れ
		侍り	はべ	ら	り	り	る	れ	れ
		いますがり	いますが	ら	り	り	る	れ	れ

■文語五十音図

行／段	ア段	イ段	ウ段	エ段	オ段
ア行	あ ア a	い イ i	う ウ u	え エ e	お オ o
カ行	か カ ka	き キ ki	く ク ku	け ケ ke	こ コ ko
サ行	さ サ sa	し シ si	す ス su	せ セ se	そ ソ so
タ行	た タ ta	ち チ ti	つ ツ tu	て テ te	と ト to
ナ行	な ナ na	に ニ ni	ぬ ヌ nu	ね ネ ne	の ノ no
ハ行	は ハ ha	ひ ヒ hi	ふ フ hu	へ ヘ he	ほ ホ ho
マ行	ま マ ma	み ミ mi	む ム mu	め メ me	も モ mo
ヤ行	や ヤ ya	(い) (イ) (yi)	ゆ ユ yu	(え) (エ) (ye)	よ ヨ yo
ラ行	ら ラ ra	り リ ri	る ル ru	れ レ re	ろ ロ ro
ワ行	わ ワ wa	ゐ ヰ wi	(う) (ウ) (wu)	ゑ ヱ we	を ヲ wo

※ローマ字は五十音図の構造の参考として示した。

■動詞活用表■

活用の種類	基本形	語幹	行	未然形	連用形	終止形	連体形	已然形	命令形	備考
四段活用	行く	ゆ	カ行	か	き	く	く	け	け	ア段音＋「ず」で判断する。
上二段活用	過ぐ	す	ガ行	ぎ	ぎ	ぐ	ぐる	ぐれ	ぎよ	イ段音＋「ず」で判断する。
下二段活用	上ぐ	あ	ガ行	げ	げ	ぐ	ぐる	ぐれ	げよ	エ段音＋「ず」で判断する。
上一段活用	見る	（み）	マ行	み	み	みる	みる	みれ	みよ	「着る」「似る」「見る」など十数語。
下一段活用	蹴る	（け）	カ行	け	け	ける	ける	けれ	けよ	「蹴る」一語のみ。
カ行変格活用	来	（く）	カ行	こ	き	く	くる	くれ	こ こよ	「来」一語のみ。
サ行変格活用	す	（す）	サ行	せ	し	す	する	すれ	せよ	「す」「おはす」の二語。
ナ行変格活用	死ぬ	し	ナ行	な	に	ぬ	ぬる	ぬれ	ね	「死ぬ」「往(い)ぬ（去(い)ぬ）」の二語。
ラ行変格活用	あり	あ	ラ行	ら	り	り	る	れ	れ	「あり」「居(を)り」「侍(はべ)り」「いますがり」の四語。

■形容詞活用表■

活用の種類	基本形	語幹	未然形	連用形	終止形	連体形	已然形	命令形	備考
ク活用	なし	な	（く） から	く かり	し	き かる	けれ	かれ	「―く」＋「なる」で判断する。
シク活用	美し	うつく	（しく） しから	しく しかり	し	しき しかる	しけれ	しかれ	「―しく」＋「なる」で判断する。

■形容動詞活用表■

活用の種類	基本形	語幹	未然形	連用形	終止形	連体形	已然形	命令形	備考
ナリ活用	静かなり	しづか	なら	なり に	なり	なる	なれ	（なれ）	和語＋「なり」の形が多い。 語幹が「―か」「―げ」など。
タリ活用	堂々たり	だうだう	（たら）	たり と	たり	たる	（たれ）	（たれ）	漢語＋「たり」の形。 語幹が「―然」「―々」など。

■助詞の主な意味・用法・接続

■格助詞■

接続	助詞	意味・用法

■接続助詞■

接続	助詞	意味・用法

■副助詞■

接続	助詞	意味・用法